중국을 말한다 **15**
포성 속의 존엄
1840년~1911년

탕렌저 지음 | 김동휘 옮김

좋은 책 좋은 독자를 만드는-
㈜신원문화사

Copyright ⓒ 2003 by Shanghai Stories Culture Media Co., Ltd.
Korea copyright ⓒ 2008 by Shinwon Publishing Co., Ltd.
All right reserved.

이 책의 한국어판 저작권은 상해문예출판사와의 독점 계약으로
신원문화사가 소유합니다.
저작권법에 의하여 한국 내에서 보호를 받는 저작물이므로
무단전재와 무단복제를 금합니다.

발간에 즈음하여

역사란 사람에 따라서 여러 가지 뜻으로 사용되고 있지만, 일반적으로 두 가지의 뜻이 있다. 하나는 인류가 살아온 과정에서 일어난 과거의 모든 사실과 사건 그 자체를 말하며, 다른 하나는 이러한 과거의 모든 사실과 사건의 기록을 의미한다. 즉 역사는 '사실로서의 역사'와 '기록으로서의 역사'라는 두 가지 측면이 있는 것이다.

기록으로서의 역사는 과거의 사실을 토대로 역사가가 이를 조사하고 연구하여 주관적으로 재구성한 것이다. 이 과정에서는 필연적으로 역사가의 가치관과 같은 주관적 요소가 개입하게 되며, 이 경우 역사라는 말은 기록된 자료 또는 역사서와 같은 의미가 된다.

역사는 정치, 경제, 사회, 문화 등 여러 방면에 걸친 지식이 포함되어 있는, 과거 인간 생활에 대한 지식의 총체를 의미한다. 역사를 배움으로써 우리는 인간 생활에 대한 지식의 보고에 다가갈 수 있다. 역사를 알지 못하면 현재를 살아가는 우리 자신의 정체와 우리를 둘러싸고 있는 현재의 상황을 바로 알 수가 없다. 그러므로 현재를 바로 알기 위해서 뿐만 아니라 미래를 예측하고 설계하기 위해서도 과거의 역사를 바로 알아야 한다.

이 책 《중국을 말한다》는 총 15권으로 구성되어 있으며, 중국의 원시 사회부터 마지막 왕조인 청나라가 멸망하기까지의 역사 과정을 서술하고 있다. 본서는 유구한 중국 역사의 흥망성쇠를 시대별로 나누고, 그 시대의 주요 역사적 사실과 인물들에 관한 이야기를 1500여 편의 표제어로 엮어 구성하였을 뿐만 아니라 누구나 쉽게 읽고 이해할 수 있도록 이야기 형식으로 서술했다.

또한 당시 사회생활을 반영한 3000여 점의 그림 및 사진 자료가 매 페이지마다 실려 있어 본문의 내용을 생생하고 깊이 있게 이해하도록 도와준다. 나아가 사진과 그림들을 문화적인 유형으로 분류하면 또 하나의 독립적인 복식문화사, 풍속사, 미술사, 과학 기술사가 될 것이다.

특히 본서의 번역에 있어서 최대한 원서의 내용과 의미를 살리고자 했으며, 중국 지명 및 인명 표기에 있어서는 독자들의 혼란을 야기하지 않기 위해 외래어표기법에 의한 중국식 발음이 아닌 우리나라의 한자음으로 표기했다. 부득이 중국식 발음으로 표기한 인명에 있어서는 한자를 병기했다. 수많은 중국 고대의 문명과 인물, 그리고 생소한 지명 등을 일일이 찾아 번역하기란 쉬운 일이 아니었다. 중국의 역사는 그만큼 방대하고 폭넓기 때문이다.

《중국을 말한다》는 중국인들이 그들의 역사를 보는 시각이다. 때문에 분명 우리와 그 맥락을 달리 하는 부분이 있다. 그럼에도 불구하고 이 책을 발간하게 된 취지는, 비록 내용 중 우리 역사와 충돌하는 부분이 있지만 중국과의 교류가 날로 늘어 가고 있고, 또 중국의 국제적 영향력이 확대되고 있는 상황에서 중국을 제대로 이해할 필요가 있다고 판단했기 때문이다. 우리의 역사를 올바로 이해하기 위해서는 밀접한 관계에 있는 주변국들이 주장하는 그들의 역사도 분명히 알아야 한다. 때문에 중국인의 세계관이 잘 드러나면서도 쉽게 읽을 수 있는 역사서를 소개하고자 하는 것이다.

청소년들과 일반인들에게 더 넓은 지식을 알려줌과 동시에 역사를 전공하는 사람들에게는 비교 분석을 통해 실증적인 연구를 하는 데 도움을 주고자 이 책을 출간하게 된 것이다.

신원문화사 대표

꿈과 추구

중국 상해문예출판사 편집위원 허청웨이何承偉

독자들을 위해 엮은 중국 역사 백과사전

찬란한 문명사를 가진 중국은 생기와 활력이 넘치는 나라이다. 선사 시대부터 동방에 우뚝 선 중국은 오늘날에 이르기까지 끊임없는 발전을 거듭해 오고 있다. 수많은 역사가 그 땅에 살고 있는 사람들에 의해 선도되어 왔으며, 그 역사는 또한 길이길이 남아 후손들에게 지혜와 슬기를 안겨 주고 있다.

우리는 지금 매우 새로운 시도를 하고 있다. 보다 많은 사람들에게 중국 역사를 알리고 싶은 소망 하나로, 이야기 형식의 역사책을 만들고 있는 것이다. 그래서 이 책은 보통의 역사책처럼 지루하지 않다. 마치 할머니에게 호랑이 담배 피우던 시절의 이야기를 듣는 것처럼 흥미진진하다.

이 시리즈는 모두 15권으로 구성되어 있다. 제1권 〈동방에서의 창세〉, 제2권 〈시경 속의 세계〉, 제3권 〈춘추의 거인들〉, 제4권 〈열국의 쟁탈〉, 제5권 〈강산을 뒤흔드는 노래 - 대풍〉, 제6권 〈끝없는 중흥의 길〉, 제7권 〈영웅들의 모임〉, 제8권 〈초유의 융합〉, 제9권 〈당나라의 기상〉, 제10권 〈변화 속의 천지〉, 제11권 〈문채와 슬픔의 교향곡〉, 제12권 〈철기와 장검〉, 제13권 〈집권과 분열〉, 제14권 〈석양의 노을〉, 제15권 〈포성 속의 존엄〉 등이다.

역사에 대한 현대인들의 감정에 가장 넓은 공감대를 형성하고 있는 문학 장르는 이야기이다. 사람들은 이야기를 통해 재미와 슬픔을 느끼고, 경탄하거나 한숨을 쉬기도 한다. 이야기는 한 민족의 잠재의식 속에 존재하고 있는 집단적인 기억이다. 이야기는 또한 역사적인 문화의 유전자를 독자들에게 심어 주고, 그들의 의식意識을 깨끗하게 정화淨化시켜 준다.

발간사

그래서 이 책은 이야기체를 주체로 했다. 또 기존의 역사서들이 갖고 있던 중국 중심의 전통적인 틀에서 벗어나, 세계적인 안목을 가진 일류 역사학자들의 견해를 우선시했다. 나아가 중국 역사의 발전 맥락과 세계사의 풍부한 정보를 함께 실어 이야기만으로는 부족하기 쉬운 지식의 결함을 보완했다. 이야기가 가진 감성적인 감동과 역사 지식에 대한 이성적인 의견을 통일시킨 것이다. 그래서 이 책을 읽은 독자들은 한 그루의 나무뿐만 아니라 거대한 숲도 한눈에 볼 수 있으며, 각각의 이야기가 주는 심미적인 흥미와 함께 역사적인 큰 지혜도 얻게 될 것이다.

또한 이 시리즈에는 많은 사진과 그림들을 첨부했다. 비록 편면성을 갖고 있다 할지라도 오늘날 독자들의 수요와 취향이 그것을 요구하고 있기 때문이다. 이 책 속의 사진과 그림들은 감상을 위주로 하는 사진이나 기존의 그림과는 크게 다르며, 독자들로 하여금 생생한 역사적 사실감을 느끼게 해줄 것이다.

이 책에 실린 사진과 그림들은 그 영역 또한 대단히 넓다. 역사의 현장을 깊이 있게 재현하고, 발전과정과 변화를 입체적으로 돌출시킴으로써 본문의 내용을 생생하고 깊이 있게 이해하도록 도와준다. 따라서 이 책 속의 사진과 그림들은 중국 역사와 문화의 전면적인 정보를 알려 주고 있다고 해도 과언이 아니다. 나아가 사진과 그림들을 문화적인 유형으로 분류한다면, 사진으로 읽는 복식문화사, 의약사, 도서 서적사, 풍속사, 군사軍事史, 체육사, 과학 기술사 등 독립적이고 전문적인 분야의 역사 사진들이라고 할 수 있다.

이 시리즈에 들어 있는 하나의 이야기, 한 장의 사진, 하나의 그림 등 모든 정보는 각각 대표성을 가진 '점點'들이라 할 수 있다. 그러나 이 점들은 개별적으로 존재하는 것이 아니라 역사라는 거대한 수레바퀴를 잇는 연속선 위의 서사敍事 단위들이며 중국 문명의 반짝이는 광점光點들로, 중국이라는 거대한 국가의 문화적 성격들을 굴곡적으로 반사하고 있다. 따라서 이 광점들을 연결시키면 하나의 역사적인 '선線'이 된다. 이 선과 선 사이에 날실과 씨실로 엮어진 것이 바로 신성한 역사의 전당이다. 점과 선과 면, 이 세 개가 합쳐져 중국 역사라는 거대한 탑이 완성된 것이다.

인쇄술은 중국이 자랑하는 4대 발명 중의 하나이다. 한때 중국의 도서 출판은 세계 출판 역사를 선도한 적이 있었다. 하지만 근대에 이르러 중국의 출판업은 퇴보하기 시작했고, 지금도 선진국에 비하면 출판 기술적인 측면에서 상당한 후진성을 벗어나지 못하고 있다. 따라서 우리는 이 책을 출판하는 과정에서 외국의 선진 출판 기술을 열심히 배우고 소화시키며 양자 간의 거리를 단축시키기 위해 노력했다.

우리는 이 시리즈를 만드는 과정에서 중국의 역사와 문화가 너무나 위대하여 그 어떤 찬미를 한다 해도 과분하지 않다는 것을 가슴 깊이 느꼈다. 나아가 중국의 역사와 문화는 단지 중국만의 것이 아니라 세계적인 것이라는 사실을 절감할 수 있었다.

중국의 역사에 비견해 보면, 이 시리즈의 완성은 광야에 핀 꽃 한 송이에 불과할 것이다.

그러니, 앞으로 우리가 꽃피울 세상은 한없이 넓고 아름답다.

현대인과 역사

상해사회과학원 연구원 류수밍劉修明

지나간 역사와 오늘은 어떤 관계일까?

역사는 오늘을 살아가는 사람들에게 어떤 영향을 미치고 있는가?

과거란 지나간 세월이다. 과거의 살아 숨 쉬는 실체는 이미 없어지고 유적과 기록만 남아 있을 뿐이다. 시간은 거슬러 흐르는 법이 없다. 그렇다면 과거를 배워 도대체 무엇을 어떻게 하겠다는 말인가?

역사는 무용지물이라는 무지몽매한 개념이 개인에게만 있는 것이 아니다. 특히 과학 기술이 고도로 발달한 현대 사회에서는 역사를 현실과 동떨어졌다 하여 더욱 경시하는 경향이 있다. 또한 역사에 대한 자신의 무지를 부끄럽게 여기지 않는 사람도 적지 않다.

그러나 이런 현상을 그저 나무라기만 할 수는 없는 일이다. 다양한 양질의 자료를 통해 역사와 현시대 사람들 사이의 거리를 단축시킬 수만 있다면, 사람들은 생생한 역사 속에서 깨달음을 얻을 수 있을 것이다. 또한 역사적인 진리를 깨달아 예지叡智를 키움과 동시에, 현대 사회의 문명에 대한 인식을 더욱 깊게 하여 현시대 사람들의 인식과 실천을 한 단계 높은 차원으로 도약시킬 수 있는 기회를 만들 수 있다. 그렇게 된다면, 사람들은 오늘이 곧 역사의 계승이며 역사는 현재의 생존과 발전에 불가결한 요소임을 알게 될 것이다.

중국 역사는 생동감 있고 폭넓은 지식으로 사람들의 슬기를 키워 주는 교과서이다. 또한 독특한 성격을 가진 동방 문명사이기도 하다. 중국 역사는 그 형성과 발달 과정이 이집트나 메소포타미아 문명, 또는 인도 문명처럼 중단되거나 전이되지 않았고, 침몰되지 않았다. 비록 온갖 우여곡절을 겪기는 했지만, 여전히 불굴의 자세로 아시아의 동방에 우뚝 서 있다. 중국 역사는 시간과 공간을 포함하면서도 시간과 공간을 초월하는, 나아가 유형적이면서도 무형적인 운반체인 것이다.

영국의 철학자 베이컨은 "역사는 사람을 지혜롭게 만든다"고 했다. 역사적 경험에는 깊은 사색을 필요로 하는 이치들이 담겨 있다. 그러므로 현실을 바르게 인식하고 미래를 현명하게 내다보려면 역사를 올바르게 이해할 줄 알아야 한다. 역사를 제대로 아는 사람만이 현실을 명확히 파악할 수 있다.

문학과 역사와 철학. 이 세 가지 학문을 주간으로 하는 인문 교육은 인간의 소질을 높이는 데 특별한 가치가 있다. 그리고 이 세 가지 요소가 통합되어 있는 것이 중국 역사이다. 외국어 교육이나 컴퓨터 교육만을 중시하고 인문 교육을 소홀히 하는 경향은 반드시 고쳐져야 한다.

총서總序

역사는 다양한 서적들을 통해서 연구할 수 있다. 그러나 중요한 것은 독자들의 흥미를 어떻게 이끌어 내느냐 하는 것이다. 우리는 지금 재미나는 글과 정확한 사진이 합쳐진, 이야기 형식으로 편찬된 중국 역사 서적을 독자들에게 선보이고자 한다. 이 시리즈를 주관한 허청웨이何承偉 선생은 평생이라고 해도 과언이 아닐 만큼 오랜 세월 동안 출판업에 몸담은 분이다. 또한 수많은 학자들의 자발적인 참여와 협력이 이 시리즈를 완성하게 했다.

이 시리즈는 생생한 형상과 특이한 엮음으로 누구든 쉽게 중국 역사라는 거대한 전당 속으로 들어갈 수 있게 했다. 또한 그 역사의 전당에서 지식과 도리를 깨닫고 시야를 넓혀, 과거를 거울로 삼아 미래를 꿈꿀 수 있도록 최선을 다했다. 이 책은 전통에 대한 교육과 미래에 대한 전망을 조화시켜 공부하게 함으로써, 오늘날을 살아가고 있는 사람들이 중국의 역사를 넘어서 세계 문명 발달을 선도하는 데 결정적인 역할을 하게 되기를 소망한다.

우리는 옛 선인들의 슬기로움을 가슴으로 느껴야 한다.

그들은 우리가 세계사의 주인공이 되기를 바라고 있다.

차 례

발간에 즈음하여　4

발간사 : 꿈과 추구 - 독자들을 위해 엮은 중국 역사 백과사전　6

총서總序 : 현대인과 역사　8

전문가 서문 : 청나라 후기 역사 전문가의 연구와 주장　14

찬란한 중국 역사 한눈에 보기 - 이 시리즈를 읽기 전에　16

머리말 : 1840 ~ 1911년
1840년부터 1911년까지, 청나라 후기 70년간의 변화 - 청나라 후기　20

청나라 후기는 총포 소리와 치욕 속에서 지나 왔다. 중국 인민은 암흑의 터널을 지나 마침내 아침 햇살을 보았고 분투를 거쳐 2000년의 봉건 왕조와 1300~400년의 과거 제도를 마침내 결속 지었다.
역사란 때로 한 걸음 후퇴하기도 전진하기도 하면서 시대에 따라 수레바퀴마냥 앞으로, 앞으로 굴러 간다.

001 임칙서가 경성으로 올라가다　30
눈을 뜨고 근대의 세계를 본 첫 사람

002 호문 아편 소각　33
과감히 서방 식민자들과 대항하다

003 정해 삼총병　36
애국군민들이 적개심에 불타오르다

004 애국장령 관천배　39
포대를 견결히 수비하다 영웅히 순국하다

005 삼원리 항영　41
민중들이 외국 침략자에 저항한 근대 역사상 첫 전투

006 위원의 《해국도지》　43
당시의 가장 완벽한 세계 역사와 지리의 거작

007 진화성이 선혈로 오송구를 물들이다　45
그는 상해의 '성황'이 되었다

008 요영과 대만 군민들의 항영 투쟁　48
대륙과 대만이 일심협력해 영국 침략자를 무찌르다

009 황제의 스승 두수전　51
두수전의 한마디에 함풍 황제가 순조롭게 황제가 되다

010 홍수전과 《권세양언》　53
이 작디작은 책이 그의 인생을 고쳐 쓰게 했다

011 금전 봉기　55
이로써 역사책에 실릴 수 있었다

012 천조전무제도　57
이는 태평천국의 이상이었다

013 반기량과 상해소도회 · · · · · · · · · 60
농민 운동은 서로 연계성이 있다

014 동왕이 주인 노릇을 하다 · · · · · · · · · 63
그가 우쭐거리니 어떤 결과를 빚을 것인가?

015 증국번이 두각을 나타내다 · · · · · · · · · 66
혈연, 준 혈연, 업연, 향연으로 응결된 부대

016 상군의 수군 · · · · · · · · · 68
군사 상식 하나, 해상권을 장악하는 자가 승리한다

017 천경의 내부 갈등 · · · · · · · · · 70
하늘에 태양이 두 개 있을 수 없다

018 석달개가 떠나가다 · · · · · · · · · 72
합할 수 없으면 갈라진다.

019 태평천국 무오 8년 · · · · · · · · · 74
관건적인 일 년, 전환의 일 년

020 홍인간이 천경에 오다 · · · · · · · · · 76
그는 태평천국에서 학문이 가장 뛰어난 사람이다

021 원명원을 불사르다 · · · · · · · · · 78
사람이 타락에 빠지면 야수보다 백배나 야만적이다

022 총애를 받은 대신 숙순 · · · · · · · · · 81
함풍 조의 가장 능력 있고 권력을 가진 대신

023 황제의 동생 혁혼 · · · · · · · · · 83
배척받은 그가 태후와 밀모를 꾸미다

024 기상정변 · · · · · · · · · 85
한 걸음 앞서 귀중한 시간을 얻었다

025 수렴청정 · · · · · · · · · 88
막다른 골목에 이른 일종의 왜곡된 봉건정치 체제

026 태평군의 '양창대' 통격 · · · · · · · · · 90
외부 역량이 여지없이 무너지다

027 이홍장의 회군 창건 · · · · · · · · · 92
대 청나라 통치를 위한 일종의 신형 군대

028 익왕의 말로 · · · · · · · · · 94
유동 작전을 펼쳐 싸울수록 피동에 처하다

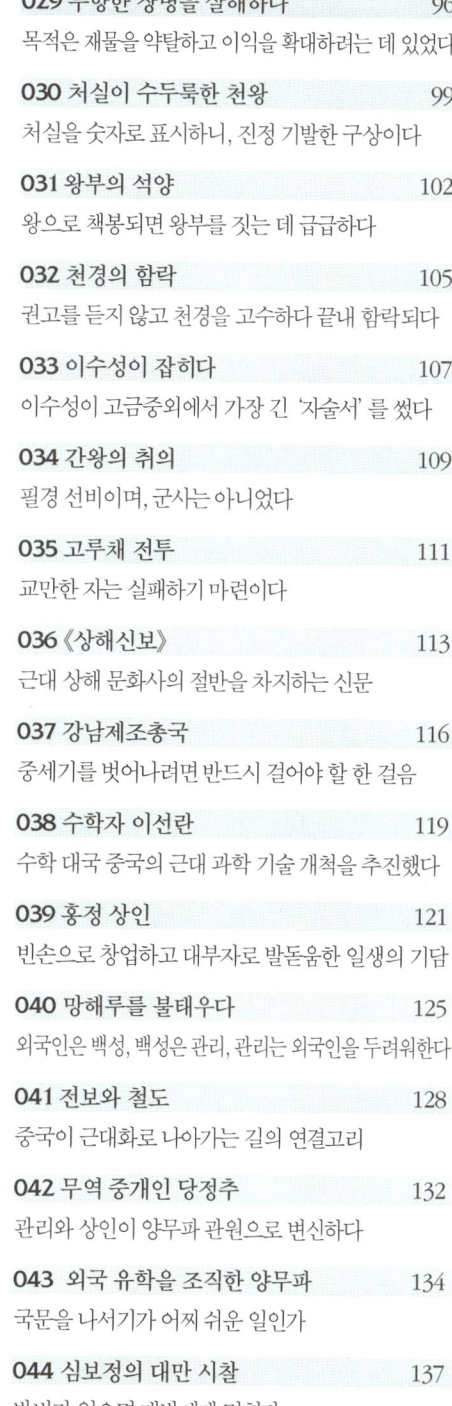

029 투항한 장병을 살해하다 · · · · · · · · · 96
목적은 재물을 약탈하고 이익을 확대하려는 데 있었다

030 처실이 수두룩한 천왕 · · · · · · · · · 99
처실을 숫자로 표시하니, 진정 기발한 구상이다

031 왕부의 석양 · · · · · · · · · 102
왕으로 책봉되면 왕부를 짓는 데 급급하다

032 천경의 함락 · · · · · · · · · 105
권고를 듣지 않고 천경을 고수하다 끝내 함락되다

033 이수성이 잡히다 · · · · · · · · · 107
이수성이 고금중외에서 가장 긴 '자술서'를 썼다

034 간왕의 취의 · · · · · · · · · 109
필경 선비이며, 군사는 아니었다

035 고루채 전투 · · · · · · · · · 111
교만한 자는 실패하기 마련이다

036 《상해신보》 · · · · · · · · · 113
근대 상해 문화사의 절반을 차지하는 신문

037 강남제조총국 · · · · · · · · · 116
중세기를 벗어나려면 반드시 걸어야 할 한 걸음

038 수학자 이선란 · · · · · · · · · 119
수학 대국 중국의 근대 과학 기술 개척을 추진했다

039 홍정 상인 · · · · · · · · · 121
빈손으로 창업하고 대부자로 발돋움한 일생의 기담

040 망해루를 불태우다 · · · · · · · · · 125
외국인은 백성, 백성은 관리, 관리는 외국인을 두려워한다

041 전보와 철도 · · · · · · · · · 128
중국이 근대화로 나아가는 길의 연결고리

042 무역 중개인 당정추 · · · · · · · · · 132
관리와 상인이 양무파 관원으로 변신하다

043 외국 유학을 조직한 양무파 · · · · · · · · · 134
국문을 나서기가 어찌 쉬운 일인가

044 심보정의 대만 시찰 · · · · · · · · · 137
방비가 없으면 대방에게 먹힌다

11

045 왕도가 신문을 창간하다 140
지식인은 정치가를 멸시하고 정치가는 지식인을 멸시한다

046 좌종당의 신강 수복 143
위대한 정치가는 우선 애국 이념이 있어야 한다.

047 증기택이 이리를 되찾다 146
중국에 실패와 치욕을 안기지 않은 외교관

048 경성에서 나온 태감 148
범을 등에 업지 않은 여우는 맨손으로 잡을 수 있다

049 시동생과 형수의 권력쟁탈전 150
부귀는 같이 누리기 어렵다

050 황위 계승자의 최후 153
한 여인이 성공적으로 중국을 반세기나 통치했다

051 양내무와 풋배추 156
민간에 흔한 형사사건이 세상을 떠들썩하게 했다

052 북양수사 158
당시 아시아에서 가장 실력 있는 해군

053 복건 수군 162
선박 정치는 해상 방어를 공고히 하기 위함이었다

054 대만의 초대 순무 164
우둔한 자는 싸움을 건 후 승리를 꾀한다

055 초보산의 대포 168
오걸에 패한 프랑스군은 재침할 엄두를 못 냈다

056 흑기군 170
베트남을 원조해 프랑스를 저항했다

057 진남관 대첩 172
근대 중국의 대외 전쟁에서 유일하게 대승한 작전

058 성세위언 175
상업 전쟁은 군사 전쟁 못지않다.

059 장지동 177
중국을 알고 서양을 배워 이용해야 한다.

060 황준헌과 일본 180
분노는 시인을 낳을 뿐만 아니라 인재와 준걸을 낳는다

061 티베트 음토산 182
변강을 수호해 영국군을 수차례 물리치다

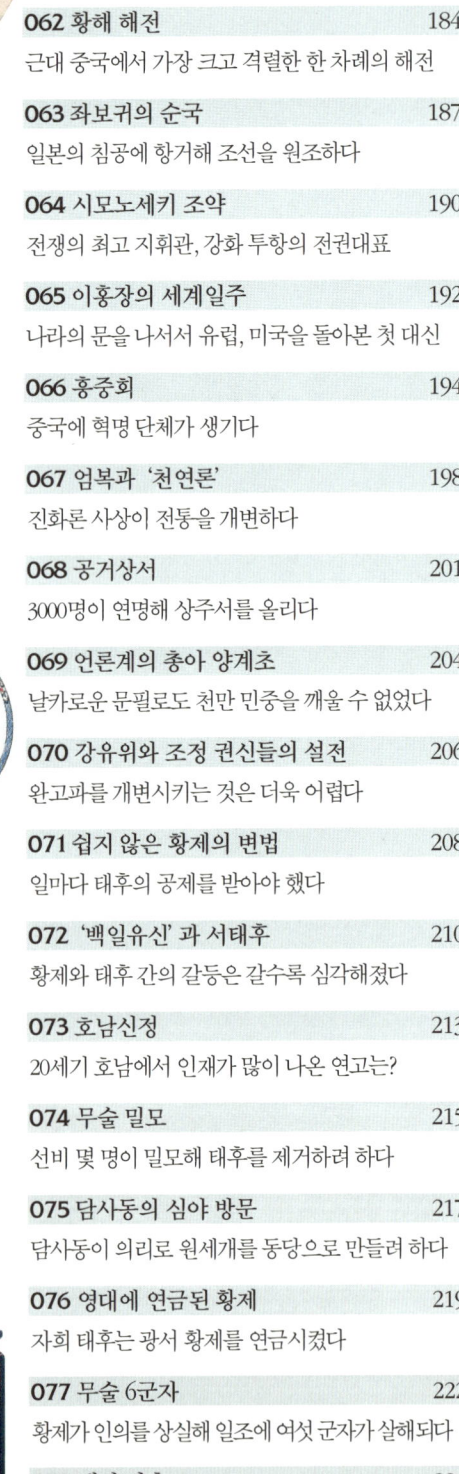

062 황해 해전 184
근대 중국에서 가장 크고 격렬한 한 차례의 해전

063 좌보귀의 순국 187
일본의 침공에 항거해 조선을 원조하다

064 시모노세키 조약 190
전쟁의 최고 지휘관, 강화 투항의 전권대표

065 이홍장의 세계일주 192
나라의 문을 나서서 유럽, 미국을 돌아본 첫 대신

066 홍중회 194
중국에 혁명 단체가 생기다

067 엄복과 '천연론' 198
진화론 사상이 전통을 개변하다

068 공거상서 201
3000명이 연명해 상주서를 올리다

069 언론계의 총아 양계초 204
날카로운 문필로도 천만 민중을 깨울 수 없었다

070 강유위와 조정 권신들의 설전 206
완고파를 개변시키는 것은 더욱 어렵다

071 쉽지 않은 황제의 변법 208
일마다 태후의 공제를 받아야 했다

072 '백일유신'과 서태후 210
황제와 태후 간의 갈등은 갈수록 심각해졌다

073 호남신정 213
20세기 호남에서 인재가 많이 나온 연고는?

074 무술 밀모 215
선비 몇 명이 밀모해 태후를 제거하려 하다

075 담사동의 심야 방문 217
담사동이 의리로 원세개를 동당으로 만들려 하다

076 영대에 연금된 황제 219
자희 태후는 광서 황제를 연금시켰다

077 무술 6군자 222
황제가 인의를 상실해 일조에 여섯 군자가 살해되다

078 해상 탈출 224
무술변법의 주역 강유위가 탈출하다

079 검술 명수 왕오 226
무술명수 유신을 동정하고 미국인과 싸우다

080 진보잠의 죽음 228
폭군의 학정 아래에서는 밤잠도 제대로 잘 수 없다

081 갑골문의 발견 230
최초의 한자인 갑골문이 우연히 발견되었다

082 낭방 대첩 232
의화단이 미국인과 영웅히 싸우다

083 섭사성 235
영용히 적을 소멸하고 장렬히 순국하다

084 태후의 피난 238
8개국 연합군이 침공하자 자희 태후가 도망갔다

085 은전 9억 8000만 냥 245
청나라 말기 70년에 걸쳐 체결된 치욕적인 조약

086 환관 이연영 247
일개 태감이 청나라 말기 황실의 절반 역사를 남겼다

087 경사대학당 250
20세기 중국의 첫 대학

088 장원 장건 253
중국 근대에 처음으로 상업을 경영한 장원

089 《동백꽃 아가씨》 255
임서는 서방문학을 번역하고 진술한 권위자다

090 상무인서관 257
낡은 것을 버리고 새것을 창조해 국민을 계몽하다

091 《소보》와 '소보 사건' 260
하나의 중대한 반청 정치 사건이 남방에서 터지다

092 손중산이 런던으로 피난하다 263
한 사나이가 천지를 개변하려 하다

093 혁명을 위해 희생한 첫 사람 265
가장 기억하고 추모해야 할 열사 명단의 첫 사람

094 열혈청년 진천화 268
탄식하지 말고 깨어날 것을 호소한 격문

095 동맹회 272
중국 최초의 혁명당

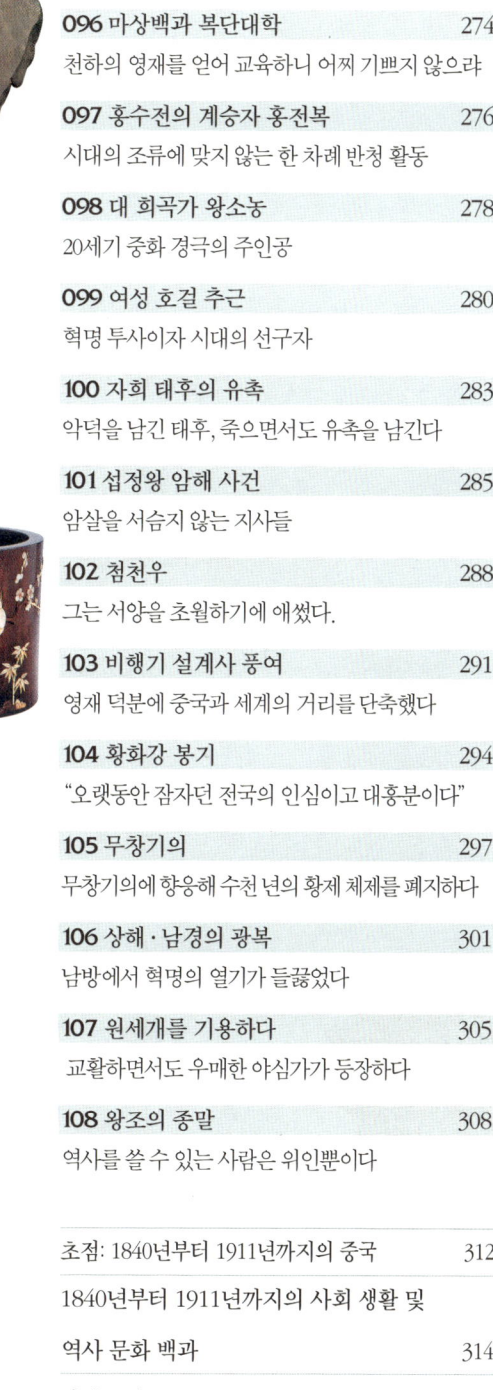

096 마상백과 복단대학 274
천하의 영재를 얻어 교육하니 어찌 기쁘지 않으랴

097 홍수전의 계승자 홍전복 276
시대의 조류에 맞지 않는 한 차례 반청 활동

098 대 희곡가 왕소농 278
20세기 중화 경극의 주인공

099 여성 호걸 추근 280
혁명 투사이자 시대의 선구자

100 자희 태후의 유촉 283
악덕을 남긴 태후, 죽으면서도 유촉을 남긴다

101 섭정왕 암해 사건 285
암살을 서슴지 않는 지사들

102 첨천우 288
그는 서양을 초월하기에 애썼다.

103 비행기 설계사 풍여 291
영재 덕분에 중국과 세계의 거리를 단축했다

104 황화강 봉기 294
"오랫동안 잠자던 전국의 인심이고 대흥분이다"

105 무창기의 297
무창기의에 향응해 수천 년의 황제 체제를 폐지하다

106 상해·남경의 광복 301
남방에서 혁명의 열기가 들끓었다

107 원세개를 기용하다 305
교활하면서도 우매한 야심가가 등장하다

108 왕조의 종말 308
역사를 쓸 수 있는 사람은 위인뿐이다

초점: 1840년부터 1911년까지의 중국 312

1840년부터 1911년까지의 사회 생활 및

역사 문화 백과 314

찾아보기 322

13

청나라 후기 역사 전문가의 연구와 주장

청나라 후기 역사 전문가 상해 사회과학원 연구원　슝웨즈熊月之

전문가 서문

1840년 아편전쟁의 시작부터 1911년 청나라 멸망까지를 청나라 후기라고 한다.

중국 역사상 이 시기는 특수한 시대로 꼽히는데, 이 시기에 중국이 가장 큰 변화에 직면한 시대였기 때문이다. 그 이전의 중국에도 비록 외부 민족과의 관계는 있었지만 그 민족들은 비교적 문화 수준이 낮았다. 그래서 그들을 중원에 거주시켰으나 결국 유학儒學을 핵심으로 한 중국 문화에 동화되었다. 이로 인해 중국은 항상 다른 나라보다 뛰어나다고 생각했고, 다른 민족도 그 생각에 동조해 중국을 섬겼다. 그러나 청나라 후기에 들어서면서 정황은 크게 바뀌었다. 이때 중국이 대면한 영국, 미국, 프랑스 등은 전의 흉노, 선비, 몽골과는 비길 수가 없었다. 한쪽은 동방의 아시아이고 다른 한쪽은 서방의 유럽, 미국이었다. 비록 유럽과 아시아는 이미 교류가 있긴 했지만, 그 교류는 미미하고 주관적이었다. 청나라 후기 들어 중국이 상대할 대상은 생소할 뿐 아니라 강대해서 방비하기 어려웠다. 이로 인해 중국은 어쩔 수 없이 서방이 이룩해 놓은 세계의 격식에 끌려 들어갔으며 전에는 한 번도 경험해 본 적이 없는 변화에 직면했다.

이 시대는 변방에 전쟁이 많았던 시대다. 서방 열강들은 끊임없이 중국을 침략했는데, 두 차례의 아편전쟁과 중국과 프랑스와의 전쟁, 또 중·일본의 전쟁을 비롯한 8개국 연합군과의 전쟁에서 중국은 연이어 패배했다. 그 결과 중국이 전쟁 당사자와 맺은 불평등 조약은 영토를 떼어 주고 막대한 돈을 배상하는 등 국권의 상실이라는 치욕을 안겨 주었다. 또 그 영향으로 아편과 서양 상품이 수입되고, 서방의 자본이 들어왔으며 문화가 침투되었다. 이때부터 중국은 독립적인 주권 국가에서 반식민지의 심연에 빠져들었다. 이런 열강들의 침략은 중국인의 반향을 일으켜 중국 곳곳에서 민족적이고 애국적인 기운이 싹트게 했다.

청나라 후기는 전제 통치의 고질적인 병폐로 백성들의 불만이 고조되어 있던 시기였다. 비록 부패하고 무능했지만 서양 열강의 침략에 청나라의 통치 집단이 저항하지 않은 것은 아니었다. 청나라의 통치 집단도 서양 세력에 맞서 무기 제조국을 설치하고, 동문관을 창설했으며, 해군을 창건하고, 신군을 편성했다. 또 과거제도를 폐지하고, 학교를 세우고, 관리 등용제도의 개혁 등 그들은 지속적으로 노력을 했다. 대외적으로 전쟁에서부터 종전에 이르기까지 군사·경제·문화, 정치 등 모든 분야에서 황제를 비롯한 모든 관료들이 온 힘을 다해 이 위험한 국면을 헤쳐가기 위해 노력했다고 말할 수 있다. 그러나 쇠락하고 부패한 나라를 일으킨다는 건 불가능했기 때문에 백성들이 겪는 고통은 줄어들지 않았다. 그리하여 전제 통치에 반대하는 국민의 투쟁이 계속 발생했다. 태평천국 운동은 10여 년 지속되어 10여 개 성을 점령했으며 그 규모나 그로 인한 파장은 중국에서 일어난 봉기 중에서 가장 컸다고 할 수 있다.

　하지만 이런 일들을 겪으면서 중국의 경제·사회·문화가 서서히 변화하고 발전하기 시작했다. 경제 분야에서는 기계를 도입하고 광산을 개발하고 공장을 지었다. 또 기선을 통항시키고 철도를 부설하는 등 사회 간접 자본도 만들어지기 시작했다. 이로 인해 거대한 자본을 바탕으로 큰 장사를 하는 자본주의 기업들도 생겨났다. 이런 변화 속에서 사회적인 풍속과 관습도 흔들리기 시작했으며, 문화적으로도 과학기술을 포함해 전통적인 규정과 사상이 변해 점차적으로 중국의 근대 문화를 형성했다. 이런 근대 문화는 중국의 고대 문화가 서방 문화를 흡수한 후 계속 발전했는데, 그중에는 서양에서 들어온 것도 있고, 기존에 있던 문화를 회복한 것도 있었으며, 완전히 새롭게 창조된 것도 있었다. 예를 들면 과학기술은 새로 들어오거나 모방했고, 사상과 문화는 흡수하거나 개조했다.

　이처럼 격변하는 정세로 인해 청나라 후기에는 많은 사건이 있었다. 특히 인쇄 기술이 발달해 그 시대의 역사 자료를 많이 남길 수 있었으며, 이로 인해 우리는 그 시대의 풍부하고 생생한 역사를 알 수 있게 되었다.

찬란한 중국 역사 한눈에 보기

이 시리즈를 읽기 전에

《중국을 말한다》는 재미나는 이야기, 다채로운 그림, 풍부한 지식 등을 집대성한 중국 역사 백과사전으로 중국의 역사와 찬란한 문명을 한눈에 보여 준다. 이 책을 효과적으로 이해하려면 옆의 안내도를 꼼꼼하게 읽고 참조하기 바란다. 그러면 중국 역사가 한 폭의 그림처럼 눈 앞에 펼쳐질 것이다.

독창적인 구성으로 역사와 문화의 매력을 적절하게 표현하고 있음은 물론, 저자의 의도를 최대화시키고 있다.

광범위한 지식 정보와 귀중한 역사 자료에 그림과 사진이 더해져 누구라도 쉽게 이해할 수 있도록 했다.

이 책은 유구한 중국 역사를 이야기로 엮어, 읽는 이들의 흥미를 배가시키고 있다. 또한 이야기마다 각각의 대제목과 소제목을 붙여 본문의 중요 내용을 쉽게 파악할 수 있도록 했다.

또한 이 책은 단순히 이야기에만 그치지 않고 거기에 합당한 정보를 종합적으로 전달해 주고 있다. 이를테면 이야기의 감성적 느낌과 역사 지식에 의한 이성적 느낌을 결부시켜 읽는 이들에게 나무와 숲을 동시에 보도록 한 것이다. 또한 '중국사 연표', '세계사 연표', '역사문화백과', '역사 시험장' 및 그림과 사진 설명을 통해 다양한 역사 지식을 두루 섭렵할 수 있도록 하고 있다.

동시에 페이지마다 삽입된 수많은 그림과 사진은 그 내용이 풍부해서 지나온 역사를 시각적으로 느끼게 하고 있으며, 각각의 역사 단계와 사회의 발전과 변화를 입체적으로 표현해 역사책이라는 지루함을 최소화했다.

- 이야기 제목

- 이야기 번호 : 이 번호는 이야기의 순서일 뿐만 아니라 찾아보기를 보다 쉽게 이용할 수 있게 한다.

- 역사 시험장 : 본문과 관련된 역사 문화 지식에 대해 왼쪽에서 물어보고 오른쪽에 답안을 제시했다.

- 역사문화백과 : 동시기와 관련되는 정치, 경제, 문화, 과학 기술 등 다방면의 지식을 소개하였다.

- 중국사 연표 : 본 이야기와 비슷한 연대에 중국에서 발생한 중요 사건을 기술함으로써 중국 역사 발전의 기본 맥락을 제시한다.

- 이야기 안내 : 역사 이야기를 요약하여 소개함으로써 본 이야기의 중심을 쉽게 파악하도록 도와준다.

- 세계사 연표 : 중국사 연표와 비슷한 시기에 발생한 세계의 중대한 사건을 제시함으로써 중국과 세계를 비교할 수 있도록 하고 있다.

| 세계사 연표 |
1882년
독일의 시민즈가 전차를 만들기 시작했다.

조서의 반포

6월 11일 광서 황제가 유신변법의 첫 막을 올리는 '명정국시소明定國是詔'라는 조서를 내렸다. 여기서 '국시'란 국가의 대정 방침이라는 뜻의 국책이라는 말로, 조서에는 다음과 같이 지적되어 있다.

1840~1911 청나라·II

- 출전은 설화의 주요 정황을 제시해 권말의 찾아보기에서 쉽게 찾을 수 있게 해 풍부한 정보량과 실용성을 갖추었다.

- 본 책의 역사 연대의 시작과 끝.

- 단락 제목 : 단락의 주제를 제시해 단락의 중점을 파악하기 쉽도록 돕고 있다.

- 그림과 사진 : 지나간 역사를 직관적으로 재현시킨다. 이 책의 그림과 사진을 종합해 나열하면, 그것으로 중국 역사를 체험할 수 있다.

- 그림, 사진 설명 : 그림과 사진에 깃든 역사 문화 지식을 기술함으로써, 그 시기 역사를 보다 실제적으로 느낄 수 있도록 하고 있다.

- 표는 분산된 정보를 종합함으로써 통일성을 이루게 한다.

17

1840년 > 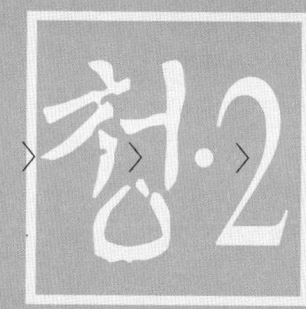 > 1911년

머리말

1840년~1911년
청나라 후기 70년간의 변화

청나라 후기

상해사회과학원 역사연구소 연구원 탕즈쥔湯志鈞

빗장을 열다

아편전쟁은 굳게 닫힌 청나라의 빗장을 열었다. 일찍이 16세기 영국 상인은 여러 번 중국으로 통하는 항로를 탐지했다. 자본주의가 발전함에 따라 1792년 영국은 중국에 특사를 파견해 항구를 개방할 것을 요구했으나 거절당했다. 그 후 수차례 특사를 파견했으나 여전히 뜻을 관철시키지 못했다. 그러나 영국 동인도회사는 아편의 특허권을 취득해 중국에 대량으로 판매했으며, 통상 항구를 개방할 것을 요구했다. 청나라 정부는 정치·경제·문화적으로 세상과 동떨어진 대외정책을 추구했다. 아편을 판매하려는 영국은 중국의 굳게 닫힌 빗장을 열려고 시도했다. 아편이 유통되자 많은 아편 중독자가 발생되었고, 많은 은화가 영국으로 유출되었다. 1838년 호광총독 임칙서는 상주서를 올려 아편을 엄금할 것을 청구하고 "만약 그대로 둔다면 수십 년 후에는 중원에 적을 방어할 만한 군대가 거의 없어지고 군량을 보충할 은화가 바닥날 것입니다."라고 했다. 이듬해 임칙서는 흠차대신으로 광주에 왔으며 영국의 중국주재상무감독 의률義律과 외국 상인들을 핍박해 아편 237만여 근을 바치게 하고 6월 3일부터 호문의 바닷가에서 소각했다. 1840년 2월 영국은 전쟁을 결정하고 의률懿律을 동방원정군 사령으로, 의률義律을 부사령으로 임명했다. 임칙서에게 밀린 영국 함대는 우회해 하문을 공격했으나 민절총독閩浙總督 등 정정鄧廷楨이 영솔하는 군에게 격퇴당했다. 7월 영국군이 북진하자 도광 황제는 기선을 광주에 파견하고 임칙서와 등정정을 면직했다. 1841년 영국군은 사각沙角, 대각大角의 포대를 진공했다. 도광 황제는 혁산奕山을 파견해 군사를 이끌고 전투를 지휘하게 했다. 2월 영국군은 호문의 포대를 맹렬히 공격했는데 관천배는 군을 영솔해 결연히 맞서 싸우다 장렬히 희생당했으며, 혁산은 화해를 구했고 '광주화약'을 체결했다. 7월 정해, 진해, 영파는 연이어 적들에게 함락되었다. 1842년 6월 영국군은 오송포대를 진공했다. 강남제독 진화성은 혈전에서 희생되었다. 8월 영국군은 남경의 강 수면을 침입했고 노영과 부정차는 '남경조약'을 조인해 중국의 빗장을 열었으며 중국은 봉건사회로부터 반식민지·반봉건 사회로 전락하기 시작했다.

중국 국민은 굴복하지 않는다

영국이 광동을 침범했을 때 삼원리三元里 백성들은 항영 투쟁을 벌였다. 1841년 5월 영국군은 광주성북에서 갖은 행패를 부리며 약탈하고 부녀자를 추행하면서 삼원리 이북 구릉지대 우란강牛欄崗에 이르렀다. 30일 아침, 수천 명 군중은 손에 호미·삽·몽둥이·칼·창·망치·새총을 들고 영국군에 대항했다. 영국군이 진공하니 매복하던 군중은 전고소리 높이 적군을 포위·공격하고 갖가지 깃발이 전야를 덮고 함성이 하늘을 뒤덮었으며, 부녀자와 아이들도 싸움을 돕고 나섰다. 영국 침략군이 장강을 침입하자 인민들의 자발적인 항영 운동도 수시로 발생했다. 송강松江 어민들이 영국 윤선을 유인해 유호의 얕은 물에 들어서게 해 영국선의 서쪽으로 전진하는 것을 저지시키는가 하면 정강 군민들이 영국군의 공격을 격파했으며, 강음 일대 주민들이 소부대의 영국군을 살상했고 과주·의정의 제염업자들이 영국군을 보기만 하면 대총을 발사하는 등 굴복하지 않는 중국 인민들의 투쟁 정신을 충분히 발휘했다. "백성은 관리를 두려워하고 관리들은 서양인들을 두려워하고 서양인들은 백성을 두려워한다."는 광주 일대에 전해지는 민요는 당시의 시대 상황을 묘사한다.

> 1840년~1911년
> 청나라 후기 70년간의
> 풍운 변환
> **청나라 후기**

태평천국운동

홍수전은 하느님숭배회를 창립하고 1851년 1월 11일 광서성 금전촌에서 봉기해 영안을 공격하고 무창武昌을 함락했으며, 남경을 점령하고 '천조전무제도'를 반포했으며, 향관제도를 정립하고 강남 대영을 격파했다. 그 후 영국·프랑스·미국 침략자들은 제2차 아편전쟁을 일으키고 청나라 정부를 도와 봉기를 진압했다. 태평천국 지도 집단이 분열되자 중국번의 상군, 이홍장의 회군은 외국 침략자들과 연합해 강소·절강에서 포위·공격했다. 1864년 7월 천경이 함락당했다. 태평천국운동을 진압하자 청나라 정부는 손을 빼 서남 지역의 각 민족의 봉기를 진압하기 시작했다. 비록 태평천국은 실패했지만 이는 중국 역사상 가장 큰 농민전쟁이었다. 그들은 정권을 건립하고 반봉건의 강령을 제출했으며 14년이나 지속되었고, 60여 개 도시를 점령하고 절반의 중국을 휩쓸었으며, 청나라의 봉건 통치와 외국 침략자에게 큰 타격을 주었으며 중국 국민의 혁명 투지를 격려했고 역사의 전진을 추동했다. 홍인간이 조정을 총괄한 후 〈자정신편資政新篇〉을 반포해 "국가를 다스리려면 정치를 먼저 내세워야 하고, 정치를 내세우려면 반드시 시세에 따라 처리하고 형세에 맞춰 행사해야 한다."라는 요점의 시정강령을 제시했다. 주로 정치 개혁을 틀어쥐고 서방을 따라 배울 것을 주장했다. 태평천국은 필경 한 차례의 농민전쟁으로, 봉건세력을 뒤엎는 사명을 완성할 수는 없었으나, 그의 업적은 중국 역사에서 휘황한 한 페이지를 장식했다.

외국의 우월한 기술을 본받아 외국에 대처하다

청나라의 칼과 활은 어찌하여 외적의 서구식 무기를 이기지 못하는가? 영국의 함선이 어찌하여 꽉 닫힌 중국의 대문을 열었는가? 당시 학식 있는 인사들은 이런 문제를 냉정히 사고했다. 위원은 임칙서가 번역한 문장 〈4주지四洲志〉를 보고 명나라 말기에서부터 서양인이 쓴 자료를 수집해 1842년 총 50권의 《해국도지》를 편찬했고 후에 60권, 100권으로 늘렸다. 그는 "외국에 훌륭한 기술 세 가지가 있는데, 첫째는 군함이고, 둘째는 화기火器이며, 셋째는 군사 훈련 방법이다."라면서 이를 마땅히 따라 배워야 한다고 했다. 광동성에 조선 공장, 화기 공장을 창설해 "그 기교를 학습한다면 1~2년 후면 외국 사람에 의거하지 않아도 된다"라고 했다. 그리하여 "외국의 우월한 기술을 본받아 외국을 대처하려" 했다. 그가 "외국을 본받는 것"은 "외국을 대처하기" 위해서였고, 서방을 배우는 것은 국가의 부강을 위해서였다. 하지만 후에 증국번, 이홍장은 "서양 군대의 힘을 빌려 국내 토벌에 이용"하려 했다. 증국번은 "윤선을 쓰면 반란자들을 토벌할 수 있고 원정을 빈번히 할 수 있다."라고 했으며, 이홍장은 "중국의 문무제도는 서양인보다 우월하나 화기만은 못하다."라면서 제조국을 창설해 총과 대포를 제조하려 계획했다. 그들은 신식군사공업을 건립하려고 하면서 청나라 정부 내부의 '양무파洋務派'를 형성했다. 양무파는 군사 공업의 창설에 가장 큰 힘을 쏟았다. 19세기 60년대부터 1895년 중·일 갑오전쟁이 결속되기까지 30년 동안 양무파는 크고 작은 군사 공업 항목 21개를 설립했는데, 그중 규모가 비교적 큰 것은 강남제조총국, 금릉기계국, 복주선정국과 천진기계국이었다. 양무파는 자본주의의 광산업과 교통운수업도 창설해 군사 공업에서 수요하는 원료, 연료와 운수를 공급했는데, 그중 규모가 비교적 큰 것은 윤선초상국輪船招商局, 개평광무국, 정보총국, 한양제철공장, 상해기계방직국, 직포국 등이었다. 이러한 기업 중 많은 것은 관청이 설립한 것이고 상인들이 설립하고 관청이 감독하는 것도 있었는데 매판·지주·상인들이 자금을 대기는 했으나 "관청이 감독하는 통에 상인이 손해를 보아" 결국 부유해지지 못했. 중·프 전쟁의 폭발은 청나라 정부의 부패무능을 폭로했다. '자강', '자부'라고 허풍을 떨던 양무운동은 1895년 중·일 갑오전쟁의 실패로 철저히 파산되었다.

갑오전쟁과 '마관조약'

아편전쟁에서 청나라는 오랜 자본주의 국가인 영국에게 패하고 갑오전쟁에서는 '명치유신' 이후 30년도 안 되는 일본에 패했다. 갑오전쟁은 일본이 조선을 병탄하고 중국으로 확장하기 위해 발동한 침략전쟁이다. 1894년 봄, 조선에서는 동학당 농민봉기가 폭발하고 일본은 이 기회를 틈타 출병했다. 7월 25일, 일본 함대는 아산구외반도 부근에서 중국 군함을 향해 돌연 습격을 가하고 육군은 아산의 청나라 군대를 진공한 데서 8월 1일 중·일은 정식으로 선전포고를 했다. 일본군은 9월 평양을 함락하고 해군은 정여창이 영솔하는 북양함대를 습격, 북양함대는 위해로 철퇴했다. 이어 일본은 전체 조선을 점령하고 황해, 발해의 해상권을 장악했다. 11월에 여순旅順이 함락당하고 1895년 3월에는 요동반도遼東半島를 잃어 북경은 대경실색했다. 4월 17일 '시모노세키 조약'이 체결되었다. '남경조약'에서는 2100만 원을 배상하기로 했으나 '시모노세키 조약'에서는 2억 냥을 배상하도록 하여 무려 10배나 증가했다. '남경조약'은 홍콩을 떼어 주었으나 '시모노세키 조약'에서는 전체 대만섬과 부속 열도를 떼어 주기로 했다. '남경조약'에서는 연해 지역인 광주·복주·하문·영파·상해를 통상 항구로 지정했지만 '시모노세키 조약'에서는 사시·중경·소주·항주를 개방하고 "마음대로 공장을 세울 수 있도록" 하여 연해에서 내지로 침입할 수 있게 된 것이다. 이로써 중국의 반봉건·반식민지 지위는 더욱 심해졌다. 어찌하여 중국의 30년간의 양무운동은 이러한 굴욕을 받게 되었는가? 어찌하여 '부강'의 기치를 든 '신정'은 중국을 '부강' 시키지 못했는가? 이처럼 참혹한 현실은 유지인사들을 각성시켜 갑오전쟁 실패 이후 마침내 유신개혁운동과 반청혁명운동이 차례로 발발했다.

황제와 공자의 두 권위

갑오전쟁 이후 '구망도존救亡圖存'의 애국 운동이 빠르게 발전해 서방을 따라 학습하려는 강유위가 이 운동의 지도자로 등장했다. 기나긴 봉건통치 아래서는 황제의 권위를 동요할 수 없었고 공자의 권위도 동요할 수 없었다. 강유위는 황제의 권위를 이용해 법률을 고치려 했다. 1888년 중·프 전쟁 후 제국주의자들이 중국의 서남 변경까지 침입해 엄중한 민족 위기에 처하자 그는 솔선해 광서 황제에게 상주서를 올려 변법을 청구하고 조정의 일부 대신들도 그 상주서를 황제에게 전하려고 갖은 방도를 다 썼으나 광서 황제의 스승인 옹동화를 제외한 기타 대신들은 중시하지 않았다. 그야말로 "호랑이 떼가 9관을 지켜 황제의 궁문을 두드릴 수 없는" 형국이어서 광서 황제는 상주서를 아예 볼 수조차 없었다. 강유위는 또 공자의 권위를 이용해 변법을 추동하려 했다. 그는 〈신학위경고新學僞經考〉를 쓴 뒤, 이어 〈공자개제고孔子改制考〉를 쓰고 공자를 '만세교주萬世敎主'라 칭하면서 봉건 시대의 대 성인을 '탁고개제托古改制'의 인물로 묘사했다. 갑오전쟁 이후 강유위는 민족 위기의 엄중성을 여러 번 상주하면서 법을 개정할 것을 청했다. 갑오전쟁 전에 청나라 정부의 재정은 이미 곤란에 빠져 있었다. 통계에 따르면 이 시대 매년 수입과 지출이 같아 남는 것이 없었다. 그러다 보니 단시일 내에 2억 냥이나 되는 거액의 배상금을 준비한다는 것은 불가능한 일이었다. 하는 수 없이 청나라 정부는 러시아, 프랑스, 영국, 독일 등 나라와 조약을 체결하고 차관을 들여왔다. 제국주의 국가들은 이 세 차례의 차관을 계기로 중국의 관세에 대한 공제를 강화하고 또 철도·광산 개발 등의 항목에 대한 대출과 투자로 철도 건설, 광산 개발의 권리를 약탈했고 철도·광산 부근의 경제와 정치상의 특권을 차지해 대청제국을 서로 뜯어먹었다. 이해에 드넓은 강산은 제국주의에 유린당해 핏자국이 선연했다. 이때 변법으로 자강하려는 강유위는 북경에 가 시험받는 기회를 이용해 각 성의 거인 1300여 명을 연합해 1895년 5월 2일 청원서를 올려 보냈는데, 이것이 바로 유명한 '공거상서公車上書'다. '공거상서'는 거절당했지만 강유위는 계속 상소했다. 동시에 학회를 조직하고 신문·잡지를 창설했으며, 광서 황제가 "여전히 개혁의 지향이 있기를" 바라며 그의 유지로 사회의 풍모를 개변하고 변법을 일으켜 자강 목적을 달성하려 했다.

광서 황제의 결의

즉위할 때 겨우 네 살이던 광서 황제가 '수렴청정'하던 자희 태후의 품속에서 성장했다. 1889년 광서 황제가 '대혼大婚' 후 친정을 시작하자 자희 태후는 겉으로는 '귀정歸政'했으나 암암리 정사를 조종했다. 이때는 바로 중·프 전쟁이 끝난 지 얼마 되지 않은 때로, 태후 일당으로 말미암아 국권을 상실하고 나라 형편이 어지러웠다. 그리하여 서방 열강들의 침략을 당했을 뿐만 아니라 동방의 일본도 '용안'을 건드렸다. 갑오전쟁 때 광서 황제는 항거할 것을 주장했으나 전쟁에서 실패하자 '시모노세키 조약'을 체결, 광서 황제도 "변법이 아니면 나라를 일으켜 세울 수 없다"고 생각하고 1895년 7월 "시국에 맞게 처리하라"는 '상유上諭'를 반포했다. 그러자 강유위 등 유신파는 기쁨에 넘쳤다. 광서 황제는 개혁할 생각이었지만 자희 태후는 정권·군권을 틀어쥐고 옛것을 고수하면서 황제와 군신들의 내정·외교에 대한 우려를 모르는 체했다. 1898년 6월 1일 강유위는 어사 양심수楊深秀를 대체해 〈청정국시이명상벌절請定國是而明賞罰折(국가는 장려와 처벌이 명확해야 한다는 청원 상주서)〉을 쓰고 〈일본변정고日本變政考〉를

1840년~1911년
청나라 후기 70년간의
풍운 변환

청나라 후기

올려 보냈다. 6월 11일 광서 황제는 양심수와 시독학사 서치정徐致靖의 상주서에 근거해 군기전당을 모아 놓고 '하조정국시下詔定國是(국가의 정략을 정함)'를 반포, 변법이 시작되었다. '하조저국시'가 반포된 후 강유위는 적지 않은 신정상주서를 올려 보냈고, 광서 황제도 적지 않은 상유를 내려 보냈다. 그러나 태후 일당이 군정 실권을 공제하기 급급해 신·구 투쟁은 격렬해졌다. 주요 충돌은 네 차례 있었는데, 제1차는 6월 15일 황제 편인 옹동화가 파직되고 태후 일당인 영록榮祿이 임명되었다. 이리하여 황제당의 세력이 쇠약해지고 황후 당이 군정 실권을 장악했다. 제2차는 6월 20일 제당 송백노宋伯魯, 양심수가 후당의 예부상서 총리각국사무대신 허응규許應騤가 "낡은 틀을 지키고 틀린 것을 고집"하며 "신정을 저애한다."며 탄핵해야 한다는 상주서를 올렸다. 제3차는 7월 8일 강유위가 파직되었다. 제4차는 9월 4일 예부상서 회탑포懷塔布, 허응규 등이 주사 왕조王照의 상주서를 저애해 회탑포 등 6명을 황제가 파면했다. 표면상으로는 광서 황제가 새 사람을 등용해 황후 당에 반격을 가했으나 황후 당은 도리어 군정 실권을 장악하고 정변을 획책했다. 그러자 광서 황제는 "짐의 처지가 위태롭다."라는 내용의 '밀조'를 내려 개량파들에게 "급히 구원할 것"을 요청했다. 밀조를 받자 강유위 등은 무릎 꿇고 통곡하면서 원세개袁世凱를 끌어들여 함께 거사하려 했다. 담사동譚嗣同이 자진해 원세개를 찾아 함께 황제를 보좌하자고 설득했는데, 양면파인 원세개는 수긍하는 척하다가 영록에게 낱낱이 밀고했다. 광서 황제가 일본의 이토 히로부미를 접견한 이튿날, 자희 태후는 궁으로 돌아와 정변을 일으켰다. 강유위와 양계초梁啓超는 일본으로 도망쳤다. 역사상 '6군자'라 불리는 담사동, 임욱, 양심수, 유광제, 강광인, 양예는 살해되었다. 이리하여 '백일유신'은 실패했다. 그러나 강유위가 수차례 상주서를 올려 보내 변법을 추동하고 양계초가 절강 등지에서 강의하며 여론을 조성했으며, 담사동이 목숨을 바쳐 가며 유신을 견지하는 등 일련의 사실은 중국 지식인들이 우국우민憂國憂民의 전통과 치욕에 굴하지 않고 뒤떨어지는 것을 달가워하지 않는 중국 인민의 불굴의 정신을 구현했다.

혁명과 개선의 분수령

중국 최초의 자산계급 혁명단체는 갑오전쟁 이후 손중산이 향산香山에서 설립한 홍중회興中會다. 이듬해 그는 홍콩에서 양구운楊衢云을 흡수해 보인문사를 창설하고 홍콩홍중회를 설립했으며, 광주 봉기를 계획했으나 실패했다. 1898년 정변이 발생해 강유위와 양계초가 일본으로 망명하자 바로 일본에 있던 손중산, 진소백陳少白이 인맥을 통해 강유위와 양계초에게 합작할 것을 제의했으나 거절당했다. 그 후 강유위는 캐나다에 가서 보황회保皇會를 조직했다. 1900년 7월 26일 당재상唐才常이 강유위의 지시에 따라 상해에서 '국회'를 발기하고 자립회를 창설했으며 자립군을 조직했다. 그들은 "외국에 머리를 숙일 수 없고, 노예가 될 수 없다."면서 "같은 민족이 아니면 마음이 다르다."라고 주장했지만 다른 한 면으로는 "군신의 도리를 어찌 폐기하랴."라고 했다. 이처럼 모호한 이념을 제기하자 회의에 참가한 장태염章太炎은 "한 면으로는 만족을 배척하지만 한 면으로는 왕을 보좌하고 한 면으로는 만청나라 정부를 승인하지 않으면서 다른 한 면으로는 또 광서 황제를 옹호한다."라고 반대하면서 "탈사를 선언하고 머리채를 잘라 관계를 끊었다." '머리채를 자르는 것'은 당시에는 결코 쉬운 일이 아니었다. 청나라 군대가 관내에 들어온 이후 머리를 따는 데 불복한 수많은 한족 사람들이 살해되었다. 장태염은 또 〈정구만론正仇滿論)을 써 혁명파의 《국민보》에 발표해 양계초가 《무술정변기戊戌政變記》, 《광서성덕기光緒聖德記》, 《적약소원론積弱溯源論》에서 광서 황제에 대한 "충애의 마음이 간절해 그 소리를 가리지 않았다"고 비판했다. 1902년 장태염은 도쿄에서 〈중국 망국 242년 기념서〉를 발표해 손중산의 지지를 얻었다. 1903년 3월 장태염은 상해의 애국학사에서 교편을 잡고 추용鄒容이 쓴 책 《혁명군》의 〈서언〉을 썼으며, 《강유위의 혁명을 논함을 반박하다》라는 책을 써서 개량파들이 '성군'으로 모시는 광서 황제를 '어릿광대이고 콩과 보리를 분간하지 못하는 우매한 자'라고 비판했다. 이 문장의 일부분과 《혁명군》은 《소보蘇報》에 게재되었다. 청나라 정부와 상해조계 당국은 결탁해 장태염과 추용을 감옥에 가뒀다. 이때부터 혁명과 개선은 명확히 갈라졌으며 혁명이 거세게 일어났다.

1840년~1911년
청나라 후기 70년간의
풍운 변환
청나라 후기

황제가 뒤엎어졌다

손중산이 첫 자산계급혁명단체인 흥중회가 창설된 후 1904년 황흥黃興이 지도하는 화흥회華興會와 채원배蔡元培가 지도하는 광복회光復會가 연이어 형성되었다. 1905년 8월 20일 손중산의 창도로 3회는 일본에서 연합해 동맹회를 성립하고 손중산이 총리로 선출됐으며 "북방의 야만민족을 몰아내 중화를 회복하고 민국을 창립해 지권을 평균하는" 것을 강령으로 개량파와 첨예한 투쟁을 했다. 1906년 장태염은 출옥해 일본으로 건너가 동맹회의 기관신문 《민보》를 책임 편집하면서 '개량파의 목적은 봉록을 타먹는데 있다.'고 폭로하고 청나라를 뒤엎고 '민국을 창립'할 뜻을 명확히 선전했다. 이처럼 장태염은 모든 악세력과 날카롭게 맞서 당해낼 자가 없었다. 손중산의 지도 아래 동맹회는 수차 무장봉기를 발동했다. 1911년 청나라 정부가 철도부설권을 팔아먹자 전국 인민의 반대를 일으켰다. 10월 10일 무창에서 무장봉기가 폭발했고 각 성에서 호응해 두 달 사이 호북·호남·섬서·강서·하북·운남·하남·강소·절강·광서·안휘·광동·복건·사천성이 연이어 독립을 선포했다. 청나라 정부는 빠르게 해체되었다. 손중산은 12월에 귀국해 17개 성의 대표회의 추천으로 임시대통령으로 당선, 1912년 1월 1일 남경에서 취임 선서를 하고 중화민국 임시 정부의 성립을 선포했다. 2월 12일 청나라 황제가 핍박에 의해 퇴위를 선포하자 청나라의 통치는 결속되었다. 신해혁명은 청나라 정부를 뒤엎었으며 중국의 2000년 봉건군주제도를 끝맺었다. 이후 비록 원세개가 '홍헌제제洪憲帝制', 장훈張勳이 '정사복벽丁巳復辟'을 했으나 전자는 80일에 지나지 않았고 후자는 더욱 짧아 12일이었다. 시대의 거센 물결은 막을 수 없으며 황제는 중국에서 다시 나타날 수 없게 되었다.

문화경관

서양의 문화가 동방으로 흘러들어옴에 따라 중국과 외국의 충돌도 발생했다. 청나라 후기의 70년은 길지는 않지만 변화무쌍한 시기였다. 문화 면에서만 수많은 경관이 출현했다. 그중에서 몇 가지 실례를 들어 보려 한다. 8고의 폐제와 학교의 창설이다. 청나라는 줄곧 명나라의 과거시험제도를 사용해 8고의 문체로 사상을 속박했다. 유신운동 기간 강유위 등은 여러 차례 과거제도를 폐지하는 데 관한 상주서를 올려 보냈고 광서 황제도 "일률로 시책론으로 고친다."라는 내용의 조서를 내리고 경사대학당, 철도광무학당 등 학교를 창설했다. 천진의 서학학당(북양대학당 전신), 상해남양공학上海南洋公學(교통대학) 전신도 선후해 설립되었다. 1902년 경사대학당은 정치과·문학과·농업과·공예과·상무과·의학과를 설치했는데 대부분이 자연과학이었다. 학제의 개혁으로 수신·독경 외에 중국문학·산술·역사·지리·격치·체육을 증설했으며 일부 중소학교에서는 "일심으로 성현서聖賢書만 읽는 것"이 아니라 중국 외의 역사를 이해하고 시야를 넓혀 점차 세계의 여러 나라에 관심을 가질 수 있게 했다. 각지 학교는 유신 운동 시대에 차례로 설립되었고, 그중에는 여자학교도 있었다. 또 유학을 떠나는 사람도 처음으로 생겨났다. 70년 사이에 처음에는 국가 파견 유학이었다가 자비 유학으로 발전했다. 1872년 용굉容閎 등이 처음으로 국가의 경비로 미국에 유학했다. 긴 두루마기에 마과를 입고 머리채를 드리운 30명의 중국 남자아이들이 상해의 부두에서 미국으로 가는 우편선에 올랐다. 1896년 총리아문에서는 "최근 교섭이 나날이 증가해 인재의 수요가 급증한다."는 명의로 동문관 학생 4명을 영국·프랑스·러시아·독일 등의 나라에 파견해 언어·문학·수학을 학습 목적으로 3년 동안의 유학을 보냈다. 같은 해 중국의 일본공사는 일본 정부의 동의를 거쳐 13명을 선발해 일본에 유학을 보냈다. 그 후 유학인 수는 계속 증가했다. 1901년의 통계에 의하면 국가비용과 자비로 일본에 간 중국 유학생은 272명이나 되었는데, 그중 호북·강소·절강·광동·호남 사람이 가장 많았고 여성도 3명이 있었다. 실제로 일본 유학생 수는 더 많다고 한다. 이후 유학생 수는 해마다 증가했다. 국내 교육의 개혁과 유학의 증가는 지식인의 시야를 넓혔고 세계를 알게 했으며 이후의 혁명운동을 추동했다. 신문잡지가 성행하고 현대도서출판업도 왕성해졌다. 아편전쟁 전 중국의 신문, 잡지는 대부분 외국 선교사들이 창간했고 그 종류도 많지 않았으며 판매량도 적었다. 아편전쟁 후 선교사와 외국인이 중국에서 경영하는 외국어 신문, 잡지가 꽤 많아졌다. 1895년 강유위·양계초는 북경에서 《만국공보萬國公報》, 《중외기문中外紀聞》을 창간하고, 상해에서 《강학보强學報》를 창간했다. 1897년 양계초는 상해에서 《시무보時務報》를 편집하고 마카오에서 《지신보知新報》를 편집했으며 엄복嚴復이 천진에서 《국문보國聞報》를 경영하고 당재상, 담사동이 선후해 《상학보湘學報》, 《상보湘報》를 경영했는데 그중 《시무보》가 영향이 가장 컸으며 판매량이 1만여 부에 달해 중국에서 신문이 나온 후 미증유의 일이었다. 이후부터 신문 잡지가 성행했다. 대부분의 신문, 잡지는 정치투쟁의 수요에 의해 창설되었지만 부분적으로 상업성 신문, 잡지도 있었다. 1903년 《소보蘇報》가 혁명선전을 하여 '소보사건'이 발생했다. 혁명을 선전하는 신문, 잡지는 국외에서 인쇄되고 국내에서 판매되었다. 예를 들면 《민보》다. 혹은 국내의 조계지에서 발행했다. 서방의 신식 인쇄 설비와 기술의 도입으로 중국에서도 활판 인쇄와 석판 인쇄 서국이 연이어 설립되었다. 1897년 상무인서관이 상해에 창설되고 인쇄소를 설치해 처음으로 종이형을 사용했다. 이후 번역편집국과 발행소를 설치했다. 1903년 장원제張元濟가 번역편집소의 소장 직을 담당하면서 편집부를 중문·영문·이화수학과 사전부로 나누고 그 후 교과서 《사해辭海》와 여러 가지 잡지를 출판해 국가적으로 역사가 유구하고 영향력이 큰 출판사가 되었다.

문학예술의 다양화

근대문학사에서 새로운 바람을 일으킨 선구자는 공자진龔自珍과 위원魏源이다. 그들의 시문은 예술상에서 독특한 특징을 지니고 있으며 양계초는 "문필이 출중해 경성은 물론 편벽한 농촌에서도 양계초라면 모르는 이가 별로 없었다." 황준헌黃遵憲은 시詩란 현실생활을 반영해야 한다고 주장했는데, 그의 시집《일본잡사시日本雜事詩》,《인경려시초人境廬詩草》는 독특한 풍격을 나타냈다. 유아자柳亞子, 진거질陳去疾 등은 '남사南社'를 창설하고 낡은 격률시의 속박에서 벗어났으며 임서林紓는《흑인노예의 어천록》을 번역했고,《신소설》,《월월소설》,《소설림》 등의 간행물이 세상에 태어났다. 청나라 후기 소설은 협객소설과 사회소설도 있었다. 이백원李伯元의《관장현형기官場現形記》,《문명소사文明小史》, 오견인吳趼人의《20년에 목도한 이상한 현황》은 더욱 유행했다. 연극 방면에서는 곤곡昆曲은 청나라 중엽에 쇠락되고 경극이 대신했다. 청나라 말기에 연극 개혁은 상해, 북경에서 경극혁신을 전개했으며 왕소농汪笑儂이《당인비黨人碑》를 연출해 북송 시대 사경선謝瓊仙의 이야기를 빌려 담사동 등 육군자를 편들어 노래하고《흑인노예 어천록》,《장문상이 말을 찌르다張文祥刺馬》 등 새로운 연극이 상연되었다. 음악 방면에서는 전통적인 음악 외에 서양 음악이 들어왔다. 예술 방면에서는 회화가 혁신을 가져왔는데 임이任頤(백년伯年), 허곡虛谷, 오창석吳昌碩 등 해외파의 회화가 특히 눈에 띄었다. 문학예술의 다양화는 근대 역사 중 하나의 독특한 특징이다.

> 1840년~1911년
> 청나라 후기 70년간의
> 풍운 변환
> **청나라 후기**

의식주행의 변화

70년 동안 의식주행은 전에 없는 변화를 가져왔다. 과거의 의관복식은 일반적으로 조정에서 반포하는 제도였는데 서양풍이 동방으로 불어오면서 시대에 맞는 복장이 나타났다. 마고자와 두루마기가 여전히 유행했으나 서양 복장이 대도시에서 나타났고 간단한 학생 복장도 있었다. 여자들의 복장은 아래는 치마, 위는 서양옷인 문명에 따른 새 복장이 나타나 전통 모양에 큰 변화를 가져왔다. 주택은 고층 아파트로 대도시에서는 화원과 골목들이 나타났다. 교통수단은 가마에서 인력거로 변했고 공공버스, 전차들이 도시에 나타났다. 청나라 후기의 70년은 풍운이 변화하고 있었다.

1840년~1911년

청나라 후기 전국지도

《중국 역사 지도집》 제8권: 청나라 시대 후기 시대

청나라 후기 세계표世系表

8 선종宣宗 아이신줴뤄 민녕旻寧(도광道光) → 9 문종文宗 아이신줴뤄 혁원奕詝(함풍咸豊) →
10 목종穆宗 아이신줴뤄 재순載淳(동치同治) → 11 덕종德宗 아이신줴뤄 재첨載湉(광서光緒) →
12 아이신줴뤄 부의溥儀(선통宣統)

1840년
영국과 아편전쟁이 발발했다.

| 중국사 연표 |

001

임칙서가 도성에 올라가다

도광道光 황제는 아편의 금지와 개방의 갈림길에서 갈피를 잡지 못했다. 임칙서林則徐는 애국심과 비범한 견식으로 중임을 맡았다.

도광 황제는 옹정雍正 황제 이래 금연정책을 계속해 금연을 강화했다.

그중에는 아편관을 경영하는 자는 교수형에 처한다는 규정도 있었고, 아편을 교역하는 자는 유배를 보내고 흡연하는 자는 벌금이나 노역에 처하는 등 많은 법을 시달했지만, 큰 효과는 보지 못했다.

엄금파와 해금파

도광 16년(1836), 당시의 아편 수입량은 초기의 4000상자에서 4만 200상자로 급증했다. 그때 태상사太常寺의 소경 허내제許乃濟가 해금할 것을 주장하는 상주문을 올렸다. 그는 아편을 금하는 법이 엄할수록 밀수 수법이 교활해지니 아편무역을 개방해야 한다고 주장했다. 그러나 도광 황제는 받아들이지 않았다. 이와 반대로 도광 18년(1838)에 홍로사경 황작자黃爵滋는 금연할 것을 주장하면서 1년을 기한으로 아편을 끊지 않는 자는 사형에 처할 것을 주장하는 상주서를 올렸다.

황제가 금연을 중시하다

도광 황제는 황작자의 상주서를 받아들여 각지의 장군, 독무督撫(명·청시대의 최고의 지방관리)들에게 발급했다. 그러자 국경을 관리하는 29명의 관원 중 21명이 황작자의 건의에 의견을 제출했다. 그중 도광 황제가 동감한 것은 호광총독 임칙서가 올린 상주서였다. 그는 상주문에서 "천하에 독이 유행하면 위해가 아주 크므로 엄하게 법으로 다스려야 합니다. 만약 그대로 둔다면 몇 십 년 후에는 중원에 적을 방어할 만한 군대가 거의 없어지고 군량을 보충할 은화가 바닥 날 것입니다."라고 썼다. 과연 그의 말대로라면 왕조의 기틀이 무너지고 황제 자리조차 보존하기 어려운 상황이었다. 이것은 아편에만 연관되는 문제가 아니라 국가와 민족의 생사존망이 달린 큰 문제였다. 이에 도광은 용단을 내려 해금파 우두머리 허내제를 해직시키고 임칙서에게 도성으로 올라와 면담하자는 유지를 내려 보냈다.

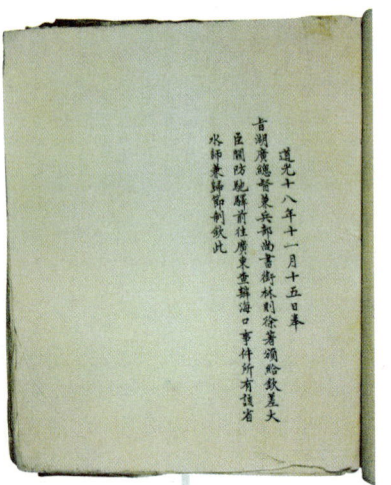

청나라 황작자의 상주서

황작자黃爵滋(1793~1853)는 자가 덕성德成이고 호는 수재樹齋이며, 강서성 이황 사람이다. 아편 밀수가 창궐하자 그는 도광 황제에게 아편을 엄금하고 아편 중독자가 아편을 1년 안에 끊지 못하면 사형에 처할 것을 건의했고, 도광 황제는 그의 주장을 대부분 받아들였다.

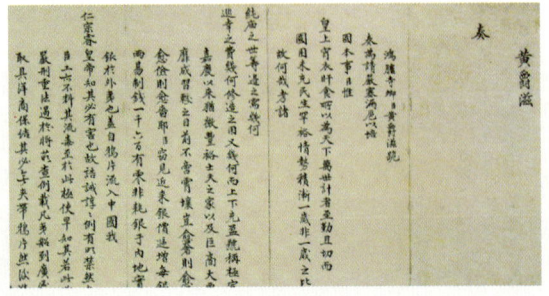

임칙서가 흠차대신으로 책봉되다 (위 사진)

도광 18년(1838) 11월 15일, 도광 황제는 호광총독 겸 병부상서 임칙서를 흠차대신으로 책봉하고 광동으로 파견해 금연의 중책을 맡게 함과 동시에 광동수군을 통솔케 했다. 위의 유지는 〈임칙서를 흠차대신으로 임명하는 유지〉다.

| 세계사 연표 |

영국군이 아프가니스탄에서 연이어 패전했다.

《동화석록東華續錄》
《운좌산방문초雲左山房文鈔》 출전

부친의 기대

임칙서는 복건성 후관侯官, 지금의 복주福州 사람으로, 1785년 평범한 가정에서 태어났다. 그의 부친 임빈일林賓日은 서당 훈장이었다.

임칙서의 어머니가 임칙서를 해산하는 날, 때마침 새로 부임한 복건 순무巡撫(지방 장관) 서사증徐嗣曾이 수행 인원들에게 둘러싸여 집 앞을 지나가자 임빈일은 뛸 듯이 기뻐했다.

황포 차림의 도광 황제
도광 황제(1782~1850)의 이름은 면녕綿寧으로 가경 황제의 둘째 아들인데, 즉위 후 이름을 민녕旻寧이라고 고쳤다. 재위 기간은 1821~1850년이다. 황포를 몸에 걸치고 천하를 호령하는 눈길이 침착하고 신중하다. 그림은 청나라 관정화官廷畵의 〈도광제조복상道光帝朝服像〉이다.

그도 한때 벼슬길에 오르려고 노력했고 언젠가는 벼슬에 오르기를 간절히 바라고 있었다.

그러던 차에 아들이 태어나는 날 큰 벼슬아치가 자기 집 앞을 지나가니, 아들이 장래에 꼭 큰일을 해내리라 짐작하고 칙서則徐라는 이름을 지어 주고 자를 원무元撫라고 했다. '칙'은 본받는다는 의미고 '원'은 시작이므로 아이가 자란 후 서사증을 본받아 그와 같이 높은 관리가 되어 그가 이루지 못한 꿈을 실현하고자 했다.

현명한 눈으로 근대 세계를 본 첫 사람 – 임칙서
임칙서(1785~1850)는 근대 중국의 위대한 애국자다. 그는 민족의 존엄과 국가의 독립을 수호했을 뿐만 아니라 현명한 눈으로 세상을 보고 근면하게 서방의 지식을 학습하며, 적극적으로 경세치용 사상을 제창하고, 근대 중국에서 서방을 따라 배우는 새로운 바람을 일으켰다. 그림은 청나라 사람이 그린 그의 초상화다.

1840~1911 청나라·2

태묘 31

| 중국사 연표 |

1840년
영국군이 북상해 대고(大沽) 입구에 이르렀다.

고궁 전경

황제의 신임

임칙서는 아버지의 기대에 부응해 20세에는 거인에, 27세에는 진사에 합격하여 한림원서길사翰林院庶吉士로 선발되었다.

후에 절강·강소·호북·하남·산동에서 임직한 임칙서는 탁월한 행정 능력을 보였다. 특히 호광총독 재직 기간에 아편을 금하는 행정으로 성공을 거두어 '임청천林靑天'이라는 명성까지 얻었다.

도광 18년 11월, 임칙서가 황제의 조서를 받고 북경에 도착한 다음날 황제는 그를 8일간 여덟 번이나 불러들였고, 제5차 접견 때에는 임칙서를 흠차대신으로 책봉하고 광동에 보내 아편을 검사 처리하게 했으며, 광동성의 수군을 지휘하게 했다. 이는 청나라 역사상 한족 관리에 대한 보기 드문 선례이자 임칙서에 대한 파격적인 대우였다.

도광 황제는 아편의 피해를 하루아침에 제거할 수 없을 것이라고 우려했다. 그러자 임칙서는 자신이 호남·호북에서 금연을 실행한 성과와 경험을 다음과 같이 이야기 했다. "저는 여러 차례 아편 판매자를 체포했으며, 아편을 해독하는 약을 제조해 배포했나이다. 또한 아편을 먹기위한 여러 기구들을 몰수해 크게 효과를 보아 현지 백성의 지지를 받았나이다."

임칙서의 말을 들은 황제는 걱정을 덜 수 있었다.

이전에 도광 황제는 줄곧 아편을 엄금하는 데 망설이고 결단을 내리지 못했다. 그런데 임칙서의 충성과 마음속으로 우러나오는 진실한 말에 감동받은 황제는 아편을 엄금하기로 결심을 굳혔다. 임칙서는 뛰어난 담력과 비범한 식견을 지닌 보기 드문 인재였다.

●●● 역사문화백과 ●●●

[흠차대신欽差大臣]

청나라에서는 황제가 책봉 문서를 수여하고 특파해 도성 밖으로 나가 중대한 사건을 처리하도록 임명한 대신을 흠차대신이라 했다. 보통 상서尙書, 시랑급侍郞級 관원을 등용했는데, 이런 흠차대신은 황제의 대표이므로 '흠사'라고도 한다. 이들은 그 지방 관원을 관리할 수 있으며 외국에 주재하는 사절도 흠차출사 모국대신이라고 했다. 태평천국 지방 진수관원도 '흠차대신'이라 자칭했는데, 도성에서 파견했다는 뜻이다. 흠차대신 직함은 포고나 문서에 써넣을 수 있으나 도장은 수여하지 않는다.

| 세계사 연표 |

1840년

프랑스 프루동 저작 《빈곤의 철학》이 출간되었다.

002

《임칙서집林則徐集》
《중화제국 대외관계사中華帝國對外關係史》 출전

호문아편 소각

호문 바닷가에서 2만여 상자의 아편을 군중 앞에서 소각하는 행동으로 공동의 적에 대한 적개심을 불태우고 과감히 서방 세력들과 맞섰다.

아편 소각지를 만들다

2만여 상자의 아편은 엄청난 수량이니 그것을 불태워 버리는 일을 어찌 쉬운 일이라 할 수 있겠는가?

임칙서는 광주에 온 후 밤낮없이 바쁘게 보냈다. 그는 아편을 거두어들이는 동시에 연해 각처의 포대를 시찰하고 아편을 소각할 지점을 선택했다.

호문은 주강 삼각주 동남쪽에 위치해 있는데, 주강의 입구에 있고 광주에서 100여 리 정도 떨어진 요충지였다. 또한 이곳은 바람이 적고 파도가 낮아 돈선(잔교로 쓰이는 배)이 정박하기 쉬워 이상적인 소각지

호문虎門 아편 소각지

임칙서는 외국 아편상들을 압박해 호문에서 2만 상자, 즉 1175t의 아편을 바치라고 했다. 그는 커다란 소각지 밑에 석판을 깔고 네 주위는 말뚝과 널빤지로 막고 옆에 구멍을 뚫고 뒤에는 배수구를 팠다. 아편을 소각할 때 먼저 소각지에 물을 저장하고 소금을 뿌려 짙은 소금물을 만든 다음 아편을 그 물에 투입해 용해시켰다. 그런 다음 생석회를 투입해 고루고루 저으면 즉시 화학반응을 일으킨다. 마지막에 물로 이런 혼합물을 씻어 버리게 했다. 이렇게 그는 3주일이 지나자 노획한 아편을 전부 소각했다. 이 그림은 호문 아편 소각 지점 기념비다.

대였다.

문제는 아편을 철저히 소각하는 방법이다. 호남·호북에서 분소법焚燒法, 즉 동유와 아편을 휘저어 썩혀서 불에 태우는 방법을 썼으나, 연소 후 아편 기름이 흙 속에 침투해 그 흙을 다시 찌고 달이면 상당수의 아편을 다시 제련할 수 있었다.

아편은 소금과 석회를 끼리고 물을 만난 후 화학반응을 일으켜 즉시 찌꺼기로 변해 버리는 성질이 있는데, 임칙서는 이런 아편의 성질을 이용하기로 했다.

그는 해변의 평지에 두 개의 아편 소각 구덩이를 팠다. 소각지는 길이와 넓이가 각각 45m이고 밑바닥에는 석판을 깔아 아편의 침투를 방지했다.

구덩이의 앞쪽에는 각각 바다와 연결된 굴을 하나 파서 소각 후 그 찌꺼기가 바다로 흘러들게 했다. 그리고 뒤쪽에도 물이 소각로에 흘러들게 해 아편을 불리고 나머지 찌꺼기를 씻어 버리게 하는 하나의 구멍을 뚫었다.

••• 역사문화백과 •••

광주 13행

13행은 명나라 때 시작해 청나라까지 계속 되었고, 강희 황제가 대외 통상을 광주에만 제한한 후 13행 업무는 더욱 활발했다. 청나라 정부는 관청과 민간이 직접 외국과 왕래하는 것을 금지했으므로 13행이 중개 역할을 했으며, 관청에 대해 서양 화물선의 세금과 규례를 지키고 받아들이며 관청의 명령과 외상의 문서를 전달하고 외상을 관리하는 특권을 가지고 자신들도 경영과 교역을 했다. 도광 3년(1823) 후後, 광주廣州 연정 양면에서 아편과 기타 상품의 밀수가 빈번해져 자금 유통이 어려워진 13행은 영업 부진과 불량 채권으로 도산했는데, 외상과 내통하고 아편을 판매한 오가이화행伍家怡和行 같은 몇 곳만 흥성했다. 5개의 항구가 통상한 후 13행의 중국 대외무역 독점권이 폐지되어 이때부터 점차 몰락했다.

아편전쟁 전에 청나라 정부가 광주에 지정한 대외무역 경영단체

| 중국사 연표 |

1841년
삼원리 평영단이 영국군을 엄벌했다.

인심을 통쾌하게 한 호문 아편 소각

호문에서 아편 소각이 있은 후 그 결과를 도광 황제에게 보고했다. 그 보고를 받은 도광 황제는 크고 붉은 글자로 "인심을 통쾌하게 한 일"이라고 높이 치하했다. 사진은 임칙서, 등정정, 이량 등이 완성한 호문 아편 소각 상주서 원문.

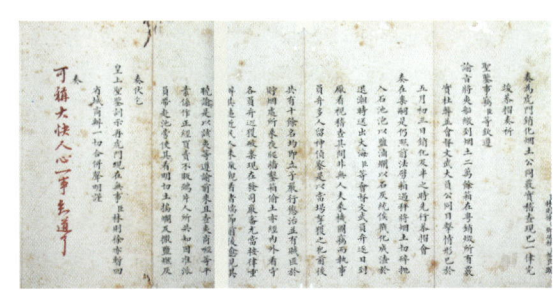

아편 소각

도광 19년 4월 22일(1839년 6월 3일) 광주의 주강 입구는 구름 한 점 없이 맑게 개이고 햇빛 찬란했다. 날이 희미하게 밝자 사람들이 사방팔방에서 모여들어 소각지 주변은 물 샐 틈이 없었다. 코가 크고 눈동자가 푸르고 노란 머리칼의 외국 상인도 적지 않았다.

임칙서와 양광 총독 등정정, 광동 순무 이량, 광동 수군제독 관천배 등 주요 관원이 차례로 현장에 와서 아편 소각을 검시했다. 임칙서는 또 현장에서 미국 선교사 브리지만Bridagman과 이야기를 나누면서 정당한 무역은 특별대우를 하고 어떠한 제재도 받지 않는다고 일러주었으며, 지도와 지리책 그리고 기타 외국어 서적을 구해 달라고 부탁하기도 했다. 특히 모리슨Morison이 편찬한 영화 사전을 구해 달라고 당부했다. 이는 세계를 향하고 새로운 지식을 추구하려는 임칙서의 강렬한 욕망을 나타낸 것이었다.

500명의 인부들이 바쁜 시간을 보내기 시작했다. 아편 상자를 열어 아편을 꺼낸 후 짓찧은 다음 구덩이

마카오의 포대

| 세계사 연표 |
1841년
러시아·영국·프랑스·오스트리아 등이 해협 협정을 체결했다.

〈마카오 전도〉 (청나라 그림)
마카오는 주강구珠江口의 서남쪽에 위치했는데 항구 내에는 배가 정박하기 쉬워 청나라 말기의 대외관계에서 중요한 전략적 지위를 차지했다.

의 물속에 넣고 대량의 소금과 생석회를 뿌렸다. 석회가 물을 만나자 소각지 속의 물이 끓어올라 연기와 증기가 하늘로 치솟았다. 그리고 삽과 나무 써레로 구덩이 속의 아편을 계속 휘저어 아편이 균일하게 열을 받아 말끔히 소각되도록 했다. 아편이 찌꺼기가 되자 바다로 통하는 수문을 열어 그 찌꺼기가 바다로 모두 밀려가게 했다. 그런 다음 깨끗한 물로 씻어 독성이 조금도 남지 않도록 했다.

아무 의미없이 지내는 아편 흡연자 (동판 그림)
아편 밀수는 처음에는 연해주 일대에서 진행됐으나 수량이 점차 늘어나 그 피해가 청나라 곳곳에 퍼졌다. 위로는 왕과 귀족, 아래로는 백성에 이르기까지 곳곳에서 아편 흡연자를 볼 수 있었으며, 이로 인해 국력은 점차 쇠락했다. 그림은 당시 외국인이 그린 '아편관에서 흡연하는 모습'이다.

한 소각장에서 소각이 끝난 다음 두 번째 구덩이에서 소각이 시작되었다. 이 장면을 직접 목격한 중국 민중들은 기뻐하며 모두 박수갈채를 보냈다.

이렇게 몰수한 아편을 전부 소각했다. 도광 황제는 임칙서의 상주서를 받은 후 크게 기뻐하면서 "인심을 통쾌하게 하는 큰일"이라고 회답하고, 그 후 7월 26일 임칙서의 55세 생일에 친필로 '복福'과 '수壽' 두 글자를 크게 써 보내 축수하기까지 했다.

금연의 길이 무겁고 험란하다
임칙서가 흠차대신으로 임명받아 광동에 도착한 후 서양상사에 아편을 바치고 다시는 아편을 가져오지 않을 것임을 보증하라고 명령했으나 영국 상무감독 엘리엇은 확답을 하지 않았다. 사진은 엘리엇이 임칙서에게 아편 금지령을 미룰 것을 요구한 문서.

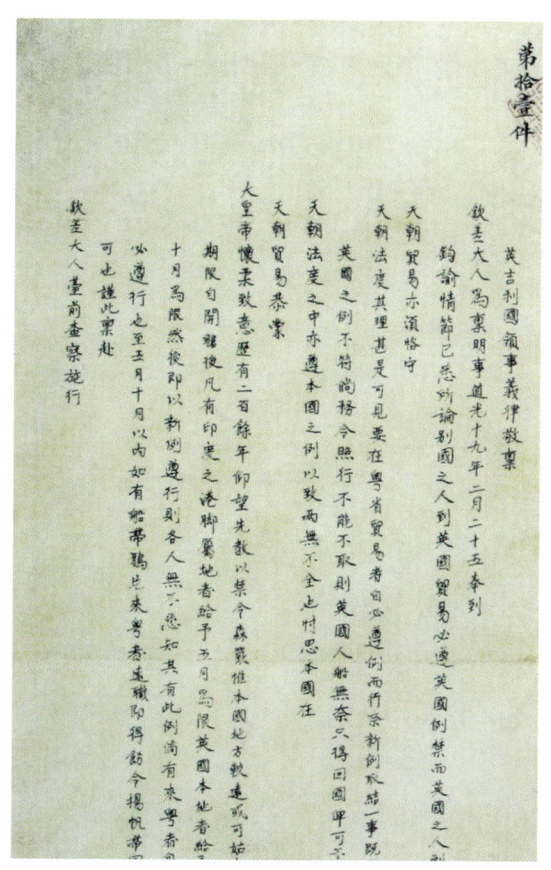

함풍·동치 연간(1851~1874)

| 중국사 연표 |

1842년
8월 29일, 중국과 영국이 '남경조약'을 체결했다.

003

정해삼총병

영국군이 정해定海를 침입하자, 관병들과 주민들이 용감히 저항해 국토를 보위했다.

임칙서가 아편을 몰수하고 소각했다는 소식이 전해지자 영국 정부는 중국에 출병하기로 결정했다.

영국군의 총사령관 겸 협상 전권대표 찰스 엘리엇은 호왕각 함대의 총사령관이었던 적이 있다.

1840년 6월, 영국군은 광주 부근의 해변에 도착했다. 6월 말 영국 함대는 주강 입구를 봉쇄하고 아편전쟁을 일으켰다.

정해 민중의 항영

임칙서 조직의 방어로 영국군의 광동 공격이 쉽지 않자 북상하여 정해定海, 지금의 절강성 주산舟山을 공격, 함락했다.

정해는 동남해 방어의 중요한 진으로 청나라는 이 섬에 정해진 총병을 설치하고 수·육군을 주관하게 했다. 영국군은 천진으로 북상할 때도 이 섬을 거점으로 했다. 북상하던 영국군이 남으로 돌아왔을 때, 이 섬에는 3000명의 영국군이 주둔해 있었는데 전염병과 특히 정해 민중의 반항으로 오래 주둔하기가 어려웠다.

그때 절강진에 자리 잡고 지휘하던 정해 총병 갈운비葛雲飛는 전투에 대비하며 현지 민중을 동원해 영국군을 공격했다. 하루는 영국군 장교가 인도의 수행인과 함께 성의 교외 산에 올라 지형을 측량하고 있었는데, 이것을 본 부근의 농민들이 꽹과리로 군중을 불러 모아 그들을 죽이고 영국군 장교를 생포했다.

갈운비가 토성을 쌓다

도광 21년(1841) 2월, 영국군은 정해에서 퇴각했다.

청나라 조정은 유겸裕謙을 양강 총독으로 파견해 흠차대신으로 임명했다. 유겸은 몽골 상황기 사람으로 영국군에 저항할 것을 주장했다. 그가 부임한 후 즉시 갈운비를 다시 임명하고 수춘진총병壽春鎭總兵 왕석명王錫明, 처주진총병 정국홍鄭國鴻을 파견, 협력해 정해를 방어하게 했다. 정해는 삼면이 산이고 앞이 바다와 맞닿아 장

영국군의 공격에 대처하다
호문에서 아편을 소각하자 영국 정부는 중국으로 출병할 것을 결정했다. 도광 20년(1840) 5월 22일, 영국 함대가 직접 광동을 진격해 제1차 아편전쟁이 일어났다. 이 그림은 청나라 사람이 그린 〈광동·해안 지리 형세도〉이다.

| 세계사 연표 |

1842년
러시아 고골리의 명작 《죽은 넋》이 출판되었다.

《갈운비장군연보葛雲飛將軍年譜》
《청사고淸史稿·갈운비전葛雲飛傳》
《연서루문집煙嶼樓文集》 16권

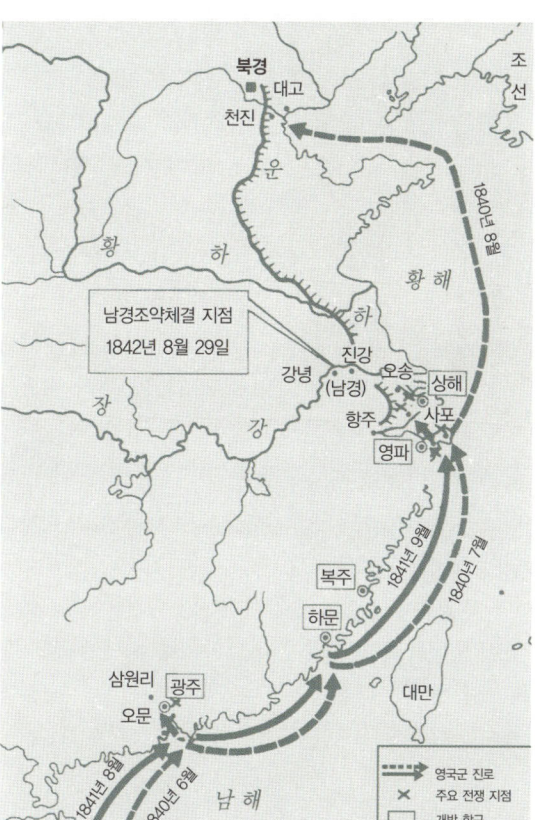

제1차 아편전쟁 형세도
제1차 아편전쟁은 중국 근대사의 서막을 알리고 청나라 왕조가 몰락의 시작에 들어감을 타나낸다. 그림은 제1차 아편전쟁의 형세도다.

육체와 영혼으로 정해를 보위하다
도광 21년(1841) 8월 12일 영국군은 주산舟山을 총 공격했다. 정해진 총병 갈운비, 처주진 총병 정국홍鄭國鴻, 수춘진 총병 왕석붕王錫朋은 영국군과 격렬한 전투를 벌여 3진의 관병들은 모두 희생되고 정해는 다시 함락되었다. 이 전투에서 부상을 입은 왕석명과 정국홍, 갈운비는 이에 굴하지 않고 계속 전투를 지휘하며 용감히 싸웠다.

하고 대포를 배치하는 가장 좋은 시기를 놓쳐 버렸다.

영국군이 정해를 다시 공격하다

같은 해 8월 12일, 영국 군함 29척이 이미 정해 해변에 도착해 정국홍이 수비하던 죽산문을 향해 포격했으나 수비군에게 격퇴당했다. 13일부터 영국군은 강력한 함포를 이용해 죽산문의 갈운비가 수비하는

정해의 영국군 (동판화)
1840년 7월 5일부터 1841년 2월 25일까지 영국군은 정해를 점령했고, 1841년 9월 26일 영국군은 또다시 정해를 함락했다. 그림은 정해의 산기슭에 주재한 영국군 군영과 거리를 순찰하는 영국군이다. 그림은 당시 외국인이 그린 것이다.

벽이 없으므로 갈운비는 토성을 쌓고 효봉령曉峰嶺, 죽산문에 각각 포대를 건축하려고 했으나 유겸은 경비가 너무 많이 든다고 찬성하지 않았다. 갈운비가 유겸을 찾아가 다시 간절히 요청했으나 유겸은 그가 자기와 맞선다고 여겼다.

어느 더운 여름날, 유겸이 주산도를 시찰할 때 갈운비가 푸른 천으로 머리를 싸매고 짧은 윗옷을 입고 짚신을 신고 병사들과 함께 토성을 쌓는 모습을 보았다. 또 그는 팔에 흰 천을 동여맸는데, 며칠 전 바다에 나가 해적과 싸울 때 칼에 맞은 상처였다. 유겸은 이때부터 갈운비를 다시 보게 되었다. 그러나 포대를 건축

갈운비, 정국홍, 왕석명 37

| 중국사 연표 |

1843년
중국과 영국은 '호문조약虎門條約'을 체결했다.

중국을 말한다

영국인의 아편을 압수하다
임칙서는 아편 금지령이 집행되기 어려워지자 아편상인 전지顚地를 체포하라고 명령했다. 그런데 의율의 보호를 받은 전지가 종적을 감추자 임칙서는 황포강 항구의 외국 상선을 봉쇄했다. 그러자 의율은 할 수 없이 아편을 바쳤다. 임칙서는 도광 황제에게 아편 압수 소식을 상주서로 보고했는데, 이 그림이 임칙서의 상주서다.

수두, 왕석명이 수비하는 효봉령을 맹렬히 포격했다. 청나라군은 용감히 반격했으나 그들에게는 한 문의 대포도 없었으며 군량도 모자랐다.

17일, 영국군은 또다시 효봉령을 침범했다. 청군은 한 사람이 메고 쏘는 대총밖에 없었는데, 이 총은 몇 발 쏘면 뜨거워 다시 쏘지 못했다. 때문에 정국홍과 왕석명은 육박전으로 싸우다 희생되었다.

영국군은 죽산문과 효봉령을 함락한 후 정해현성을 함락하고 토성을 포위하고 공격했다. 갈운비는 성이 함락될 때 200명을 영솔해 칼을 들고 적진으로 돌진해 용감히 싸우다가 40여 곳에 상처를 입고 장렬히 전사했다.

흑수당의 유격전

갈운비가 죽은 후 정해 사람 서보徐保는 그의 유체를 대륙으로, 다시 정해로 운송했다. 그의 동료 장소화張小火와 전대재錢大才는 '흑수당黑水黨'을 조직해 전문적으로 영국군의 소부대를 공격했다.

흑수당은 유격 전술로 배 위와 육지의 영국군을 습격했다. 그들의 공격으로 어떤 영국군은 군함 부근에서 실종되기도 했고, 영국군이 군함을 몰기 시작하면 머리 없는 영국군의 시체가 물위로 떠오르기도 했다. 또 거지로 변장한 흑수당의 당원들은 영국군 순찰대가 거리, 골목, 가두를 지나다가 마지막 한두 사람이 남게 되면 정확하고 날카롭게 철 갈고리를 영국군의 목에 걸어 아무도 모르게 죽였다.

이리하여 7, 8명의 순찰대가 나갔다 돌아오면 2, 3명이 줄어들었다. 그들은 동료가 어디에서 실종된 줄도 몰랐다.

이런 습격은 영국군을 불안과 공포에 떨게 했다.

아편 생산 기지 – 동인도공사 (동판 그림)
건륭 22년(1757) 영국의 동인도공사가 인도 아편 산지를 점령하고 아편 원료를 생산했는데, 그 규모가 아주 컸다. 그림은 동인도공사의 아편 제조 공장 창고에 쌓인 수많은 아편이다. 그림은 당시 외국인이 그린 것이다.

| 세계사 연표 |

1843년 영국이 뉴질랜드에 침입, 마오리족과 6년간 전쟁을 벌였다.

004

《청사고淸史稿·관천배전關天培傳》 출전

애국장령 관천배

애국장령 관천배關天培는 60세가 되어서도 장병들을 영솔해 적에 저항했고, 몸에 큰 상처를 입었어도 포대를 굳게 지키면서 용감히 싸웠다.

전투 준비를 하다

관천배는 어려서부터 무예를 연마해 무과에 수석으로 합격했다. 청나라군의 군영에서 24년간 복무하고 행오行伍에서 소송진 총병으로 승급했다. 1834년 광동수사제독廣東水師提督으로 임명되어 광동 해상 방무부의 최고 통수가 되었다.

주강구에 위치한 호문은 중국 남방의 문호이자 광주의 장벽으로 전략적 요충지였다. 53세에 임명 받은 관천배는 아내와 모친을 고향으로 돌려보내고 일꾼 3명만 데리고 부임했다.

그는 도착 후 연해의 각 요새를 시찰하고 6000근 대포 40문을 새로 만들어 방어 능력을 증가했다. 호문에서 아편을 소각한 임칙서는 서양인들이 다시 구실을 찾아 도발할 것을 예측하고 관천배 등과 함께 수군 훈련을 강화해 전투 준비를 했다. 예상대로 얼마후 영국군이 호문으로 쳐들어왔다.

용감히 저항하다

1841년 2월 25일 영국군 함대 18척이 호문 포대를 공격했다. 관천배와 유격인 맥정장麥廷章이 정원靖遠과 위원威遠의 포대를 각기 수비했다. 이때 관천배의 나이는 이미 60세가 넘었으나 친히 대포에 불을 달아 포를 발사했다. 포탄이 비처럼 땅에 떨어져 파편에 맞으면서도 조금도 두려워하지 않고 전투를 지휘해 적들의 공격을 격퇴했다. 호문 수비군은 몇 배나 되는 적들에 완강히 저항해 사망자가 속출했다.

전투는 이튿날까지 지속되었다. 관천배는 밤낮으로 전투를 지휘하며 물러서지 않았다. 그는 자신의 재산으로 장병들을 격려했다. 적들은 첫날의 전투에서 큰 성과가 없자 군함과 병사를 늘렸다. 포화는 더욱 맹렬해졌다. 포대를 수비하던 장병들은 이렇듯 맹렬

영국군과 용감히 싸운 관천배
관천배(1781~1841)의 자는 중인仲因이고 호는 자포滋圃이며, 강소성 산양, 지금의 회안 사람이다. 도광 21년 2월 6일 영국군은 호문 포대에 총공격을 시작했다. 20일 사이 포대는 하나하나 점령당하고 청군의 죽음은 참중했으며, 관천배는 국가를 위해 몸을 바쳤다.

호문 전역 (동판화)
1841년 2월 25일 영국군은 호문을 공격했고 광동수사제독 관천배는 장렬히 전사했다. 그림은 당시 외국 사람이 그린 호문전역의 참렬한 장면이다.

아이를 낳은 3일, 집안사람들은 홰나무 가지와 애업초 등을 물에 끓여 산파를 청해 아이의 몸을 씻고 축사를 부른다

| 중국사 연표 |

1844년
중국·미국의 '망하조약', 중국·프랑스의 '황포조약'이 각각 체결되었다.

한 공격을 받아 본 적이 없었다. 손에 든 총은 연속으로는 발포할 수 없어 위력을 상실했으며 수량도 많지 않아 서양의 포를 당해 낼 수 없었다. 더구나 비까지 내려 습기 먹은 청나라 화포는 불이 붙지 않아 한낱 폐물이 되고 말았다.

손에 칼을 들고 원수에 대적하다

적들이 상륙하자 청나라군 장병들은 칼과 검으로 대항했다. 이미 수십 군데 상처를 입은 관천배는 정황이 위급함을 알고 부하인 손장경孫長慶에게 인함을 넘겨주며 퇴각하라고 명령했다. 손장경은 울면서 관천배의 옷깃을 잡고 놓지 않았다. 그러자 관천배가 창을 쥐고 "나는 위로는 황제를 책임지고 아래로는 부모 형제를 책임지므로 늦게 죽는 것이 한이다. 이 손을 놓지 않으면 가만두지 않을 테다" 하고 호령했다.

그제야 장경은 옷깃을 놓고 제독의 인함을 받들고 떠났다. 영국군이 포대를 점령했지만, 관천배는 여전히 손에 칼을 들고 적에 대적하다가 탄알이 명중해 장렬히 전사했다.

청나라 말기 남해의 정규 부대 – 광동수사
밀수, 해적을 잡기 위해 광동성 남해 인접 부근에 현대화한 군함을 사용했으나 조정의 중시를 받지 못하고 경비가 부족해 광동수사는 오합지졸이었다. 함정의 수량은 많았으나 적재량이 적어 내륙하와 근해 작전에만 이용했다. 그림은 청나라의 〈광동수사주방도廣東水師駐防圖〉다.

관천배가 사용하던 망원경
사진은 관천배가 광주 수군 작전 시 사용하던 망원경으로, 망원경 통에는 '수군 제독提督 관천배'라는 글자가 새겨 있다.

손장경은 절벽에서 뛰어내렸다. 주위는 갈대가 무성한 늪이어서 다행히 목숨을 건지고 부상만 당했기 때문에 인함을 총독에게 바칠 수 있었는데, 잠시도 쉬지 않고 바로 포대로 돌아갔다. 그러나 포대를 수비하던 장병들은 이미 모두 전사했다. 손경장은 관천배의 시체를 찾았으나 시체는 피투성이였고 절반은 불에 타서 까맣게 되어 알아보기 어려웠다.

이 소식이 고향에 전해지자 사람들은 비통에 잠겼다. 그리고 그가 생전에 부탁한 나무 함이 당도해 열어보니, 그 속에는 낡은 옷과 빠진 이빨만 있었다.

그때 이미 파직된 임칙서는 관천배가 희생되었다는 소식을 듣고 비통해 하며 주련을 지어 추모했다.

"여섯 해 동안 진지를 고수했는데, 어느 누가 불시에 장성을 허물어 혼자 힘으로 충성을 다했느뇨. 충혼이 어려움을 당하니 양키마저 그 군은 절개를 흠모해 혼백이 되돌아오니 산 사람 같아라."

호문대전의 전연진지 – 대황요포대
대황요포대大黃窖炮臺는 광동 해변의 포대 중 하나로, 호문대전 때 청군은 여기에서 영국군과 생사를 걸고 격전했으나 역량상의 현저한 차이로 함락되고 말았다. 그림은 청나라 시대의 〈대황요포대분포도〉다.

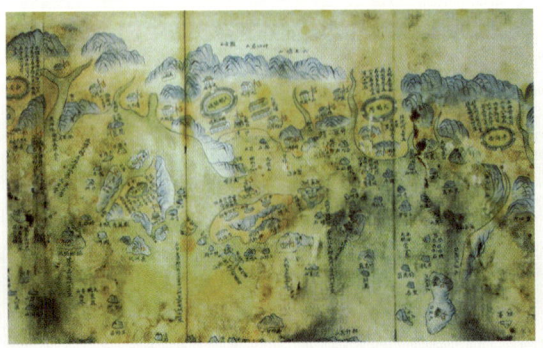

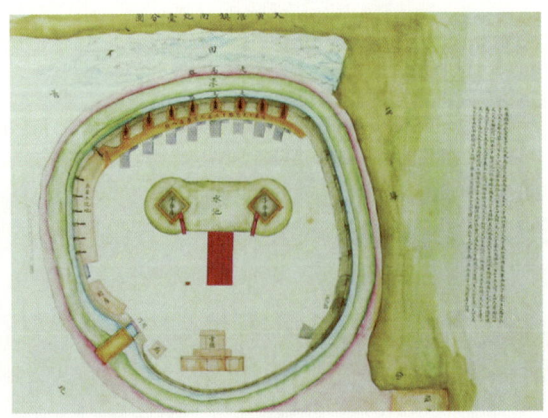

| 세계사 연표 |

1844년

프랑스 파리에서 세계박람회가 열렸다.

005

《삼원리인민항영투쟁사료三元里人民抗英鬪爭史料》 수정본

호미를 들고 일어나다

삼원리 항영

삼원리三元里 지역 주민들은 조직을 형성해 근대 중국 국민들이 자발적으로 외국 침략자에게 저항하는 첫 전투를 시작했다.

삼원리는 몇 백 호 주민들이 살고 있는 작은 마을로 광주성에서 5리 밖에 떨어져 있지 않고, 이성과 사방 포대와 가까웠다. 마을 주변은 구릉이 길게 뻗어 있고 논밭이 잘 정리되어 있어 군사작전에 유리했다.

1841년 4월 9일 사방 포대를 점거하던 소부대의 영국군들이 삼원리 일대로 들어와 사람을 해치고 노략질을 했다. 그러자 농부인 위소광韋紹光과 염호장顔浩長은 호미와 멜대를 휘둘러 그 자리에서 영국 병사 몇 명을 때려죽였다.

이 소식을 들은 사람들은 기뻐하면서도 영국군이 보복할 것이라 예견하고, 자발적으로 삼원 고묘 앞에 모여 대책을 토의했다. 그들은 묘 중의 북제삼성기를 '영기'로 삼고 "깃발을 따라 전진하고 죽음을 두려워하지 않을 것"을 선서했다.

강한 적을 대적하려면 한두 마을의 힘으로는 어림없으므로 그들은 거인 하옥성何玉成 등의 발기 아래 부근 103향의 군중 대표들이 삼원리 북우란강北牛欄崗 앞에 집결해 군중을 조직할 것을 상의 했다.

인사출동

5월 30일 아침, 삼원리와 103향에서 조직된 의용군 5000명은 '평영단平英團'이란 깃발을 들고 호미, 칼, 창, 새총을 둘러메고 영국군이 점거하고 있는 사방 포대를 향해 출발했다. 그들은 계획대로 포대 앞에 와서 인사출동引蛇出洞하게 했다.

아침을 먹던 영국군은 갑자기 하늘을 진동하는 소리를 듣고 급히 사령관에게 청나라군이 돌격해 오고 있다고 보고했다. 사령관은 황급히 포대에 올라가 관찰했다. 먼 곳에서 달려오는 대오가 복장과 무기가 가지각색인 것을 보자 안도하며 영국군 몇몇만 포대를 지키게 하고 나머지 군대는 모조리 출동시켰다.

영국군이 군중을 공격하자 '평영단'은 원래의 계

민간 조직이 일어나 항영하다

사학과 서사를 포함한 민간 조직은 항영 투쟁에서 아주 큰 작용을 하며 용감히 싸웠고, 생사를 고려하지 않고 영국군의 공격에 완강히 저항했다. 사진은 번우현番禺縣 민간 조직 승평사학이 서호사학에 증송한 '번리영고藩籬永固'라는 편액으로, 항영에 대한 숭배와 존경의 뜻이 담겨 있다.

깃발을 호령으로 단결 항영 (위 사진)

영국군은 광주성을 나와 삼원리 일대를 교란시켰다. 삼원리 주민들은 마을 북쪽의 고묘에 집합해 묘의 삼성기三星旗를 '회기會旗'로 삼고, 깃발 앞에서 영국 침략자에 저항할 것을 선서했다. 삼성기를 호령으로 깃발이 전진하면 사람도 전진하고, 깃발이 후퇴하면 사람도 후퇴했다. 위의 사진이 삼성기다.

청두靑豆, 즉 '녹두'를 먹게 했다 41

| 중국사 연표 |

1845년

중·영국이 '상해조지장정上海租地章程'을 의정했다.

획대로 신속히 퇴각해 적들을 유인해 우란강까지 끌고 왔다.

항영대첩

추격하던 영국군이 논에 들어서니 논에 물이 차 있어 걷기 어려웠고, 주위는 험한 구릉들로 둘러싸여 있었다. 영국군은 매복에 걸린 것을 알아차리고 급히 퇴각 명령을 내리면서도 설마 촌부들이 그런 엉뚱한 궁리까지 할까 생각했다.

그러나 영국군이 도망치려 할 때 북과 꽹과리 소리가 울리면서 돌진의 고함이 하늘을 진동했다. 우란강에 매복해 있던 7, 8000명의 무장한 군중이 돌진해 칼과 창으로 적들을 무찔렀다. 우레 소리와 함께 소나기가 내리기 시작했다. 향촌의 길은 더욱 진흙탕으로 변해 영국군이 신은 구두는 물에 잠겨 더욱 무겁고 미끄러워 몇 발자국도 옮기지 못했다. 논길에 익숙한 농민들은 적을 추격해 용감하게 싸웠다.

삼원리 전투는 영국군 50명을 살상하고 많은 전리품을 노획했다. 승전 소식은 신속히 도처에 퍼졌다.

31일 오전 광주 부근의 불산佛山, 번우番禺, 남해南

"영국인이 홍콩을 점령하려 한다"고 고한 기선의 상주서

의률義律이 홍콩을 접수한다는 조목을 제정하자 기선琦善은 독자적으로 결정하지 못하고, 도광 황제에게 상주서를 올려 어명을 청구했다.

삼원리 주민들이 노획한 영국군 군복
삼원리 주민들은 항영 전역에서 영국군에게 큰 타격을 안겼다. 사진은 노획한 영국군 병사의 군복이다.

海, 증성增城, 화현花縣 등 400여 향의 수만 명 군중이 '단영단'과 회합해 사방 포대를 포위하자 영국군은 비밀리에 광주로 가서 부지사 여보순余保純에게 포위를 해제하라고 위협했다. 그러자 그는 급히 달려가 삼원리의 신사와 민중을 위협했다. 청나라 관리의 비호 아래 영국군은 풀이 죽어 포위권에서 빠져 나왔다.

이후 광주 주변에서는 "백성은 관리를 무서워하고, 관리는 서양인을 두려워하며, 서양인은 백성을 두려워한다"는 민요가 유행했다.

●●● 역사문화백과 ●●●

[아편]

아편은 아부용이라 하기도 하고 큰 담바라고도 하는데, 원산지는 이집트로 양귀비의 과실즙을 제련해 만든 것이다. 중국에서는 7, 8세기에 운남, 감숙에서 관상용으로 심기 시작했다. 명나라 중엽에 이르러 과실즙을 달여 적갈색 덩어리나 분말을 만들었는데, 어떤 병은 그것을 조금만 먹어도 치료할 수 있었다. 《본초강목本草綱目》에는 진정, 치통 해소 기능이 있다고 기록되어 있다. 명나라 만력 연간에는 아편의 수입을 허락하고 매 10근에 세금으로 은전을 2냥씩 받았다. 청나라 건륭 중기에 영국 동인도회사는 아편 전매권을 취득하고, 수입량을 해마다 증가해 약용에서 흡연용으로 바꾸었다. 도광 15년(1835)의 통계에 따르면, 전국 흡연자는 200만에 달했으며 몇 년 후에는 아편 수입량이 4만여 상자에 이르렀다. 청나라 정부는 금연 법령을 발표했으나 그 효과는 극히 적었다. 아편 무역은 영국에 매우 큰 이윤을 가져다주어 영국 국고 전년 수입의 10분의 1에 달했다. 아편으로 시작된 침략 전쟁이 폭발했으나 '남경조약'에는 '아편'이라는 글자 하나 없이 파묻어 두었다. 함풍 8년(1858) 11월 영·미·프 3국은 각기 청나라의 대표와 '통상장정선후조약', '해관세금규약'을 체결하고서야 공개적으로 '양약'이라고 이름을 고쳐 열거했으며, 아편 판매를 합법적인 무역으로 승인했고 100근에 세금으로 은전 30냥씩을 납부하게 했다.

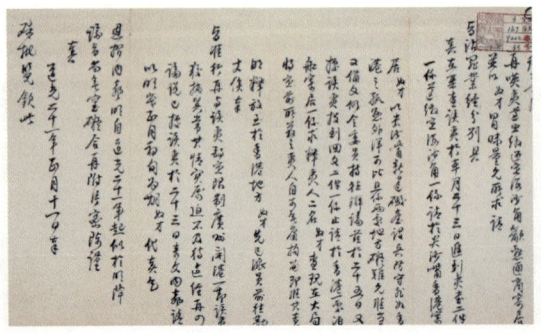

| 세계사 연표 |

1845년 영국에 전국 직공협회가 성립되었다.

006

출전 《청사고淸史稿·위원전魏源傳》
위원魏源 《해국도지海國圖志》 12권, 37권

옛 벗을 다시 만나다

도광 22년 7월 중순(1842년 8월), 임칙서가 방무 파견으로 신강의 이리로 가는 길에 경구京口, 지금의 강소성 진강을 지날 때 위원魏源이 양주로 와서 영접하고 바래다주었다.

임칙서보다 아홉 살 어린 위원은 거인과 진사에 합격했으며, 젊을 때 공자진龔自珍과 함께 상주의 금문경今文經학자 유봉록劉逢祿에게 《공양춘추公羊春秋》를 배웠다. 금문경학파는 "정묘한 언어에는 심오한 의미가 있다"면서 '변화'를 주장하고 왕조와 정치 제도는 변화해야 하며, 인류 사회는 '쇠란세衰亂世'·'승평세昇平世'·'태평세太平世'의 3개 발전 과정을 지나 순서대로 추진된다고 지적했다. 위원은 금문경학의 영향을 깊게 받았다. 두 사람은 '쇠란세'의 부패와 암흑에 불만을 품고 개혁을 크게 외쳤다.

위원의 《해국도지》

임칙서는 도광 황제의 영에 따라 신강 이리에 방무로 파견되어 가는 도중 《4주지洲志》 등을 위원魏源에게 주었다. 위원은 그 기초에서 《해국도지海國圖志》를 편찬했는데, 이는 당시의 가장 완벽한 역사지리서 이다.

1841년 위원은 양강 총독 유겸의 막료(참모)로 항영 투쟁에 여러 번 참가했다.

오랜만에 다시 만난 임칙서와 위원은 중국의 현세에 대해 밤새도록 이야기를 나누었다.

중대한 부탁

갈 길이 먼 임칙서는 행장을 풀어 큰 종이로 포장한 짐을 꺼냈다. 그 속에는 임칙서가 주관해 번역·편집한 《4주지》와 《마카오월보》 등의 자료가 들어 있었다. 그는 자신이 광주에 있을 때 사람들에게 부탁해 얻은 해외 신문과 잡지의 각종 자료며 천문, 지리, 정치, 경제, 역사, 인문, 풍속, 관습 등이 모두 들어 있다고 말했다.

또한 계속해서 해외 국정을 자세히 조사하려 했으나 파견되어 가기 때문에 앞날을 기약할 수 없어 자료를 분실하면 안 된다면서 위원에게 건네주었다.

위원은 그전에 영

서양을 따라 배울 것을 주장한 위원
위원(1794~1857)의 본명은 원달遠達이며, 자는 한사漢士, 호는 묵심默深이고, 호남성 소양邵陽 사람이다. 청나라 시대의 걸출한 사상가이자 학자이고, 경세치용 사조의 창시자이며 실천자다. 대표 저작인 《해국도지海國圖志》에서는 서양 여러 나라의 역사와 지리 상황을 중국에 처음으로 소개했다. 그는 중국 근대에 서방을 따라 배워 구국 진리를 찾으려 한 선행자 중 한 사람이다.

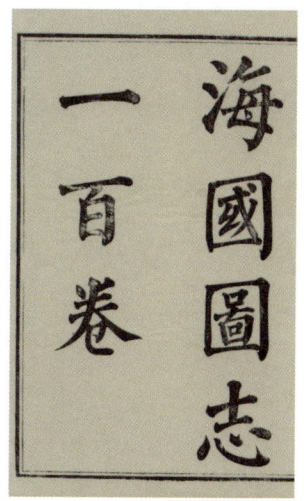

위원의 《해국도지》
위원은 친구 임칙서의 부탁에 따라 임칙서가 주관해 번역·편집한 《4주지》와 역대사지를 참고로 《해국도지》 50권을 편집했으며, 후에 100권으로 늘렸다. 이 책은 서방 각국의 역사지리 상황을 소개한 청나라 최초의 책으로 서방의 선진 과학기술을 학습하고 "외국의 장점으로 외국을 억제한다"는 구호를 내세웠다.

파, 대만 등에서 영국군 포로의 구술에 근거해 《잉글랜드 소기》를 쓴 적이 있어 저술에 흥미를 느꼈다.

위원은 《4주지》를 받아 몇 페이지를 펼쳐 보더니 경탄해 마지않았다. 그는 옛 친구가 근무하는 틈틈이 이처럼 많은 자료를 수집한 데 대해 탄복했다. 임칙서는 "더 보충해 책으로 만든다면 국민의 눈을 뜨게 하고 지식을 넓혀 주어 부강을 도모할 수 있고 서구의 위협에 저항할 수 있는 방법을 찾을 수 있을 것이다"라면서 위원에게 계속 집필해 줄 것을 당부했다.

대작을 편찬하다

아편전쟁에 패한 후 임칙서와 위원 등은 아픔을 가라앉히며 패전의 원인을 연구해, 해상 방어를 강화하고 부국강민의 책략을 찾으려 애썼다.

"외국의 장점을 배워 외국을 제압한다"는 임칙서의 사상을 기초로 위원은 "외국의 장점을 배워 외국에 저항한다"는 주장을 내세웠다. 위원이 《해국도지》의 편찬 목적은 적의 장점을 분석해 자신의 단점을 극복하여 결국 적을 이기는 것이었다. 위원은 서양 자본주의 국가의 장점은 대체로 세 가지, 즉 군함, 화약 무기, 병사 훈련 방법이라고 여겼다.

한편 아편전쟁이 일어났는데도 도광 황제는 "영국이 어디 있느냐? 우리 대청국과 육로로 통하는 길이 있느냐?"고 물었다고 한다. 이는 관문을 닫고 외부 세계와 왕래하지 않는 쇄국정책의 결과이자 외부 세계에 대한 무지의 극치였다.

도광 22년(1842) 12월 《해국도지》 50권을 완성했는데, 무려 57만 자에 지도 23편이 수록되었다. 후에 60권으로 늘렸다가 1852년 100권으로 늘려 총 87만 자에 지도 75편을 수록했다.

위원은 "아편의 독이 중국에 유행해 3000년 동안 없었던 위해를 가져온 일은 누구나 알고 있지만 해상

임칙서 사당
복주의 임칙서 사당은 '임문충공사(林文忠公祠)'라고 하는데 광서 31년 (1905) 건축했다. 그림은 사당의 '의문청(儀門廳)'으로 중간은 돌을 깐 용도이고 양쪽에는 8존의 석인, 석수 청석 조각이 세워 있으며, 양옆 복도에는 20여 폭의 의장집사패가 진열되어 있다.

전투에서 사용되는 화약 병기는 몰랐고, 수만 리 연해는 반드시 수군 기술이 필요하다는 것은 알았지만, 병사를 잘 먹이고 훈련하고 통제하는 것으로 녹림과 수군을 다스리는 것이 약인 줄은 몰랐다"고 강조했다.

●●● 역사문화백과 ●●●

[청나라 후기의 '경매']

박매(拍賣)(지금의 경매)는 자본주의 상업 매매의 일종으로, 박매업을 경영하는 상사를 '박매상'이라 했다. 1840년부터 50년대에 광주와 상해에 박매와 박매상이 있었는데, 1862년 《상해신보(上海新報)》의 기록에 따르면, '당시에는 박매가 많았고 큰 박매는 몇 백 톤의 철갑선, 화원농(花園弄, 지금의 남경 동로)의 땅이 있었고, 작은 박매에는 시계, 주방도구, 개와 고양이 같은 애완동물을 포함한 모든 물건이 포함되었다'며 상업 자본주의 시대의 한 측면을 반영했다. 이에 대해 현장 광경을 상세히 묘사한 《쾌심성수록》은 '서양 사람들은 잡물을 판매할 때 알맞은 가격을 네거리에 붙이고 살 사람이 모이면 한 사람이 높은 곳에 서서 물건을 들고 외친다. 팔지 못하면 다른 물건을 바꾸고 가격이 합당하면 즉시 판다. 팔고 산 다음에는 물릴 수 없으므로 박매라 했다. 요즘 각국 부인들이 모여서 병자들의 약값을 대준다면서 여러 물건을 박매했는데, 높은 가격을 주어야 했다'고 묘사했다.

| 세계사 연표 |
1846년
미국이 멕시코를 침입했다.

007

《청사고清史稿·진화성전陳化成傳》
《국조선정사략國朝先正史略》

진화성이 선혈로 오송구를 물들이다

외국 침략자에 저항하는 투쟁에서 무수히 많은 애국 영웅이 나타났는데, 진화성陳化成도 그중 한 사람이다.

장강의 문호

1842년 6월, 또다시 영국군이 상해에 접근했다. 영국군은 수도를 공격하는 것이 쉽지 않고 피해가 많기 때문에 공격 목표를 남경으로 바꿨다.

남경은 중국의 여섯 조대의 수도로 장강에 인접해 있고, 주로 남방에서 양식을 공급하기 때문에 남경을 점령하면 남북 운수의 요충지를 차단해 도광 황제를 압박할 수 있으리라 생각했다.

장강에 진입해 남경을 점령하려면 반드시 장강의 문호이자 남경의 전초 진지인 오송구를 통과해야 했다.

영국군은 문호를 수비하고 있는 강남제독 진화성이 전쟁 경험이 많은 노장이라는 것을 잘 알고 있었다. 영국군은 진련성, 관천배, 갈운비, 유겸 같은 장수들을 만나 너무나 큰 대가를 치렀으므로 감히 경거망동하지 못하고 군함을 오랫동안 장강 입구에 정박시켰다.

오송에서 전사한 강남제독 진화성 (왼쪽 그림)

진화성(1776~1842)의 자는 연봉蓮峰이고, 복건성 동안 사람이다. 도광 22년(1842) 5월 8일, 영국군이 오송을 공격할 때 강남제독 진화성은 적군에게 큰 타격을 입혔다. 이때 원래 저항을 주장하지 않던 양강총독 우감牛鑒이 소식을 듣고 기뻐하며 의장을 풀어 놓고 전방으로 구경하러 떠났다. 영국군이 목표를 발견하고 화포를 발사해 포대를 점령, 오송이 함락되었다. 진화성은 용감히 싸우다 전사했는데, 희생당할 때 온몸에 상처가 100여 곳이나 되었다고 한다.

불후의 영웅 진화성의 묘소 (아래 사진)

진화성이 희생당한 후 청나라 정부는 장사를 지내고 시호를 '충민忠愍'이라 했다. 1842년 진화성의 영구가 하문으로 운송되어 오촌금 방산의 북쪽 기슭에 매장되었다. 1992년에 묘소의 비석 위에 진화성의 동상을 세워 사람들로 하여금 우러러 추모하게 하고, 복건성의 문물 보호 단위로 지정했다.

1840~1911 청나라·2

뾰족하다. 뾰족하면 좌초되지 않기 때문이다

| 중국사 연표 |

1847년
수많은 중국 노동자들이 쿠바로 팔려갔다.

동부 포대가 함락당하다

진화성은 어릴 때부터 해변에서 자랐고, 복건 수군에서 30여 년간 복무했는데, 복건 수군총독이 되어 1839년 하문에서 여러 번 영국군을 격퇴했다. 이듬해 강남제독으로 전임되어 양강총독 유겸과 협력해 오송구의 방비를 강화하고 대포를 만들었으며, 연해에 26개의 진지를 건축하고 전연에 나무 말뚝을 박아 영국 군함의 상륙을 저지했다.

영국군은 장병을 끌어 모아 인도에서 군함 100여 척과 육군 1만여 명을 증원했다. 영국군은 증원 부대가 오자 공격을 시작했다. 진화성은 참장 주세영周世榮과 함께 서부 포대를 수비하고 참장 최길서崔吉瑞, 유격 동영청董永淸은 동부 포대를 수비하고 서주진 왕지원王志元이 소사배小沙背를 지키도록 배치했다.

6월 16일 이른 아침, 영국군은 전력으로 오송吳淞 요새를 공격했다. 진화성은 친히 서부 포대를 수비하면서 영기를 들고 작전을 지휘했다. 전투가 두 시간 남짓 지속되면서 청나라군은 여러 척의 영국 군함을 격침시켰다.

양강총독 우감牛鑑은 전선에서 전투를 지휘해야 함에도 도리어 죽음이 두려워 숨어 있다가 진화성이 적함을 격퇴했다는 소식을 듣자, 공로를 가로채려고 가마에 앉아 꽹과리를 치면서 오송으로 갔다. 그런데 소사배를 지날 때 이미 상륙한 영국군의 포격을 받아 대열이 산산이 흩어졌다. 그러자 우감은 자신의 옷과 병사의 옷을 바꿔 입고 도망쳤고, 군심이 동요되어 동부 포대와 소사배의 수비군마저 도망쳐 적들은 쉽게 소사배와 동부 포대를 점령했다.

서부 포대를 피로 물들이다

동부 포대를 공략하자 영국군은 수륙 두 길로 나누어 서부 포대를 협공했다. 진화성은 양쪽에서 공격을 받으며 고군 작전을 펼쳤다. 부장이 부지사, 지현, 총병이 모두 도주했다는 소식을 전하자 진화성은 "40년이나 포화 속에서 목숨 걸고 싸웠거늘 어찌 원수를 보

오송구 포대

| 세계사 연표 |

1847년 러시아의 야코로지코브가 아크 광선 등을 발명했다. 마르크스가 《철학의 빈곤》을 저작했다.

고 싸우지 않겠는가? 오직 공격만 있을 뿐 후퇴는 없다"라고 결연히 말했다.

적들의 포화가 더욱 맹렬해져 진화성은 이미 많은 부상을 입었으나 여전히 포대에 우뚝 서서 끄떡하지 않았다. 포화의 엄호 아래 수백 명의 영국군이 포대에 올라섰다. 주세영이 철퇴하자고 하자 진화성은 칼을 빼 들어 내리치려 했고, 주세영도 달아났다.

영국군이 사방에서 모여들자 진화성은 잔여 부대를 거느리고 적과 육박전을 벌였다. 그런데 불행하게도 총알이 그의 가슴을 뚫어 70세 노장군은 포대를 수비하는 병사들과 함께 장렬히 전사했다.

영국군의 진강 점령
도광 22년(1842) 6월 14일, 영국군이 진강鎭江을 공격해 쉽게 서문을 점령하고, 성내로 진입해 진강은 함락되고 말았다. 그림은 영국 사람이 그린 〈영국군이 진강 서문을 공략하는 장면〉이다.

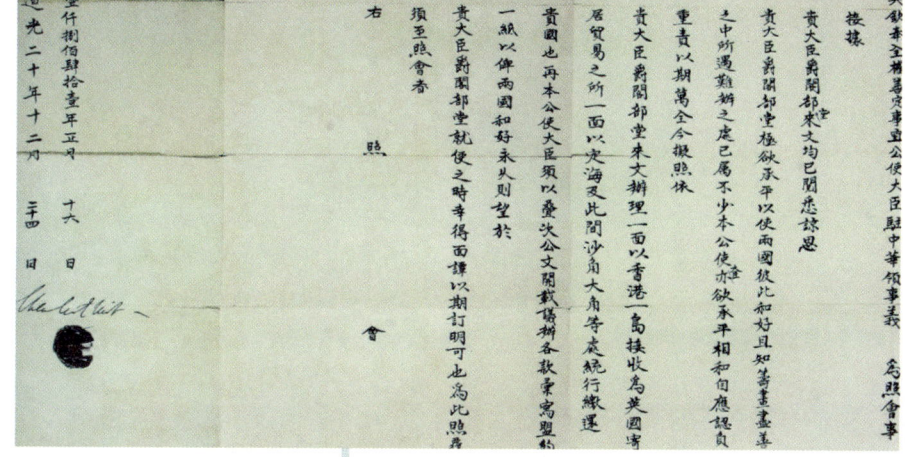

영국인이 홍콩을 강요하다
도광 20년(1840) 12월 24일, 의률은 몇 가지 조목을 작성해 기선에게 주었다. 그중에는 홍콩 섬을 영국군의 거주지로 하고 영국군은 정해를 중국에 돌려 준다는 조목이 포함되어 있다. 29일 의률은 기선의 회답도 받지 않은 상황에서 '천비초약穿鼻草約'을 발표했다. 사진은 당시 의률이 기선에게 보낸 '홍콩과 정해를 교환하는 사항'에 대한 각서다.

굴욕의 서약

영국군이 오송구를 점령하기 전에 도광 황제는 기영耆英과 이리포伊里布를 흠차대신으로 임명해, 절강 영파 전선으로 보내 약탈 중인 영국군에게 화해를 청했다. 그러나 영국군은 응하지 않고 계속 북상했다.

영국군이 오송구를 함락한 후 장강에 진입하자 기영과 이리포는 황제의 어명에 따라 영국 함대의 뒤를 따라 다니며 화해를 요구했다. 그러나 영국군은 화해가 위장이라며 믿지 않았고, 기영과 이리포 그리고 우감은 연명으로 각서를 보내 빌어 달라고 했다. 그러자 영국군은 화해의 조건을 일방적으로 내놓았고, 기영 등은 그 조건을 모두 받아들여 '강녕조약江寧條約', 즉 '남경조약南京條約'을 체결했다.

중·영 '강녕조약', '남경조약'이라고도 한다

| 중국사 연표 |

1848년
영국이 상해에서 조계지를 확충했다.

008

요영과 대만 군민들의 항영 투쟁

영국은 대만臺灣을 점령하려고 여러 번 기륭基隆과 대안大安 항구를 침범했다. 대만의 병비도兵備道로 임직 중이던 요영姚瑩은 현지의 군민들과 영국군에 저항했다.

침략자 대처 조치

대만은 중국의 영토다. 강희 22년(1683), 청나라 정부는 대만의 중요성을 인식하고 대만을 통일했고, 영국은 오래전부터 대만에 눈독을 들이고 있었다.

임칙서 등의 추천으로 1837년에는 요영을 대만의 병비도로 임명했다. 요영은 1819년에도 대만에서 몇 년 간 지현 겸 해방동지로 임직한 적이 있어 대만의 풍토와 민심을 잘 알고 있었다.

대만으로 돌아온 그는 형세가 위급함을 절실히 느끼고 대만진 총병 달홍아達洪阿와 가까이 지내면서 힘을 합쳐 방어할 것을 약속했다. 그리고 군사를 확충하고, 포대를 지키며, 서양 선박에 구멍을 뚫어 놓고, 적선을 불태우며, 공격전을 준비하고, 정보를 수집하며, 방어 비용을 확충하는 등 7가지 조치를 마련했다.

그리고 〈대만 17구역 방어설치도〉를 제정해 조정에 상주했다.

영국 선박을 격침하다

영국군은 중국 동남 연해를 침범하는 동시에 대만도 노렸다. 침화 전권대표 헨리 포틴져는 세 척의 돛배로 대만을 침범했는데, 두 척은 도중에서 바람을 맞아 정박하고, 다른 한 척의 배가 1841년 9월 30일 대만성 기륭 해구에 이르렀다.

이 배는 돛을 세 개나 단 큰 선박으로 274명을 실을 수 있었다. 영국 기선은 해안에 있는 포대에 포 두 발

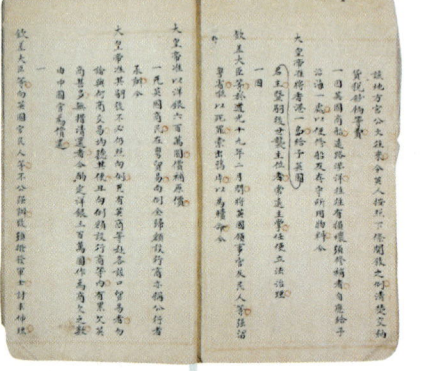

상권치국의 '남경조약' (위 사진)
청나라 대표 기영, 이리포와 중국주재 영국전권공사 헨리 포틴져는 남경에서 '남경조약'을 체결했다. 그 결과 다섯개의 항구를 개항하고 홍콩을 떼어 주었다. 사진은 당시 '남경조약'의 초본이다.

'남경조약' 체결도 (아래 사진)
도광 22년(1842), 청나라 정부 대표와 영국 대표는 '남경조약'을 체결했다. 그림은 영국 사람이 조약 체결에 참가한 사람들을 그린 그림이다.

| 세계사 연표 |

1848년 마르크스와 엥겔스 저서 《공산당선언》이 런던에서 인쇄되었다. 파리에서 혁명이 폭발하고 프랑스가 공화국임을 선포했다.

출전 《청사고淸史稿·요영전姚瑩傳》 《동명문후집東溟文後集》

을 쏘아 한 칸을 명중했다. 그러자 참장 구진공邱鎭功이 반격을 명했고, 영국 군함으로 날아간 포탄이 배의 중앙에서 폭발해 돛 줄이 끊겨 돛이 내려앉자 배는 파도에 밀려 바위에 부딪쳐 부서졌다.

청나라군은 대승을 거두어 적군 133명을 생포하고, 32명을 사살했으며, 75명은 물에 빠져 죽었고, 34명만 작은 배를 타고 광동으로 도망갔다.

적선을 유인해 암초에 걸리게 하다

이듬해 3월 11일, 영국군의 쌍돛선 '아나' 호가 대안항大安港 바다로 침입했다. 달홍아와 요영은 수비군에게 "적들과 바다에서 싸우지 말고 적선을 유인한 다음 출병해 없애라"고 명령했다. 그들은 어선을 고용해 연해에 매복했다.

영국군은 지난번의 교훈을 기억하고 있어 무리하게 공격하면 승리할 수 없음을 알았다. 그래서 많은 돈을 주고 현지 사람을 매수해 길잡이로 삼은 다음 해안으로 올랐다. 그러나 영국군의 길잡이는 '주재周

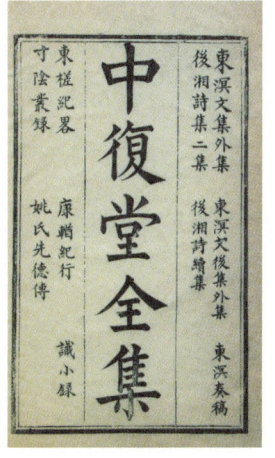

요영의 《중복당전집》
요영(1785~1853)의 자는 석보石甫, 호는 전화展和이며, 안휘성 동성 사람이다. 아편전쟁 기간에 대만병부도로 임직하고 병사를 영솔해 항영했다. 아편전쟁 후 학술과 저술에 전념해 《중복당전집中復堂全集》을 남겼다.

梓'라는 애국심이 강한 어민이었다. 주재는 영국 군함을 암초가 많은 대안 항구 북쪽의 토지 공항 입구로 유인했다.

처음에 영국 군함는 순조롭게 해안 가까이 점점 다가갔는데, 갑자기 큰 충격과 함께 암초에 부딪쳤다. 영국군은 당황해 날뛰었다.

대만 주민들이 영국군의 습격을 격퇴하다

도광 21년(1841) 8월, 영국 함대가 대만을 침범했다. 대만 군민들은 만반의 준비를 갖추고 세 차례나 영국군의 습격을 격파하고 100여 명을 생포했다. 그림은 대만 현지의 풍토와 군사 훈련 상황을 반영한 〈대만풍속도〉로, 일본 사람이 그린 것이다.

●●● 역사문화백과 ●●●

[금은을 전매, 횡재한 외국인]

1842년 아편전쟁 후 유럽과 미국 자본주의의 수입품은 '남경조약'으로 합법적인 신분 보호 아래 중국 상해와 동남 연해에 수입되었다. 중국 시장에서 파는 수입품은 본국에서 파는 가격보다 쌌으나 그들은 많은 돈을 벌었는데, 그 이유는 다음과 같다. 중국은 아편전쟁에 실패한 후 1냥의 금으로 8냥의 은을 바꾸었다. 그러나 당시 유럽과 미국 시장에서는 1냥의 금을 적어도 30냥의 백은과 바꿀 수 있었다. 오랫동안 이어진 쇄국 정책으로 중국은 이렇듯 중요하고도 기본적인 경제 정보를 알 수 없었기에 외국 상인들은 1000리나 되는 먼 바닷길도 마다하지 않고 화물을 싣고 와 신속히 팔아 얻은 은을 금으로 바꾸었다. 이렇게 여러 번 왕복하면 큰 돈을 벌 수 있었다. 당시 아편을 예로 들면 한 상자에 은전 400~500냥인데 그것을 금으로 바꾸어 본국에 가서 은과 교환하면 1000냥의 순이익을 얻을 수 있으므로 이윤이 3배 이상이었던 것이다.

1840~1911 청나라·2

광주, 복주, 하문, 영파, 상해

| 중국사 연표 |
1849년
광주승평사학 등이 영국의 입성을 제지했다.

이때 기다리던 매복병들이 공격하기 시작하자 영국 군함은 폭발하고 적병들은 물에 빠져 죽거나 총에 맞아 죽었고, 49명을 생포했으며, 청나라군은 수많은 대포와 총을 노획했다.

도광 황제는 또다시 승리했다는 상주서를 받아 보고는 매우 기뻐하며 공로자를 장려하고 달홍아를 태자태보 급으로, 요영을 2품 관리직으로 승급시켰다.

투항파의 타격과 모해를 받다

'남경조약' 체결 후 영국 전권대표 헨리 포틴져는 달홍아와 요영을 법으로 다스려 속죄할 것을 청나라 정부에 요구했다.

기영과 목장아穆樟阿는 결국 헨리 포틴져와 타협해 그들이 포로를 죽여 공을 사칭했다고 모해하는 상주서를 올려 '대만원망사건'을 조작해 결국 달홍아와 요영은 면직되었다. 대만의 병사들과 백성들은 소식을 듣고 분개해 저마다 향불을 들고 행서에 모여 상소

청나라 후기의 아편 흡연 도구

했다.

요영이 북경으로 압송되자 30여 명의 북경 관리와 유명 인사들이 북경성 교구 장신점에 나와 영접했다. 이는 요영의 대만 항영 투쟁에 대한 지지의 표명이자 그를 모해하는 데 대한 불만의 표시였다.

홍콩이 영국의 강점아래 확장되는 모습
'남경조약'으로 홍콩이 영국에 넘어가자 홍콩은 아시아에서 발전하는 경제기지가 되었다. 그림은 일본 사람이 그린 〈홍콩도의 개부도〉로서 영국이 홍콩에 많은 건물을 짓고, 개발을 가속화 하는 모습을 보여 준다.

| 세계사 연표 |

1849년 이탈리아 마치니가 로마를 공화국으로 선포했으나 실패했다.

009

출전
《청사고淸史稿·선종기宣宗紀》
《청사고淸史稿·문종기文宗紀》
《청사고淸史稿·두수전전杜受田傳》

황제의 스승 두수전

함풍咸豊 황제가 순조롭게 황제 자리에 오른 것은 그의 스승 두수전杜受田의 한마디 당부 덕이었다.

혁흔을 좋아하다

도광 황제는 아들이 많았으나 모두 일찍 죽어 넷째 혁훤奕詝이 그의 큰아들이 되어 태자가 되어야 하나 도광 황제는 여섯째 아들 혁흔奕訢을 총애하여 백홍보도白虹寶刀까지 혁흔에게 주었고, 혁흔은 그 보도를 늘 허리에 차고 다녔다. 도광 황제는 날이 갈수록 혁흔이 사랑스러워 어느 아들을 계승자로 삼을까에 대해 결심을 내리기 어려웠다.

그런데 학식과 계략을 두루 갖춘 혁훤의 스승 두수전은 혁훤이 하루 빨리 태자가 되기를 바랐기 때문에 언제나 기회를 노렸다.

황제의 모순심리를 반영한 일갑이유一匣二諭

황위 계승인의 선택은 국가 안정과 관계있는 대사이므로 역사적으로 중시해 왔다. 도광 황제는 여러 번 비교해 보고 나서 끝내 넷째 아들을 선택했다. 도광 26년(1846) 도광 황제는 만주족 문자로 "넷째 아들 혁훤奕詝을 황태자로 임명한다"라고 쓰고, 한문으로 "황제 여섯째 아들 혁흔奕訢을 친왕으로 임명한다"라고 썼다. 일갑이유는 도광 황제의 모순되는 심정을 반영했다. 사진은 도광 황제가 성지를 놓아두는 건저갑建儲匣이다.

사냥터의 감언이설

마침내 기회가 왔다. 하루는 도광 황제가 여러 왕자를 데리고 남원으로 사냥을 갔다.

사냥을 떠나기 전 혁훤이 스승에게 가르침을 청하자 두수전은 남원에서 눈동자로만 보고, 손발을 쓰면 안 되며, 크고 작은 생물을 잡아서는 안 된다고 일러주었다. 그런데 혁훤이 이 말의 뜻을 몰라 되묻자, 두

함풍 황제의 정무 복장 초상

함풍 황제(1831~1861), 즉 청나라 문종은 아이신줴뤄이고, 이름은 혁훤이며, 도광 황제의 넷째 아들이다. 도광 30년(1850)에 계위했다. 함풍의 즉위 초기, 중국에 태평천국 봉기가 발발했고 후에는 제2차 아편전쟁이 발발해 청나라는 난국에 처했다. 그림은 청나라 궁정화 함풍 황제 정무복장 초상화인 〈함풍제조복상〉이다.

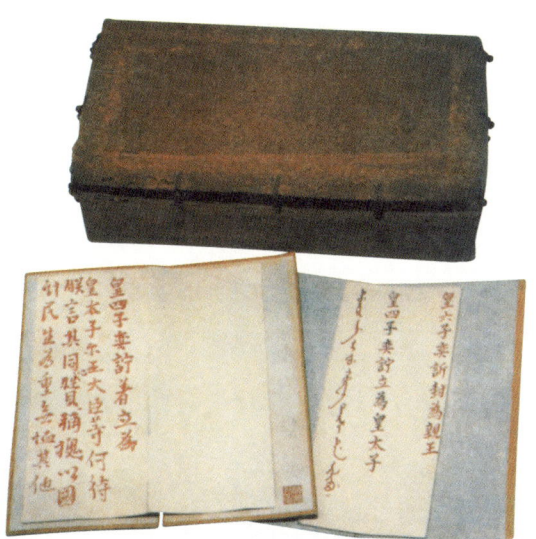

1840~1911 청나라·2

맥아당 51

중국사 연표

1850년 도광 황제가 민녕에서 병사하자 혁흔이 황위를 계승하고 그 이듬해를 함풍 원년이라 했다. 홍수전이 '단영團營'을 발표하고 하느님숭배회 회원들이 계평 금전촌에 모였다.

수전이 일러 주는 대로 하라고 귓속말을 했다.

혁흔은 그대로 듣고 도광 황제를 따라 나섰다.

남원에 도착하자 황자들은 모두 화살을 겨누고 앞다투어 황제 앞에서 자신을 표현하려 했다. 그중에서도 혁흔은 특별히 늠름해 말을 타고 달리면서 사냥을 제일 많이 했다. 그러나 혁흰은 말안장에 앉아서 움직이지 않았다.

사냥이 끝나고 보니 혁흰과 그의 위병들만 아무것도 잡지 않았다. 도광 황제는 불쾌한 기색으로 "너희들은 하루 종일 사냥했는데 어찌하여 토끼 한 마리도 없느냐?"라고 질책했다. 그러자 혁흰은 두수전이 일러 준 대로 "제가 비록 무용지물일지라도 아래 위병들을 시켜 손을 쓴다면 여우, 사슴, 승냥이, 토끼 같은 것은 잡을 수 있습니다. 그러나 지금은 봄철이라 새와 짐승들이 생장하고 번식하니 차마 생령을 살해할 수

백홍보도로 두 황제의 호의를 표시

도광 29년(1849), 도광 황제는 황제의 여섯째 아들 혁흔에게 백홍보도를 주었는데, 함풍 황제는 즉위 후 여전히 혁흔이 백홍도를 차고 다니는 것을 허락하지 않아 군기대신으로 승급시켰다. 사진은 고궁박물원에 소장된 백홍보도다.

가 없었습니다. 또 제가 형으로서 어찌 동생들과 높고 낮음을 비기리까?" 하고 여쭈었다.

도광 황제는 이 말을 듣고 크게 기뻐하면서 연이어 "옳아! 옳아! 이야말로 제왕의 말이야. 제왕이 마땅히 구비해야 할 생명을 아끼고 사랑하는 품격이다!" 하고 칭찬했다. 마침내 도광 황제는 혁흰을 태자로 삼을 것을 결정했다.

스승을 우대하다

도광 황제가 병사한 후 즉위한 혁흔은 과거 자신에게 도움을 준 스승 두수전에게 아주 고맙게 생각했다.

두수전이 죽자 함풍 황제는 비통해 하며 장례를 성대하게 치러 주고 대신의 사후 최고급인 '문정文正'이라는 호칭을 추가해 불렀다.

청나라 시대의 300년 동안 '문정' 칭호를 받은 이들은 그 외에 탕빈湯斌, 유통훈劉統勳, 조진용曹振鏞, 증국번曾國藩, 이홍조李鴻藻, 손가내孫家鼐 등이다. 그들은 살아서 영화를 누리고 죽어서도 애도하는 사람이 있어 '일대의 완미한 사람'으로 불리기에 손색이 없다.

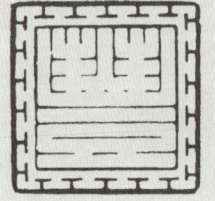

대범한 '함咸', '풍豐' 조합 인장

이 두 개의 인장은 계혈석질鷄血石質이다. '함' 자의 인장은 양문이고 '풍' 자는 음문자다. 인장의 주위는 새로 새긴 만족 문자로 장식했는데, 하나는 원형이고 하나는 정사각형이다.

●●● 역사문화백과 ●●●

[대학사]

청나라는 명나라의 제도를 계승해 대학사大學士를 설치했다. 청나라 초기 내삼원內三院에 각각 대학사를 한 사람씩 두었는데, 순치 시대 내삼원을 내각으로 고치고 대학사가 내각주관이 되었다. 강희 시대에는 정2품 관리로, 옹정 시대에는 정품으로 고쳤다. 군기처가 설립되면서 대학사의 원래 직권을 대체했으나 군기대신과 내외 각 관리들은 여전히 대학사의 직함을 수여 받는 것을 영광으로 여겼다. 이를 관습적으로 배상拜相이라 불렀으며 중당中堂이라 총칭했다. 대학사는 만족과 한족 각각 2명인데, 흔히 3전殿(보화·문화·무영), 3각閣(문연·체인·동각)으로 칭했다. 옹정 시대부터 내각의 만족, 한족학사 2명 외에 만족, 한족 협판대학사 각각 1명을 증해 종2품으로 하고 왕왕 상서, 총독에게 보충 수여하나 이는 작위일 뿐 원직에 유임하고 대학사 자리가 나면 즉시 보충했다. 그리고 대학사 아래에 내각학사 10명(만족 6인, 한족 4인)을 두어 예부시랑 직함을 주고 종2품으로 각학學이라고 총칭했다. 옹정 이후 대학사, 협판대학사는 각부 상서와 독무의 직함으로 바뀌었다. 대학사는 조회 때 만족이 앞에 서고 한족이 뒤에 섰으나, 광서 이후에는 한족인 이홍장李鴻章이 문화전대학사로 맨 앞에 섰다(보화전은 근대에 수여한 일이 없다).

| 세계사 연표 |
1850년
잉글랜드 해협에 해저 케이블을 가설했다.

010

《태평천국기의기太平天國起義記》 출전

홍수전과 《권세양언》

농민의 가정에서 태어난 홍수전洪秀全은 여러 번 과거를 치렀으나 매번 낙방하여 벼슬의 꿈을 접었다. 그리고 기독교 서적인 《권세양언勸世良言》의 발견이 그의 인생을 바꿔 놓았다.

1840~1911 청나라 · 2

농민의 아들

홍수전의 부친 홍경양洪鏡楊은 충직하고 온후하며 소박한 농민으로 황지를 개간하며 살았다. 홍경양은 3남 1녀를 낳았는데 맏이가 홍인발洪仁發, 둘째가 홍인달洪仁達, 누이가 홍신영洪辛英이고 홍수전은 막내였다. 후에 홍수전이 소조귀簫朝貴의 처인 양운교楊雲嬌를 의 남매로 삼고 홍서교洪宣嬌라 이름을 고쳐 불렀다.

홍씨의 조상들은 중원에서 살다가 송나라 때 전쟁을 피해 광동으로 왔다. 광동의 토지가 척박해 생계유지를 위해 광주에서 몇 십리 떨어진 관록포로 이사 왔지만 별로 나아진 것이 없었다.

홍수전은 어려서부터 아버지를 도와 일을 하다 보니 농사일을 잘 알았고 농민의 고충도 알았다. 일곱 살 때 부친은 그를 '서방각書房閣'이라는 서당에 보내 공부시켰다. 형편이 좋지 않아 두 형은 공부시킬 수 없어 부친은 모든 희망을 작은 아들에게 걸었다.

홍수전의 소상

홍수전(1814~1864)의 원명은 인곤仁坤으로 광동성 화현花縣, 지금의 광주시 화도구 북부의 복원수라는 작은 마을 태생이다. 도광 연간에 과거시험에 여러 번 낙방 끝에 기독교 교리 중 '평등사상'을 습득한 후 하느님숭배회를 창설했다. 그는 '원도구세가原道救世歌' 등을 만들고 교회를 조직했다. 도광 30년 12월 10일(1851년 1월 11일), 금전봉기를 일으켜 태평천국을 건립하고 천왕이라 자칭한 그는 함풍 3년에 남경을 수도로 정하고 '천경天京'이라 했다. 《천조전무제도天朝田畝制度》를 발표하고, 북벌을 진행했다. 홍수전은 함풍 6년에 군정실권을 장악하고 있던 동왕 양수청楊秀淸이 "위권으로 자신을 핍박한다"며 북왕 위창휘韋昌輝에게 밀조를 보내 군을 영솔하고 경성으로 돌아와 양수청을 죽이라고 했다. 위창휘는 사태를 확대해 양수청을 무고하게 살해했다. 홍수전은 백성의 원망이 커지자 위창휘를 죽이고 익왕 석달개石達開로 하여금 정사를 주관하게 했다. 이듬해 의심을 받은 석달개가 나가 버리자 태평천국은 위기에 처했다. 홍수전은 진옥성陳玉成과 이수성李秀成을 중용해 군사로 하고 농지세를 감소하고 종교 선전을 강화했다. 동치 2년(1863) 겨울, 천경이 청나라군에게 포위되었다. 홍수전은 포위를 돌파하자는 이수성의 건의를 거절하고, 천경을 고수하다 동치 3년 4월 병으로 죽었다.

여러 번 낙방하다

열여섯 살 되던 해 홍수전은 광주로 가서 처음으로 수재 시험을 치르게 되어 뛸 듯이 기뻐했다. 10년간

역사문화백과

[청나라 관서에서 이름을 모함해 짓다]

청나라 시대의 관방 서적에서 흔히 반란자의 이름을 고쳐서 비방했다. 예를 들면 호남천지회 수령 이원발李元發, 태평천국 장령 뇌문광賴文光을 물 '수水'를 붙여 이원발李沅潑, 뇌문광賴汶洸으로 적었다. 손중산孫中山의 원명은 손문孫文인데 손문孫汶으로 고쳐 썼다. 과거에는 많은 저작이 분석이 덜되어 직접 사료 중에서 발췌하고 인용해 웃음거리를 자아냈다. 이름에 첨가하는 물 '수水'는 강도의 '도盜'라 그들은 '도적'이라는 뜻이다. 또 어떤 이름은 직접 고쳐 염군捻軍 수령 장락행張樂行을 장락형張落刑이라 썼고, 어떤 이름은 익살스러운 별명으로 써서 태평천국의 진옥성陳玉成을 '사안구四眼狗(눈이 넷인 개)'라고 했다.

| 중국사 연표 |

1851년 1월 11일 홍수전이 금전촌에서 봉기를 선포하고 '태평천국'이라는 국호를 달았다.

도광 황제의 양신방신서 – 《단도보》

《단도보單刀譜》의 원명은 《도보》이며, 강희 연간에 쓴 것이다. 도광 황제는 이 책을 아주 좋아해 평일에도 항상 연습하고, 아들들에게 읽고 연구하라 했다.

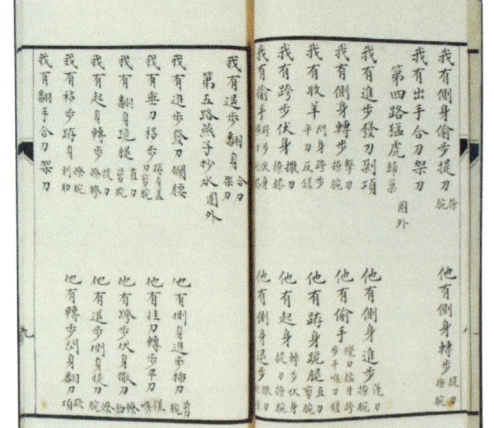

애써 공부했으니 시험에 꼭 합격할 듯했으나 낙방하고 풀이 죽어 돌아왔다.

1836년 홍수전은 두 번째 시험을 치르러 광주로 갔다. 6년 전의 좌절을 잊지 않고 포부를 실현하기 위해 서당 훈장으로 있으면서 《4서5경》을 열심히 읽어 과거시험 준비를 단단히 한 것이다. 하지만 이번에도 낙방이었다. 이듬해 또다시 응시, 초심에 통과했지만 복시에서 여전히 낙방했다. 1843년 네 번째 시험에서도 마찬가지였다.

그때 홍수전은 과거시험장의 암흑상을 전혀 몰랐다. 응시생들은 응시 신고서에 3대 이력서를 써야 하는데 시험관들은 학식과 재질은 제쳐놓고 문벌을 보아 골랐던 것이다. 그 외에 한제가 있어 작은 현에서 8명을 뽑고 중등 현이라 해도 12명밖에 뽑지 않으니 조상이 대대로 농사지어 온 홍수전이 어찌 사대부들과 평등하게 경쟁할 수 있었겠는가?

《권세양언》

홍수전은 수재 시험을 네 번 치렀어도 모두 실격해 절망과 분개로 가슴이 꽉 찼다. 어느 날, 외사촌 형 이경방李敬芳이 그를 찾아왔다가 책장에서 《권세양언勸世良言》이라는 책을 보고 그 책을 빌려갔다. 그 책은 홍수전이 광주로 응시하러 갔을 때 어느 기독교 신자에게 받은 책인데 아직 읽어보지 않았다. 그 책을 빌려간 외사촌 형은 책을 돌려줄 때 홍수전에게 한번 읽어보라고 권했다.

최초의 기독교 홍보 서적인 《권세양언》의 작자 양발梁發은 광동 오경부 고명현 사람이다. 원래 인쇄 노동자였다가 후에 중국에 온 선교사 로버트 모리슨에게 고용되었다.

이 책에서는 하느님을 "유일한 신"이라 하고, 오직 이 하느님만이 "천지 만물을 만들어 내는 주"라며 사람들은 마땅히 "천명에 만족해야 한다"라고 했다. 그리고 한 폭의 이상적인 '천국' 그림을 그려, 실현할 수 있는 이상이라고 했다.

이렇게 신기하고 오묘한 설교는 홍수전의 마음에 꼭 들었다. 홍수전은 곰곰이 생각한 끝에 《권세양언》은 하늘에서 그에게 특별히 가져다준 '천서'라 여기고 '하느님'의 권위를 이용해 하늘을 대신해 천하를 다스리려고 작심했다.

그는 천부의 둘째 아들로서 예수의 동생이라 자칭하고, 명령을 받고 세상 사람을 구원하러 내려왔다고 했다.

태평군 작전 지휘부

| 세계사 연표 |
1851년 런던에서 세계박람회가 개최되었다.

011

《천부천형성지 天父天兄聖旨》 출전

금전 봉기

홍수전의 38세 생일날 금전촌金田村에서 공개적으로 봉기를 선포하고, 무장으로 반청의 길을 걷다.

민간에 민요가 유행하다

다년간의 노력 끝에 홍수전은 하느님숭배회의 무장 봉기 준비를 갖추었다.

1849년 말, 호남천지회의 이원발李元發은 신령新寧에서 봉기하고 광서 천지회는 심강 남북에서 여러 차례 무장 투쟁을 했다.

당시 이런 민요가 유행했다. "궁하지도 부유하지도 않은 자는 농사일 하고, 백만장자는 나에게 빚만 지고 있네. 내 돈이 부잣집에 있으니 먹을 것과 입을 것이 없는 자는 나와 같이 가자. 부귀한 자들이 나의 빚을 지고 있으니 빈궁한 자제들이여, 나와 같이 가자. 사람을 해치고 땅만 남기는 악인은 죽어야 한다."

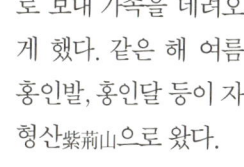

군중 단영을 모으다

1850년 봄, 홍수전이 평재산平在山에서 황포를 입자 주위에 사람이 모여들어 경건하고 정성스럽게 그를 조견했다. 그는 천형天兄으로 가장하고 하늘에서 내려와 성실하게 가르친다고 말했다. 홍수전은 봉기 준비를 다그치는 한편 하느님이 "내가 이 세상에 큰 재난을 내리려 하니 신앙이 강한 자만 구원받을 수 있다고 말씀하셨다."는 유언비어를 퍼뜨렸다.

홍수전은 진일강秦日綱, 진승용陳承瑢을 고향 광주로 보내 가족을 데려오게 했다. 같은 해 여름 홍인발, 홍인달 등이 자형산紫荊山으로 왔다.

소조귀蕭朝貴는 천형이 하늘에서 내려온 신분으로 그들을 위해 "너희가 그(홍수전)를 믿으면 강산을 같이 세운다. 그가 하루 있으면 나도 하루 있고, 그가 먹을 것을 얻으면 나도 먹을 것을 얻고, 그가 입을 것을 얻으면 나도 입을 것을 얻을 수 있다."라고 말했다.

7월, 홍수전이 단영에 총동원령을 내리자, 각지에서 온 군중이 금전촌에 모여들었고, 밭과 집 등을 팔아 바쳤다. 가산을 모두 팔아 금전촌으로 들어온 가족의 의식 비용은 모두 공동자금에서 지출했다.

그러자 지방당국은 광서 심주협의 부장 이전원李殿元 등이 부대를 영솔해 홍수전, 풍운산馮雲山의 소재지인 평남현 화주산인촌을 포위해 마을을 봉쇄했다.

양수청楊秀淸이 금전에서 그 소식을 듣고 많은 사람을 파견해 그들을 구원해 크게 승리하고 홍수전과 풍운산 두 사람을 금전촌으로 모셔왔다.

●●● 역사문화백과 ●●●

[태평천국]

중국의 전통적 문화에는 '태평'이라는 두 글자가 자주 등장한다. '태평'은 《공양전公羊傳》에서 처음 볼 수 있고, 《백호통白虎通》에서는 "천하가 태평함은 제도가 바뀌었기 때문이다"라고 했다. '천국'은 서양의 신약 성경에서 많이 볼 수 있다. 홍수전이 처음 본 《권세양언》은 《성경》의 "천국이 강림"했다는 부분을 베낀 것인데, 홍수전이 전통적인 '태평'과 《성경》의 '천국'을 조합해 '태평천국'을 창조했다. 이는 "현실사회의 태평을 실현하며, 편안히 살고 즐겁게 일하는 천국을 동경한다"는 농민의 문화 사유를 반영한다.

최대의 옥새 중 하나인 태평천국 천왕의 옥새 (위 사진)
천왕의 옥 인함은 태평천국의 최고의 군정 권력을 상징한다. 이 정사각형의 청백옥 인함은 태평천국 말기에 사용했다. 이것과 유천왕幼天王의 옥인함은 역대에서 가장 큰 두 개의 인함이다.

장령과 병사들이 호남성(호남성을 상湘이라 약칭함) 사람이 많았기 때문이다

| 중국사 연표

1852년 태평군이 성공적으로 북상해 광서를 나와 호남을 뚫어 호북으로 진입했다.

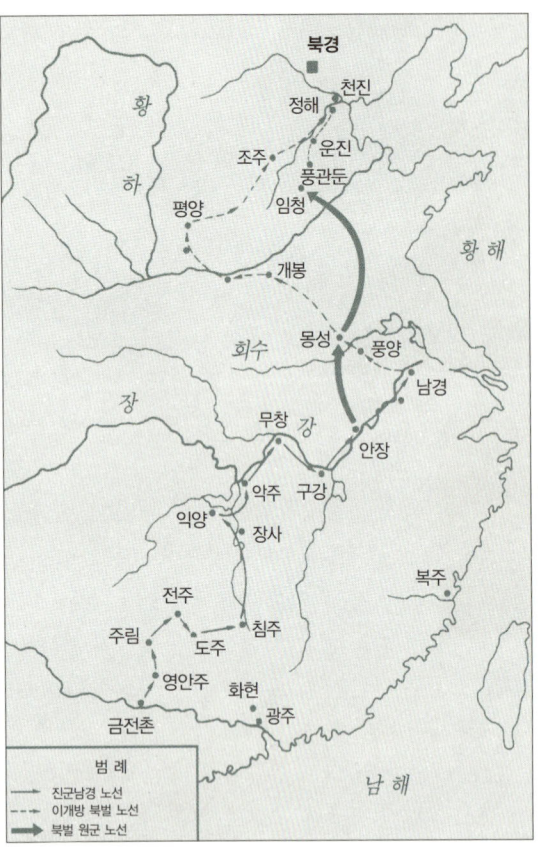

〈태평천국 진군노선 설명도〉

금전봉기

도광 30년 12월 10일(1851년 1월 11일), 홍수전의 38세 생일날, 자형산 남쪽 기슭의 광서 계평현 금전촌에는 깃발이 휘날리고 칼과 창이 번쩍였다.

2만여 명의 가난한 농민, 목탄 공인, 소상인들과 일부 지식인들이 이곳에 모였다. 홍수전은 참요검斬妖劍을 손에 잡고 연단에 높이 올라 장엄히 봉기를 선포하고 국호를 태평천국이라 했으며, 아들을 유주幼主로 책봉했다.

남녀 전사들의 구호가 산기슭에 울려 퍼졌다. 군중의 환호 속에서 홍수전이 군사 규칙 다섯 가지를 발표했다.

천부·천형·천왕의 명령에 복종하고, 남녀가 구별되어야 하며, 백성의 이익을 조금도 가로채지 않고, 서로 화목해야 하며 각자 두목의 지휘에 따르며, 한마음으로 협력하고 싸움에서 물러서지 않는다.

봉기 이틀 후 홍수전은 태평군을 영솔해 대황강大湟江을 따라 동진해 이 강구 지역을 점령했다.

강구江口는 심강潯江과 대황강이 교차하며 합해지는 지역에 위치해 교통이 편리하고 상인들이 모여들어 경제·군사적으로 매우 중요한 지역이었다. 홍수전은 강구에 군영을 설치했다.

3월 23일 광서 무선현 동향에서 1만 명의 군중이 구세주 홍수전을 천왕으로 떠받들어 모셨다. 홍수전은 양수청을 좌보정 군사, 영중군 장령으로 하고 소조귀를 우필우정 군사, 영전군 장령으로 하며 풍운산을 전도 부군사, 영후군 장령으로 위창휘韋昌輝를 후호우 부군사, 영우군 장령으로 석달개石達開를 좌군 부장령으로 봉했다.

머리를 풀어 헤치는 것이 반청의 시작

청나라 때 반청무장은 머리를 길러 표시로 했다. 태평천국은 특히 머리를 기르는 것을 제도로 정했는데, 그 목적은 통일적 형식으로 청나라에서 강요한 머리를 깎고, 머리를 땋는 법에 반항하는 것이다. 그림은 당시의 영국인이 그린 태평군의 머리 모양이다.

| 세계사 연표 |

1852년
나폴레옹이 프랑스를 제국으로 고쳤다.

012 천조전무제도

《태평천국인서太平天國印書》
《태평천국직관지太平天國職官志》 출전

이 제도는 태평천국의 이상적인 설계도이고 몇 천 년 중국 농민이 분투하는 미래의 설계도다.

천추의 소망

함풍 3년(1853) 태평천국은 금릉(남경)을 점령한 후 '천조전무제도天朝田畝制度'를 발표했고, 함풍 10년(1860), 천경(남경)의 포위가 풀리자 천조전무제도를 재차 공포했다.

이 제도는 천왕이 친히 정하고, 책으로 만들어 배포한 것으로 내용이 풍부하다.

중국 농민이 수천 년을 투쟁함은 모두 자신 소유의 땅이 있기를 바랐기 때문이다. 그런데 이 천조전무제도는 가난한 농민들의 생활이 나아질 수 있다는 희망적인 내용이 포함되어 있었다.

실현할 수 없는 이상

천조전무제도는 미래사회의 토지 제도, 사회 조직, 교육, 선거, 장례와 징벌 등의 양식과 규범을 규정했다.

그리고 땅이 있으면 같이 부치고, 밥이 있으면 같이 먹고, 옷이 있으면 같이 입고, 돈이 있으면 함께 쓰는, 모든 것이 평균적으로 헐벗고 굶주리는 사람이 없는 이상이었다.

국고는 '작은 금고'

천조전무제도의 중요한 정신은 사유재산을 철저하게 없애는 것이다. 도시, 농촌, 국가기구, 군대 등 모두 국고를 설치하고, 국가에서 사회와 가정생활의 모든 일을 지배하는 것이다. 그러나 홍수전이 무현에서 왕이 되고 영안에서 건국한 다음 수령들과 고급 성원들은 많은 특권을 누렸다. 그 후 소위의 국고는 전체 관민에게만 배급제를 실시하여 농민에게는 아무 작용도 하지 않았다. 결국 많은 국고는 크고 작은 새 귀족들의 '작은 금고'로 변했다.

동치 2년(1863) 회군淮軍이 소주를 공격하자 이수성李秀成은 원조를 청했다. 그의 보금자리인 소주에 많은 보물과 재산이 있었던 것이다.

《천조전무제도》 원본
천조전무제도는 태평천국이 천경을 수도로 정한 후 1853년에 발표한 토지 문제 해결을 중심으로 하는 농민 투쟁의 강령과 사회 개혁의 방안이며, 태평천국의 강령이다. 그는 천하의 밭은 천하 사람이 공동으로 붙인다는 원칙 아래 지상천국을 건립하기로 결심하고, 수천 년 간 중국 농민의 토지에 대한 강한 원망을 집중적으로 표명했다. 그리고 "천하의 사람마다 사적 물건을 가지지 않고 물건은 모두 상주에게 바친다."라고 규정했다.

태평천국 시대의 예배당
태평천국의 군민들은 모두 예배를 했다. 군중의 각 직함관은 7일에 한 번 예배하는데, 장관과 서수가 가운데 서고, 여러 사람이 서서 찬미했다. 후에는 서수가 황표 상주서를 써서 상주서를 손에 들고 무릎 꿇고 낭독하고 여러 사람이 꿇어앉아 읽은 다음 태워 버리고 예배를 마친다. 민간에는 25세대에 하나씩 예배당을 설치하고 예배일마다 남녀노소, 아이들은 예배당에 모여 남자와 여자가 따로 줄을 서서 강의를 듣는다. 그림에서 볼 수 있듯이 소주의 한 고급 관원들이 아문에서 예배하는 것 같다.

1840 ~ 1911 청나라·2

세 곳이다. 청북릉淸北陵, 청동릉淸東陵, 청서릉淸西陵

| 중국사 연표 |

1852년 재적시랑 중국번 등이 단련을 꾸릴 것을 명령했다.

태평천국에서 주조한 '천국성보' 전폐

태평천국의 '천국성보天國聖寶' 전폐錢幣는 1854년에 만들었는데, 전폐의 정면에는 '천국', 뒷면에는 '성보'라는 글자가 새겨 있다. 중국의 역대 전폐는 모두 '통보'라고 했지만 태평천국은 '통보' 대신 '성보'라고 했다. '성'은 하느님을 가리키며, 화폐를 '성보'라 하는 것은 하느님의 소유라는 뜻이자 공유한다는 의미다.

그가 홍수전에게 재차 구원을 요구하자 홍수전은 구원을 수락하는 조건으로 10만 냥의 사유재산을 내놓으라고 했다. 떠나기에 급급한 이수성은 살을 에는 듯한 아픔으로 천경天京 충왕부 금고에서 7만 냥을 바쳤다. 홍수전은 이 거액의 돈에 천왕天王의 이름을 걸라 하고, 나머지 3만 냥은 돌아와서 보태라고 했다. 그는 소주 충왕의 왕부에 금전이 넘친다는 것을 잘 알고 있었던 것이다.

태평군의 수륙 진군

함풍 3년(1853) 봄, 태평천국은 무창武昌 3진을 포기하고, 동으로 내려와 남경을 향해 공격했다. 당시 50만 대군이라 자처했지만 사실 전투 가능한 장병은 10만 명에 지나지 않았고 나머지는 가속과 3진에서 데리고온 추종자와 백성들이었다. 이 그림은 청나라 후기 사람의 그림이다.

가정에서 암탉과 암퇘지만 기르다

태평천국 초기에는 천왕 등 여섯 사람만 가정을 이룰 수 있었는데, 소조귀와 풍운산이 죽자 네 집밖에 남지 않았다. 고급 관원을 포함한 다른 사람은 시집 장가를 못 가고 위반하면 죽이거나 노역에 처했다. 이는 모두 천왕, 동왕이 생각해 낸 일이다.

함풍 5년(1855)에는 다시 가정을 이룰 수 있었는데, 일부일처제로 규정했다. 그러나 이는 일반 장병과 백성들에 대한 남녀평등이고, 관원들은 급별에 따라 합법적으로 처를 둘씩 둘 수 있었다.

이러한 조목은 당연히 천조전무제도의 기본 내용에는 써 넣을 수 없었다.

그리고 천조전무제도는 한 집에서 암탉 다섯 마리에 암퇘지 두 마리 이상을 기르지 못하게 규정했다. 이러한 규정이 "천하를 평등하게 하려는 것."이라고 강조 했는데, 집에서 수탉과 수퇘지를 기르면 불균형을 조성하게 되고, 불균형이 생기면 반드시 손해를 보

●●● 역사문화백과 ●●●

[태평천국에는 왕씨 성이 없었다]

중국에는 왕씨 성이 제일 많다. 그러나 태평천국에 참가한 그 많은 사람 중 왕씨는 한 사람도 없다. 현존하는 기록과 영국 런던에 보관되어 있는 상주의 태평군 명단 책을 포함한 보왕부保王府 관원의 인함 등의 명단에는 천국의 제왕에서부터 일반 병사들까지의 약 1만 명 중 성씨가 왕씨인 사람은 하나도 없다. 원래 태평천국은 '왕' 자를 숨기고 성이 왕씨인 것을 용서하지 않아 성이 왕가인 사람은 반드시 성을 고쳐야 했다. 태평천국의 《흠정경피자양欽定敬避字樣》에는 "오직 천부·천형·천왕·유주만이 군주이고 왕이다. 동서왕東西王 혹은 본동서왕本東西王이라 부르고 신용왕信勇王 이하는 열왕列王이라 부르며 단독으로 '왕' 자를 붙이지 않는다. 왕은 천일이다."라고 규정되어 있다. 그러므로 성이 '왕'인 사람은 반드시 황黃 혹은 물 수변을 붙인 왕汪 등으로 고쳤다. 천왕의 외사촌 형인 왕성은 온 가족이 황씨로 고쳤다. 이로써 중국 역사의 제왕 가운데 관련되는 자는 모두 성을 '후侯' 자, '상相' 자, 혹은 원래의 '왕王' 자를 '광匡' 자로 고쳤다.

| 세계사 연표 |

1852년
미국의 헤리엇 비처 스토 부인이 《톰 아저씨의 오두막》을 발표했다.

승상이 많고 많다

천조전무제도에서 반포한 관제는 초기에는 그런대로 실행되었으나, 점차 일부 사람들의 관욕을 채우기 위해 각급 관원을 계속해서 확대했다. 초기 최고급 승상을 24명으로 규정했으나 후에는 편제도 정원도 없이 실권 없는 '은상승상恩賞丞相', '평호승상平胡丞相'이 생겨났다.

전하는 바에 따르면, 양수청이 기분이 좋아 한꺼번에 수백 명의 은상승상을 임명하기도 하여 후기의 승상은 이미 저급 군관으로 변했다.

함풍 11년(1816)에는 '전우殿右808승상'의 편제가 있었다 한다. 이듬해 병사 3~500명의 병영에 10~15명의 '승상'이 있었다. 승상은 그 숫자 뒤에 간지배열干支排列을 하여 임명된 인원이 더욱 많아졌다.

태평천국의 계몽서적 《유학시》
태평천국의 계몽 교과서인 《유학시幼學詩》는 하느님과 예수를 경양하고 내친內親·군도君道·신도臣道·부도父道·모도母道 등을 선양한 5언 시다. 그림은 《유학시》의 표지 조각판이다.

는 자가 생겨 '전무제도'에 저촉된다는 것이다.

예배당 교육

천조전무제도는 25세대를 하나의 단원으로 '1양'이라 불렀는데, 현 단지와 같았다. 또 국고를 설치하고 예배당도 설치했다. 각 세대의 아이들은 그곳에서 사마교가 신·구 유조성서와 홍수전의 조지를 읽는 것을 들었다. 해마다 읽고 날마다 읽었으며 아이들로 하여금 어려서부터 교육을 받아 천부, 천형, 천왕의 타이름을 외우게 했다.

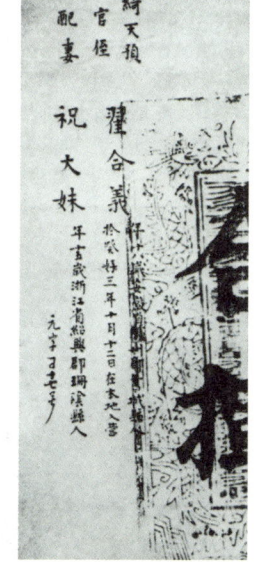

태평천국 시대의 혼인 증서

영국 옥스퍼드 대학에 보존되어 있는 《구유조성서舊遺詔聖書》
태평천국의 계호癸好 3년(1853), 천경에서 조각한 《구약성경》이다. '계호'는 원래 '계축癸丑'인데, 태평천국에서는 '축丑' 자를 꺼려해 '호好'로 고쳤다.

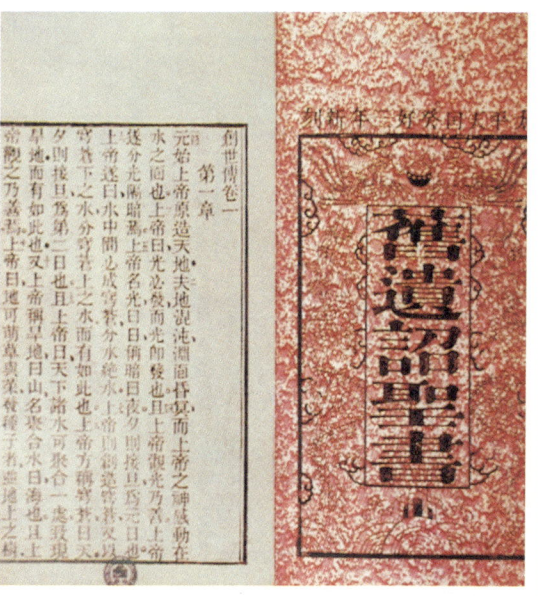

두 가지이다. 하나는 선초, 즉 선박 세금인데 톤 세라고도 했고, 다른 하나는 화물세, 즉 화물의 수입·수출 세금이다

| 중국사 연표 |
1853년 태평군이 호북성 무창을 점령하고, 3월 19일 남경을 점령했다.

013

반기량과 상해 소도회

상해 소도회小刀會의 주요 성원 중 한 명인 반기량 潘起亮은 유여천劉麗川이 17개월 동안 점령·포위했던 상해의 성에서 여러 번 적을 격퇴시켰다. 성이 함락되자 포위를 뚫고 나와, 태평군에 참가했다.

나무 틀 집에 갇히다

아편전쟁 후 상해는 서양인이 많고 상업이 번영해 외지에서 온 사람이 증가했다. 광동 사람이 10만, 복건 사람이 6만 그리고 절강·안휘·영파 사람도 많았다.

반기량은 부친 반흥潘興을 따라 남경에서 상해로 왔다. 반기량은 생계를 위해 잡일을 많이 했는데, 서위인徐渭仁을 위해 네 바퀴 마차도 몰았고, 서위인이 단련을 세울 때는 작은 수령으로도 있었다.

언젠가 반기량은 길에서 불공평한 일을 당해 그들과 싸움을 했는데, 뜻밖에도 그들은 현 아문의 병사들이었다. 그러자 상해 지현 원조덕袁祖德은 자기 부하들의 편을 들어 반기량을 나무 틀 집에 가두어 칼을 씌우고 현 아문 앞에서 조리돌림을 했다. 이 나무 틀 집은 보통 사람의 키보다 머리 하나는 더 높았는데, 범인을 틀 집에 감금하고 발밑에 3장의 벽돌을 받친 후 매일 한 장씩 뽑아 3일 지나면 두 발이 허공에 들리고 사람은 목이 졸려 죽는다.

반기량이 죽기 직전 다행히 서위인이 달려와 원조덕은 반기량을 풀어주었다. 그 후 반기량은 "죽기 전에 꼭 원한을 갚으리라." 하고 맹세했다.

빨간 천이 몽땅 팔리다

함풍 3년(1853) 봄, 태평천국이 남경에 수도를 정했다는 소식이 전해오자 유여천이 지도하는 소도회는 적극적으로 호응해 봉기를 준비했고, 반기량도 참가

상해 예원 점춘당
점춘당点春堂은 함풍 3년(1853) 소도회가 봉기할 때 복건방의 수령이던 진아림의 지휘부였다.

화가들이 관찰한 소도회 장병들의 형상
당시 화가의 스케치인 이 그림은 화가가 관찰한 소도회 장병들의 여러 형상이다. 그림에서 병사들은 성을 공격하는 연습을 하고 어떤 병사는 휴식하고 어떤 병사는 무기를 닦는다.

| 세계사 연표 |

1853년 러시아가 페테르부르크에서 모스크바로 통하는 철도를 가설했다.

《소도회기사시말小刀會起事始末》
《상해회방국사료上海會防局史料》 출전

무역항이 된 후의 상해 항구

'남경조약'은 5개 통상 항구를 규정했는데, 상해는 그중 하나다. 상해가 무역항이 된 이후 서양 자본주의 국가들은 경제 침략의 중심을 광주에서 상해로 옮겼으며, 상해는 광주를 대신해 중국의 대외무역 중심이 되었다. 그림은 당시 사람이 그린 5개 항구 중 통상 이후의 상해 항구이며, 배들이 오고 가는 번화한 모습을 보여 준다.

했다. 회원 가운데는 아문의 일꾼이 많았고, 정부의 병사들도 있었다.

9월 초 유여천과 진아림陳阿林 등은 아문에 잠복한 소도회 성원이 창고에 보관해 둔 백은 20만 냥을 곧 옮기려 한다는 밀보를 했고, 9월 5일 천지회의 주립춘周立春이 가정嘉定을 점령했다는 소식이 전해지자 유여천 등은 9월 7일 상해를 탈취하기로 결정했다.

상해조계지 시정청 옛 사진

상해 남경로의 시정청市政廳은 원래 공부국工部局 소재지였다. 당시 상해시에 거주하던 외국인들은 리차드 호텔에서 집회를 열어 도로·항구위원회의 설립을 결정하고, 해마다 조차인 대회를 한 번씩 개최할 것을 결정했다. 후일 조계지대의 최고 권력기구인 납세인회의와 공부국이 이곳에서 시작되었다.

그들은 빨간 천을 머리에 감아 표식으로 삼았다. 그날 상해시의 상점 창고에 있던 빨간색 천이 모두 팔리다 못해 부족했다. 빨간 천을 사지 못한 소도회 성원들은 자기 집 부인과 자식들의 속옷을 끊어 머리 수건을 만들었다.

9월 7일 반기량은 머리에 빨간 수건을 동여맨 소도회 성원 수십 명을 데리고 현 관청으로 갔다. 원조덕은 황급히 아역에게 대항하라는 명령을 내리다 갑자기 멍해졌다. 이미 소도회에 가입해 머리에 빨간 수건을 동여맨 아역들을 보았기 때문이다. 원조덕이 도망치려 하자 반기량은 "전진만 있고 후퇴는 없다"라고 고함치며 큰 칼을 휘둘렀다.

소도회는 상해 성을 점령했다. 이번 성의 탈취는 아주 사상자 없이 지현 원조덕만 죽었을 뿐이다.

●●● 역사문화백과 ●●●

[머리를 기르고 천으로 싸매다]

태평천국은 관원, 군민들의 머리 기르기를 엄격히 규정했다. 그가 규정한 《천조서》에는 "머리와 수염을 깎고 면도하는 자는 요기를 벗어나지 못한 자이므로 목을 벤다."라고 규정했다. 당시 머리의 길이로 관원의 직위와 급별을 구분하는 것이 관례였다. 태평천국의 등급은 아주 복잡했으며 일상적인 예제, 생활 대우에 불평등한 점이 아주 많았다. 규정에 "병사들과 백성은 모자를 쓰지 못하고, 깃이 있는 옷을 입지 못하며, 민간인이 입는 적심과 장포는 반드시 짧은 옷으로 고쳐야 하며, 머리 수건도 병사는 빨간색 천, 백성은 푸른색 천 혹은 회색 천이어야 하며, 황색 천으로 머리를 싸면 더욱 안 되고, 위반하면 처형한다."라고 되어 있다.

청나라·2 1840~1911

예원점춘당

| 중국사 연표 |

1853년 태평천국이 남경을 천경으로 고쳤다. 선파군이 각기 동정·북벌·서정을 했다.

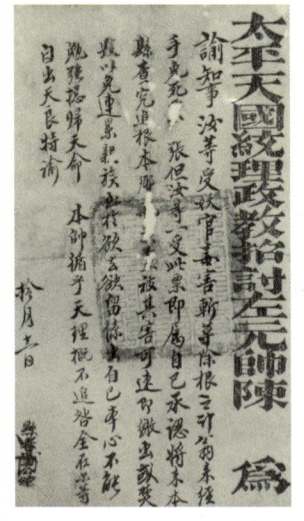

소도회 공고
함풍 3년(1853), 상해 소도회의 수령 진아림이 태평천국의 명의로 공고를 발표해 군중들이 청나라 정부군의 '면사표免死票'를 거절할 것을 호소했다.

비호 장군

유여천이 대원수로 추천되고 반기량은 비호장군 선행관으로 임명되어 출정을 책임졌다.

그는 명령을 받아 부대를 거느리고 청포靑浦, 태창太倉을 점령했다. 가정이 함락된 후 서요徐耀, 주수영周秀英 등과 손잡고 반격해 상해에 돌아온 후 성의 수비를 주관했다.

이때 성 내에는 반란이 자주 발생했다.

함풍 4년(1854) 10월 반기량이 성루에서 자고 있을 때 갑자기 소란스러워 깨어 보니 영파방의 사응룡謝應龍이 성두에서 적군을 호응해 성으로 기어오르고

근대 우정의 시작

광서 4년(1878) 3월 천진, 북경, 상해 등 다섯 곳의 해관海關은 문서의 접수와 발송 업무를 시작했다. 수금 수속을 간소화하기 위해 우표를 발행하기 시작했고, 우표는 상해해관에서 인쇄하기로 했다. 이런 형식은 중국 근대 우정郵政의 첫 시작이다. 사진은 상해해관이다.

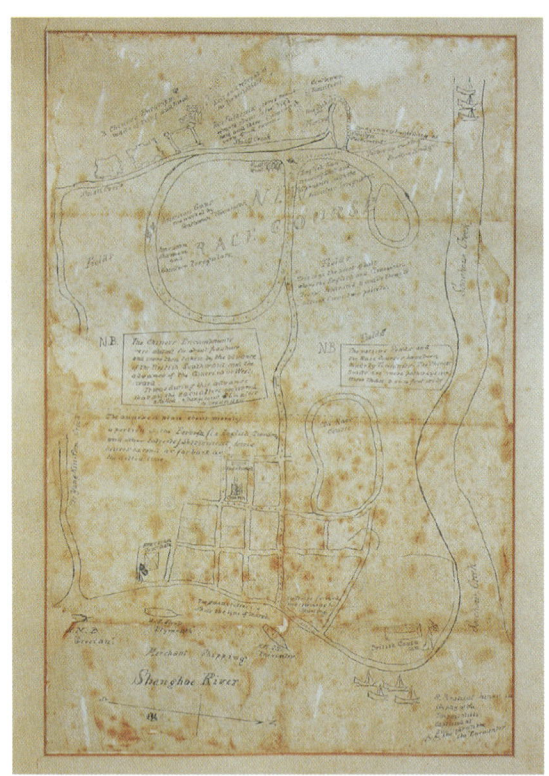

소도회 봉기 때 외국 주재 상해 관원들이 제정한 조계지 확대 작전 계획도

있었다. 그는 즉시 반격을 가해 반란을 평정했다. 이듬해 1월 반기량은 진아림과 손잡고 청나라군과 청나라군을 엄호하는 프랑스군을 쓰러뜨렸다. 이것이 바로 소도회의 '북문 싸움北門之戰'이다.

한 달 후 각로의 청나라군이 상해를 포위·공격한 지 17개월이나 되었고, 성 밖 민중의 원조 식량도 외국인이 건축한 토성에 의해 가로막혔다. 2월 17일 음력 설 전날 밤에 소도회는 여러 갈래로 포위를 뚫었다. 유여천은 성 서쪽 홍교에서 적의 추격을 받아 나룻배에서 희생되었다. 그러나 반기량은 그 지방의 언어와 강소 남쪽 지방의 사투리를 알았으므로 부대를 거느리고 순조롭게 몇 백리 적의 점령 지역을 뚫고 나와 강소 진강의 태평천국 관할 지역에 이르렀다.

| 세계사 연표 |

1853년 러시아 군대가 마르타비야 등지를 점령했다.

014

《적정회찬賊情匯纂》
《이수성자술李秀成自述》 출전

천경을 수도로

함풍 원년 8월(1851년 9월) 태평군은 영안주성永安州城, 지금의 광서廣西 몽산현蒙山縣을 점령했다. 홍수전은 조서를 발표해 양수청을 동왕으로, 소조귀를 서왕으로, 풍운산을 남왕으로, 위창휘를 북왕으로, 석달개를 익왕으로 봉했다. 그리고 진일강을 천관정승상으로 호이황胡以晃을 춘관정승상으로 봉했다.

천왕부의 서화원 유적

동왕이 주인 노릇을 하다

양수청楊秀淸은 공로를 자칭하고 다른 사람을 거들떠보지도 않고 홍수전을 대신하려 했다.

조서에서는 "이상에서 봉한 각 왕은 모두 동왕의 지휘를 받는다."라고 명시했다. 이것은 군사 지휘와 행정 지도의 실권이 모두 양수청에게 장악되었음을 의미한다.

양수청은 태평군 속에서도 위신이 높았으며, 지혜와 담력이 있고, 탁월한 조직 구성 능력과 지휘 능력이 있었다. 그의 지도 아래 각 왕과 장령들은 그의 배치에 따라 상호 협력해 여러 차례 승전을 거두었다.

1840~1911 청나라·2

녹두 국수를 만들 때 발효시킨 녹두 물을 걸러내 전분을 만들고 나머지 찌꺼기를 희석해 끓인다

| 중국사 연표 |

1853년
소도회가 상해 현성을 점령했다.

유아독존으로 권위를 남용하다

태평천국에서 계속해서 승리하자 양수청은 스스로 공로가 많다고 위풍을 부리며 권위를 남용했다. 그가 동왕부를 나서기만 하면 장병들은 길옆에 엎드려야 했고 서 있거나 걸어 다니는 자는 목을 잘랐다. 영안에서 봉한 제왕 중 풍운산, 소조귀는 이미 전투 중에 희생되고, 남아 있는 위창휘, 석달개, 진일강 등은 봉

동왕 양수청, 서왕 소조귀가 반포한 〈봉천토호격奉天討胡檄〉

기 시 형제라 할지라도 자신이 1위 자리에 오르는 데 걸림돌이 되므로 반드시 먼저 그들을 눌러야 후한이 없다고 생각했다.

1854년 5월 어느 날, 진일강 연왕부 내의 마부가 집 문전에 앉아 있는데, 양수청과 나이는 같으나 아저씨뻘 되는 친척이 지나가는 것을 보고도 일어나지 않았다. 그러자 그 아저씨는 크게 노여워하며 그를 채찍으

태평천국의 동 대포

태평천국이 자체 주조한 대포에는 동 대포와 철 대포가 있었는데, 사격 거리가 멀지 않고 살상력도 미미했다. 상해 주변에서 영국군과 프랑스군, 고용군과의 작전 시 사격 거리가 상대방의 포보다 짧아 적군을 미처 마주하지도 못한 채 참상을 겪었다.

●●● 역사문화백과 ●●●

['중국인민' 전고의 유래]

중국 고서에는 '중국'과 '인민'이라는 단어가 자주 등장한다. '혜차중국, 이수사방'《예기禮記·중용中庸》'장건방토지지원 여기인민지수'《주례周禮·대사도大司徒》 등이 그 예다. '중국 인민'은 사마천의 "이를 크다고 하면 모든 중국 인민이 좋아하는 것이다."《사기史記·화식열전貨殖列傳》라는 말에 처음 등장한다. 그러나 여기서 '중국'과 '인민'은 모두 방위와 수량을 표시한다. '중국 인민'이란 단어는 정치 개념의 명사로는 근대의 태평천국에서 비롯된다. 함풍 2년(1852) 태평천국이 북상하는 길에 양수청, 소조귀는 3편의 격문을 전국에 선고했는데, 그중 〈하늘의 뜻을 받아 천하에 오랑캐를 토벌할 것을 고하는 격문〉과 〈하늘이 낳고 하늘이 기르는 일체 중국 인민에게 알리는 글〉에서 아홉 번이나 '중국 인민'을 인용했다. 예를 들어 "하물며 너희들 4등 인민은 원래는 중국 인민."으로, "중국 인민과 함께 요귀 두목의 머리를 자를 것을 다짐하노라." 등이다.

| 세계사 연표 |
1853년 터키와 러시아에서 전쟁이 발발했다.

로 200대나 때리고도 천조형부 황옥곤 黃玉崑의 아문까지 끌고 가서 몽둥이로 때리라고 명했다.

황옥곤이 이미 채찍으로 때렸으니 되었다며 그만하려 하자, 그 아저씨는 여전히 노발대발하여 상을 뒤집고 나서 양수청에게 고발했다. 격노한 양수청은 격노해 당장 석달개에게 황옥곤을 체포하라고 명했다. 황옥곤은 바로 석달개의 장인이었다.

황옥곤은 사직서를 제출했고, 진일강과 천조 조내관 수령 진승용 등도 사직했다. 양수청은 더욱 대노하면서 진일강, 진승용을 잡아 위창휘에게 넘기고 진일강을 100대, 진승용을 200대, 황옥곤을 300씩 때리고 황의 후작 직함을 박탈하고 5줄로 급을 낮추었다.

황옥곤은 치욕을 참을 수 없어 물에 빠져 자살하려 했으나 사람들이 구해 냈다.

핍박에 의해 만세로 봉하다

함풍 6년(1856) 강남 병영을 공략한 지 며칠 후 동왕부 내에서는 북과 꽹과리 소리가 하늘을 울리고 천부의 혼을 몸에 타고 내려온 집회가 또 연출되었다. 홍수전도 불려와 '천부의 말씀'을 공손히 들었다.

양수청은 두 눈을 감고, 가짜 천부 행세를 하며 입을 열었다. "네가 강산을 세운 지 몇 년이 지났는데 누구의 공로가 제일 큰가?", "동왕입니다." 가짜 천부는 엄한 목소리로 "그의 공로가 제일 큰 줄을 안다면 어찌 그를 9000세라 하는고?" 홍수전은 총명한 사람이므로 속으로 뻔히 알고서 서둘러 대답했다. "동왕의 공로는 헤아릴 수 없으니 당연히 만세여야 합니다." "동왕의 세자(아들)는 어찌 천세인고?", "동왕이 만세

용을 수놓은 태평천국의 옷
용을 네 개나 수놓은 이 옷은 태평천국 복장 장식 제도가 규정한 복식 중 하나다. 수놓은 용의 수가 직위의 품급을 나타내는데, 천왕의 옷에는 아홉 마리의 용이 수놓여 있다.

이오니 세자도 당연히 만세고 그의 세대는 모두 만세입니다." 홍수전은 동왕의 생일날 임명식을 하겠다고 보증했다. 그제야 비로소 가짜 천부는 만족하는 듯 "나는 하늘로 돌아가노라." 하면서 의자에서 뒤로 떨어졌다. 누군가 그를 부축해 일으키니 천천히 두 눈을 뜨고 정신을 차렸다.

'천부의 대변인'이란 특수한 신분으로 최상의 통치권을 가졌으니 과연 양수청은 총명했다. 그는 다른 사람들이 모두 자기에게 머리 숙여 굴복하리라 여겼으나 그의 생각은 틀렸다. 원한이 가슴에 쌓이고 쌓인 사람들은 보복의 시대를 노리고 있었다.

태평천국의 호적부 – 문패
태평천국의 문패는 호구부와 같았다. 아래는 함풍 11년(1861) 태평천국보천의 황정충黃묘忠이 절강 소흥 장문산에게 발급한 문패다.

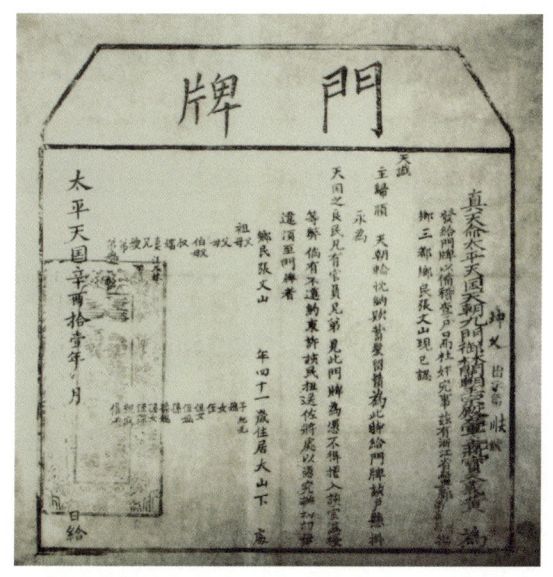

보통 초닷새가 되어야 상점은 영업을 시작하고 부녀들은 나들이를 해 친정집이나 묘회에 갈 수 있다

| 중국사 연표 |

상해 소도회가 실패했다.

015

증국번이 두각을 나타내다

증국번曾國藩의 상군은 호남의 일개 단련團練에 지나지 않았지만 그의 특별한 군사훈련은 18개 성에서 활약하던 태평군을 격파했다.

단련을 세워 창업하다

함풍 2년(1852), 함풍 황제는 남방의 태평천국과 천지회 등의 기세가 높아지자 조서를 내려 상서시랑 등 고급 관원들에게 본성에서 단련을 세우게 했다. 그러나 임명한 49개 단련 대신 중 48개는 태평군의 공격에 무너지고 호남의 단련만 남았다. 오히려 태평군과 여러 차례 전투를 하고 난 끝에 8기八旗, 녹영綠營 다음으로 전투력을 구비한 정규군이 되었다.

호남 단련의 주요 창설자인 증국번은 시랑, 공부, 예부, 호부 등 여러 부문에 몸담았으며, 정치적 견해와 경험이 많았다. 태평천국이 장사長沙의 포위를 뚫고 북상해 무창으로 가는 전날 밤, 그는 호남 순무 장량기張亮基를 도와 단련을 세우라는 성지를 받았다.

함풍 3년(1853) 2월, 그들은 장사에서 단련을 만들 계획을 했다. 증국번은 '단련'의 '단'은 지방의 보갑을 실시하고 향촌의 신사를 단의 수령으로 하며, '련'은 향촌 병의 훈련을 강화해 유사시 현성에 집중시켜 작전에 대응할 수 있게 하는 것이라고 제시했고, 이것이 한 부대의 무장이 조직되었다. 이 부대가 바로 후에 명성을 날린 '상군湘軍'인데, 신중한 증국번은 만족 귀족들의 질투를 피하기 위해 '상용湘勇'이라 불렀다.

장병을 엄격히 선발하다

상용은 증국번과 그가 지정한 장령들의 지휘만 듣고 다른 사람의 지휘는 듣지 않았다. 그리고 증국번은 상용의 핵심 인물을 선정할 때 친척, 친구, 고향 사람 등을 기용했다. 물론 이러한 혈연과 지연 등에도 엄격한 표준이 있었다.

장령의 기준은 '병사를 다스릴 수 있고, 죽음을 두려워하지 않아야 하며, 이익을 보기에 조급해 하지 않으며, 고생을 견딜 수 있어야 한다'는 등 다섯 가지다.

상군의 핵심 인물 호림익 인물상

호림익胡林翼(1812~1861)의 자는 황생貺生, 호는 윤지潤芝이며, 장사 부익양府益陽(현 호남성에 속함) 사람이다. 어려서 장사의 악록서원에서 공부하고 도광진사, 한림원편수, 호북순무 등의 직을 맡았다. 그는 상군의 중대한 결책에 참여하고, 급료를 공급하며, 이치를 정돈하는 등 여러 면에서 공을 세워 후세의 사람들은 그를 증국번과 나란히 '증호曾胡'라 칭했다. 저서로 《호문충공유집胡文忠公遺集》이 전해진다. 이 그림은 청나라 말기 오우여吳友如의 그림이다.

●●● 역사문화백과 ●●●

[청나라 시대의 '양전']

청나라 시대의 화폐 제도는 은전 본위 제도로 큰 수는 은, 작은 수는 전이라 했다. 서양 상인이 중국의 명주실, 차 잎, 도자기 등을 은화로 구입해 국내로 돌아가서 파는 데서 외국 은화가 유입되었다. 도광 시대 이전 180년 간 서양과 일본에서 수입한 은화는 무려 3억 600만 원에 달했다. 청나라 시대에 유통된 외국 은화는 몇 십 종류에 달한다. 강희 황제와 건륭 황제 시대에 스페인, 베니스, 프랑스, 포르투갈, 네덜란드 은화 등이 유통되었다. 후에 색깔이 고운 멕시코의 은응양銀鷹洋이 유통되었다. 이러한 외국 은화를 통칭 '양전洋錢'이라 했다.

| 세계사 연표 |

1855년
일본에서 절간의 구리시계로 마사 대포를 제조했다.

출전 《증국번전집曾國藩全集》 《상군지湘軍志》

설색인물도設色人物圖
그림은 함풍 황제가 황자 시대에 그린 작품이다.

점령했으며 전가진田家鎭에서 큰 승리를 거두었다.

상군이 무한을 수복한 것은 청나라 왕조가 태평군 작전의 첫 승리였다. 희소식이 북경에 전해지자 함풍 황제는 크게 기뻐하며 증국번을 병부시랑으로 봉하고, 호북순무 직무를 맡도록 했다. 증국번은 이 소식을 듣고 아주 기뻐했다.

그러나 후에 정식으로 발표한 호북순무는 증국번이 아닌 도은배陶恩培였다. 대학사 기준조祁寯藻가 "한낱 선비인 증국번이 요행히 무한을 탈취했으나 조정의 복은 아니외다."라고 말해 함풍 황제가 어명을 고친 것이다. 증국번의 나날은 그리 편치 않았다.

그러나 이러한 표준에 부합하는 장령은 드물었다. 증국번은 심지어 선비를 통수로 삼기도 했다. 나택남羅澤南, 양재복楊載福(악빈), 팽옥린彭玉麟은 모두 문인 출신 명장들이다.

모집해 온 상용들도 지역에 따라 나누었는데, 그의 직속 부대 병사들은 모두 호남 동향 사람들이었다. 병사라 할지라도 반드시 그 지방에서 태어나고 자란 착실한 농민을 선발했는데, 무식해서 자기 이름자도 쓸 줄 모르는 사람을 가장 선호했다. 상향 현아에서 용사를 모집하는데 두 농민이 나뭇단을 지고 시내로 들어가다가 신청을 했다. 위원이 그들에게 성명을 물으니 성은 아는데 이름자가 없다는 것이다. 총명한 위원이 벽에 붙어 있는 넉자를 보고 그들에게 각기 '개인開印' '대길大吉'이라는 이름을 지어 주고 명부에 올렸다.

상군 전기의 핵심 인물 나택남
나택남은 선비 출신의 저명한 장령으로, 왕흠王欽과 이속빈李續賓 등과 같은 제자들이 전군에 퍼져 있었다. 함풍 6년(1856) 호북 흥국주성興國州城 포위 때 유탄에 맞아 죽었다. 유성우劉成禺의 《태평천국전사太平天國戰史》에 따르면, 새총에 맞아 부상당해 죽었다고도 한다. 이 그림은 청나라 말기 오우여의 그림이다.

패배를 두려워하지 않고 분발하다

함풍 4년(1854) 봄, 증국번은 상담湘潭에서 〈토월비격討粵匪檄〉을 발표해 태평천국에 선전포고한 후 태평천국의 서정군과 맞붙었다. 여러 번 싸울 때마다 패전했으나 계속 싸워 작은 승리를 큰 승리로 이끌어 태평군을 호남성에서 몰아냈다. 그해 가을 무한 3진을

영국인 웨이드. '병음법'은 그가 1870년대 중국에 있는 동안 한어漢語 교과서 《어언자이집語言自邇集》을 편찬할 때 사용한 라틴어 자모를 이용해 한자를 사용하는 방법이다

| 중국사 연표 |

1855년 태평군 북벌군이 연진連鎮과 풍관둔馮官屯에서 연이어 패배했다.

016

상군의 수군

증국번은 수군을 중시했다. 그들은 태평군과 작전할 때 수군을 주력으로 하고 수군으로 태평천국의 천경을 탈취할 전략을 세웠다.

천경 공략 전략 제정

함풍 5년(1855) 봄, 태평군이 제3차로 무한武漢을 점령하고 도은배를 사살해 청나라 조정은 부정사, 상군의 주요 성원인 호림익胡林翼을 호북순무로 임명했다. 증국번의 친구이자 참모인 그는 증국번과 함께 태평군 대처 전략을 세웠다.

장강의 양안에서 작전하려면 반드시 수군을 위주로 무한을 점령한 후 강을 따라 남하해 구강九江을 점령한 다음, 안경安慶을 탈취한 뒤 남경(천경)을 공격한다는 것이었다.

호림익은 안경 탈취 후 병사했지만 상군주력 수군은 거센 바람과 파도를 뚫고 예정대로 공격을 감행해 마침내 남경 함락의 목적을 달성했다.

수군 건설을 강화

증국번은 단련을 세울 때 수군의 강 연안 작전의 중요성을 중시했다. 함풍 4년(1854) 상군을 정식으로 조직할 때 10개 영이 있었다. 그는 큰 힘을 들여 공장을 건설해 배를 만들었다. 광동 해강남대영의 군수 물자가 장사長沙를 지날 때 4만 냥을 억류해 포선을 갖추고 수병을 모집하는 경비로 삼았다. 그는 끝내 상군수군을 건립했다.

처음에는 수군 작전이 순조롭지 않아 상담 정항에서의 싸움에서 대패하고 후에 또 성릉기에서 참패해 수군총통 저여항褚汝航과 진휘룡陳輝龍, 하란夏鑾, 사진방沙鎮邦 등의 장령들도 전사했다. 후에 수군은 강서에 들어갔을 때 석달개의 꾐에 빠져 구강과 번양호에서 큰 타격을 입었다.

태평군의 공세는 맹렬해 증국번은 대패해 남창성南昌城으로 들어갔으나 그는 여전히 배를 만드는 일과 수병을 모집, 훈련하는 것을 게을리 하지 않았다. 이 때 그는 장병들의 수양 교육에 관심을 기울여 전술 연습과 군사 기술, 장려하는 내용의 〈수병승리가〉를 편찬해 수시로 부르며 명심하도록 했다.

① 배는 청결해야 하고, 신령에 의해 생명을 보존한다. ② 배는 한곳에 모여 정박하지 말고, 바람과 화재에 대비 한다. ③ 군기는 정연하고 청결해야 한다. ④ 군대는 정숙해 크게 소리 내는 것을 엄금한다. ⑤ 싸움에 당황하지 않고, 숙련자는 심중에 주장이 있어야

상군이 구강을 함락하는 장면
함풍 8년(1858), 상군이 구강을 공격해 태평군 임계용 부대와 격전이 벌어졌다. 상군 수군이 장강 강면을 모두 제압하고 구강성을 함락했다. 그림은 〈평정월비전도〉의 제6폭 〈심군潯郡 강면을 숙청하는 전투도〉다.

> 역사 시험장 〉 금릉각경처金陵刻經處는 중국 근대·현대에서 어느 종교의 경전 서적을 편찬·인쇄하는 문화 기구인가?

| 세계사 연표 |

1855년 영국이 포신내부를 나선형 강신 원리로 대포를 제조했다.

출전 《증국번전집曾國藩全集》 《상군지湘軍志》

한다. ⑥ 수군은 항상 연습하고, 긴 창과 단칼도 연습해야 한다. ⑦ 장물을 다투지 않는다. ⑧ 수군은 뭍에 오르지 말고, 오직 한 사람만 물건을 사 들여야 한다. 나머지 사람은 배를 수비해야 한다. 평상시 뭍에 오르면 100대를 때리고 싸움 전에 오르면 처형한다.

이 여덟 가지 조목은 마디마다 천근이라 누구나 가슴속에 명심해야 하느니라.

그 후 그는 또 148구인 〈육군승리가〉를 창작했다. 함풍 8년(1858) 삼하 전역에서 참패한 후 부대를 정돈하기 위해 또 〈애민가〉를 발표해 상군 병영을 가요화로 규정하고 전군 각 병영의 군관, 소관들이 앞서 부르고 착실하게 집행할 것을 요구했다.

장강 중·하류에서 횡행

상군은 끝내 강대한 수군을 만들어 냈다.

그는 장강에서 마음대로 항해해 당할 자가 없었고, 태평군 수군을 격퇴하고 식량 통로를 차단하며 태평군의 남북호응을 분할해 지원군을 격퇴시키고 강가의 중요한 성진인 구강, 안경을 차례로 점령한 후 상류의 고지를 점령해 남경(천경)을 포위했다.

태평군은 수차례 포위를 돌파하려 했으나 성공하

태평천국 전기 관원 등급표(1851~1856)				
등급	명목	관작	참고
1등	1급	정, 우정군사 (동왕, 서왕)	
	2급	부, 우부군사 (남왕, 북왕)	
	3급	주장(익왕)	
2등	4급	천연, 천예	국종國宗(천왕·제왕의 가족 성원) 급별 없이 이 두 급별에서 오르내림
	5급	천후	
3등	6급	승상	육관六官 정·부正·副 승상丞相
4등	7급	검점	
5등	8급	지휘	
6등	9급	장군	정·부 장군 포함
7등	10급	총제	
8등	11급	감군	
9등	12급	군수	
10등	13급	사수	
11등	14급	여수	
12등	15급	졸장	
13등	16급	양사마	

성손창盛孫昌 저 《태평천국직관지》에서 발췌, 광서인민출판사 1999년 9월 출판, 작가가 일부 보충

지 못했다. 동치 원년(1862) 이수성이 20만 대군을 끌고 왔지만 5만의 적은 수의 상군에게 패하고 말았다. 그 원인 중 하나는 상군의 수군이 물길을 통제하고 연이어 식량과 사료를 공급했기 때문이다.

이듬해 이수성이 거느린 20만 대군이 완북(안휘 북쪽)에서부터 포위를 뚫으려고 했으나 상군 수군의 포격을 받아 20만 대군이 1만 5000밖에 남지 않았고, 이수성도 작은 배를 갈아타고 겨우 도망쳤다.

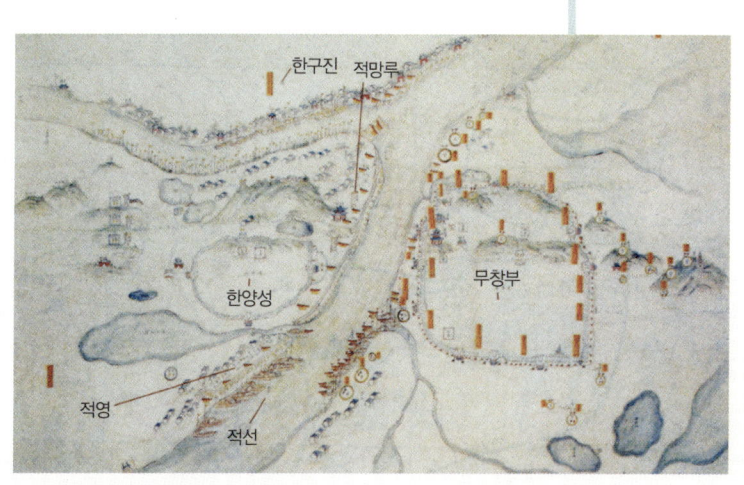

무한3진 방어 배치도
함풍 4년(1854) 5월, 태평군이 제2차로 무창武昌을 공격하기 보름 전, 호북순무가 청나라 정부에 상주한 무창성의 방어와 태평군의 한구, 한양의 군사 형세도다.

| 중국사 연표 |
1855년
각로各路의 염군捻軍이 장악행張樂行을 맹주로 추천했다.

017

천경의 내부 갈등

하늘에는 태양이 두 개 있을 수 없다. 홍수전은 양수청이 자기와 같이 '만세'라 칭송됨을 받아들일 수 없어 위창휘韋昌輝에게 비밀조서를 보내 천경으로 돌아와 왕을 보필하게 했다. 그리하여 고위 지도층 사이에 한 차례 참혹한 학살 사건이 발생했다.

천왕을 핍박하고 장수들을 억누르다

진승용陳承瑢이 양수청에게 200대를 맞은 후 앙심을 품고 있었으나 양수청은 까맣게 잊었다. 그의 폭력성은 누구도 말릴 수 없었다.

진승용은 마음을 숨기고 겉으로는 아첨을 했다. 심지어 태평천국의 제7위 수령이면서도 머리 숙여 동왕부에 들어가 허리를 굽히면서 양수청의 어린 아들을 보살펴 주었다. 양수청은 그를 형제로 믿었다.

1856년 8월 어느 날 밤, 진승용은 홍수전에게, 양수청이 "동왕을 만세로 봉하는 날 천왕을 대처하련다."라고 기도했음을 고발하고, 간신을 제거해 천왕에게 충성하겠다고 했다.

홍수전은 더는 참을 수 없어 급히 밀조를 써 강서, 무창과 금단 전선에 사람을 보내 독전하고 있는 위창휘, 석달개, 진일강에게 급히 천경으로 와 해를 제거하라고 명령했다.

위창휘의 처세술

밀조를 받은 위창휘는 기뻐 날뛰었다. 양수청을 제거하려는 생각이 천왕보다 간절했기 때문이다. 위창휘는 결코 단순한 인물이 아니었다.

그도 금전촌 사람인데, 부친은 아들이 훌륭한 사람이 되기를 원해 돈을 들여 공부시켰다. 그러나 그는 여러 차례 시험을 치렀음에도 합격하지 못했다.

홍수전이 '하느님숭배교'를 선전하기 시작할 때 급히 재력과 물력이 필요하자 위창휘는 가산을 헌납하고, 또 그의 부호 가문을 엄호로 무기를 만들고 식량을 저장하는 등 봉기를 위해 많은 일을 했다.

비록 봉기에 뒤늦게 참가하기는 했지만 태평천국의 제왕 중 하나가 되었고, 천부의 다섯째 아들로 인정받았다. 그도 양수청의 전권을 겁내면서도 한편으로는 증오했고, 웃음 속에 칼을 품고서 겉으로는 비위를 맞추며 아첨해 온 것이다.

태평천국 천왕부 비석의 머리와 받침돌 (위 사진)
1853년 태평천국이 천경(남경)을 수도로 정하고, 원래의 양강총독서를 기초로해 천왕부天王府로 삼았다. 천왕부는 태양성太陽城과 금룡성金龍城 두 개 부분으로 나뉘어 있다. 그림은 천왕부 내부의 천왕룬비석 머리와 받침돌이다.

청나라 군이 통성을 대파하다 (청나라 오우여 그림. 왼쪽 그림)
함풍 5년(1855) 9월, 청나라군은 무창을 함락한 후 장강을 따라 내려가 호북의 통성을 공격했다. 태평군은 대량의 군선이 파괴되고 청나라군은 통성을 함락했다. 그림은 〈월비평정전투도〉의 제9폭인 〈통성등현 전투도〉로, 캐나다의 사인장원에 소장되어 있다.

| 세계사 연표 |

1855년

프랑스에서 반년이나 지속된 세계박람회를 개최했다.

《금릉계신기사략金陵癸申紀事略》
《금릉잡기金陵雜記》 출전

태평천국 동폐
사진은 태평천국의 동전으로 '태평천국'이라는 4글자가 새겨 있는데, 그중 '국'자 안에 '왕王'자가 들어 있어 보통 글자와 다르다.

더욱 큰 규모의 도살

동왕부의 도살은 시작일 뿐 목적은 동왕의 부속을 일망타진하는 것이었다. 위창휘는 천왕의 가짜 성지를 조작해 흉계를 꾸몄다. 그것은 그와 진일강이 성지를 어기고 사람을 마구 살해했기에 400대를 맞아야 한다는 것이었다. 그리고 양수청의 부하들은 반드시 현장에 와서 두 사람의 형벌을 보아야 한다는 것이었다. 위창휘과 진일강이 형벌을 받는 날 양수청의 부하 수만 명은 동왕과 전우를 죽인 살인마를 처벌한다는 말을 곧이곧대로 믿고 구경하러 모였다가 뜻밖의 날벼락을 당하고 말았다.

형벌 집행자가 두 사람을 때리는 것을 양수청의 부하 장병들이 구경하는데 갑자기 '죽여라!' 하는 함성과 함께 매복해 있던 위부 병마들이 양수청의 부하 장병들을 마구 죽였다. 이리하여 수천 명의 태평군이 참살 당했다. 도살은 두 달이나 지속되어 동왕의 부하 2만여 명이 살해되어 진회하秦淮河의 물은 피로 붉게 물들었다.

동왕부가 피바다가 되다

1856년 9월 1일 깊은 밤, 위창휘는 3000명의 정예병을 거느리고 강서 서주瑞州, 지금의 고안高安에서 천경성 밖으로 돌아와 금단 전선에서 온 진일강과 합류했다. 진승용이 성문을 열어 '근왕의군'을 영접하니 두 시간도 되지 않아 성내의 주요 가도와 거점을 점령하고 동왕부를 물샐 틈 없이 포위했다.

꿈속에 있던 양수청이 귀를 째는 듯한 함성에 놀라 깨어나니 창밖에는 거센 불로 집 안이 훤했다. 칼과 검의 부딪치는 소리, 서로 싸우는 고함 소리, 통곡하는 소리, 울부짖는 소리가 집 안팎에 울려 퍼졌다. 양수청이 영문을 몰라 어리둥절하다가 검에 가슴을 찔려 피바다 속에 쓰러지고 말았다. 그의 집안사람들과 일꾼 수천 명도 화를 면치 못했다.

태평군과 청나라군의 작전도 (청나라 오우여 그림)
태평천국 전기 청나라군과 태평군의 무기는 양쪽 모두 당·송나라 때의 칼과 창을 위주로 한 것이었다.

●●● 역사문화백과 ●●●

최초의 중문 번역 《성경》

1807년 영국 런던 교회협회는 선교사 모리슨을 광주에 파견하면서 그에게 《영화자전英華字典》을 편찬하고 《성경》을 한문으로 번역하는 임무를 주었다. 1814년 그는 《성경·신약》 전서를 한어로 번역하고 광주에서 2000권을 인쇄했다. 그 후 또 영국 선교사 밀네와 합작해 《구약》을 번역했다. 1819년 《성경》 완본(구약, 신약 합본)이 말라카에서 출판되었는데, 이 책이 최초의 한어로 번역된 《성경》의 완정본이다. 도광 27년(1847) 홍수전, 홍수간이 광주의 미국 선교사에게서 자세히 열람한 책이 바로 이 《성경》이다. 후에 그중 일부분을 태평 군중에 인용했는바, 예를 들면 종교의식을 모방했거나 모세의 '10계명'을 '천조10조목'이라고 고친 것 등이다.

20세기 초 돈황의 막고굴 암실에서 발견한 11세기 초기의 서본, 인본, 석탁본권축石拓本卷軸 등이다

| 중국사 연표 |

1856년
9월 태평천국 천경 지도부 집단 내에서 분쟁이 일어났다.

018

석달개가 떠나가다

석달개石達開가 호북에서 천경으로 돌아왔다. 후에 위창휘를 사형에 처했으나 그도 천왕과 맞지 않아 부대를 거느리고 원정할 수밖에 없었다.

천경의 참상

호북성 무창에서 전투 지휘를 하던 익왕 석달개가 천경으로 돌아왔다. 그의 눈앞에 펼쳐진 것은 처참한 도살 장면이었다. 동왕부의 누각 정원은 폐허로 변했고 허물어진 담벼락은 피로 얼룩졌다. 석달개는 노기를 억누르며 북왕부로 들어갔다.

석달개가 갑자기 나타나자 위창휘는 깜짝 놀랐다. 영안永安년에 제도를 건립할 때 석달개는 익왕으로 책봉되고, 자기보다 1000세 낮은 5000세였으나 위창휘는 감히 그를 경시하지 못했다. 석달개는 고향 귀현貴縣에 견고한 기반이 있어 홍수전, 풍운산은 하느님숭배회를 선전할 때 결의형제를 맺고 그를 천부의 일곱째로 칭했다. 그는 작전에 용감하고 지혜와 모략이 뛰어나 수차례 대공을 세웠으며, 특히 정직해 장병들의 옹호를 받았다.

위창휘를 힐책하다

석달개가 위창휘에게 삿대질하며 무고한 사람을 죽였다고 큰 소리로 꾸짖자 위창휘는 천왕의 성지에 따라 역당을 죽였으니 잘못이 아니라고 책임을 회피했다. 석달개가 "어찌하여 장병들마저 매복 습격했느냐, 이것도 성지에 따른 것이냐?"라고 따지자 위창휘는 말문이 막혔다. 석달개는 노기를 품고 북왕부를 나섰다. 그러자 위창휘는 암살할 궁리를 했다.

그날 밤 위창휘는 자객을 석달개에게 보내 그의 가족, 친구, 일꾼들을 모두 죽였다. 그러나 정원 뜰 안과 바깥을 샅샅이 뒤졌지만, 석달개를 찾지 못했고 시체도 보이지 않았다.

어두운 밤에 경성을 떠나다

석달개는 이미 천경에서 멀리 떠나 있었다. 위창휘가 독수를 쓰리라는 예감이 들어 자신의 군대를 천경 곳곳에 배치해 두고, 수비가 허술한 성벽을 넘어 몸을 피했던 것이다.

금전 봉기 때부터 이미 6년의 전투 경력이 있는 그지만 이러한 곤경은 처음이었다. 안경의 태평군 병영에 도달해서야 마음이 진정되었다. 여기는 그의 관할 구역이었다. 그러나 온 가족이 봉변을 당했다는 소식을 전해 들었다.

철삭이 녹아 끊겨 태평군이 철퇴하다
함풍 4년(1854) 태평군이 무창을 철거한 후 호북 진주에서 철삭鐵索으로 강을 건너려 했다. 청병이 불을 질러 철삭을 녹여 끊어 버리고 태평군의 전투선 4000여 척을 불태워 태평군은 진주에서 철수했다. 그림은 청나라 말기 오우여의 〈전가진과 진주 전투〉다.

태평천국의 공문 전달 (위 사진)
태평천국은 각 방면 군대의 통신을 편리하게 연계하기 위해 정식 통신기관인 소부아疏附衙를 설립했다. 이 사진은 태평천국 긴급 공문 봉투에 찍는 도장인 '운마원착云馬圓戳'이다.

| 세계사 연표 |
프랑스와 영국이 이란을 침공해 전쟁이 일어났다.

《이수성자술李秀成自述》
《호림익주고胡林翼奏稿》 출전

석달개는 무창의 홍산 전선의 4만여 명을 안경으로 급히 오라 하여 천경성을 공격해 복수하려 했다. 부대가 무호에 이르렀을 때 그는 천왕에게 상주서를 올려 위창휘를 죽여 민중의 분노를 평정시키고 인심을 안정시킬 것을 건의했다.

한편 위창휘는 또 홍수전을 핍박해 천왕부 앞에 병사를 배치했는데, 이는 홍수전을 따돌리고 그 자리를 차지하려는 의도가 분명했다. 홍수전은 더는 참을 수 없어 조정의 문무 대신들의 일심협력 아래 이틀이나 격전해 그를 사로잡았다.

석달개의 선택

석달개가 '위창휘 토벌' 대군을 영솔해 저국부宁國府, 지금의 선성宣城에 도착했을 때 홍수전이 보내온 위창휘의 수급을 받았고, 내란이 이미 평정되었으니 경성으로 올라와 정사를 보좌하라는 성지를 받았다. 금전 봉기의 여섯 왕 중 석달개는 홍수전을 제외하고

청나라군이 제3차로 무창을 함락하다
함풍 6년(1856) 9월, 청나라군이 무창을 공격하자 태평군은 성을 나와 싸웠으나 패하고, 7월 청나라군이 제3차로 무창을 함락했다.

유일한 생존자였으니 중임을 담당할 자는 그밖에 없었다.

석달개가 돌아오니 홍수전은 그를 '성신전통군주장의왕聖神電通軍主將義王'으로 봉했으나 그는 의왕의 작위를 사절했다. 홍수전은 또 자신의 큰형 홍인발을 안왕으로, 둘째 형 홍인달을 복왕으로 봉하고, 석달개와 함께 조정을 주관하게 했다.

천경에서 석달개의 위신이 아주 높아 정사를 의논할 때마다 그의 주위에는 사람들이 모여 의견을 들었다. 반면 두 홍씨 형제는 이를 불안해 했다. 한 차례 내란 이후, 홍수전은 가족 이외 사람을 믿지 못했다. 석달개는 홍수전이 자기를 중용하지만 의심함을 직감하고 언제든 모해할 것이라는 것을 알았다.

1857년 6월 석달개는 성남의 우화대雨花臺의 태평군 장병들에게 강연하는 틈을 타 3일 후 홍수전 몰래 천경을 떠났다. 그러면서 연도의 군민들에게 천왕의 의심을 받아 재앙이 두려워 떠나간다고 선포하고 원하는 자는 함께 떠나자고 호소했다.

이리하여 석달개는 안경을 기지로 청나라군과 전투를 했다. 후에 강서가 위급해지자 그는 부대를 영솔해 남하, 강서에서 전투하던 태평천국의 장병들을 대부분 영솔해 원정했다.

역사문화백과

[국종]

국종國宗이란 태평천국이 봉기 최초에 책봉된 각 왕을 위해 설치한 명예로, 종족 사회의 최고 명예지만 관직, 작위, 직함이 아니며, 태평천국 국가 급 가족을 말한다. 전기에는 제왕의 연장자를 '국백國伯'으로 칭하고 형제 항렬은 '국종國宗'이라 칭하며 후배는 '국상國相'이라 칭했다. 국종에는 허명과 제독군무의 구별이 있다. 허명 국종은 천경에 거주하고, 하는 일이 없이 다만 정치적·물질적 대우만 받는다. 반면 군대를 영솔해 출정하거나 지방장관직을 임명받은 자는 제독군무 직함을 가첨했는데, 이는 계급 지위로서 권력이 제왕 다음이었다. 태평천국 후기에 국백을 왕백으로, 국종을 왕종으로, 국상을 왕상으로 고쳤다. 봉한 왕이 아주 많았으므로 제왕 가족의 칭호를 구별하기 위해 제왕국종 앞에 그 왕작의 직함을 첨가했다. 예를 들면 충왕종, 시왕종이 있었고, 그 밖에 '개조왕종開朝王宗'이라는 빈이름이 있었다. 모두 함풍 3년 2월(1853년 3월)에 수여했으며, 천경을 수도로 정하기 전에 참가한 남성 왕들에 한해 주어졌다.

| 중국사 연표 |

1856년 영국이 광주를 포격해 제2차 아편전쟁이 일어났다.

019

태평천국 무오8년

갑자기 닥쳐온 천경의 내홍으로 태평천국의 원기가 크게 상했으나 전군 장병들의 노력으로 하나하나 난관을 이겨냈다.

천국의 큰 집이 위기에 처하다

갑자기 닥쳐온 천경의 변란은 전반적 형세를 변화시켜 태평천국의 사기는 크게 약해졌다.

석달개가 정예 부대와 장군을 데리고 떠나자, 천경 상류의 중요한 군사기지 무한은 원조가 없는 고독한 성이 되어 청나라군의 공격을 막지 못하고 적들의 손에 들어가고 말았다. 강서를 수비하던 태평군도 방어력이 떨어져 많은 부와 현이 청나라군에 함락되었다.

강소의 진강이 물 샐 틈 없이 포위되자 식량이 떨어져 죽물만 마시는 형편이었다.

패했던 강북의 군대도 천경을 호시탐탐 노리고 있었다. 조정에는 장수가 없고 나라에는 사람이 없어 경성 밖을 수비하고 있던 태평군은 포위·분할되어 경성을 방조할 수 없었다. 원래 남창에 포위되었던 증국번의 나날도 편해졌다. 그는 집에서 조용히 첩보를 기다리면서 "금년에 평정할 것을 근심하지 않는다. 금릉은 며칠 내에 이길 수 있다."라고 큰소리쳤다.

홍수전의 친필 조서
이는 홍수전이 설지원蔣之元을 명령해 천포天浦를 수비하라는 친필 조서다. 천포는 남경 대안의 배가 드나드는 강어귀 항구로, 태평천국이 이곳에 천포성을 설치했다. 사진은 홍수전이 그에게 증병하고 훈련할 것을 요구하고 군량을 징수하여 수비를 최우선 임무로 삼을 것을 요구한 조서다.

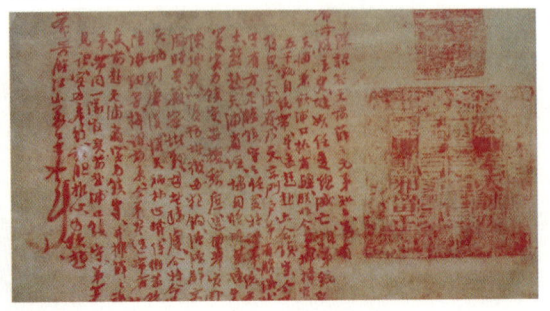

5군의 주장 제도를 다시 세우다

안왕安王과 복왕福王은 혈연관계로 대권을 장악했으나 정치·군사적 경험과 재능이 없었으며 대신들도 모두 반대했다. 이때 천경이 적군의 강남 7영에 포위되자 홍수전은 석달개에게 경성으로 돌아와 정사를 도와 달라고 하고 일을 저지른 안왕과 복왕의 작위마저 박탈했으나 석달개는 돌아서지 않았다. 홍수전은 할 수 없이 몽득은蒙得恩을 발탁하고 국사를 주관하게 했다.

몽득은은 홍수전의 친신으로 금전 봉기 전야의 전역에서 홍수전 등이 청나라군에 포위되었을 때 부대를 거느리고 홍수전을 구원했다. 그는 천경에서 여자 병영을 책임지며 천왕, 동왕에게 해마다 미녀를 공납하는 일에 익숙했으나 국가를 다스리는 일에는 미숙했다. 홍수전은 또 병력을 많이 거느리고 있는 경성 밖의 장령들에게 작위를 주었으며, 1858년 9월 '5군 주장 제도'를 재건하고 진옥성을 전군 주장, 이수성을 후군 주장, 이세현李世賢을 좌군 주장, 위지준韋志俊을 우군 주장, 몽득은을 중군 주장으로 임명했다.

태평군과 청나라군 기병의 전투
후기의 태평군은 이미 근대의 열 병기를 장비하고 있었다. 그들은 이런 무기로 들어오는 청나라군 기병을 저격했다. 그림은 당시의 영국인이 그린 태평군과 청나라군 기병의 전투 장면이다.

1857년

| 세계사 연표 |
인도 병사들이 영국에 대항해 연속 2년 간 싸웠다.

《이수성자술李秀成自述》
《호림익주고胡林翼奏稿》 출전

회경 공방대전
태평군이 남경을 점령한 후 북벌을 시작해 황하를 건너 회경부, 지금의 하남성 심양을 공격하자 청나라 정부는 대량의 병력을 집중해 전력으로 구원했다. 긴 격전 후 태평군은 일시 철수했다. 그림은 당시 사람이 그린 〈회경의 포위 해제 전투도〉다.

종양 회의

1858년 8월, 이수성과 진옥성은 태평군의 각로 장령들을 요청해 안휘 종양樅陽에서 천경의 포위를 푸는 대책을 의논했다. 회의에서는 각로의 병마가 협력해 강북 병영을 부수고, 천경의 식량 통로를 열기로 결정했다. 회의 후 진옥성은 호북·안휘에서 동진하고, 이수성은 부대를 거느려 안휘의 전초全椒에서 저주滁州로 갔다. 두 부대는 조의烏衣에서 덕흥아德興阿와 승보勝保가 거느리는 청나라군과 맞붙어 청나라군을 크게 이겼다. 다음날 또 강소강 포소점浦小店에서 강남대병영 총병 풍자재馮子才의 5000지원병을 격퇴했다. 태평군은 승세를 몰아 포구를 공격, 강북대병영을 파해 천경의 위기를 완화했다.

삼하진의 대 첩보

태평군이 강북 병영을 공격하자, 안휘 병력이 박약한 틈을 타 증국번은 상군의 주력 이속빈李續賓 부대를 소집하고 호북을 떠나 안휘의 잠산·동성·서성을 점령했다. 이어 삼하진三河鎭, 지금의 안휘성 비서肥西를 맹공격해 안경으로 향했다.

삼하진은 노주盧州, 지금의 합비合肥 남부의 장벽으로 군량과 무기를 저장하는 태평천국의 군사 요지였다. 만일 삼하진을 잃으면 안경의 처지는 더욱 곤란해지고 천경은 또다시 함락될 위험에 처한다. 삼하진의 수비 장령 오정규吳定規는 진옥성에게 위급함을 알리는 서신을 하루에 다섯 통이나 보내 원조를 청했다. 이때 진옥성은 육합을 점령해 사기가 오른 상태라 군대를 영솔해 구원의 길에 나섰다. 진옥성은 천왕에게 상주서를 보내 이수성 부대를 파견, 협동 작전을 요구했다. 천왕은 그의 요구를 허락했다.

진옥성은 밤낮으로 행군해 소현, 노강을 경유해 삼하진 남쪽의 금우진金牛鎭으로 향했다. 이속빈은 기염을 토해 부대를 거느리고 먼저 왔다. 이날은 안개가 자욱했다. 진옥성은 희미한 사람과 말발굽 소리를 듣고 인마를 되돌려 상군의 뒷길을 포위 공격했다. 노주의 수비 장군 오여효吳如孝는 염군 장악행張樂行의 부대와 함께 서성에서 삼하진으로 통하는 길을 차단해 이속빈은 독안에 든 쥐가 되고 말았다. 이수성의 부대도 따라와 상군을 에워싸고 공격해 이속빈과 증국번의 친동생 증국화曾國華를 죽이고 6000여 명의 적들을 전멸했다.

증국번은 그 소식을 듣고 "너무나 큰 비애에 차 몇 날이나 식사를 못하고……. 상군이 삼하의 패배로 원기가 크게 상했다"고 애탄했다. 태평군은 승세를 타고 서성과 동성을 탈취하고 잠산潛山과 태호太湖를 점령해 안경의 포위를 자연히 해제시켰다. 종양 회의 때부터 삼하진의 대 승리를 거두기까지 100일이 걸렸을 뿐이다.

이듬해 천왕은 선후해 조서를 내려 진옥성을 영왕, 이수성을 충왕으로 승급시켰다.

| 중국사 연표 |

1856년
11월 상군이 무한 3진을 함락하고, 구강을 공격했다.

020

홍인간이 천경에 오다

홍인간洪仁玕은 태평천국에서 가장 학문이 깊은 사람으로 근대 중국에서 최초로 서양을 통해 진리를 찾고 실천한 사람이다.

홍콩에 세 번 가다

홍인간은 홍수전의 사촌동생이자 하느님 숭배회의 창시자다.

1850년 그는 금전단영의 소식을 듣고 갔으나 늦어서 참가하지 못했다. 청나라 관청에서 홍수전의 온 가족을 체포하려 했으므로 그는 홍콩으로 피신할 수밖에 없었다.

그는 홍콩에서 7년이나 거주했다. 함풍 2년(1852) 또다시 홍콩에 온 그는 스웨덴 선교사 테오르드 함베르크Theodore Hamberg에게 홍수전 봉기의 경과를 강술했다. 테오르드 함베르크는 그 이야기를 출판했는데, 《태평천국기의기太平天國起義記》가 그것이다. 후에 홍인간은 〈홍콩신문〉에서 태평천국이 남경을 점령했다는 소식을 접하고, 함풍 4년(1854) 3월 처음으로 상해로 갔다. 그때 상해는 소도회로 인해 청나라군이 남경으로 가는 주변 지역을 봉쇄하고 있을 때였다. 소도회는 홍인간이 천왕의 가족임을 믿지 않았고, 할 수 없이 그는 홍콩으로 돌아갔다.

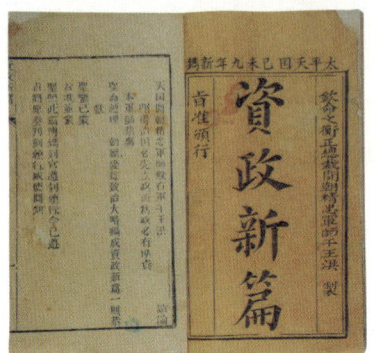

상해에서 5개월 동안 머문 그는 선교사를 따라 천문, 역사, 수학을 배우고 《신약》의 주해를 썼으며, 여러 해 동안 직접 병을 치료하면서 기록한 처방을 정리해 《의연醫緣》이란 책을 펴냈다.

1855년부터 1859년까지 홍인간은 홍콩 런던 설교회의 목사를 역임하면서 외국 목사들에게 중문을 강의하며 황후대도의 중국인 황관신黃寬新이 운영하는 서약방좌당西藥房坐堂에서 환자들에게 복음을 전파했다. 그는 서양의 정치·경제·사회제도와 과학기술, 서방의술을 고찰하고 학습했다. 그는 근대 중국과 서양의 의술을 결합한 첫 사람이다.

연단에 올라 왕직을 수여받다

함풍 8년(1858) 가을, 홍인간은 또다시 북상했다. 이번에는 광주로부터 북상해 매령을 넘어 호북의 황매黃梅로 들어간 후, 화물선을 타고 안휘 장당하長塘河로

홍인간이 쓴 〈자정신편〉 (위 사진)

〈자정신편資政新篇〉은 홍인간이 홍수전에게 제출한 시정 건의서다. 1859년 홍수전의 비준을 거쳐 출판하고 반포·시행했다. 그의 기본 사상은 '용인用人', '입법立法' 두 방면으로, 서양을 따라 배워 정치·경제·문화의 개혁을 추진하는 것이다. 그중 경제 변혁 사상이 책의 중요한 위치를 차지했는데, 작가는 특허권 제도를 실행해 발명을 격려할 것을 주장하고, 고용 노동의 실행, 노비 사용의 금지, 민영공업·광산업·교통운수업의 발전, 수리 건설, 은행 창업, 신문관 설립 등을 주장하고, 대외로는 통상 정책을 할 것을 주장했다. 위와 같은 주장의 실질적인 내용은 중국의 자본주의 경제 발전을 시도하는 것이었다. 홍수전은 이러한 경제 주장에 찬성했으며 이를 태평천국 후기의 시정강령으로 삼았으나, 태평천국 본신이 처한 역사적 제약조건으로 〈자정신편〉의 주장은 실시할 수 없었다.

홍인간 등이 연명으로 반포한 문고

홍인간이 조정을 주관한 후 유찬왕 몽시옹蒙時雍, 이천장 이춘발李春發과 연명으로 문고를 발표해 "실속 없는 문장은 숭상할 바가 못 되고, 화려하기만 한 문장은 제창하지 말아야 한다."고 제출했다.

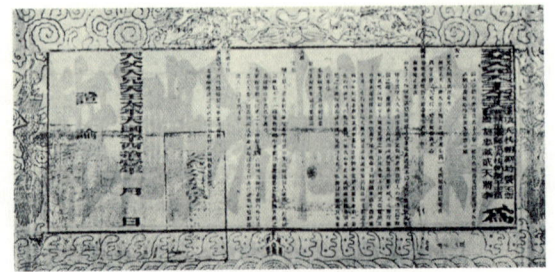

| 세계사 연표 |

1857년 영국은 산소 제련법으로 강철 제련에 성공했다.

들어섰다. 그곳은 태평천국의 관할구여서 수비의 장령을 찾아 증명서를 꺼내 보이니 그를 천경으로 압송했다.

홍수전은 외지에서 여러 해 동안 살아 견식이 넓은 동생이 천리 길을 마다하지 않고 찾아오니 매우 기뻐 그날로 홍인간을 간천복干天福으로 임명했고, 15일 후 간천의구문호경주장干天義九門護京主將 천경위수사령관으로 승급시켰다. 당시 홍수전은 군사를 겸직했으며 5군 주장 몽득은, 진옥성, 이수성 등은 왕작 다음의 의작이었다.

홍인간은 아무 전공도 없이 승급이 너무 빨랐으나 홍수전은 만족하지 않고 2일 후 조서를 내려 정충군사간왕精忠軍師干王 8000세로 승급시켜 조정을 주관하게 했다. 이는 천경 내홍 이후 동왕을 대처하는 위치였다. 조서가 전달되자 모든 고급 관리가 불평을 품었다.

총명한 홍수전은 천왕부의 교당에 문무 대신들을 모아 놓고 성대한 등단 수인 의식을 거행했다. 홍인간이 사양했으나 홍수전이 그에게 "풍랑은 잠시뿐 시간이 지나면 스스로 멎는다."라면서 그대로 집행했다.

태평천국의 실기 봉투
사진은 태평천국의 우편 송달에 쓰이던 봉투다. 낙관 시기는 태평천국 임술 12년 5월 17일이다.

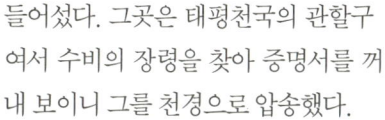

《홍인간자술洪仁玕自述》 출전

태평군 '청사' 호의
수인 의식에서 홍수전은 "경성 내의 결단을 내리지 못하는 일은 간왕에게 묻고 경성 외의 결단을 내리지 못하는 일은 성천의(진옥성)에 물으며, 경성 내외에서 결단을 내리지 못하는 일은 짐에게 묻는다"라는 세 가지 지시를 내렸다.

홍인간은 왕인을 수여받는 의식에서 감동적인 연설로 문무 대신들의 감탄을 자아냈다. 그는 높은 학식과 견식을 구비하고 세상사에 밝았으며, 당시 가장 새로운 사유와 이념으로 도리를 명철하게 설명해 불평이 있던 사람들도 귀담아 듣고 그를 '문곡성文曲星'이라 칭송하기까지 했다.

〈자정신편〉 제출

홍인간이 왕으로 임명된 지 오래지 않아 천왕에게 시정 강령 〈자정신편資政新篇〉을 올려 보냈다. 〈자정신편〉은 세계를 내다보고 영국, 미국, 독일, 스웨덴, 덴마크, 노르웨이, 프랑스, 터키, 러시아, 이집트, 일본 등 나라의 지리와 정체를 소개하고 근대공업, 철도, 은행, 우정, 광산 공장과 보험회사를 창설할 것을 제출했다. 그는 또 진옥성이 법을 엄하게 다스리고 상벌 제도를 강화하는 데 대해 찬성해 〈입법제선유立法制宣諭〉를 발표했다.

홍수전은 사촌동생을 총애하고 신임해 그를 '지미남왕志彌南王'이라고 불렀다. 홍인간의 인품은 좋았고 공정했으며, 생활이 소박했다. 그가 좋아하는 일 중 하나는 독서로 새로운 지식을 탐구하는 것이고, 다른 하나는 술 마시는 것이었다. 그러나 당시 태평천국 제도는 술을 마시는 것을 엄금해 술 마시는 자는 심하면 목을 베었다. 이에 홍수전은 특별히 비준해 간왕만은 예외라 했다.

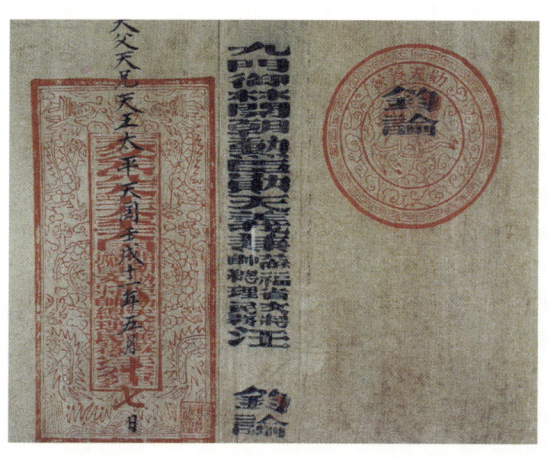

청나라·2

1840~1911

묵해서관. 1843년 영국 선교사 마커두스가 상해에 창설했다

| 중국사 연표 |

1857년 6월, 태평천국 석달개가 천경을 떠났다.

021

원명원을 불태우다

영국·프랑스 연합 군대가 세계 유일무이한 원명원에 뛰어들어 멋대로 약탈한 후 불태워 버렸다.

유일무이한 인공 화원

원명원圓明園은 북경시 교외 서북쪽에 있는 대형 황실정원이다.

원명원은 명나라 때 건설하기 시작해 청나라 강희 말년에 전국에서 솜씨가 뛰어난 숙련공을 모집하여 대규모 확장 공사를 진행했다. 후에 강희·옹정·건령·가경·도광·함풍 등 여섯 조대의 작업을 거쳐 당시 유럽 사람들이 극찬하던 세계 4대 명원 중 하나인 웅장하고 화려한 원명원을 건설했다.

전원은 원명원, 만춘원萬春園, 장춘원長春園으로 구성되었는데, 그중 원명원이 가장 크므로 총칭 원명원이라 했다. 원명원은 그 규모가 참으로 거대하여 주위가 20리에 이른다. 정원과 건축이 조화롭게 어우러지는 웅장한 풍경을 자아낸다.

웅대하고 아름답고 당당한 궁전 누각과 정자 등이 있는데, 그중 많은 풍경은 강남의 명승을 모방해 건축했다. 예를 들면 항주의 서호西湖 경치를 모방해 건축한 북부의 '평호추월平湖秋月'과 '삼담인월三潭印月'이 있고 동부의 '뇌봉석조雷峰夕照', 중부의 '곡원풍하曲院風荷'가 있다. 그리고 많은 풍경이 고대 시인과 화가들의 시적 정취와 그림 같은 경지에 의해 건축한 것들이다. 예를 들면 시 〈목동요지행화촌牧童遙指杏花村〉의 정취를 담아 건축한 '행화춘관杏花春館'이 있고, 〈도화원기桃花源記〉의 경계로 건축한 '무릉춘색武陵春色'이 있으며, 이백의 〈양수협명경兩水夾明鏡〉의 시경을 본떠 건축한 '협경명금夾鏡明琴' 등이 있다.

원명원 내의 대수법

건륭 황제가 분수의 성황을 감상하던 일은 다시 돌아올 수 없게 되었다. 남은 것은 1860년 영국·프랑스 포화에 회손된 대수법大水法의 유존물이다.

중국을 말한다

78 역사 시험장 〉 아편 무역을 '합법' 화한 후 어떤 명목으로 세금을 받았는가?

| 세계사 연표 |

1857년

프랑스 철도법이 통과되어 사인들이 철도 건설에 고무적이었다.

《원명원자료집圓明園資料集》 출전

영·프 연합군이 대고구 포대를 점령
제2차 아편전쟁 시대 영·프 연합군은 선진화된 무기와 강한 전투력으로 신속히 대고구大沽口 포대를 점령했다. 그림은 영·프 연합군이 대고구 포대를 점령한 후 휴식하는 정경으로, 일본 사람이 그렸다. 그 후 청나라 정부와 '천진조약'을 체결하고, 2년 후 북경을 침입해 원명원을 불태웠다.

원명원은 건축 규모가 웅장할 뿐만 아니라 풍경이 그림 같고 무수한 보물과 역사문물, 서화, 골동품 등을 보관했으며, 또한 세계에서 가장 큰 박물관이었다. 그러나 원명원은 영국·프랑스 연합 군에게 강탈과 훼손을 당했다.

강도 행위

1860년 10월 6일, 대강탈이 시작되었다. 제일 처음 원명원으로 들어간 프랑스 군인들은 원 내의 풍경에 놀라 어리둥절해 했다. 프랑스의 한 선교사는 "진정

●●● 역사문화백과 ●●●

[청나라 관원 호칭]
백성과 부하가 각급 관원을 부르는 호칭이 달라 지현을 '큰어른'이라 칭했다. 청나라 제도에 따르면 4품 이상의 관원이어야 '대인大人'이라 칭할 수 있고, 외관은 부지사여야 '대인'이라 칭할 수 있다. 순무는 '중승中丞'이라 부르며, 총독과 대학사를 '중당中堂'이라고 했다. 주·현 관원은 상급을 만나면 스스로 '비직卑職'이라 하고, 부지사는 상급을 보고 스스로 '비부卑府'라 칭한다. 만족 관원들은 황제를 만나면 '노비'라 자칭한다.

당시 원명원의 성대한 풍경

인간의 천당이로다! 세상에 전해지는 신선 궁이 바로 이곳인가 보다."라고 묘사했다.

군인들 한 사람이 적어도 3만, 4만 프랑의 금은보화를 약탈했다. 한 연대장이 약탈한 진귀한 보물은 80만 프랑에 이른다. 각종 시계, 진귀한 물품, 예술품이 약탈당해 병영에 쌓여 있었다.

좀 늦게 도착한 영국 군관은 하나의 금을 상감한 화분을 빼앗았는데, 그 화분에는 백색 산호가 문자로 새겨 있었다. 화분에는 높이가 약 30.48cm나 되는 황금 나무가 심어 있었고, 나뭇가지에는 홍색 옥을 중심으로 한 청옥의 과실이 달려 있었다.

그는 또 옥새를 강탈하고, 수많은 보석 상감 시계와

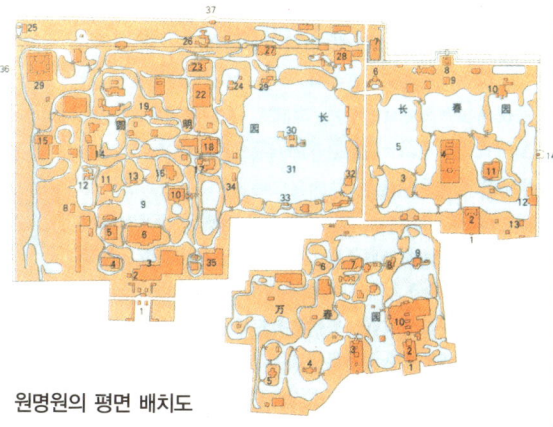

원명원의 평면 배치도

| 중국사 연표 |

1857년
12월, 영·프 연합군이 광주를 함락했다.

의관 차림에 대한 함풍 황제의 규정
함풍 황제는 후비들의 복식이 만족의 규정을 넘어섰으므로 구체적으로 규정했을 뿐만 아니라, 문자로 써서 벽에 걸어 놓았다. 이로써 함풍 황제의 처세 태도가 엄밀했음을 알 수 있다.

명주 비단, 높이가 약 213.3cm나 되는 황금 탑을 약탈했는데, 그 가치만 해도 2만 2000파운드에 이른다.

불을 놓아 증거를 훼손

영국 신문 〈타임스〉의 종군기자는 이렇게 보도했다. "약탈과 파괴당한 재산의 총 가치가 약 600만 파운드로 예상된다. 그곳에 있던 모든 군인이 많은 물품을 약탈했다. 황제의 궁전에 들어섰을 때 무엇을 약탈해야 할지 몰라 금을 가지면 은을 잃어버리고, 주옥이 상감된 시계와 보석을 위해 또 금을 잃어버렸다. 아주 값나가는 도자기와 법랑 병들은 너무 커서 운반할 수 없어 부숴 버리기도 했다."

더욱 치가 떨리는 것은 증거를 없애기 위해 10월 18, 19일 이틀에 걸쳐 3, 4000명의 침략군이 일시 출동해 원내 곳곳에 불을 질렀다. 일시에 검은 연기가 치솟아 구름덩어리로 변해 북경 하늘을 가득 메우고, 대낮이 밤처럼 어두웠다. 사방 20리 이내는 불바다가 되어 사흘 밤낮을 탔다.

이렇게 원명원은 영·프 연합군에게 모조리 약탈당하고 타버리고 말아 무너진 담벼락만 남았다.

'북경조약' 체결

원명원이 약탈당하고 불탄 후 영국과 프랑스는 청나라 정부를 핍박해 새로운 요구를 하고 만약 대답하지 않으면 같은 수단으로 자금성과 기타 궁전을 태워 버리겠다고 위협했다. 러시아 사신도 청나라가 빨리 화해할 것을 요구하며 그렇지 않으면 북경성은 훼손될 것이라고 했다.

함풍 황제는 영·프 연합군이 하루빨리 북경에서 철퇴하기만을 바랐기에 침략자의 조건에 응하고 흠차대신 혁흔奕訢을 파견해 예부대당에서 함풍 황제가 일방적으로 폐제한 '천진조약'을 영국과 프랑스에 넘겨주고 각기 '북경조약'을 체결했다.

'북경조약'에는 '천진조약'이 완전히 유효하다고 승인되어 있다. 러시아는 자신들과도 '북경조약'을 체결하자고 청나라 정부에 강요했다.

광주 13항관의 외국 상관
외국 상관은 전문적으로 외국인과 무역하는 장소다. 광주의 외국 상관은 모두 성 바깥의 주장강 북쪽에 있었고, 상관의 맨 북쪽 거리가 '13항가도'다. 아편전쟁 전야 옹근 13항 가도의 남면은 큰 상점이 빼곡히 들어섰다. 그림은 당시 외국인이 그린 그림이다.

| 세계사 연표 |

1858년 동인도회사가 해산되면서 인도가 영국에 편입되어 영국 국왕의 직접 지배를 받았다.

022

《청사고清史稿·숙순전肅順傳》
《화수인성암척억花隨人聖盦摭憶》 출전

함풍 황제의 총애를 받은 대신

청나라 건국 200년 이래 위업을 세운 사람은 만주 세족世族과 몽골 한군漢軍의 예기적隸 旗籍 사람들이었다. 한족 대신들은 비록 말 타고 활쏘기는 잘 못했지만 현명하고 재능 있는 사람이 많았다. 청나라는 대권을 자신의 민족이 잡는 것을 잊지 않았으나 한족의 힘을 빌리는 것도 소홀히 하지 않았다.

함풍 황제가 어렸기 때문에 큰 나라를 다스리려면 보필 대신이 필요했다.

문경文慶은 만주족 대신으로 도광 2년(1822) 진사가 되어 내무부대신, 병부상서, 군기대신까지 올랐고 함풍 시대에는 군기대신, 협판대학사가 되었다. 문경은 증국번, 원갑삼袁甲三, 낙병장駱秉章 등을 추천해 태평천국을 진압할 것을 제시했고, 모두 받아들여 졌다. 그는 함풍 황제에게 "천하를 다스리려면 주로 농촌 출신

총애를 받은 대신 숙순

함풍 황제는 황제의 친척과 나라 대신들의 친척에 의해 국가를 다스리고 만족·한족 대신들의 도움을 받았다. 숙순肅順은 함풍 황제 시대에 가장 능력 있는 권신이었다.

이며 백성의 질고와 은혜를 잘 아는 한족을 중용해야 합니다"라고 말했다. 함풍 황제는 그를 매우 신임했으나 함풍 6년(1856)에 문경이 죽었다.

함풍 황제는 종실이자 도광 조대의 늙은 대신이던 재원載垣, 단화端華, 숙순 세 사람을 문경의 뒤를 이어 중용했다. 재원은 강희 황제의 열세번째 아들 윤상允祥의 후대이고 세습 이친왕이었다. 단화는 정친왕鄭親王 오이공아烏爾恭阿의 아들로 세습 정친왕이었다. 숙순은 정친왕 단화의 친동생이자 세 사람 중 가장 신의 있는 사람으로 호부상서, 협판대학사, 영시위내대신을 지냈으나 세 왕공은 자희慈禧 태후와 맞지 않아 '함풍 3간신'이라는 악명을 남겼다.

현명하고 유능한 인사를 우선하다

숙순은 재원과 단화보다 총명하고 재능과 식견이 있었으며 그들과 달리 정치 업적이 뛰어나 나이 어린 황제를 잘 보필했다.

숙순은 인재 선발을 중시하며 총명하고 재능 있는 사람을 모았다. 그는 언제나 "만족인은 어리석어 국가를 위해 힘 쓸 수 없고 재물만 밝혀 국가가 곤란할 때는 한족 사람에 의지할 수 밖에 없다"고 말했다. '숙문 7자'라 칭하는 곽숭도郭嵩燾, 용담림龍湛霖, 왕개운王闓運, 등보륜鄧輔綸, 윤경운尹耕雲, 고심기高心夔, 이황신李篁仙은 모두 재간 있는 한족의 '문사명류'로, 숙순의 눈에 들어 심복이 되었다.

숙순은 소속 부문의 만족 관원에 대해서는 특별히 엄했고 한족 관원에 대해서는 매우 존중했다. 만족이 불만스러워하면 그는 "우리 만주인은 어리석은 자가

함풍 황제가 피서 산장에서 재앙을 피하다
함풍 황제는 영·프 연합군이 북경에 침입한 후 황급히 열하熱河, 지금의 승덕承德으로 도망쳤다. 함풍 황제는 피서 산장으로 도망쳐 와 후에 이곳에서 병사했다. 그림은 피서 산장의 연파치상전烟波致爽殿이다.

1840~1911 청나라·2

산해관 철도학당

| 중국사 연표 |

1858년

5월, 태평천국의 구강이 함락되었다.

의귀비의 피서 산장 저택

함풍 황제가 죽은 후 황태자 재순載淳의 생모 의귀비가 함풍 황제와 함께 피난했던 열하의 피서 산장에 그대로 머물러 있어 조정의 권력은 숙순 등 여덟 명의 대신이 장악했다. 권력을 탐하던 의귀비는 몰래 권력 탈취 대책을 강구했다. 그림은 그녀가 거주하던 피서 산장의 서쪽 집이다.

많으니 한족의 미움을 사서는 안 된다. 그들의 붓은 아주 사나워."라고 말했다. 그는 한족 관원인 증국번, 호림익, 좌종당左宗棠을 중용, 태평천국을 진압할 것을 주장했다.

호남 사람 왕개운이 북경에 와 처음 대면했을 때 숙순은 그의 재능과 학문에 탄복해 8기의 관습에 따라 결의형제를 맺으려 했으나 왕개운이 찬성하지 않아 그만두었다. 그러나 숙순은 여전히 이 학식 있는 인사와 알게 된 것을 무척 기뻐했다.

권행위가 눈에 거슬려 일찍부터 경계심을 가지고 여러 번 함풍 황제에게 일찍 제지시켜 후환을 면하라고 귀띔했다. 날이 지나니 황제도 나라씨가 확실히 방종한다고 느꼈으나 차마 제재하지 못했다.

1860년 8월 영·프 연합군이 대고구 포대를 함락하고 천진을 점령한 뒤 북경을 위협했다. 함풍 황제는 열하의 피서 산장으로 도망가려 하는데 나라씨가 극구 말려 황제의 불만을 샀다. 이 기회에 피서 산장에 도착한 후 숙순은 황제에게 한나라 무제를 본받아 구기 부인을 처결하는 방법으로 의귀비를 제거하라고 권고했다.

구기 부인은 무제가 총애하던 비인데, 구기궁에 거주하여 구기 부인이라 칭했다. 그녀는 한나라 소황제 불릉弗陵의 어머니였다. 한무제는 만년에 불릉을 태자로 봉하려고 했으나 자신이 죽은 후 젊은 구기 부인이 '아들의 권세'를 이용할 것을 우려해 구기 부인을 죽이기로 했다.

귀비를 처형할 계책

함풍 6년(1856) 나라씨는 황제의 장자 재순을 낳아 의비로 승급되었다가 이듬해 의귀비로 책봉되었다. 나라씨는 민간 출신인 데다 계책이 많은 사람으로 지위가 높아질수록 권세에 대한 욕망도 커졌다. 황제는 나라씨를 총애하여 조상의 가법도 아랑곳하지 않고 각 성의 상주서를 비준하게 했고, 중대한 결책도 의논하고 조정 사에 간섭하는 것도 모른 체했다. 숙순은 나라씨의 월

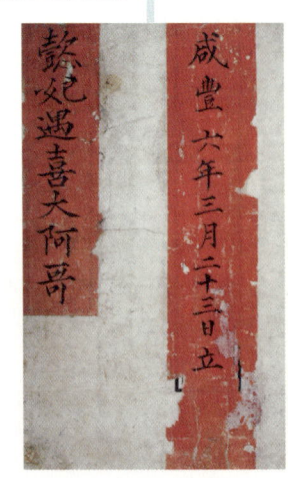

함풍 황제는 무제와 같은 패기가 없는 데다 이미 나라씨의 품에 녹아 있던 지라 제거할 생각을 하지 않았다. 만약 그때 '구기 이야기'가 재연되었다면 19세기 중국 역사는 달라졌을지도 모른다.

황자 출생을 부책에 기록하다

함풍 6년 황궁에 들어간 예허나라씨葉赫那羅氏는 황자 재순을 낳은 후 오래지 않아 승급해 비로 책봉되었다. 그림은 예허나라씨가 황자를 낳은 기록이다.

| 세계사 연표 |
1858년
미국이 대서양에 전기 케이블을 배설했다.

023

《청문종실록清文宗實錄》
왕개운 王闓運 《기상고사祺祥故事》 출전

함풍 황제, 일찍 승하하다

함풍 황제가 허약해 오랫동안 피를 토하자 매일 사슴 피를 마시며 치료했는데, 열하에 와서 일 년도 안 되어 병세가 위중해졌다.

함풍 11년(1861) 8월 21일, 저녁식사를 마친 황제는 돌연 정신을 잃었다 잠시후 의식을 회복했다.

이튿날 자시 3각 즈음 황제는 대신들을 모아 놓고 두 장의 유서를 낭독했다. 하나는 "황제의 장자 재순을 태자로 한다."는 내용이고, 다른 하나는 "황장자 재순을 지금 태자로 책립하고, 재원, 단화, 경수景壽, 숙순, 목음穆蔭, 광원匡源, 두한杜翰, 초우영焦佑瀛은 힘을 다해 일체 정무에 협조하라."는 내용이었다.

황제의 동생 혁흔

함풍 황제는 열하에서 병사하고 유서로 아들 재순을 임금으로 계승하게 한 후, 여덟 대신을 찬양정무대신贊襄政務大臣으로 봉해 황제를 보필하게 했다.

대신들은 황제가 친필 조서를 쓸 것을 청했으나 황제는 붓을 들 힘도 없어 대신들이 대필했다. 그리고 묘시에 함풍 황제는 죽었는데, 그때 나이 겨우 31세였다.

보정대신에 혁흔이 없다

이때 어린 황제는 6세였다. 여덟 명의 고명대신은 연호를 '기상祺祥'이라 정하고 황후를 '모후황태후'로, 의귀비를 '성모황태후'로 봉했다. 수렴청정 후 2명의 태후 중 존모후尊母后에게 '자안 태후', 성모에게 '자희 태후'라는 휘호를 덧붙였다.

'찬양정무贊襄政務' 제도는 원래부터 있었다. 황제의 나이가 어리므로 보좌하지 않으면 안 되었다. 여덟 대신은 '찬양정무'의 합법적 지위를 얻었으니 당연히 대권을 장악했다. 그러나 이 여덟 대신보다 더 자격 있고 능력 있는 사람이 바로 공친왕恭親王 혁흔이었다.

혁흔은 도광 황제의 여섯째 아들이었고 정귀비靜貴妃가 낳았으니 함풍 황제 혁훤의 이복동생이었다. 혁훤의 생모 효전성孝全成 황후가 일찍 세상을 뜨자 도광 황제는 정귀비가 혁훤을 맡아 기르도록 명했다.

비록 직접 낳은 아들은 아니지만 정귀비는 친아들처

1840~1911 청나라·2

●●● 역사문화백과 ●●●

[무이국撫夷局]

함풍 10년(1860)부터 북경 가흥사嘉興寺에 설립한 아문으로 내각부원, 군기처 등에서 만족과 한족을 각각 8명씩 선발해 차례로 당번을 서면서 사무를 처리하고 군기처의 지시를 받았다. 또 비사원들이 5일에 한 번씩 돌아가며 당번을 서도록 했는데 만족·한족 각각 4명씩 출근하고, 매일 한 사람씩 숙박하도록 했다. 그리고 사원 16명 중 만족·한족을 각각 두 명씩 총판과 방판으로 임명하고 상주서, 조회 등의 문서를 처리하도록 했다. 비밀문서 등 주요한 서류는 내각의 각원들이 쓰고 관세 사건은 호부사원이 관리하며, 각 역의 전달은 병부사원이 관리하도록 했다. 오래지 않아 무이국 총리사무 아문으로 고쳤다.

흠차대신 혁흔 (위 사진)
혁흔(1833~1898)은 도광 황제의 여섯째 아들이며, 아이신줴뤄씨, 함풍 황제의 이복동생이다.

황제 즉위 후 여덟 대신이 연호를 정하다

황제 즉위 후 연호를 정하는 일은 중요한 일이므로 숙순 등 여덟 대신이 공동 의논한 후 신 황제 재순의 연호를 '기상旗祥'이라 정했는데, 이는 국가가 태평하기를 바라는 기탁이었다. 그림은 《상유上諭》에 따라 연호를 '기상' 두 글자로 한다'는 결정서다.

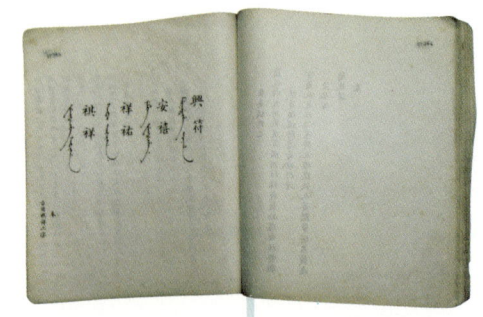

럼 부양했고, 혁훤도 친어머니처럼 대했다. 이러다 보니 혁훤과 혁흔은 비록 이복형제라 하지만 두 살밖에 차이 나지 않고, 같이 자라 친형제 같았다.

열하에서 분상하고 대계를 계획하다

함풍 황제가 붕어한 날, 피서 산장에서 공친왕 혁흔 등에게 "경성에서 일을 처리하고 이곳으로 올 필요가 없다."는 유지가 왔다. 황제의 병이 위중할 때 경성에 있던 혁흔은 상주서를 보내 병문안을 청했지만 거절당했다. 황제가 붕어했을 때 분양도 허락되지 않아 그는 안절부절못했다. 여덟 대신이 방해한다는 것을 그도 알아 속수무책이었다.

여덟 대신은 자희 태후를 우습게 보았다. 자희 태후는 겉으로는 숙순 등 대신들이 쥐락펴락하는 것을 알면서도 아무

혁흔이 흠차 전권대신으로 임명되다

함풍 황제는 영·프 연합군이 북경을 공격할 때 열하로 도망가고, 혁흔을 흠차편이 행사전권 대신으로 임명하고 북경에 남아 영국, 프랑스와 화해를 상의하게 했다. 사진은 혁흔을 전권대신으로 봉하고 조약사무를 처리하는 데 관한 유지다.

내색을 하지 않았으나, 뒤로는 몰래 밀사를 북경으로 파견해 혁흔에게 열하에 와서 대계를 의논하자고 했다.

9월 5일 혁흔은 열하로 가서 황제의 영전에 조례를 드렸다. 그가 땅에 엎드려 통곡하니 울음소리가 전각에 울려 퍼져 주변 사람 모두 눈물을 흘렸다.

제사 후 태후가 만나려 했으나 재원, 두한이 허락하지 않았다. 태후가 만나겠다고 고집하자 혁흔은 단화와 같이 가서 만나라고 했다. 단화가 눈치를 보자 숙순은 웃으면서 "여섯째와 아주머니가 만나는데 우리가 끼어들 필요 없지요." 하고 말해 혁흔은 두 태후를 만날 수 있었다.

혁흔을 만나자 두 태후는 울고불고하며 여덟 대신이 어떤 패도를 하고 자기들이 어떤 모욕을 참고 견뎌 왔는지 하소연했다. 혁흔은 여덟 대신을 대처하려면 경성으로 빨리 돌아가는 것이 상책이라고 말했다. 이리하여 경성에 돌아가 병변을 계획했다.

'북경조약'의 체결

함풍 10년(1860) 혁흔은 청나라 정부를 대표해 영국, 프랑스, 러시아와 각각 '북경조약'을 체결했다. 혁흔은 외국 대표의 오만한 기염에 크게 자극을 받은 후 자강운동을 창도했다. 그림은 혁흔과 영·프·러 3국이 '북경조약'을 체결하는 장면이다.

| 세계사 연표 |
1859년 다윈이 《종의 기원》을 발표했다.

024

《청문종실록清文宗實錄》
왕개운王闓運 《기상고사祺祥故事》
벽복성薛福成 《용암필기庸庵筆記》

기상정변

2궁의 태후들은 어린 황제와 함께 먼저 떠나 함풍 황제의 영구보다 나흘이나 앞서 북경에 도착, 귀중한 시간을 쟁취했다.

자안을 설득하다

아들 재순이 함풍 황제의 유일한 계승자이니 모친 자희慈禧 태후는 아들이 덕을 입어 당연히 영광스럽고 존엄스러우며 권세가 있을 것이라고 일찍부터 계산했다. 그러나 조정의 대권이 아들 손에도, 태후 손에도 있지 않으니 보정대신들 손에서 뺏는 수밖에 없었다.

자안慈安 태후는 본성이 나약하고 야심도 없는 데다 몇 번의 풍파를 거친 후 마음이 느긋해졌다. 하지만 자희 태후는 야심도, 신심도 있었다. 그녀는 재원과 숙순의 험담을 늘어놓더니 "이들이 오랫동안 보정하면 반드시 반역해 정권을 탈취할 것이니 그때 우리는 무슨 낯으로 돌아가신 황제를 대하겠는가?"라며 자안 태후를 설복시켰다.

경성으로 돌아오다

재원 등의 보정대신들은 함풍 황제의 재궁梓宮(황제의 관)을 숙순이 호송해 북경으로 모셔오는데, 두 태후와 어린 황제가 먼저 북경으로 돌아가 영구를 영접하기로 했다. 여덟 대신은 결코 자신들이 쳐놓은 덫에 걸려 죽을 줄은 생각지도 못했다.

함풍 11년(1861) 10월 26일은 함풍 황제의 영구를 북경으로 운송하는 날이었다. 두 태후와 어린 황제는 황제의 영구 앞에 큰절을 올린 후 먼저 길을 떠나 북경 동화문 밖에서 영구를 절로 맞이하기로 했고, 숙순, 진부은 등은 영구를 호송해 천천히 행차했다.

전하는 말에 따르면, 관 위에 물을 담은 그릇을 올려놓아 행차 중에 기울어 물이 흘러나오면 공경심이 부족한 것이므로 목을 쳤다고 한다. 선황제의 관은 크고 무거워 120명이 어깨에 메고 천천히 걸었고, 2만여 명이나 되는 방대한 황가 군대가 호위했다.

승덕承德에서 북경까지 300리 거리였는데 산길이 많고 험해 전진 속도는 매우 느렸다.

황후와 생모를 모두 황태후로 칭하다

함풍이 죽은 후 황후는 25세였고 의귀비는 26세였다. 제도에 따르면 황태자 재순은 반드시 황후를 모후라고 불러야 하고 생모를 성모라고 불러야 한다. 사진은 재순의 유지 "황후와 생모를 황태후라 존경해 부를 것을 내각에 알린다"라는 제목의 글이다.

자희 태후의 옥새 (위 사진 포함)

재순은 성유를 하달해 존모후와 성모를 모두 황태후로 봉한다고 선포했다. 이 옥인은 자희가 황태후로 존임될 때 만든 것이고, 자희의 서화에 사용되었다. 옥인의 인문은 '자희황태후지보'이고 재료는 청옥질이다.

1840~1911 청나라·2

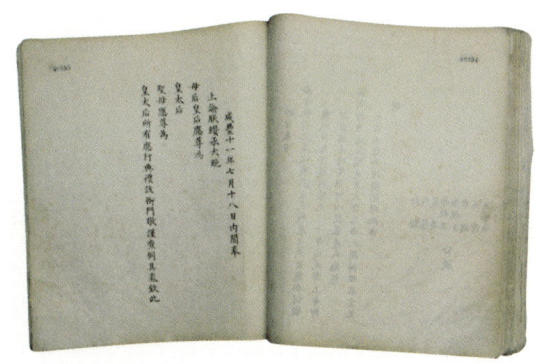

당산의 개평 탄광

동치 황제가 등극 대전 때 입었던 황포

함풍 11년(1861) 10월, 황태자 재순은 태화전에서 등극 대전을 거행했다. 사진은 동치 황제가 대전에서 입었던 황포다.

두 태후와 어린 황제는 총망히 걸음을 걸으면서 기타 7명의 보정대신을 바싹 뒤따르게 했다. 그 목적은 숙순과 거리를 두어 그들의 역량을 분산시키기 위해서였다. 공친왕 혁흔은 열하에서 무사히 북경으로 돌아와 아주머니와 단독으로 회견할 때 밀의한 계획대로 비밀리에 여러 관리와 연락해 사람들을 조직했다.

11월 1일 태후 일행이 북경에 도착하자 공친왕 혁흔은 경성의 왕공대신들을 거느리고 덕성 문에 나와 영접했다. 만나자마자 두 황궁 태후는 울먹이면서 재원, 단화, 숙순 등 대신들이 세도를 부리며 이 과부들을 업신여겼다고 호소했다.

유서를 발표해 황태자의 보좌진을 지정하다

함풍 황제는 임종 하루 전에 두 개의 주유를 발표했다. 하나는 재순을 황태자로 하고, 다른 하나는 어전대신 재원 · 단화 · 숙순과 군기대신 광원, 목음, 두현, 초우영, 액부경 등 여덟 사람에게 황태자 재순을 보조해 일체의 정무를 도와 황제의 업적을 공고히 하라는 유조다. 사진은 재원 등 여덟 사람을 파견해 일체 정무를 도와줄 상유다.

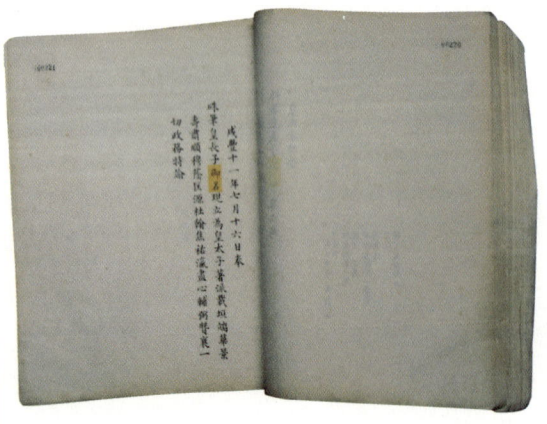

동원준의 선생, 대학사인 주조배周祖培가 "어찌하여 그 죄를 엄하게 다스리지 않습니까?"라고 물으니 황태후는 "그들은 모두 찬양왕 대신이니 어찌 직접 죄를 정하겠습니까?"라고 말했다. 그러자 주조배가 "황태후께서 조서를 내려 먼저 그들의 현재 직무를 해제하고 다시 죄를 물으면 됩니다."라고 말했다. 그 말을 들은 태후는 매우 좋아했다. 주조배는 숙순과 동료였는데 두 사람은 오래된 원한이 있었다.

병변의 서막을 열다

이튿날 자금성은 검은 구름으로 휩싸여 긴장이 감돌았다. 두 태후는 혁흔과 대학사 계량, 가정, 주조배 등의 관원을 불러 대신들의 상주서에 대해 상의했다.

가정, 주조배와 호부상서 심조림沈兆霖, 형부상서 조광趙光 등은 〈황태후의 정권 장악에 관한 상주서〉를 올려 "권력을 아래로 내려 보내면 얼마 안 되어 변고가 생기며 예법을 소홀히 하면 폐단이 생기옵니다."라면서, 황태후께서 "수렴의 허명에 머물지 말고 청정의 실제 효력을 거두어 주옵소서."라고 간했다. 동시에 승보가 "태후께서 수렴청정하고 근친 친왕에게 정사를 보필하게 하라."고 간하는 상주서도 북경에 도착했다. 문무 주요 관원들은 태후의 편에 섰으며, 대세는 기울었다. 이때 여덟 대신을 지지하던 관원들도 감히 반대하지 못했다.

태후는 일찍이 열하에서 준비한 "내각 제왕, 대신들은 태후가 친히 정사를 의논하고 근친 친왕이 정사를 보좌한다."는 유지를 선포했다. 대신들은 조서를 내려 재원, 단화, 숙순의 책임을 추궁하고, 그 외 다섯 사람을 군기처에서 쫓아냈으며, 혁흔을 파견해 대학

| 세계사 연표 |
미국이 석유정을 발견하고 이듬해 채굴했다.

신년호 신 전폐 '기상통보'
재순의 여덟 대신이 연호를 '기상祺祥'이라 정한 후 조정은 '기상'자를 새긴 전폐를 제조했다. 이 연호가 오랫동안 사용되기를 바랐으나 '기상'은 사용 기간이 70일도 안 됐다.

사, 6부 9경 관원들과 함께 여덟 사람의 죄를 물어 법률에 따라 처리하도록 했다.

보정대신을 체포하다

재원, 단화 등은 자기들이 파직당한 것도 모르고 평상시대로 조정으로 갔다. 혁흔이 큰 소리로 "외부 조정 대신이 어찌 마음대로 들어오느냐?" 하고 호령하니 재원은 "나는 보정대신이다. 어찌 외부 조정 대신이라 하느냐?"라고 맞받았다. 혁흔은 "조서가 있다."라고 대답했다. 단화가 "우리가 들어가지도 않았는데 조서는 어디에서 오느냐?" 하고 따지자 혁흔이 체포하라고 명령했다. 두 사람은 항변했으나 시위들이 모여들어 의관을 벗기고 단단히 묶어 종인부의 감옥으로 보냈다. 다른 다섯 사람도 죄인으로 쇠사슬에 묶여 감옥에 들어갔다.

숙순이 관을 모시고 밀운 현에 도착했을 때는 이미 밤중이었다. 용친왕 인수仁壽와 순군왕 혁현奕譞이 조서의 명령대로 숙순을 체포하려고 그가 숙박한 여관을 포위해 뛰어들었다. 숙순은 영문도 모른 채 묶여 꼼짝할 수 없었다. 병변은 마침내 성공했다.

야심에 찬 자희 태후
자희 태후(1835~1908) 예허나라씨葉赫那拉氏는 만주 정황기正黃旗 사람이다. 함풍 2년(1852) 입궁해 의귀인으로 책봉되었다. 함풍 6년에 재순을 낳았는데, 그가 훗날 동치 황제. 함풍 황제가 죽은 후 재순에서 '성모황태후'라 존칭되었고, 자희 태후라는 휘호를 지었으며, 공친왕 혁흔과 함께 병변을 발동해 조정의 권력을 탈취했다. 그림은 자희 태후의 유화 소상 그림 병풍이다.

함풍 황제 붕어 전 황태자 임명
함풍 황제가 죽기 하루 전 두 조목의 주유를 발표했는데, 그중 하나가 재순을 황태자로 임명한다는 내용이었다. 사진은 장자 재순을 황태자로 임명하는 상유서다.

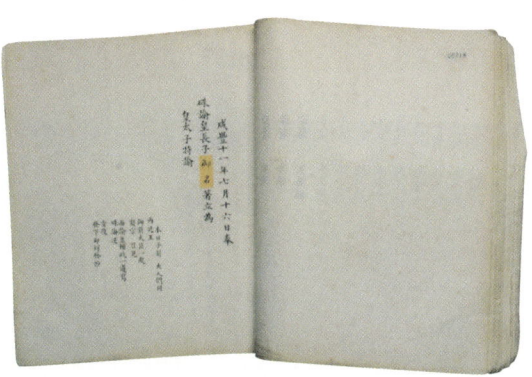

| 중국사 연표 |
1858년
11월, 태평군의 삼하대첩보가 전해졌다.

025

수렴청정

정변 후 자희 태후가 '기상'을 '동치'로 바꾸었는데 그 뜻은 그와 자안 태후 두 사람이 함께 천하를 다스린다는 것이다. 역사는 자희 태후의 통치 시대로 들어섰다.

혁흔을 이용해 숙순을 죽이다

'기상정변祺祥政變'이 성공한 후 대권을 장악한 자희 태후는 계속 유지를 내려 보내 자기의 친신을 제발탁하고 그들의 충성과 노력에 감사를 표했다.

그녀는 공친왕 혁흔을 의정왕으로 봉하고 군기처에 드나들게 했고, 종인부 종령으로도 임명해 내무부 대신을 주관하게 했으며 종인부 금고 관리 임무도 맡겼다.

이는 정권·군권·족권·재정권을 한손에 잡은 혁흔의 찬성과 협조가 없으면 자희 태후의 능력이 아무리 크다 할지라도 권력을 장악할 수 없었을 것이다.

자희 태후가 가장 미워하는 사람은 숙순이었다. 청나라의 법에 따르면, 종실에 죄악이 있으면 목을 자르고 관대하게 처리하면 종인부에서 자결하게 한다. 그러나 그녀는 숙순을 채시菜市구로 끌고 가서 목을 베어 사람들에게 보여 주라고 명령했다.

숙순은 몇 가지 큰 일을 처리함에 있어 무고하게 해를 입은 사람이 많았다. 사형을 집행하는 날 그에게 해를 입었던 사람들이 모여들었다. 죄인 숙순은 흰 두루마기에 천신을 신었는데, 거리 양옆에서 아이들이 기와 조각과 흙덩이를 뿌려 숙순의 얼굴을 알아볼 수 없을 지경이었다. 숙순은 형장에서 자희 태후를 가리켜 "나는 정말로 저년에게 속을 줄은 생각지도 못했다."라고 한탄했다. 그가 죽기 전에 무릎을 꿇지 않자 백정이 칼로 그의 다리를 부러뜨린 후에야 겨우 무릎을 꿇릴 수 있었다.

황색 발로 얼굴을 가리다
수렴청정 때 양궁의 태후들과 황제는 양심전동養心殿東 난각에 함께 있었다. 조정의 특수 규정으로 태후의 앞에는 황색 발을 드리우고 황제는 발 앞에 앉아 조정의 일을 처리하는데, 대신들은 태후의 말만 들을 수 있고 태후의 모습은 볼 수 없다.

자안 단유 황태후 옥새 (위 사진 포함)
자안이 황태후로 존임될 때 만든 옥인으로, 청옥제다. 글자체는 만주어, 한문 전서이고 황색 문띠가 있다.

| 세계사 연표 |

1859년
스위스 운하 공정이 시작되었다.

《청목종실록淸穆宗實錄》
왕개운王闓運 《기상고사祺祥故事》
벽복성薛福成 《용암필기庸庵筆記》

출전

1840~1911
청나라 · 2

권력의 상징 – 옥새
그림은 어상 옥인과 동도당 옥인이다. 어상 옥인은 황후 고록씨에게 준 것이고, 고명대신이 발표한 유지의 시작에는 반드시 이 옥인이 찍혀 있어야 유효하다. 동도당 옥중의 동도당은 함복궁의 후전이다. 재순이 발표한 성유의 결말에는 반드시 이 인이 찍혀야 한다고 함풍 황제가 선포했다.

수렴청정

대학사 주조배는 "새 황제의 연호 '기상祺祥'은 두 글자의 의의가 중복되므로 고쳐야 합니다."라고 상소했다. 이에 자희는 찬성하고 '기상'을 '동치同治'라 고쳤는데, 그 뜻은 그녀와 자안慈安 두 사람이 함께 정사를 다스린다는 것이다. 1861년 11월 11일, 이듬해를 동치 원년(1862)이라고 선포했다.

12월 2일 자금성 양심전에서 수렴청정 대전을 거행했다. 대전의 중앙에는 선조 옹정황제雍正皇帝의 어서 '중정인화中正仁和'라는 편액이 걸려 있었다. 옹정 연간부터 이곳은 황제가 대신들을 만나 상주서를 비준하고 일상 정무를 처리하는 장소였으나 오늘 국가 대사를 집정하는 사람은 두 황태후였다.

어린 황제는 넓고 큰 용의자에 앉아 호기심에 찬 눈길로 주위를 돌아보았다. 공친왕 혁흔이 왼쪽에, 순군왕 혁현奕譞이 오른쪽에 서 있었다. 황제의 뒤쪽에는 8폭 황색 실 병풍이 가로막혀 있었는데, 그것이 바로 '수렴垂簾'이다. 그 뒤에는 어안이 설치되어 있고 두 궁의 태후들이 각기 그 어안 앞에 앉았다.

봉건사회에서는 남녀 · 내외분별이 있어 태후의 앞에 '수렴'을 설치해 수렴 안에서는 밖을 볼 수 있었으나, 밖에서는 목소리를 들을 수 있을 뿐 모습을 볼 수는 없다.

청나라에는 어린 황제가 몇 있었으나 모후가 수렴청정을 한 선례는 없었다.

자희 태후의 수렴청정은 그녀의 청나라 정권 독점의 시작이었으며, 그 후 48년이나 되는 기간에 청나라 말기의 재력은 날마다 고갈되고 영토는 빈번히 외적 열강의 침범을 받았으며, 국세는 쇠약해지고 백성의 생활은 날마다 피폐해져 갔다.

동치 황제, 결혼 후 친정하다
동치 12년(1873) 1월, 동치 황제는 결혼 후 다음해 정식으로 친정했다. 그림은 동치 황제가 조복을 입은 모습이다.

총리각국통상사무아문總理各國通商事務衙門

| 중국사 연표 |
1859년
4월, 홍인간이 천경에 도착해 조정을 총괄했다.

026

태평군의 '양창대' 통격

청나라 정부가 외국 고용군 양창 양포대를 조직해 태평천국에 대항했다.

태평군이 처음 상해를 공격하다

1860년 5월 태평군이 강남 대병영을 대파해 천경의 위험을 없앴다. 태평천국 통수부는 전투성과를 확대하고 천경을 공고히 하기 위해 강남의 부유한 지역을 점령하기로 했다. 이수성은 부대를 거느리고 상수·무석·소주 등지를 점령한 후, 송강·상해에 접근했다.

다섯 항구가 통상 개방된 이후 상해는 주요 상업 항구가 되었다. 청나라 왕조는 이 소식을 듣고 당황했으나 녹영국군대로는 당해낼 수 없었다.

이때 워드라는 미국 사람이 나타나 자신이 양인 군대를 조직할 수 있다면서 모집·훈련·지휘를 모두 책임지겠다고 했다. 이에 군비는 청나라 정부에서 공급하고, 장병들의 군향 이외에 성을 하나 함락하면 거액의 상금을 지불하기로 했다. 소송태도蘇松太道 오후吳煦는 그를 고용하기로 했다.

프레드릭 워드

워드(Frederick Townsend Ward)는 1831년 미국 매사추세츠 주에서 태어났다. 기초 군사훈련을 받았으며 바다와 중앙아메리카와 남아메리카에서 모험 활동을 한 적도 있다. 그는 본국에서 지명수배를 받아 명예와 지위를 모두 잃고 상해로 건너왔다.

워드는 오후과 후선도候選道의 대상인大商人에게서 자금 협조를 받아 상해의 외국 도망병과 수병들을 모집하고, 또 많은 돈을 주어 현역 수병들을 모았다. 그들은 서양 무기를 사용했기 때문에 이 부대를 '양창대洋槍隊'라고 불렀다.

송강, 청포에서 처음으로 전투를 하다

1860년 6월 중순, 태평군은 곤산昆山, 태창太倉, 가정嘉定을 함락해 상해 가까이 접근했다. 7월 초 태평군은 송강松江을 점령하고, 늙고 약한 병사 100여 명만 송강에 남긴 후 상해를 향해 북상했다.

워드는 300여 명의 부대를 영솔해 어둠을 타서 송강성을 기습했고, 대비가 부족한 태평군은 그들의 기

태후가 수렴청정을 하던 동난각
동치 황제가 즉위한 지 20일째 되는 날, 자안과 자희 두 태후는 수렴청정을 시작했다. 이때부터 함풍 황제가 임종 전에 요구한 고명 제도는 종결되었다. 그림은 양심전동 난각, 즉 태후가 수렴청정을 하던 곳이다.

••• 역사문화백과 •••

[화기국]
청나라 시대의 미국에 대한 속칭으로, 미국 상선들이 광주에 도착하자 미국 국기에 그려져 있는 많은 별과 선을 보고 미국을 '화기국花旗國'이라 불렀다. 20세기 초기에도 여전히 사용해 미국의 밀 귤을 '화기 밀 귤'이라 칭하기도 했다. 청나라 시대 관청 문서는 미리라고 칭했으며, 저잣거리에서는 미리견米利堅, 미리견彌利堅이라고 했다. 《청사고清史稿·방교지邦交志》에는 〈미리견米利堅〉 편이 나온다.

| 세계사 연표 |
1860년
러시아가 블라디보스톡을 건설했다.

《이수성자술李秀成自述》 출전

청나라와 영·미 관원들이 워드의 제사를 지내다
동치 원년(1862) 8월, 워드는 절강 동부에서 태평군에게 사살되었다. 청나라 정부는 그를 강소성의 송강(현 상해시 송강구)의 소가화원에 매장하고 무덤 옆에 '워드 장군사'라는 사당을 건축했으며 그를 위해 제사까지 지냈다. 사진은 사당 낙성 때 제서 전례에서 찍은 중외관원들의 사진이다.

습에 일격을 당했다. 첫 전투에서 승리한 워드는 군사를 거느리고 청포青浦를 공격했다.

7월 30일 양창대는 워드와 부인솔자인 포레스터 Edwad Forrester, 버거윈Henry Andrea Burgevine의 영솔 아래 청나라군 1만여 명과 힘을 합쳐 청포를 공격했다. 청포를 수비하던 장군이 위급하다고 하자 이수성은 부대를 친히 영솔해 증원하러 갔다.

8월 2일 태평군은 양창대와 청나라군을 격파했다.

태평군이 상해 전선에서 작전하다
동치 원년(1862)에 태평천국은 여러 번 상해를 공격했다. 그들은 이미 전당대포, 라이프식 총과 망원경을 가지고 있었다. 이 그림은 당시 외국인이 그린 그림이다.

양창대의 통솔자 워드
프레드릭 워드(1831~1862)는 미국인으로 양창대의 통솔자다. 함풍 11년 중국 국적을 가지고 양창대를 개편, 4000여 명으로 확충했다. 청나라 정부는 그의 공로를 인정해 부장으로 임명했다.

워드는 몸에 다섯 곳이나 상처를 입었고, 양창대의 부대는 3분의 1이나 살상되었으며, 군함은 노획되었다.

8월 9일 양창대는 청나라군과 함께 청포를 재 공격했으나 또다시 이수성에게 대패하고 말았다. 양창대는 100여 명이나 살상되고 많은 총포를 빼앗겼다. 이수성은 승세를 타고 동진해 나흘 후 다시 송강을 점령하고 또다시 북상해 1차로 상해를 공격하는 전투를 벌였다.

충왕 이수성이 상해를 공격하라는 포고문
함풍 11년(1862) 12월, 이수성은 절강 항주에서 다섯 갈래로 나누어 상해를 공격했다. 상해 주변에서 모두 승전했으나 안경이 함락되어 동부만 얻고 도처에서 공격을 받아 결국엔 멸망을 면치 못했다.

1840~1911 청나라·2

제2차 아편전쟁

| 중국사 연표 |
1859년
6월, 청나라군이 대고구에서 영·프 군함을 격퇴시켰다.

027

이홍장의 회군 창건

증국번의 상군이 안경을 함락한 후, 이홍장李鴻章을 도와 회군淮軍을 창건했다. 회군은 상군의 제도에 따라 건립하고, 근대 무기로 장비했으며, 태평천국과 염군을 진압하는 과정에서 점차 청나라 왕조 통치를 보호하는 방대한 신형 군대로 성장했다.

증국번이 중용한 고급 막료

이홍장은 증국번의 마음에 드는 제자였으며 중요한 막료였다.

증국번의 막부에는 재덕을 겸비한 준걸이 많이 모였는데, 그중 하나가 이홍장이다.

태평천국이 대강남북에 진입했을 때 이홍장은 고향 합비合肥에서 단련을 설치하고 공부시랑 여현기呂賢基와 순무복제를 따라 다섯 차례나 태평군과 작전했으나 전쟁터에서 지낼 수 없어 증국번을 찾아갔다.

증국번은 찾아온 이홍장을 환영했고 조정에 상주, 함풍 9년(1859) 그를 후보도候補道로 봉하도록 했다. 비록 실제로 수여되지는 않았으나 증국번의 막부에서는 관급이 낮지 않았다.

이홍장은 자신의 재능을 믿고 남을 깔보고 고집이 세 어떤 때는 증국번의 눈치도 보지 않았다.

함풍 10년(1860) 증국번이 상군의 대본영을 안휘성 기문祁門에 설치하려고 하자 이홍장은 "기문은 공격하기 쉽고 수비하기 어려운 곳이니 다른 사람이 높은 곳에서 마음대로 공격하기만 기다리시오." 하고 권했다. 그러나 증국번이 듣지 않자 이홍장은 떠나 버렸다. 오래 지 않아 기문의 대본영은 태평군의 공격을 받아 아주 위급해져 증국번은 유서까지 써 놓고 자살하려 했다.

청나라 중신 이홍장
이홍장(1823~1901)의 자는 소전이고, 안휘성 합비 사람이다. 증국번을 따라 태평군에 저항했다. 후에 직예총독과 북양대신을 겸직하고 서방 열강들과 일련의 불평등 조약을 체결했고, 양무운동洋務運動을 지지했다.

이홍장은 남창南昌에서 8개월이나 한가히 지냈다. 증국번은 안경을 점령하기 전날 밤 지방 실권이 있는 흠차대신, 양강총독으로 승급되었다. 사무가 많아지자 증국번은 이홍장을 불러들였다. 그는 이홍장의 총명함과 재능을 아주 중시했다.

완북단련을 모집하다

함풍 11년(1861) 태평군이 진강鎭江을 맹렬히 공격했다. 진강은 태평천국 지역에 있는 강남 청나라군의 고립된 성이었는데, 수비 장군 풍자재가 증원을 요구하자 조정은 증국번에게 증원병을 파견하라고 했다.

증국번은 좌우를 돌아보더니 이홍장이 재능 있고 세심하니 한 몫 할 수 있는 기둥이라 여기고 그에게 별동대를 소집, 창건할 것을 특별 허락하고 진강을 구원하라고 보냈다.

이홍장은 빈손이었으나 동향 장수성을 통해 합비 주변의 전투력이 뛰어난 몇 개 관단을 모집했다. 증국번은 새로 창설한 군대에 관심을 보이며 이홍장에게 부대를 데려오게 했는데, 이홍장이 데리고 온 영관은 반정신潘鼎新, 장수성張樹聲, 주성전周盛傳, 오장경吳長慶, 유명전劉銘傳이었다.

그들이 객청에서 기다리고 있는데 증국번이 나타나지 않아 영관들은 묵묵히 서서 기다리고 있었다. 그런데 유명전은 증국

| 세계사 연표 |
1860년
이탈리아 가리파의 홍삼군이 시실리를 점령했다.

《증문정공서찰曾文正公書札》
《이문충공유집李文忠公遺集》 출전

번 중당이 이 어른들을 오랫동안 기다리게 한다고 욕을 했다.

이홍장이 급히 제지하는데 이때 오랫동안 병풍 뒤에 숨어 있던 증국번이 천천히 나오면서 그들에게 하나하나 인사하며 위안했다. 영관들이 물러난 후 이홍장은 선생에게 인상이 어떤가를 물었다. 증국번은 "모두 장군감인데, 낯이 곰보인(유명전) 사람은 얻기 어려운 통수감이다."라고 말했다.

증국번은 빈틈없는 사람이었다. 이홍장의 병력을 강화하기 위해 상군의 정학계程學啓와 곽송림郭松林에게 두 부대의 6000여 명의 군사를 주어, 새롭게 회군을 창설했다.

회군은 출발할 날만을 가다리고 있었다. 마침 풍계분馮桂芬을 위수로 한 상해의 신사대표단이 증국번에게 구원병을 요청했다. 이때 태평천국이 대규모로 상해를 공격했는데, 상해는 영·프 점령군과 청나군이 연합해 수비했으나 태평군을 막기 어려웠다.

증국번은 그들의 청을 수락했고, 이홍장의 회군은 상해를 지원하기 위해 영국 기선을 빌려 타고 태평천국이 장악한 동서양산, 천경을 지나 상해에 도착했다.

1840~1911 청나라·2

●●● 중국 조계지표 ●●●

조계지국	시간	지구	내용	참고
영국	1843년 12월	상해	1848년 2800여 무로 확장	1854년 상해의 프랑스, 미국인이 임대한 땅의 행정을 통일하고 조계지로 발전
미국	1848년	상해	1893년 7856무로 확장	1863년 상해의 영국 조계지와 합병해 상해 공공 조계가 되다
프랑스	1849년 4월	상해	3차 확장을 거쳐 1914년에 15150무로 증가	동상
영국	1844년	하문	1862년 24607무로 개척	1945년 정식으로 회수
영국	1860년 12월	천진	개척 시대 460무 1903년 6149무로 확장	1930년 정식으로 회수
영국	1861년 2월	진강	개척 시대 156무	1945년 정식으로 회수
영국	1861년 3월	한구	개척 시대 4580여 무	1929년 정식으로 회수
영국	1861년 3월	구강	개척 시대 150무	1927년 정식으로 회수
프랑스	1861년 6월	천진	개척 시대 439무	동상
영국	1859년 7월	광주	개척 시대 264무 1900년 2360무로 확장	1945년 정식으로 회수
프랑스	1861년 9월	광주	개척 시대 66무	동상
미국	1862년	천진	개척 시대 131무	동상
독일	1895년 10월	한구	개척 시대 600무	1902년 영국 조계로 합병
독일	1895년 10월	천진	개척 시대 630무 1898년 1034무로 확장	1917년 회수
러시아	1896년 6월	한구	개척 시대 414무 1901년 4200무로 확장	1917년 회수
프랑스	1896년 6월	한구	개척 시대 187무 1902년 400무로 확장	1945년 회수
일본	1896년 9월	항주	초기에는 일본 상인들의 거류지, 개척 시대 900무	동상
일본	1897년 3월	소주	개척 시대 483여 무	동상
일본	1898년 7월	한구	개척 시대 면적 200무 1907년 622무로 확장	동상
일본	1898년 8월	천진	개척 시대 면적 1667무 그 후 2150무로 확장	동상
러시아	1900년 12월	천진	개척 시대 면적 5474무	1927년 회수
일본	1901년 9월	중경	개척 시대 면적 701여 무	1937년 8월 일본영사관과 교민이 철거한 후 사실상 회수
벨기에	1902년 2월	천진	개척 시대 면적 7400여 무	1931년 회수
이탈리아	1902년 6월	천진	개척 시대 면적 7710여 무	1945년 회수
오스트리아	1902년 12월	천진	개척 시대 면적 1030여 무	1917년 회수

회군淮軍

| 중국사 연표 |
1859년
중국번, 호림익이 네 갈래로 진병할 책략을 결정했다.

028

익왕의 말로

석달개는 내지의 각 성을 돌아다니며 계속 청나라군과 작전했다. 그는 근거지를 세우지 않아 유동 작전으로 싸울수록 곤경에 처했다. 1863년 5월 대도하의 남쪽 기슭 자타지柴打地에 죽었다.

군이 사경에 처하다

자타지(현 사천성 안순장 부근)는 이족彝族 백성이 거주하고 토사土司 왕응원王應元의 관할을 받는다. 이곳은 앞에는 대도하大渡河가, 뒤에는 마안산馬鞍山, 왼쪽은 송림하松林河, 오른쪽은 소수小水가 있어 《손자병법》에서 말하는 진퇴양난으로 속전속결로 싸우지 못하면 패할 수 있는 사지다.

1863년 5월 14일 석달개는 4만여 명을 영솔해 자타지에 도착해 대도하를 건너 사천 복지腹地로 진입하려 했다.

석달개는 토사 왕응원에게 은량을 보내 길을 내어줄 것을 요구했다. 토사는 당지의 지방 우두머리이고, 자신의 무장을 가지고 있었다. 석달개는 왕응원이 자신의 예물을 받았으니 앞뒤로 적과 싸울 위험이 없을 것이라고 여겼다. 그는 왕응원이 이미 청나라군에 수매된 줄은 꿈에도 생각하지 못했으며 송림하의 철다리를 없애 버린 것을 몰랐다. 왕응원은 또 강 옆의 험한 곳을 점령하고 석달개의 도하를 저지했다.

석달개가 자타지에 도착한 그날 1만여 명의 장병이 이미 대도하를 건넜다. 때는 이미 황혼이 깃들었는데 그는 이미 강을 건넌 장병들을 되돌아오라고 명령했으나 이튿날 대도하大渡河와 송림소하松林小河는 파도

태평군을 적극적으로 저항한 낙병장
낙병장(1793~1867)은 광동 화현 사람이다. 호남순무로 장사를 80여 일이나 수비하고 상군 조직하는 일을 전력 지지했다.

석달개가 양복광楊福廣에게 수여한 임직서
묵필로 써 넣고 위에 '태평천국 성신전통군주장 익왕 석달개太平天國 聖神電通軍主將 翼王 石達開' 라는 인함이 찍혔는데, 서명한 때는 '태평천국 임술 12년' 이다.

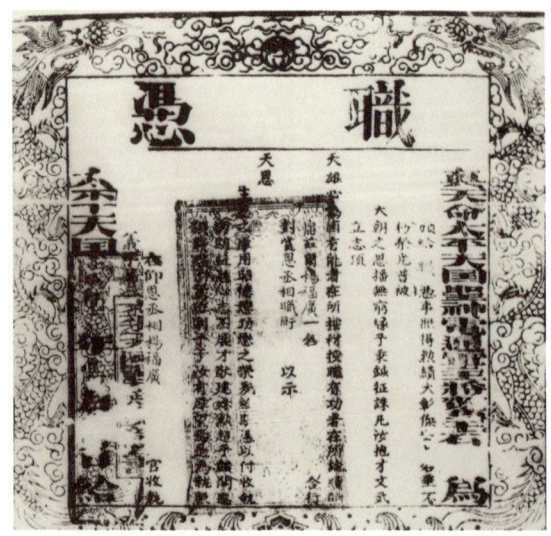

| 세계사 연표 |

1860년 링컨이 미국 대통령으로 당선되었다.

설복성薛福成 《용암필기庸庵筆記》
《낙문충공주고駱文忠公奏稿》

출전

가 높아졌다.

그는 하루, 이틀 지나면 파도가 가라앉으리라 여기고 그때 다시 건너도 늦지 않다고 생각했다. 그러나 공교롭게도 3일 후 청나라군은 대도하 북안北岸에 도착해 방어를 배치했고 왕응원의 토사부대도 송림하 서안에 도착했다.

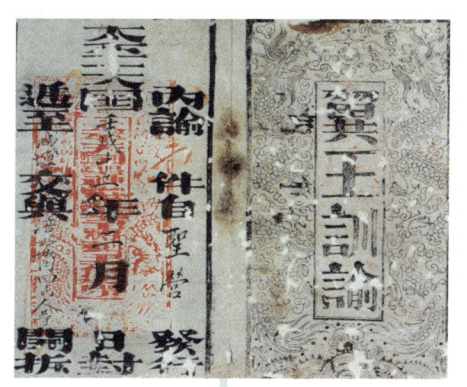

석달개의 훈유
동치 원년(1862), 익왕 석달개는 장병들을 영솔해 사천성의 배주涪州에 도착한 후 당지 거주민들에게 훈유를 내렸다. 사진은 훈유의 봉투이고 인문은 '태평천국 성신전 통군주장 익왕 석달개'다.

무리하게 대도하를 건너다

5월 21일부터 전투는 시작되고 석달개는 여러 번 공격했다. 그는 4, 5000명의 정병을 이끌고 몇 십 척의 나룻배와 참대 뗏목으로 강을 건넜다.

첫 부대는 방패로 몸을 보호하고, 배와 뗏목을 타고 세차게 흐르는 강물 속에서 강안을 향해 공격했고, 북안의 청나라 병사들은 포격을 시작했다. 많은 전사들이 총에 맞아 물속에 떨어졌다. 하류로 떠내려간 몇 척의 배들도 청나라군에 의해 격침되었다. 대도하를 무리하게 건너려던 용사들은 하나도 살지 못했다.

대도하를 건너지 못하자 송림하로 옮겼다. 강물 위의 길이 48장, 높이 5장 되는 현수교는 이미 뜯어 버려 건너갈 수 없었다. 밤중에 헤엄 잘 치는 용사들을 파견해 대안의 지휘소를 습격했으나 모두 실패했다.

막다른 지경에 직면하다

이때 토사령土司嶺 승은承恩이 이족 병사들을 영솔해 마안산 병영을 기습해 양식 창고를 강탈했다. 식량이 떨어지자 말을 잡아먹고, 말을 다 잡아 먹고나니 뽕나무 잎과 산나물로 요기했다.

석달개는 토사 왕응원에게 편지를 써서 활로 쏘아 보냈다. 편지에는 자신의 군대는 "대하大夏를 회복하기 위해 이곳을 지날 뿐 영토는 한 치도 점하지 않을 것이다."는 내용을 설명하고 토사가 철병해 길을 내어 줄 것을 희망했다. 그리고 좋은 말 2필, 백금 1000냥을 사례금으로 주겠다고 했으나 왕응원은 응답하지 않았다.

막다른 골목에서도 석달개는 낙심하지 않고 "대군이 식량이 떨어진들 걸식할 소냐? 아강(대도하의 옛 이름)에서 죽을지언정 투항하지 않으리."라는 시를 써서 의지를 나타냈고, 그의 부인 마씨는 이 편지를 보고 자살했다.

용감히 희생되다

청나라군은 투항하라고 권고하고 낭떠러지에 "항복하면 죽이지 않는다."는 큰 깃발을 걸었다.

6월 11일 석달개는 전군이 머리를 깎고 배와 뗏목을 모두 부수고 총포 칼과 창을 강에 던지라고 명령한후 빈손으로 재편성을 기다렸다. 6월 13일 석달개는 몇 명의 친신과 다섯 살 되는 아들 석정충石定忠을 데리고 청나라 군영으로 들어갔다. 6월 16일 석달개의 태평군은 청나라군이 길 양쪽에서 삼엄하게 지키는 가운데서 다리를 건넜다.

청나라군은 성도로 압송된 석달개를 능지처참했는데 석달개는 두려워하지 않고 신음소리 한마디 내지 않았다. 당시 그의 나이는 33세였다.

영국, 미국, 독일, 프랑스, 러시아, 일본, 이탈리아, 오스트리아

| 중국사 연표 |

1860년
6월, 태평군이 동정해 상주와 소주를 점령했다.

029

투항을 유도하다

동치 2년(1863) 가을, 이홍장의 회군은 부대를 세 갈래로 나뉘어 소주를 포위했다.

소주를 수비하던 태평군의 통수는 모왕慕王 담소광譚紹光이었다. 소주의 보위전이 시작된 후 그는 죽음을 두려워하지 않고 방어해 회군과 상승군常勝軍은 여러 차례 성을 공격했으나 실패했다. 그러자 태평군 내부에서 구멍을 찾으려고 했다.

이홍장은 정국괴鄭國魁를 찾아냈다. 정국괴는 원래 소호의 개인 소금 장수였고 글을 아는 감생으로 태평군에 참가했다가 후에는 회군에 귀순했다. 그가 태평군에 있는 기간에 이수성부의 부하 몇을 사귀어 이홍장의 명령으로 소주성에 잠입해 납왕 곡영관鄒永寬, 영왕 주문가周文佳, 강왕 왕안균汪安鈞, 비왕 오귀문伍貴文 등을 권유해 투항시켰다.

이수성이 회의를 주도하다
동치 원년(1862), 이수성은 천경이 위급하자 소주의 왕부에서 두 차례나 고급 군사 회의를 열었다. 장막 안에는 조복을 입은 이수성이 말하고 있고, 양옆에는 제왕들이 앉아 있다. 그는 전면적 국면을 집중 의논하고 경성의 포위를 해제할 방략을 토의했다. 그리고 《회의집약會議輯略》이란 책을 엮었는데, 이 책에는 "만약 분발해 포위 돌파에 승리하면 반드시 만중의 마음을 하나로 만들어야 한다."라고 적혀 있다. 그림은 당시 영국 화가의 스케치다.

투항한 장병을 살해하다

이홍장의 회군은 재물을 약탈하고 이익을 늘리기 위해 소주에서 투항한 태평군 장병들을 살해했다.

반역한 장군들이 소주성을 헌납하다

곡영관 등은 매수된 후 여러 번 반란을 꾀했다. 당시 곡영관 등은 6만 장병을 거느리고 소주의 여덟 성문을 수비하고 있었는데, 통수인 담소광의 직속 부대는 겨우 2만 명 뿐이었다. 그들은 이를 조건으로 회군에게 요구했다.

곡영관과 왕안균은 남모르게 소주성을 나와 작은 배 위에서 어떻게 성을 공격할지를 회군과 의논하고, 회군이 성을 공격할 때 그들의 군대는 엄격히 중립을 지키고 모왕을 유인해 성벽에 오르게 한 다음 생포해 청나라 병영으로 압송하기로 했다. 그런데 이홍장이

청나라 사람이 그린 이홍장이 소주를 수복하는 그림

●●● 역사문화백과 ●●●

[홍수전이 국호를 고치다]

봉건 제왕들은 기원 년은 고쳐도 국명은 고치지 않으나 홍수전은 연호를 사용하지 않고, 국명을 고치는데 큰 문장을 지었다. 천경의 내부 다툼 후 그는 여전히 신학과 종교의 힘을 빌려 최고 수령 자리를 강화하려 했다. 함풍 11년(1861) '태평천국'을 '상제천국上帝天國'으로 고치기로 결정했는데, 이는 소위 하늘에서부터 인간 세상에 이르기까지 모두 하느님의 세계로 이 나라는 홍수전이 아버지인 상제를 대신해 관리하는 천국이라는 것이다. 얼마 후 그마저 합당하지 않아 또 '천부천형천왕태평천국'이라 고치기도 했다.

| 세계사 연표 |
1860년 영국의 증기기관 기선이 대서양을 건너 미국에 이르렀다.

출전 《이수성자술李秀成自述》 《이홍장전집李鴻章全集》

죽은 사람만 요구하고 산사람은 필요 없다고 하자 곡영관은 성내에서 담소광 암살 계획을 다시 짰다.

모왕 담소광은 투항하려는 움직임이 있다는 소문을 듣기는 했지만 주모자들이 이들인 것은 모르고 제왕 회의를 소집해 어떻게 투항에 반대할지 대책을 의논하기로 했다. 회의에서 격렬한 논쟁이 벌어지자 강왕 왕안균이 불쑥 일어나 조복을 벗어 버렸다.

모왕 담소광이 의아한 눈길로 "무엇 하려는 건가?"라고 묻자 강왕은 말 한마디 없이 비수를 뽑아 모왕의 목을 찔렀다.

방비가 없던 모왕은 불의의 습격으로 그 자리에 쓰러졌다. 그러자 다른 왕들이 일시에 손을 써 모왕의 목을 베어 버렸다. 그날 밤 납왕 곡영관이 모왕의 머리를 이홍장에게 바치고 소주 성문을 열어 투항하자 청나라군과 외국 군대는 소주성으로 들어왔다. 소주가 함락되자 모왕부의 장병들은 반항하며 처자와 자식을 가운데 세우고 서쪽 문으로 포위를 뚫었지만 막대한 손실을 입고 몇 천 명만 간신히 살아남았다.

곡영관 등은 투항 후 자신의 공로가 크다고 거들먹거리며 머리도 깎지 않고 병권도 바치지 않았다. 그들은 이홍장에게 자기들을 총병 부장으로 임명하고 소주성의 절반을 관리할 것과 부중을 안치하고 자기들이 여러 해 동안 끌어 모은 재부를 바치지 않을 뿐만 아니라 도리어 그들에게 군향을 내어 줄 것을 요구했다. 그러나 이홍장과 회군이 투항을 용납한 것은 그들에게 온순히 금은재물을 바치라는 뜻이었다.

1840~1911 청나라·2

소주반문蘇州盤門

추용鄒容 97

| 중국사 연표 |

1860년

8월 태평군이 상해를 처음 공격했다.

상군의 안경 함락 (청나라 오우여 그림)
구강을 함락한 후 상군 증국전의 주력은 안경을 공격했다. 태평군은 안경을 9년이나 고수하면서 성을 포위한 적군을 수차례 격파했다. 그러나 이번에는 상군의 수군들이 강의 수면을 공제해 지원하러 온 진옥성 부대를 강안에 격리시켜 지원할 수 없게 되어 안경은 끝내 함락되고 말았다. 그림은 〈월비평정전투도〉의 제13폭인 〈안경성성전투도〉로, 천군만마가 격전하는 장면이 담겨 있다.

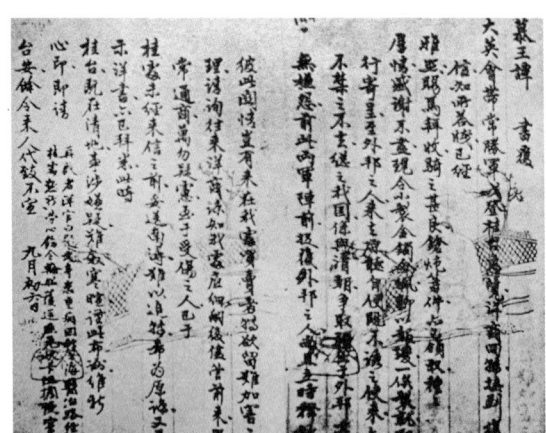

태평천국의 소주 수비장군 담소광이 과등에게 보낸 회답 편지
담소광은 소주를 견결히 보위하면서 수차례 회군과 상승군의 연합 공격을 격퇴했다. 과등戈登은 담소광에게 정치 공세를 취했지만 거절당했다.

투항자를 살해한 목적

이홍장은 소주의 누문 밖 군영에서 연회를 베풀고 곡영관, 주문가, 왕안균, 오귀문 등 여덟 명을 회견했다. 그런데 연회를 시작하려 할 때 갑자기 한 군관이 공문을 이홍장에게 주자 그가 일어나 밖으로 나갔다.

술을 권한 후 무사 8명이 각각 관리가 쓰는 붉은색 깃털 모자를 들고 여덟 사람에게 쓰라고 했다. 그들은 승급하는 줄 알고 득의양양하게 그 모자를 받으려 했다. 그때 무사와 시중들이 손을 번쩍 들었고 여덟 사람의 머리가 땅에 떨어졌다.

회군의 장병들은 모든 왕부를 깨끗이 털어 재물을 약탈했는데 이홍장이 제일 많이 가졌다.

전하는 바에 따르면, 납왕부에서만도 10여만 냥의 가치가 있는 큰 보석을 몇 십 개 들춰냈다고 한다.

태평천국의 동 대포
태평천국의 점령 구역인 상훼사묘常毀寺廟에 있는 동銅 대포大砲다. 그림은 소복성에서 제조한 동 대포로, 길이 175cm, 지름 11.5cm며 표면에는 '태평천국무술 12년 소복성 제조'라고 쓰여 있다.

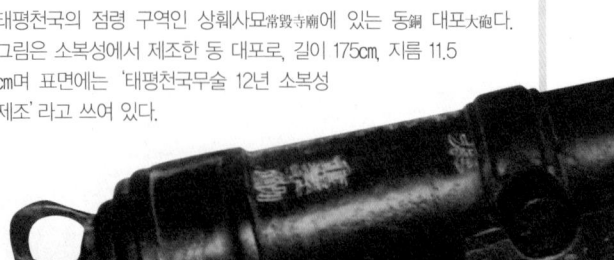

| 세계사 연표 |

1860년

영국이 라이프총을 사용하고 2년 후 기관총을 발명했다.

030

《태평천국인서太平天國印書》
《홍천귀복자술洪天貴福自述》
《적정회찬賊情匯纂》

출전

부인이 많은 천왕

홍수전은 부인이 아주 많았다. 그는 광서에서부터 남경(천경)으로 오면서 계속 처를 늘렸다.

내사를 외부에 전하지 못한다고 엄격히 규정하다

천왕 홍수전은 많은 부인을 거느렸는데, 문헌의 기록이 부족해 그 수는 알 수 없다. 홍수전의 천왕부에서의 여러 사건, 특히 천왕부와 그의 여인들 사이의 낭만적인 이야기는 그와 그의 부하들이 엄밀히 은폐했다.

홍수전이 용선을 타고 그의 여러 처들과 함께 득의양양하게 안휘성의 경내에 도착했을 때, 전방에서 첩보가 빈번히 들어왔다. 그때 그가 생각한 것은 어떻게 천왕부를 건축하는가 하는 것이었다. 천왕부를 정돈하려면 내외를 분별해 다른 사람들이 그의 수많은 처를 접촉하지도 못하고 그들의 이름을 부르지도 못하게 해야 한다는 것이었다. 천왕부 궁녀들도 후궁의 말을 전해서는 안 되며, 이를 어기는 자는 죽였다. 이것이 바로 천왕이 발표한 "엄격히 남녀를 분별하고 후궁은 정숙한다"는 어명이다.

천왕 홍수전의 초상
20세기 4, 50년대 천지회의 이상적인 '천덕왕' 초상이 바로 홍수전의 초상이라고 한다. 이 그림은 영국인의 스케치인데, 손에 든 깃발의 문자가 동치 원년(1862) 후 바꾼 신 국호인 것으로 보아 홍수전의 만년 초상이다.

태평천국 귀부인들의 옷차림
태평천국의 귀부인들은 모두 남편의 품급을 따랐다. 이런 여자들은 겨울에는 바람 모자를 쓰고, 여름에는 꽃을 수놓은 초모 모양의 명주 수건 모자를 감고 머리카락을 밖으로 드리웠다. 그림은 당시 영국인이 그린 그림이다.

1840~1911 청나라·2

태염太炎

| 중국사 연표 |

1860년

10월 영·프 연합군이 북경에 진입했다. 중국이 미국, 프랑스, 러시아와 각각 '북경조약'을 체결했다.

남경 천왕부 유적의 일각

고 금전촌에 모였다.

그러나 몇 달 안 되어 바로 금전 봉기 후 태평군이 금전을 떠나 대황강에 이르러 석두각촌의 지주 진존운陳存雲의 집에 머물렀을 때 이미 처를 10여 명이나 두었다 한다. 그러나 그가 무선 동향에서 천왕으로 추대될 때에는 32명의 처가 있었다.

함풍 2년(1853년 1월) 말, 태평군이 호북성 성읍을 점령했다. 이는 광서를 떠난 후 처음 점령한 대도시로, 그 화려함에 천왕마저 눈이 휘둥그레졌다. 그믐날 아침 그가 경마장에서 강의를 했는데 사실 여자를 선발하기 위해서였으며, 그것도 18세 미만의 꽃다운 소녀들이었다.

그때 40명의 여자를 선발했다 하기도 하고 60명을 선발했다고도 전한다.

천왕에게 미녀를 바치다

천경을 수도로 정한 후 홍수전은 천왕부에 들어갔다. 천왕부는 홍씨 부자 이외의 남자들이 시중드는 것을 허락하지 않았다. 이는 보기 드문 일이다.

이후 11년간 홍수전은 여전히 처를 삼는 데 열중했다. 여인을 선발하는 하나의 큰 내원은 여자 병영이었다. 태평천국 전기의 여자 병영은 모두 군사화 편제여서 선발하기 아주 편리했다. 그것은 태평천국이 엄격한 금욕제도를 실시해 홍수전과 제왕들은 여인을 충분히 공급받을 수 있었다. 예를 들면 일 년에 한 번씩 각처 여자 병영의 각급 여자 관원들이 미녀를 선발해 보내 주었는데, 그중에서 홍수전과 동왕이 각각 여섯 명씩 점유했다.

저기부儲枝芙《완초기실晥樵紀實》의 기록에 따르면,

처첩이 수두룩한 천왕

출신이 초라한 홍수전은 처가 하나였다. 그녀의 성은 종鍾이고, 민며느리라 한다. 슬하에 딸을 낳아 길렀는데 그가 바로 후에 장천금長天金(천왕대공주)이라 불리던 홍천교洪天嬌다. 그리고 '뇌황후賴皇后'란 바로 뇌한영賴漢英의 누이인 뇌연영賴蓮英으로 홍수전이 금전단영에 있을 때 고향 화현에서 맞이한 후처다. 당시 뇌연영은 홍천교와 자기가 낳은 두 아들을 길렀다. 후에 그녀는 두 살 난 홍천귀洪天貴(유천왕幼天王 홍천귀복)와 태어난 지 얼마 되지 않은 홍천증洪天曾을 데리

| 세계사 연표 |
인도의 타고르가 탄생했다

함풍 4년(1854) 홍수전은 조서를 내려 보내 안경 지역에서 여자를 선발하라고 했다. 지방의 수비 장군 엽예래葉藝來는 잠산潛山에 와서 민간의 처녀를 찾았다. 그때 동성회궁桐城會宮 장성녀랑張姓女郎이 선발되어, 입궁했고, 홍수전은 큰 관원을 파견해 영접했으며 성대한 의식을 거행했다. 태평천국 후기 새로 성진을 점령한 태평관들은 여전히 천왕 각하를 위해 여인을 찾는 일을 일삼았다.

전하는 바에 따르면, 태평군이 소주를 점령한 후 미녀를 선발해 천경으로 보내 천왕의 여인으로 바쳤다 한다. 이를 '공녀貢女'라 했다.

천왕의 처에게 번호를 달다

천왕의 다처제는《구약성경》에 따른 것이라고 말한다. 많은 여자를 점유하는 것을 그는 권위의 상징으로 여겼다.

천왕의 아들 유천왕의 말에 따르면, 만년에 홍수전은 88명의 처가 있었다고 한다. 홍수전은 자신을 '천왕홍일天王洪日', 즉 홍태양이라 자칭했다. 그는 또 그와 함께 사는 처 뇌연영賴蓮英을 '우정월궁又正月宮'으로 봉하고 제2호 처라는 번호를 달았다. 궁중에는 또 '쌍10궁'이란 여인이 20명 있었는데, 이 여인들은 홍수전의 스무 번째 안에 드는 처들이었다.

홍수전은 그의 여인들을 첩이 아닌 처라 불렀다. 아들들도 그들을 하나같이 '모후'라 불렀다. 단지 구별하고 부르기 쉽게 하기 위해 번호 다는 방법을 썼는데, 그들이 궁으로 들어온 순서에 따라 숫자를 달아 불렀다. 그러므로 유천왕은 자기는 둘째어머니 뇌씨가 낳고, 두 형제가 있다고 말했다. 어떤 아들은 제12모친인 진씨가 낳았고 다른 하나는 제19모친이 낳았다고 말했다. 그러다 보니 처들이 서로 시샘하고 남편을 쟁탈하는 일이 벌어지는 것은 당연했다.

홍천귀복의 친서
유천왕 홍천귀복洪天貴福은 홍수전의 장자로 본명은 '천귀'다. 후에 '복'자를 붙여 당시 보기 드문 세 글자로 된 이름이었다. 유천왕으로 봉하기 전에 진왕에 봉해졌다. 포로가 된 후 남창에서 여러 번 진술했는데, 이것은 그중 홍수전이 읽었다는 고서 중 하나다.

●●● 역사문화백과 ●●●

[모든 여자를 '자매'라고 부르다]

태평천국은 남녀 '평등'을 제창해 '천하의 여자들은 모두 자매'라 했다. 홍수전의 말에 따르면, 그가 꿈에 하느님을 만났는데 옆에는 관세음이 서 있어 어떻게 호칭하겠는가 물으니 예수가 "내가 관세음을 여동생이라 부르는데, 너도 나의 동생이니 역시 여동생이라 부르라."고 말했다 한다. 이로써 하늘과 인간세상이 일체임을 설명했다. 이로써 태평천국에서는 상하를 막론하고 부녀 이름엔 '여동생 매妹'를 붙였는데, 이를테면 홍수전의 모친을 이사매李四妹, 홍인달의 처를 소이매蕭二妹라고 불렀다. 천경을 수도로 정한 후 방대한 여자 병영을 건립하고 무릇 병영에 들어간 부녀들은 모두 '매'라고 이름을 고쳤다. 이는 남편의 성씨를 따르던 전통보다는 진보한 것이다. 이것이 아마 태평천국의 유일한 '남녀평등'일 것이다.

| 중국사 연표 |

1861년 1월, 청나라 정부는 총리각국사무 아문을 설립했다. 각국은 북경에 대사관을 설치했다.

031

왕부의 석양

태평천국의 나리들은 왕에 책봉되기만 하면 왕부의 건축에 열중했다. 말기에 이르러서도 여전히 왕으로 책봉되기만 하면 만사를 제쳐놓고 왕부를 짓는 데 급급했다. 마치 봉건 황제가 등극하기만 하면 자신의 능묘 자리를 정하기에 급급해 하는 것과 같았다.

천경성의 1000명 넘는 왕

태평천국의 왕부王府 대다수는 후기에 건축된 것인데, 특히 함풍 11년(1961) 9월 안경이 함락된 후 제왕을 광범위하게 임명하기 시작했다.

전기의 왕부는 처음 봉기 시 수령 7왕의 왕부였으며 모두 천경에 집중되었다. 후기의 왕부는 수없이 많았으며 주요하게는 천경과 강소성 남쪽, 절강에 분포되고 그 수를 헤아리기 어려웠다.

홍천귀복의 말에 따르면, 동치 3년(1864) 천경이 함락되기 전 천경성만 해도 1000여 명의 왕이 있었다 한다. 당시 홍수전은 친정 친척을 모두 왕으로 임명하고, 심지어 이도 나지 않은 홍인발의 어린 아들 홍동 원洪㺽元을 동왕천세同王千歲로 임명했다.

태평천국 말기의 천경왕부는 권력이 있는 왕을 열 몇 제외하고는 기타 왕들은 모두 천경과 천경 주위의 몇 백리 주위에 집중되어 하나의 향촌을 수비하는 자도 왕이었다.

그리고 왕이면 왕부를 훌륭하게 지었는데 천왕부와 후기의 충왕忠王 왕부가 가장 호화롭고 사치스러웠다. 후기 제왕들의 왕부는 소주에 집중되었다.

신선 집과 같은 충왕부

소주는 충왕 이수성李秀成만을 위한 지역이었다. 이수성과 그의 주요 측근들은 사치스럽고 화려한 왕부를 건축했다. 이수성은 천경의 명와랑明瓦廊에 왕부가

소주의 충왕부

| 세계사 연표 |

1861년 이탈리아가 통일 왕국이 되었다.

출전 《능정거사일기》能靜居士日記 《태평천국잡기》太平天國雜記

영국인이 그린 당시의 천왕부

있었는데, 그가 진충군사로 승급해 전군을 통솔했을 때 빠른 속도로 새로운 부를 건축하라고 명했고, 오래지 않아 원래의 왕부와 하나로 연결하기로 결정했다. 또 소주에 따로 충왕부忠王府를 건축했는데, 이는 4년이나 되는 기간에 군민 1만여 명을 동원해 소주성이 함락되기 전까지 건축했으나 준공하지 못했다.

그러나 그의 웅장하고 정제한 건축은 학식이 넓은 이홍장도 "충왕부의 경루옥우瓊樓玉宇, 곡함동방曲檻洞房은 마치 선경과도 같다."라고 경탄했다.

태평천국 시 양식을 바친 영수증
사진은 태평천국에서 농호에 발급한 양식납부 영수증으로 태평천국 신축 11년 때 것이다.

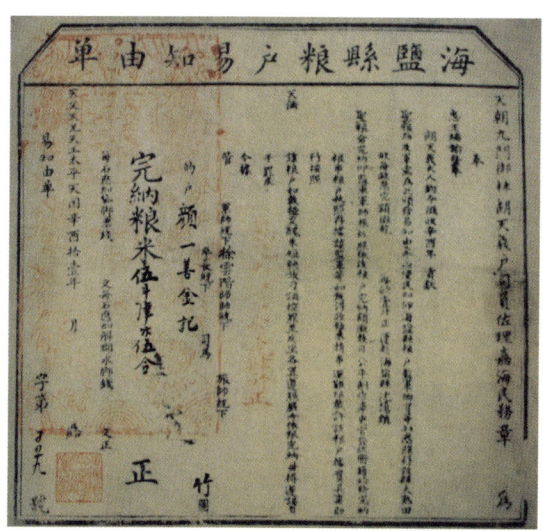

태평천국 말기의 관리 등급표(1857~1864)

명목	설립한 연월	참고
군사왕	1859년 다시 설립	1862년 광범위하게 왕들을 임명하기 시작해 1864년 또 열왕, 소왕으로 구분해 임명했다. 이리하여 군사왕에서부터 소왕에 이르기까지 임명한 천세는 5등 10급으로 나눈다.
특작왕	1859년 새로 설립	
열작왕	1861년 새로 설립	
천장	1859년 새로 설립	
장솔	1857년 새로 설립	정, 우정, 부, 우부정 4급 장솔이 있고 정장솔이 가장 높다.
조장	1859년 새로 설립	
신장(국장)	1859년 새로 설립	
신사	1861년 새로 설립	
6부주관	1857년 새로 설립	1857년 천왕부 6관 승상이 변해 태평천국의 상무관원으로 발탁되고 말기에 모두 왕으로 임명했다.
주장	1858년 다시 설립	1860년 주장이 의작을 겸했다.
대좌장	1859년 새로 설립	각군의 통병관(주장)의 부수이며 좌장이 아니다.
천의(천익)	1858년 새로 설립	
천안	1859년 새로 설립	
천복	1859년 새로 설립	
천연	전기궁계표 참조	1857년 정부장솔이 천연을 수여했다.
천예		
천후		
승상		
검점		
지휘		
장군		
총제		
감군		
군수		
사수		
여수		
졸장		
양사마		승상으로부터 양사마는 여전히 1860년에 다시 발표한 〈천조전무제도〉에 따른다.

성손창盛巽昌 저 《태평천국직관지太平天國職官志》에서 발췌, 광서인민출판사 1999년 9월 출판, 작가가 일부 보충

| 중국사 연표 |

1861년

6월, 중국과 러시아가 '감분동계약기勘分東界約記'를 체결했다.

소주 충왕부의 연극 무대

왕으로 책봉되기만 하면 왕부를 짓다

이수성 같은 권세 있는 군사 수령들은 일반적으로 많은 왕부가 있었고, 심지어 새로운 곳에 가기만 하면 왕부를 건축했다.

시왕 이세현은 천경성 남쪽에 이미 시왕부가 있었으나 후에 절강성의 서부, 즉 금화에 시왕부를 또 건축했는데, 그 대청만 해도 1000명이 모여 회의할 수 있었다. 후에 절강 서부가 함락되어 강소성 속양에 주둔할 때 몇 만 명의 군민을 동원해 또 왕부를 건축했고, 건축 재료가 부족하면 원래의 아문과 성내외의 사묘를 허물어 토목건축을 했다 한다.

가흥의 수비 장령 진병문陳炳文은 왕으로 책봉되자 이튿날부터 왕부를 짓기 시작했는데, 이것을 구실로 더 많은 세금을 거둬들였다. 가흥의 왕부가 건축된 지 얼마 되지 않아 진병문이 항주 수비 주수로 승급되자 또 항주에 호화로운 왕부를 짓기 시작했다.

겉치레를 따지다

당시 태평천국은 이미 상군의 거듭되는 포위 속에 있었고 곳곳이 위급했다. 중국번의 주력은 천경을 오랫동안 포위하고, 상군의 수병들은 장강 수면을 전부 공제하고, 이홍장의 회군은 상해의 기지를 공고히 한 후 부대를 이끌어 강소 남부로 서진해 절강 전부가 이미 위태로웠다.

그러나 태평천국의 여러 군사 통수들은 여전히 궁실을 넓히고 부택府宅을 건축하며 자기를 내세우고 겉치레하기 바빴다.

영국 선장 중수는 소주 함락 전에 소주를 수비하는 제왕들이 건축한 왕부 건축을 직접 가보고 "소주의 안전을 근심하지 않고 도리어 왕부를 건축하기 바빴다니, 이해할 수 없다."라고 개탄했다 한다.

| 세계사 연표 |
1861년
3월, 러시아가 농노제를 폐지했다.

032

《이수성자술李秀成自述》
《홍천귀복자술洪天貴福自述》 출전

천경의 함락

안경이 함락된 후 상군의 주력은 동쪽으로 내려와 천경을 포위했다. 2년 후 이수성은 "성을 내주고 다른 길로 가자."고 하여 홍수전의 질책을 받았다.

천왕의 죽음

안경을 함락한 후 상군은 천경을 핍박했다. 1862년 5월 증국전曾國荃은 우화대雨花臺에 병영을 치고, 팽옥린彭玉麟의 수군은 호성護城 아래 머물렀다. 그러자 홍수전은 급히 상해의 이수성을 경성으로 돌아오게 했다. 이수성은 13왕과 20만 병력을 영솔해 증국전이 차지하고 있는 우화대 병영을 공격하고 46일 동안 격전했다.

태평군의 무기는 서양의 포와 창이 있었고, 상군은 겨우 5만 명뿐이었는데, 반 이상이 전염병에 걸려 전투력을 상실했다. 그러나 태평군 제왕들은 이미 사치스러운 생활에 빠져 성의 포위가 해제되기도 전에 후퇴했다.

1863년 이후 소주, 무석無錫 등지가 연이어 청나라군에 점령되자 천경은 청나라군에 철저히 포위되었다. 성내는 식량이 부족하고 성외는 구원병이 없어 이수성은 "성을 내놓고 다른 길로 가자."라는 의견을 제시했다. 즉, 천경을 포기하고 강서·호북을 거쳐 중원으로 빠져나가 다른 근거지를 개척하고 부흥을 다시 도모하자는 것이었다.

그러나 홍수전은 반대했다. 당시 청나라군이 아직 완전 포위하지 못했으니 군을 다시 정비해 포위를 돌파한다면 성공할 가능성도 있었다. 이수성의 주장이 태평천국을 구하는 한 갈래 희망일 수도 있었으나 천경 수비를 고집하는 천왕에게 막히고 말았다.

이수성이 기아에 허덕이는 백성이 스스로 살길을 찾게 하자고 건의하자 천왕도 수락할 수밖에 없었다. 반년도 되지 않아 10여 만 명의 백성이 성 밖으로 나가 생로를 찾았다. 1864년 2월 청나라군은 천경성 동부 요새를 점령하고 천경을 포위했다.

홍수전은 대신과 백성들에게 청초인 '첨로甜露'를

상군이 천경 외성을 공략하는 그림 (청나라 오우여 그림)
당시 성내 군민은 3만여 명도 안 되었는데 문무 관원과 가족 1만 명을 빼면 성을 수비할 수 있는 군사는 고작 3, 4000명 정도였다. 그러나 이 적은 인력으로도 적들에게 큰 살상을 가져다주어 처음 성에 오른 400명은 전멸, 3000명의 선봉대는 절반이나 죽었다.

천경 함락 후 홍수전의 시체를 파헤치다 (청나라 오우여 그림)
홍수전이 병들어 죽은 후 관에 넣지 않고 기독교 교의에 따라 황색 비단에 감아 파묻었는데, 궁녀 황씨가 알려주어 상군이 찾아냈다. 시체는 완전히 썩지 않았다. 안장 지점은 여러 가지 설이 있으나 홍천귀복의 친필 자술에 따르면, 신천문 밖의 어림원 동쪽 언덕이라고 하는데, 관에 넣지 않고 시녀들이 파묻었다 한다. 이로써 천왕부에는 여인들뿐이었다는 사실, 홍수전이 죽은 후 매장할 때 친하고 귀한 사람이 옆에 없었다는 사실이 증명된 셈이다.

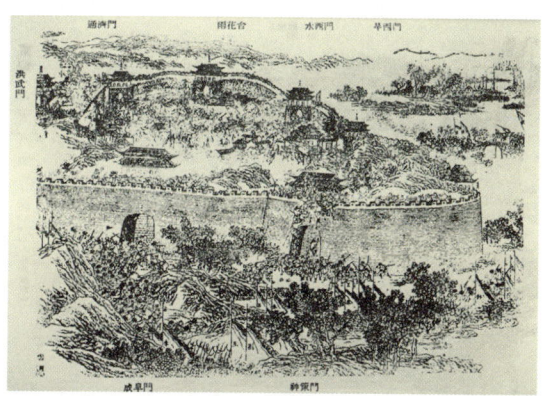

최초에는 말 타고 활 쏘는 데 편리하도록 만든 옷으로, 길이는 허리까지 짧고 팔은 어깨까지 오며 청나라 시대 병영의 복장이었다

중국사 연표

1861년 6월, 함풍 황제가 열하에서 병사하고 재순이 즉위해 다음 해를 기상 원년이라 정했다.

먹으라고 호소했는데 홍수전은 이로써 병에 걸렸으며, 그의 아들 말에 따르면 "부친은 평상시 날것과 찬 음식을 잘 먹었고, 천경에 들어온 후에는 지네를 기름에 구워 먹었다. 금년 4월 10일부터 병이 들어 4월 19일 병사했다"고 한다.

5일 후 여러 대신이 홍수전의 장자 홍천귀복을 보좌에 오르게 하고 호를 유천왕幼天王이라 했는데, 이때 그의 나이 겨우 16세였다.

천경이 함락당하다

7월 3일 청나라군은 천경의 최후 요새 지보성地保城을 공략했다. 지보성은 종산의 산기슭인 용박자龍膊子에 위치해 성에서 10장밖에 안 되는 태평문가에 우뚝 솟아 있었다. 증국전은 지보성의 높은 지세를 이용해 포격하는 한편, 지하 갱도를 파서 성을 공격했다.

하늘을 진동하는 폭발음과 함께 성벽이 무너졌다. 짙은 연기가 사라지기도 전에 청나라군은 구름처럼 들어왔다.

유천왕은 성루 위에서 싸우는 장면을 보고 두려워 다리가 풀릴 정도였다. 이수성은 유천왕을 데리고 몇몇 성문을 뚫고 나가려 했으나 모두 막혀 되돌아왔다.

초경에 어두운 틈을 타 그들은 청나라 군복으로 갈아입고 태평문의 부서진 구멍으로 빠져나갔다. 1000여 명이나 되는 문무 관원들이 뒤따랐다.

태평천국을 진압한 증국전
증국전(1824~1890)의 자는 원호, 호는 숙순이고 호남성 상향 사람으로 증국번의 아홉째 동생이다. 군대를 모집해 태평군과 작전했는데, 차례로 길안·안경·천경을 점령했다.

상해 거주 외국 상인들의 등불놀이 (청나라 말기 연화)
1843년 상해 부두를 개설하자 각국의 상인들이 상해로 와서 상해는 세계 상인들이 모여드는 동방의 대도시가 되었다. 이 그림은 청나라 말기 연화로, 상해 시민들이 외국 상인과 함께 중외 통상을 경축하는 장면이다.

성내의 태평군은 피비린내 나는 싸움을 벌이면서 자살하거나 불에 타 죽을지언정 투항하지 않았다. 청나라군들은 닥치는 대로 사람을 죽이고 물건을 빼앗으며, 도처에 불을 질러 큰 불은 7일이나 이어졌다. 번화하던 천경성의 모습은 순식간에 사라졌다.

참혹하고 격렬한 금릉 전투 (오우여 그림)
동치 원년(1862) 이수성은 60만 군사를 영솔해 금릉의 포위를 돌파하려고 여러 차례 공격했으나 실패하자 지하 갱도를 파는 전술을 사용했다. 그것도 청나라군에게 막혀 태평군은 참패하고 철퇴했다. 그림은 〈평정월비전도平定粵匪戰圖〉의 제14폭인 〈금릉 각 영적 첩전도金陵各營獲捷戰圖〉다.

| 세계사 연표 |
1861년
7월, 미국에서 남북전쟁이 일어났다.

033

《능정거사일기能靜居士日記》
《이수성자술李秀成自述》 출전

이수성이 잡히다

이수성이 포로가 된 후 혹형을 두려워하지 않았으나 증국번의 투항 유인에는 견디지 못했다. 그는 감옥에서 수만 자의 '자술서'를 썼다.

1840~1911 청나라·2

유천왕을 보호해 포위를 돌파하다

1864년 7월 19일 천경이 함락되자 이수성은 가족의 안전을 살필 여유도 없이 유천왕을 보호해 포위를 뚫고 나갔다.

유천왕의 원명은 홍천귀洪天貴인데, 후에 홍수전이 그의 이름 뒤에 '복福'자를 붙여 홍천귀복이라고 해 아들이 귀하고 복받을 것을 바랐다. 유천왕은 천경이 가장 위급한 시기에 즉위했는데, 등극 후 44일 만에 경성이 청나라군에게 점령되고 말았다.

무너진 태평문 토성을 빠져나온 후, 이수성은 부대를 둘로 나누어 전면은 홍천귀복을 보호해 급히 가고 그는 후면 부대를 영솔, 추격해 오는 군대를 막았다.

산정에 몸을 감추다

청나라군의 기병들이 추격해 후면 부대는 대부분 전사하고 이수성도 다른 사람들과 함께 흩어졌다.

그가 탄 말은 전투마가 아니어서 부대를 따르지 못했는데, 또 길을 잘못 들어 천경동남의 방산정方山頂에 이르러 한 묘로 피신했다. 그리고 그는 벽에 기대어 비스듬히 누웠다. 그때 인기척이 나자 보따리를 놓고 급히 몸을 피했다.

산으로 올라온 사람은 산 아래 농민들이었는데, 경성이 함락되어 부자들이 도망쳐 나왔다는 소식을 듣고 서너 명씩 무리 지어 산을 뒤지고 있었다. 이수성은 멀리 가지 못하고 그들에게 붙잡혔다. 그들은 이수

증국번이 태평연회로 경축 (청나라 말기 연화)
이 청나라 말기의 연화는 상군의 수령 증국번이 각로의 통수들을 연회에 청한 그림으로 이홍장, 팽옥린, 좌종당, 증국전, 낙병장 등 각로 통수들이 그려져 있다.

| 중국사 연표 |

1861년

9월, 태평천국의 안경이 함락되었다.

이수성의 패검
사진은 이수성의 패검이다. 검신의 길이는 62cm, 칼집 길이는 84cm로 검에는 '이수성'이라는 글자가 새겨 있다.

성에게 돈을 내놓으면 살려 주겠다고 협박했으나 충왕임을 알아보고 무릎을 꿇었다. 이수성은 묘로 돌아가 재물을 그들에게 나누어주려 했는데 보따리는 벌써 누군가 가져가 버렸다.

이수성은 긴 머리를 길러 얼핏 보아도 태평군의 큰 인물임을 알 수 있었다. 사람들이 그에게 "관병이 연도에 검문 초소를 세워 두었으니 이대로는 갈 수 없습니다."라면서 머리를 자를 것을 권했다.

그러나 이수성은 머리를 깎으면 빠져나간다 해도 천군을 무슨 면목으로 대하겠소?' 하고 응하지 않다가 여러 사람이 사정하자 조금 잘랐다.

농민들은 이수성을 숨겨 두고 그의 보따리를 가져간 사람을 찾아 떠났는데, 정작 만나 서로 옥신각신하다가 소식이 새어나가 이수성은 붙잡혀 중국전의 군영으로 압송되었다.

포로가 된 이튿날

이수성은 그날 밤 남경으로 압송되었다. 이튿날 아침 중국전은 이수성을 심문하러 나갔다. 이수성이 천경을 고수해 자신의 병사와 장군들을 잃었으므로 중국전은 그를 증오했다.

그는 송곳으로 이수성의 다리를 찔렀다. 피가 쏟아졌으나 이수성은 꿈적도 하지 않았다. 그날 밤 중국전의 참모가 감옥에 가서 그를 회유했다. 그러자 이수성은 "친구 간에도 의리를 지키거늘 하물며 나는 작위까지 수여받은 사람 아닌가." 하고 면박을 주며 "죽음을 바랄 뿐이다."라고 했다.

중국전은 나무 틀 집을 만들어 이수성을 가두었다.

길고 긴 한부의 '자술'

7월 28일 중국번이 안경에서 남경으로 왔다. 그는 동생보다 수완이 있었다. 이수성이 쇠사슬을 차고 들어왔을 때 한참 응시하다 측은한 목소리로 '그대는 진정 호걸이로다. 지기를 일찍 만나지 못해 오늘날 이 지경에 처했으니 애석하도다!'라고 탄식했다.

이수성은 감동받아 중국번이 자기를 중시한다 여기고 마음을 고쳐 눈물 흘리면서 '자백서'를 쓰기 시작했다. 8월 7일까지 이미 5만, 6만 자나 썼고, 중국번은 매일 밤마다 열심히 열독했다. 그러나 중국번은 이수성을 북경에 압송하라는 조서가 도착하기도 전에 그를 처형했다.

이수성의 평상시 단장도
이 그림은 당시의 영국인이 그린 그림이다. 화가는 이 그림을 그릴 때 "그는 조관조복을 입지 않고 평상시대로 적홍색 윗옷만 입었는데 머리에는 보통 모양의 적홍색 머리 수건을 쓰고 그의 독특한 머리단장을 했을 뿐이다. 이마 앞에는 하나의 진귀한 보석이 장식되어 있고 여덟 개의 진귀한 원형 금질 조패가 있으며 보석이 네 알씩 양쪽에 한 줄로 배열되어 있었다."라고 기술했다.

| 세계사 연표 |

1861년

12월, 프랑스·영국·스페인 사람이 멕시코를 침입했다.

034

《심문숙공정서沈文肅公政書》
《홍인간자술洪仁玕自述》 출전

간왕의 취의

홍인간洪仁玕은 태평천국에 5년밖에 있지 않았으나 정치, 외교, 문화, 사상 등 여러 분야에서 공헌했다. 그는 중국이 근대화의 길을 가는 자본주의 사상을 가진 정치가이며 구국의 진리를 추구하는 사람이다.

경성을 구하기 위해 도처에서 유설하다

동치 2년(1863) 겨울 천경은 더욱 위급해져 주변의 구복주九洑洲, 효릉위孝陵衛, 고교문高橋門 등의 요새가 함락되면서 포위권은 점점 축소되었다.

성내의 식량은 갈수록 모자라고 인심은 흉흉해졌다. 홍수전은 오로지 하늘만 믿고 "천병천장이 내려와 구원해 줄 것이다."라고 주문을 하면서도 홍인간을 찾아 그에게 유천왕을 보호하라는 중책을 맡겼다.

어명을 들은 홍인간은 눈물을 흘리며 통곡했다. 얼마 후 그는 군사 신분으로 경성 각처로 다니며 유세했다.

홍인간은 단양, 상수, 호주 등 곳곳에서 경성을 구해야 함을 역설했으나 주둔 중인 군대들은 명령을 듣지 않고 식량이 부족하다는 등 핑계를 대면서 구원할 수 없다고 했다. 그러자 홍인간은 안휘의 광덕 일대를 돌며 때를 기다렸다.

홍인간의 친필
홍인간이 포로가 된 후 심보정은 증국번이 보내온 각본 《이수성공술》을 보게 했다. 그는 이수성의 질투 심리를 비판하며, 공로는 자신에게 돌리고 과오는 천왕과 다른 사람에게 씌운다고 질책했다.

유천왕을 보호해 떠나다

동치 3년(1864) 6월, 태평천국은 수도가 함락당하고 유천왕은 겨우 도망쳐 나왔다. 유천왕이 포위망을 뚫

태평천국 유천왕의 옥새

강소 이남 연해 지역의 각 성을 가리킨다 109

| 중국사 연표 |

1861년 11월, 자희가 북경정변(신유정변)을 발동하고 다음 해를 동치 원년으로 고쳤다.

유천왕이 잡히다

유천왕이 즉위한 후 천경이 함락되어 이수성이 그를 보호해 성을 탈출하고, 여러 곳을 돌며 싸우다가 최후에 강서 석성에 들어갔을 때 청나라군의 습격을 받아 나포되었고, 한 달 후 살해되었다. 그림은 청나라 화가가 그린 유천왕 나포 당시의 장면이다.

고 강소의 율수동파에 이르렀다는 소식을 들은 홍인간은 즉시 찾아가 유천왕을 광덕으로 모셔 왔다가 오래지 않아 호주의 수비 장군 도왕인 황문금黃文金이 영접해 호주에 들어갔다.

당시 강소·절강 소유의 성진에서부터 온 태평군 20여 만이 무리지어 호주에 집중되어 있었고, 강서에는 시왕 이세현 등의 2, 30만 군사가 있었다. 홍인간과 황문금 등은 호주를 포기하고 강서의 태평군을 모았다.

같은 해 8월, 홍인간과 황문금은 유천왕을 호위해 서진하는데 적들이 앞에서 막고 뒤에서 쫓았다. 9월 황원금이 중병으로 죽자 부대에는 전사자, 도주자, 반역자가 속속 늘어나면서 강서에 들어갔을 때 전군은 1만 명도 되지 않았으며, 사기가 저하되고 내분도 발생했다. 10월 초 강서성의 석성 양가패楊家牌에 도착했을 때는 몇 천 명밖에 남지 않았다.

그날 밤 청나라군이 기습해 태평군은 모두 격파되고, 홍인간과 유천왕은 포로가 되고 말았다.

역사적 서신을 남기고 용감하게 희생되다

홍인간은 포로가 되어 적군의 병영에서 진술을 하고 곧 남창성성南昌省城으로 압송되어 강서순무 심보정沈葆楨의 심문을 받았다. 그는 진술서에서 일인칭으로 태평천국의 흥성과 쇠퇴, 천왕에 대한 경의의 심정을 토로하고 자신의 이념을 표시했다.

심보정은 또 이수성이 남경에서 만든 진술서의 정확성 정도를 검토하기 위해 홍인간에게 증국번이 인쇄·발표한《이수성공李秀成供》을 보여 주었다. 홍인간은 그 진술서를 비판하면서, 이수성이 천왕과 가족을 너무 많이 질책했다 하고 사심 많은 이수성이 사람을 잘못 기용했다고 했다.

감옥에서 홍인간은 양심의 가책을 느꼈다. 당시 유천왕은 "관병들이 오늘밤에 와서 싸울 것이다."라고 말했으나 그는 "관병들이 따라올 수 없습니다."라면서 대수롭지 않게 여겼기 때문에 전군이 전멸했다고 자책했다.

홍인간은 끝내 형장으로 끌려 나갔다. 희생되기 전 그는 다음과 같은 절명시를 썼다.

"임종에 한마디 말이 기쁘고 위안되는구나.
천국은 비록 멸망했으나 훗날 다시 일어서리라."

| 세계사 연표 |

1861년
뉴질랜드에서 금광이 발견되어 인구가 증가했다.

035

고루채 전투

출전 《산동군흥기략山東軍興紀略》 벽복성薛福成 《용암필기庸庵筆記》

청나라 왕조는 승격임심僧格林沁의 몽골 기병을 가장 믿음직한 정예부대로 여겼는데, 그들 역시 염군捻軍의 최대 적수였다. 1865년 5월 염군은 산동성 고루채高樓寨에서 매복전을 벌여 이 왕패군을 전멸시켰다.

유격전을 벌이다

염군은 전략상 구호를 내놓았는데, 바로 "달리면서 청나라 요귀를 무찌른다."는 것이었다.

그들은 빙빙 돌면서 싸우다가도 적이 방심하는 틈을 타 갑자기 돌아와 치기도 하고, 어떤 때는 한 지역에서 빙빙 돌다가 적이 피로해지면 갑자기 공격했다. 승격임심군은 장비가 좋고 싸움에도 능했으나 염군이 뒤쫓으면 매복전에 걸리기 십상이고 기습을 당하면 기가 꺾여 병사들이 투지를 잃었다.

승격임심은 염군의 주력을 찾아 결전을 벌이려고 애를 썼으나 찾아낼 방법이 없었다. 염군은 승격임심의 의도를 속속들이 알고 의식적으로 그들을 유인해 쫓아오게 했다.

승격임심은 부대를 영솔해 필사적으로 추격하면서 장병들에게 며칠 분의 식량을 몸에 지니고 행군하면서 먹으라고 명령했다. 자신도 너무 오래 말고삐를 잡아서 두 손이 저린 나머지 끈으로 손목을 어깨에 매고 말을 몰기도 했다.

1865년 5월 17일 승격임심이 산동성의 하택까지 추격해 왔을 때 염군 주력이 성의 서쪽인 고루채에 주둔하고 있다는 것을 알아내고 아주 기뻐했다.

그는 조주의 부지사에게 명령해 살찐 돼지와 살찐 양을 각각 500마리씩 준비하라 하고 염군을 전멸한 후 장병들을 위로하려 했다. 하지만 이 승격임심 친왕은 염군이 고루채高樓寨에 미리 매복하고 그들을 기다리고 있을 줄은 미처 몰랐다.

500명의 붉은 어린이 부대를 전멸하다

이튿날 이른 아침 승격임심은 6000명의 기병과, 총병 진국서가 영솔하는 근대식 총으로 무장한 500명의 붉은 어린이병을 포함한 2만 4000명의 보병은 고루채로 돌격했다.

염군의 한 소부대가 적들을 유인하기 위해 고루채 남쪽 해원집소촌解元集小村에서 기다리고 있었다. 이 소부대

염군이 사용하던 소라 나팔 (위 사진)

염군이 사용하던 무기

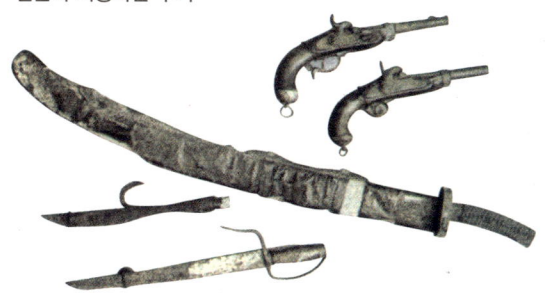

청나라군 장령 승격임심

승격임심(1811~1865)은 몽골 사람이다. 1855년 태평군의 장령 임봉상, 이개방을 사로잡아 친왕으로 임명되었다. 제2차 아편전쟁 때 대고구 포대의 독군으로 영국군에게 큰 타격을 입혔다. 이듬해 영·프랑스 연합군에 격파되었다.

| 중국사 연표 |

1862년
상해 당국과 각국이 중외협동방어공소를 구성했다.

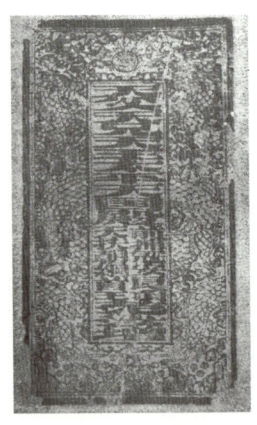

태평천국 수왕 범여증의 목인문
원래의 인은 높이는 24cm, 너비 12.1cm로 현존하는 유일한 태평천국 왕인이다. 동치 3년(1864) 8월 범여증은 완남을 나온 후 심도에서 이 인감을 잃어버렸다. 후기의 태평천국 제왕인은 금질과 은질이 있는데, 이 범여증의 인함은 은질 인함을 잃어버린 후 다시 새긴 것이다. 범여증은 그 후 완남에서 북상, 염군에 가담해 고루채 전투에 참가했다.

가 퇴각하는 척하여 승격임심의 전군은 한 걸음 한 걸음 고루채로 다가갔다.

고루채는 하나의 큰 부락이었는데, 갑자기 이 부락에서 기세등등한 세 갈래의 군사들이 뛰어나왔다.

중간은 보병이고 좌익은 임화방任化邦의 남기기병이며 우익은 장종우張宗禹의 황기기병이었다. 승격임심은 다급히 세 갈래로 갈라져 싸웠으나 거리가 너무 가까워 기병들이 위력을 발휘할 수 없었고, 서양의 창과 포도 무용지물이었다.

이때 부락 밖 강둑의 버드나무 수림에 매복해 있던 수천, 수만의 염군 장병들이 뒤에서 습격해 승격임심의 군대는 삽시간에 참패를 당했다.

기병은 전멸했고 부근의 작은 언덕으로 도망친 소부대만 저항했다. 염군은 마을 주변에 보루를 쌓고, 전호를 파고는 버드나무 수림 속에 가장 정예한 남기기병을 매복시켰다.

그날 밤 삼경에 승격임심은 어둠을 타고 500명의 붉은 어린이 부대의 강한 양창의 화력을 빌려 전호를 맹렬히 공격, 포위를 돌파하려 했다.

그들이 버드나무 수림에 접근했을 때 매복해 있던 남기기병이 뛰어나왔다. 그들은 묘간(긴창)을 병기로 했다. 염군 기병은 이 예리한 묘간으로 500명 붉은 어린이 부대를 순식간에 죽였다.

승격임심이 죽다

염군은 대승했다. 청나라군 장관이 쓰던 화령만 몇 십 바구니를 노획했는데, 유독 승격임심이 쓰던 3안화령이 없었다. 이는 친왕만이 쓸 수 있는 모자였다.

뇌문광과 임화방, 장종우가 조급해하고 있는데, 한 어린 병사가 3안화령을 손에 쥐고 말을 달려왔다. 그는 13, 14세 정도의 어린 전사 장피경張皮綆이었다.

그날 밤 그가 병사들과 함께 공격하다가 한 관원이 말에서 굴러 떨어져 허둥지둥 밀밭에 숨는 것을 보고 뒤를 따라가 칼로 목을 베고 그 관원이 누구인지 몰라 그가 썼던 모자를 들고왔던 것이다. 이처럼 고귀한 모자를 쓰는 사람은 친왕뿐이다. 그제야 염군의 수령들은 승격임심이 죽었다고 안심했다.

이 대승으로 염군의 역량이 대대적으로 증강되었다. 당시의 광경을 목격한 사람이 말한 것처럼 "염자는 기병이 20리나 넘게 늘어서 빠르게 달렸다."

●●● 역사문화백과 ●●●

[염자·염당·염군]

청나라 시대 중기의 반청 결사 조직으로 '염捻'은 안휘 북부의 사투리다. 1염은 한 무리, 한 소조, 일부분이라는 뜻으로 군중은 '염' 혹은 '염자捻子'라고 불렸다. 소염자는 몇 명, 몇 십 명이고 대염자는 1,200명으로 정원이 없다. 발원지와 활동 지역은 안휘성 북부의 비수와 와하 유역이고, 그 주요 인원은 안휘, 강소, 하남, 산동과 호북의 변계 지역에서 소금을 판매하던 사람들이다. 도광 연간에 염자의 수령을 '향자响者', '향염자响捻子'라고 칭했다. 19세기 중엽 태평군의 영향 아래 무장 봉기를 거행했다. 함풍 5년(1855) 각로의 염자들은 지하 집(안휘성의 와양)에 집결해 장악행을 제1수령으로 추천하고 5기군 제도를 건립했다. 함풍 7년(1857) 태평군과 연합 작전을 펼쳐 태평천국의 지도를 접수했고, 머리를 길게 기르고 인신을 받고 태평천국의 깃발을 사용했다. 그러나 임명은 받지만 안배는 받지 않으며 출경해 원정하지 않으며, 각 기는 여전히 자기의 독립적인 조직과 지도체제를 보존했다. 후세인들은 '염당捻黨'이라 총칭했다. 소위 '염군捻軍'은 당시의 기재에서는 찾아볼 수 없으며, 20세기 40, 50년대에 한 사학가가 그 이름을 정명했다.

| 세계사 연표 |
1862년
영국이 버마(현 미얀마)를 점령하고 인도 총독에 예속되게 했다.

036

《상해신보上海新報》 출전

《상해신보》

상업적 목적으로 창간했지만 후세에 귀중한 자료를 남겨 놓았다.

상업을 위한 정보

《상해신보上海新報》는 근대 중국 초기의 한어 문자 신문으로, 함풍 11년(1861) 10월 영국 상인 자림양행字林洋行의 사장 달륜達倫이 창설했다.

1860년대 들어 반식민지로 몰락하기 시작한 중국에서 외국의 식민 세력은 원료를 약탈하고 시장을 확대하기 위해 장강 중하류까지 세력을 뻗쳤다. 영어를 모르는 중국 관원, 상인들과 교섭하려면 신문이라는 언론 매체가 있어야 했다.

원유原有의 영어판 《자임서보字林西報》로는 수요를 충족하지 못했기에 십리양장에서 《상해신보》를 창설했다. 미국 선교사 우드(M. F. Wood)와 알렌(Y. J. Allen), 영국 목사 프라이어(J. Fryer)가 연이어 편집장을 맡고, 식민지의 상업, 무역을 주로 다룬 이 신문은 종교적 색채를 조금도 띠지 않았다.

《상해신보》는 태평천국이 태호의 유역 장강 삼각주를 공격하는 기간에 창간했다. 식민주의자들은 "반란군이 계속 상해 사방의 향촌을 교란해 우리의 상업을 간섭하고 있다."(상해의 의화양행이 홍콩총행에 보내는 글)고 했다. 중국의 매판들도 상해의 각국 상행은 "처음에는 아주 발달했으나 후에는 반란자들의 교란으로 인한 적자로 폐업하고 말았다."(서윤연보), "명주와 차를 사기 어려워 중외 상인들이 모두 원망한다."(상해신보)라고 하소연했다.

《상해신보》의 보도에 따르면, 태평군이 수차례 상해를 공격하고 상해 주변에서

상해 공공조계 계석 (위 사진)
상해 공공조계公共租界 계석은 광서 25년 3월 27일에 세운 것이다.

공부국 청사
공부국은 1854년에 성립되었는데, 상해 공공조계의 통치기관으로 상해 주재 외국 영사관과 공사의 감독을 받았다. 공부국에서는 이 사회를 설치하고 영사단이 매년 외국인 납세자 회의를 소집해 이사를 선출했다. 공부국은 조계지의 중요한 행정 방침과 조치를 결정했다. 사진은 공부국 청사의 옛 사진이다.

《상해신보》
《상해신보》는 근대 상해에서 창설한 가장 초기의 중문 신문으로, 함풍 11년(1861) 9월에 창설하고, 동치 12년(1872) 11월에 정간되었으며, 영상자림양행에서 인쇄·발행했다.

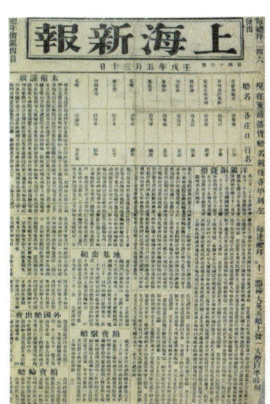
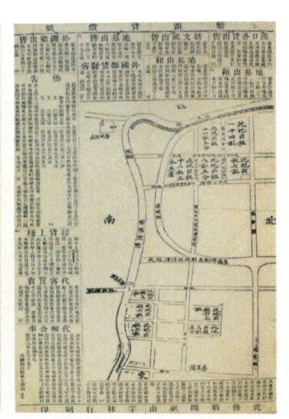

1840~1911 청나라·2

| 중국사 연표 |

1862년
4월 이홍장의 회군이 상해에 도착해 작전했다.

상해 공공조계의 합동심사사무실
함풍 4년(1854), 상해주재 영·미·프 3국 영사는 소도회 봉기의 기회를 타 사사로이 조계지에 시정 기관인 공부국과 공동국을 설립했다. 그중 영·미 합병 공공조계에 완전한 정부기구를 설립했다. 사진은 사법기구의 합동심사사무실로, 여기서 영사재판권을 실시하고 외국인이 조계지 내에서 위법하거나 중국인이 법을 위반하면 처리한다.

장기적으로 활동해 외상들의 장강 중하류 항운에 크게 영향을 주었다.

1862년 가을 태평군 담소광 부대가 두 번이나 상해를 공격해 오송강 양안에 머물러 있었다. 석 달 남짓한 그 기간에 원래 매주 한 번씩 구강, 한구 등지로 출항하던 10여 척의 상선이 두세 척밖에 운항하지 못하고 그것도 정기적으로 출항할 수 없어 식민 상업의 부진을 초래했다.

《상해신보》는 항상 청나라 지방관리가 "중국과 외국은 한집이므로 마음을 합쳐 서로 돕고 빠른 시일 내에 도적을 소탕하며 서로 배척하지 말고 화목을 도모해야 한다."는 식의 고시를 게재했다. 이러한 고시는 당시의 상해 시정과 민중 생활, 관부 아문의 정치적 정황을 반영한다.

《상해신보》는 상인과 선교사들이 태평천국에서 점령한 지역으로부터 각종 정보를 제공

하도록 조직하고 매기에 5, 600 자나 1000자에 달하는 특별 난을 설치해 부근의 성시와 향촌, 소주, 천경 등에서 '목격' 했거나 들은 '풍설'을 게재했다.

이처럼 정보를 장악하고 그곳의 수매와 판매를 편리하게 했다.

최대 특색의 상업무역

《상해신보》의 최대 특징은 상업무역이다. 그것은 주간으로 매주 한 기씩 내고 매기는 5, 6000자(후에 1만 자 안팎으로 증가했다)였다. 주로 광고를 실었는데, 이를테면 토지부동산 매매, 임대광고, 상품의 운송과 경매 그리고 양행의 설치와 경영, 배의 출입항 일시, 은냥과 아편의 비율표 등이고, 서양인이 애완동물을 찾거나 작은 흰쥐를 경매하는 광고도 있었다.

동치 7년(1868) 2월 1일에는 또 화륜차, 가정용 기구를 소개하는 '기계도면설명' 난을 늘렸다.

《상해신보》에서 십리양장에 외국 양행이 갑자기 많이 생겼다는 기록을 볼 수 있다. 이 신문이 1862년 7, 8월에 게재한 양행이 68집이나 되는데, 거기에는 새로 설립한 것은 포함되지 않았다. 초기의 양행 중

중외통상을 경축하는 등불놀이 (청나라 말기 연화)

| 세계사 연표 |
1862년
프랑스와 베트남이 '사이공 조약'을 체결했다.

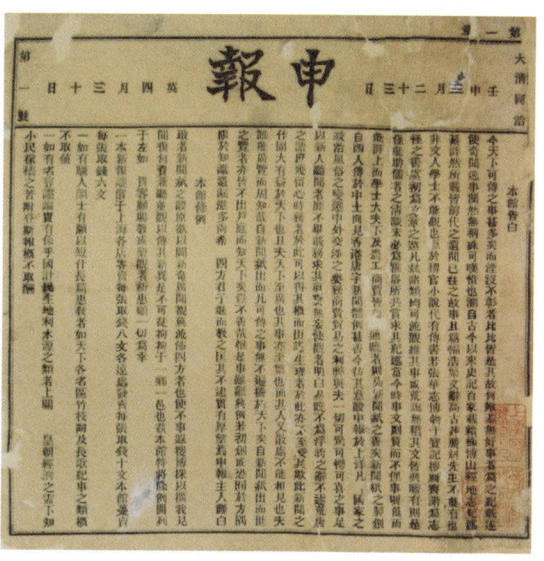

근대 중국에서 영향력이 가장 큰 신문 《신보》
《신보申報》는 근대 중국에서 가장 중요한 위치를 차지한 신문으로, 동치 12년(1872) 3월 23일 창간해 1949년 5월 27일 정간될 때까지 77년간 발행했다. 사진은 《신보》의 창간호.

가장 이익을 본 것은 부동산매매, 전당이었다. 지금 있는 최초의 《상해신보》 1862년 6월 24일 자에는 20여 개의 양행을 열거했는데, 그중 전문적으로 부동산매매, 경매를 하는 은행이 다섯 곳이나 되었다.

양행의 또 다른 경영은 내륙 하천의 교통과 선박임대 사업의 개척이었다. 《상해신보》는 제1면에 '선박의 출항시간표'를 게재했다. 이 신문의 1862년 6월 보도에 의하면 상해에 36집의 양행이 섰는데, 그들은 상선과 화물선을 가지고 있었으며, 정기적으로 구강, 한구, 하문, 우장, 산두, 천진과 홍콩 그리고 영국, 미국,

●●● 역사문화백과 ●●●

[자림서보字林西報(North China Daily News)]
원래의 《북화첩보北華捷報》(《화북선구보》라고 번역한 책도 있다)로 도광 30년(1850) 8월 3일 창간해 동치 3년(1864) 7월 1일 이름을 고쳤는데, 영국이 상해에서 출판하는 영문 신문으로 상해 공공조계의 대변자였다. 통신보도, 시사 신문과 중국 군사 정보 게재를 주로 했다. 1951년 3월 31일 정간되었다.

일본, 인도, 러시아까지도 운행한다고 했다. 외국선들은 상해를 기지로 중국 해역에서 우쭐거렸다.

장강 항운의 개척은 외국 식민자들을 위해 대량의 재부를 축적했는데, "상해에서 무한까지 한 번 왕복하는 수상 운수비가 원가에 상당"했다(서윤연보). 항운을 거쳐 중국의 자원과 특산품(생칠, 차, 밀랍, 광물자원 등)이 부단히 수출되고 런던, 파리의 수입품인 꽃 천, 서양 털실 그리고 풍금, 다양한 과자, 사탕 등이 황포강 연안으로 밀려들었다.

쌀 100근의 시장 가격은 은전 3냥 안팎이었고 사탕 가루는 100근에 은전 7냥이었으나 양약(아편)은 한 상자에 은전 510냥씩이었다.

공부국의 대변인

《상해신보》는 외국 조계지 당국인 공부국과 주방공서를 대신해 말을 전하고 법령을 발표했으며, 조계지 당국의 명령·포고를 게재했다. 이처럼 상업 정보를 신속히 전달한 데서 발행량이 급속히 증가해 동치 4년(1865) 1월에 주간을 쌍 일간으로 고쳤다. 1872년 4월 30일 《신보申報》가 창간되자 같은 해 12월 31일 이 한문 신문은 제836기를 마감으로 정간을 선포했다.

상해 남경동로에서 행진하는 만국 상대 기병대
만국상단은 함풍 4년(1854) 성립되었는데, 영·미가 공공조계지를 공제하는 상비군이다.

| 중국사 연표 |
1862년
6월 상군 주력이 천경을 포위·공격했다.

037

강남제조총국

양무운동은 중국 사람들이 중세기에 눈을 뜨고 세계를 보는 서막이었다. 그것은 임측서, 위원威源에서 시작해 후에 증국번 등이 부국강병의 실천으로 이어졌다.

안경 내에 군계 공장을 창설하다

함풍 11년(1861) 8월 상군이 안경을 점령할 전야에 공친왕 혁흔이 외국의 배와 포를 구입할 것을 제창하자 당시 양강총독을 담당하던 증국번이 호응했으며, 나아가 스스로 선박과 화포를 제조할 것을 주장했다.

안경을 점령한 후 증국번은 안경 내 중국 최초의 근대적 군수 공장인 군계소를 창설해 주로 양창양포를 제조했다. 이듬해 봄 증국번은 이홍장 등 막료들을 영솔해 한 척의 서양 선박을 참관한 후 그 구조의 정밀함에 탄복했다.

그는 "중국이 부강하려면 반드시 정치를 혁신하고 인재를 기용해 서양의 선박과 창포 제조 기술을 익히는 것이 기본이다."라고 일기에 썼다.

군용품 생산기지인 강남제조국
동치 4년(1865) 증국번, 이홍장이 공동으로 강남기계제조국을 창설했는데, 일명 '강남제조총국', '상해기계국', '호국' 이라고도 불렀으며 주로 총포, 탄약 등 군용품을 생산했다. 1867년에 확충해 선박을 제조하기 시작했다. 그림은 강남제조총국 공장 입구와 동 주물 공장, 주철 공장 사진이다.

중국번은 인재를 아주 중시했다. 그는 여러 모로 기술 인재를 모았는데 그중 가장 걸출한 사람이 바로 서수徐壽와 화형방華蘅芳이었다.

황곡호기선 제조

서수와 화형방은 수학에 조예가 깊었으며 기계 제조에 대해 연구를 했다. 그들의 주관 아래 군계소는 제일 처음 선박을 시험 제작했다. 한 번도 해본적이 없는 발동기를 제조하기 위해 서수는 밤을 새워 가며 외국어 자료를 탐독해 《증기기관발인》이라는 책을 번역·편찬했다.

두 달 후 윤선 발동기가 탄생했고, 증국번은 군무를

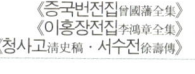

| 세계사 연표 |
1862년
미국의 내전으로 영국의 면 방직업이 부진했다.

출전
《증국번전집曾國藩全集》
《이홍장전집李鴻章全集》
《청사고淸史稿·서수전徐壽傳》

▲ 강남제조총국의 대포 공장 내부

제쳐놓고 발동기 시험을 관람하고 나서 아주 만족했으나 완전한 기선을 제조하기까지는 아직 멀었다고 말했다. 서수, 화형방은 미국 유학을 갔다 온 공정사인 용굉容閎을 초빙할 것을 제안했다.

증국번은 미국에서 유학한 이 학자의 견식을 아주 높이 샀다. 용굉이 중국에 공장을 만들고 기계를 자체적으로 제조할 것을 건의하자 증국번은 그를 미국으로 파견해 기계 제조 시설을 구입하라고 했다. 안경 군계 공장은 선박 제조 작업을 계속했다.

동치 2년(1863) 12월, 마침내 약 150m에 시속 8km로 항해할 수 있는 나무 선체의 윤선을 제조했다. 기선의 엔진은 외국 것을 구입했으나 배는 서수 등이 직접 설계·조립한 것이다.

몇 달 후 증국번이 배에 올라 기계 실험을 보고 아주 흡족해 하면서 '황곡黃鵠'이라 이름 지었다.

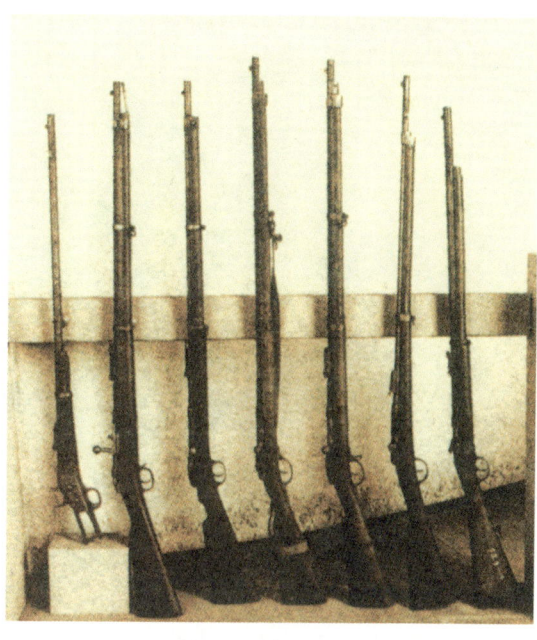

▲ 청나라 안경 군계소에서 모방해 제작한 미국식 린밍던 보총

강남제조총국

동치 4년(1865) 5월 강소 순무 이홍장이 상해 홍구虹口에 미국 기기철 공장 한 채를 구매했다. 이 공장은 크고 작은 기선을 수리·제조할 수 있었으며, 화포와 양포의 부품도 제조할 수 있었다.

얼마 후 '강남제조총국'이라 이름을 바꾸고 정일창이 기획하기로 했다.

이때 용굉이 미국에서 100여 종의 기계를 구입했다고 하자 증국번은 강남제조총국으로 가져가게 했다. 총국은 즉시 개화포화 전계포를 만들고, 양창을 모방 제작해 회군에 주어 염군을 대처하게 한 결과 큰 위력을 발휘했다.

우아한 황태후의 휘호 책

함풍 11년(1861) 9월 대학사 계량桂良 등은 유상의 휘호에 따라 모후 황태후의 휘호를 '자안 황태후'라 하고 성모 황태후의 휘호를 '자희 황태후'라 했다. 사진은 자안 태후의 청옥질 휘호책이다.

양무파가 '번역원', '통사'를 육성하는 외국어 학교였다 117

1862년

| 중국사 연표 |
6월, 태평천국의 석달개가 체포되어 살해되었다.

강남 기계제조국 번역처
번역처에서는 주로 서양의 자연과학과 공정기술 서적을 번역했다. 사진은 오른쪽부터 서수, 화형방, 서건인徐建寅(서수의 아들)이다.

청나라 정부가 외국에서 구입한 대포
청나라 말기의 식견 있는 많은 인사가 외국의 총포와 기선을 구입하는 것은 일시적인 조치이며 근본적인 해결책은 스스로 제조하는 것임을 인식했다. 그림은 청나라 정부가 외국에서 구입한 포다.

중국번, 이홍장은 기쁨을 감추지 못했고, 이때부터 강남제조총공장은 대대적으로 확장되어 성남의 고창묘에 70무를 구입하고, 증기·기계·단철·양창·동과 철물 주조·불화살·목 공장 등 새로운 공장을 건설했다.

동치 7년(1868) 7월 제조총공장은 은 8만 냥을 들여 처음으로 기선을 제조했다. 기선은 길이 약 56m, 폭 8.1m, 재중량 300톤이고, 역류 시속 28km, 순류 시속 48km였다. 중국번은 아주 기뻐하며 '염길恬吉'이라 명명했는데, 그 뜻인즉 "4해의 파도가 평온해 안정하고 길하다."는 것이다.

중국번이 자희 태후에게 이 희소식을 전하자 자희 태후는 놀라면서도 기뻐했다. 후에 자희 태후가 그를 소견할 때 특히 이 일을 물었다. "너희가 몇 척의 기선을 제조했는가?", "한 척입니다. 두 번째는 지금 만드는 중입니다.", "서양 사람은 있는가?", "서양 사람은 6, 7명뿐입니다. 중국 사람이 많습니다."

후에 이 공장에서 세 척의 기선을 제조했는데, 중국번이 각각 '조강操江', '측해測海', '위정威靖'이라 명명했다.

번역관을 특설하다

양인들이 기계를 제조할 때 숫자 계산을 하고 도면을 보는 것을 중국번은 양무를 운영하면서 늘 보았다. 그런데 동·서양의 문자가 통하지 않으므로 중국번은 "번역은 제조의 근본이다."라고 했다.

동치 6년(1867) 강남제조총공장에 번역관을 설립하고 서수, 화형방과 영국인 와일리Alexander Wylie, 프라이어John Fryer 등을 초빙해 주관하게 했다.

이 번역관은 40여 년 사이 170여 종의 책을 출판했는데, 국가가 창설하고 영향력이 가장 큰 번역의 중심이 되었다. 그중 서수는 와일리 등의 구술에 의해 16종의 서방 과학서적을 번역했는데, 특히 근대화학에서 쓰이는 화학 원소의 번역 명사는 지금까지 그대로 사용하고 있다.

서수의 재능과 학문이 널리 퍼지자 이홍장, 정보정, 정일창 등이 서로 초빙하려 했으나 그는 "번역 사업은 평생 할 일이며, 사회적 영향이 아주 크다."면서 거절했다.

| 세계사 연표 |

1863년

링컨이 정식으로 흑인노예해방을 반포했다.

038

《기하원본幾何原本》서序
《주인전疇人傳》

출전

수학자 이선란

중국은 예부터 수학이 아주 발달했을 뿐만 아니라 많은 저서를 남겼다. 근대 중국의 수학자인 이선란 李善蘭은 저서를 많이 남겼으며, 근대 과학 기술의 개척을 추진했다.

젊은 시절 다작한 독창적인 수학자

이선란은 청소년 시절부터 수학에 깊은 흥미를 가지고 있었다.

항주에서 과거시험을 볼 때 그는 우연히 서사書肆들을 돌아보았는데, 그곳에서 원나라 시대 이치李治의 《측원해경測圓海鏡》과 대진戴震의 《구고할원기勾股割圓記》를 사보면서부터 과거를 치를 생각을 하지 않고 수학에 전념하기 시작했다.

아편전쟁 시대 외국의 무기가 뛰어나다고 느낀 그는 과학으로 나라를 구하려는 생각을 하게 되었다. 후에 그는 유럽 각 나라에서 뛰어난 무기를 만들어 낼 수 있는 이유는 그들의 수학이 발달했기 때문이며, 만약 중국도 수학에 정통한다면 정예한 무기를 만들어 낼 수 있을 것이고, 그렇게 되면 외국인들에게 얼마든지 위엄을 보일 수 있다고 말했다.

이선란은 도광 25년(1845), 즉 35살 되던 해에 이미 《방원천유方圓闡幽》, 《호시계비弧矢啓秘》, 《대수탐원對數探源》 등 내용이 상세한 저작을 발표했다. 당시 서양의 근대 수학은 대부분 동양에 전해지지 않았지만, 그가 연찬한 《첨추술尖錐術》에서는 벌써 선이 겹쳐 면을 형성하고 면이 둘러싸 입체를 형성하는 것과, 점과 선이 서로 변화하면서 형성되는 미적분 개념을 제기했다. 또한 일련의 역함수 적분의 답안을 얻어 냈으며, 또 여러 로그 수를 표시하여 그야말로 사람들을 경탄케 했다.

묵해에서의 10년

함풍 3년(1853) 이선란은 상해에 위치한 묵해서관墨海書館을 찾았다. 그는 와일리 알렉산더와 함께 명나라 말기 서광계徐光啓와 마테오 리치가 채 번역하지 못한 《기하원본幾何原本》 이후의 9권을 번역하기로 했다. 그러나 이선란은 외국 문자를 알지 못했다. 그래서 그들은 번역할 때 알렉산더가 중국말로 구술하고 이선란이 기록한 다음 다시 정리했다. 그들은 그해 6월 1일부터 날마다 한 문제씩 번역, 4년이라는 세월을 거쳐 마침내 유클리드 기하학 번역본을 세상에 내놓았다.

이 기간에 이선란은 에드킨스 조세프J. Edkin와 합작해 뉴턴 법칙의 《중학重學(역학)》을 번역·소개했으며, 알렉산더와 함께 영국의 모건A. D. Morgan 대수학, 미국의 수학자 루미스E. Loomis의 《대미적십급代微積拾級》 등 여러 수학자들의 저서를 번역했다.

고대의 중국에는 '대수代數'라는 단어가 없었다. 이선란은 이런 책들에서 글자로 숫자를 대체했다 하여 '대수학'이라고 명명했다. 그제야 한자에는 '대수'라는 단어가 등장했다. 그는 《대미적십급》에서도 창조적으로 '미분', '적분' 등의 명사들을 창제했다.

우리가 현재 사용하는 많은

1840~1911

청나라·2

《기하원본》 역자 중 한 사람 이선란
이선란(1811~1884)은 자가 임숙任叔, 호는 추인秋紉이며, 절강 해녕 사람이다. 그는 영국인과 합작해 《기하원본》, 《대미적십급》, 《담천談天》《식물학》 등을 번역했다. 그는 동문관 총교습總教習, 총리아문장경總理衙門章京 등의 직무를 역임했다.

강남제조총국 119

1863년

| 중국사 연표 |

11월에 영국인 하트가 중국해관의 총세무사로 취임했다.

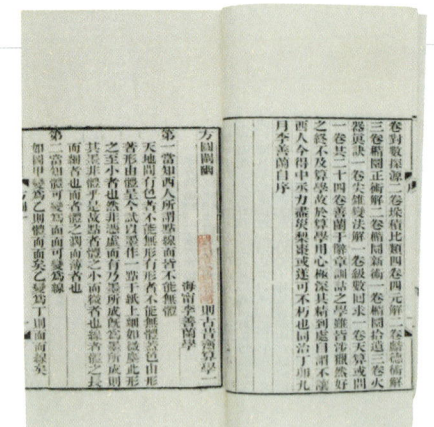

이선란의 《칙고석재산학》

《칙고석재산학則古昔齋算學》은 청나라 시대 이선란이 쓴 저서로, 13종의 산학 서적을 수록했다.

수학 명사, 예를 들어 상수, 변수, 함수, 계수, 지수, 기지수, 미지수, 급수, 단항식, 다항식 등은 모두 그가 외국 책을 번역할 때 원래 단어의 개념에 근거, 한족화하여 번역한 것이다.

증국번의 막부로 있었다

동치 2년(1863) 이선란은 증국번曾國藩의 부름을 받고 안경으로 찾아왔다.

증국번은 이선란을 아주 중요한 인물로 여겼다. 남경에 온 후 증국번은 이선란이 모든 《기하원본》을 판각·인쇄하는 것을 도왔으며, 또 장문호張文虎에게 서언을 대필해 추천하도록 했다. 그 후에는 또 은 300냥을 주어 이선란이 자신의 모든 저작을 《칙고석재산학》으로 판각·인쇄하도록 하는 동시에 이홍장李鴻章

중국에서 가장 큰 외국 상인 기업소

1832년 영국 상인 자딘과 매디슨은 이화怡和양행을 창설했다. 아편전쟁 전에 이화양행은 아편 무역에 종사했으며, 아편전쟁 후에는 수출입 무역에 종사하는 외에도 선박운수, 보험, 부동산 등에 관여했다. 이는 중국에서의 최대 외국 실업가 그룹이었으며, 전국 각지에 분사가 있었다. 사진은 이화양행의 외경이다.

도 자금을 대어 '중학'을 인쇄하도록 했다.

동치 7년(1868) 이선란은 부름을 받들고 북경동문관의 교습으로 임직했으며, 이듬해 황제는 이선란에게 '흠사중서과중서欽賜中書科中書'라는 관직을 하사했다.

그 후부터 점차 관직을 추가했는데, 광서 8년(1882)에 이르러서는 3품 경, 총리각국사무아문 장경이라는 관직을 수여했다. 역사적으로 이선란처럼 저술과 번역에 종사해 관직을 수여받은 것은 전례 없는 일이라 할 수 있다.

과학기술 개척자 중 한 사람 서수

서수(1818~1884)는 자가 설촌雪村이며, 강소 무석無錫 사람이다. 일찍이 증국번을 따라 안경내군계소安慶內軍械所를 창설했으며, 후에는 강남제조총국 창설 준비에 참여했다. 그는 수백 종의 서양 과학기술 저작을 번역했다. 그림은 당시의 화가가 그린 서수의 화상이다.

| 세계사 연표 |
1863년 터키에서 첫 국가 은행을 창설했다.

039

구양욱歐陽昱 《견문쇄록見聞瑣錄》

홍정 상인

호설암胡雪岩은 양무 활동을 벌이고, 또 기회를 보아 근대의 정계와 상업 역사에서 자신의 전기적 이야기를 엮어 나갔다.

어린 점원의 넓은 시야

홍정 상인 호광용胡光墉(1823~1885)의 애명은 순관順官이고, 자는 설암雪岩이다. 어려서 집안 형편이 좋지 않아 그는 다른 집의 소를 방목하는 일로 생계를 유지했다. 나이가 좀 들자 그는 다른 사람의 소개로 항주에 사는 우씨 성을 가진 사장이 차린 전사錢肆에서 견습공으로 일했다. 호설암은 고생을 달갑게 여겼는데, 전장錢莊에서 잡일을 잘 해 나갔다. 그리하여 3년 기한이 만료된 후 부지런하고 성실한 덕에 그는 전장의 정식 직원이 되었다.

호설암은 20살 되던 해에 자신의 운명을 바꿀 사람을 만났다. 그 사람은 다름 아닌 왕유령王有齡이다. 왕유령은 도광 연간에 절강 염대사鹽大使의 자리를 내놓았지만 돈이 없어 북경에 들어가지 못했기 때문에 벼슬자리를 찾지 못해 속을 앓고 있었다.

왕유령과 한동안 사귀어 온 호설암은 왕유령이야말로 전도유망하다고 생각해 사사로이 그에게 전장의 돈 500냥을 유용해 주면서 왕유령에게 속히 도읍으로 올라가라고 했다. 전장의 사장은 그 사실을 알게 되자 호설암을 내쫓았다.

500냥의 돈은 두 사람의 운명을 바꾸어 놓았다. 왕유령은 천진에서 시랑 직에 있는 옛 친구 하계청何桂淸을 만나 그의 추천을 받아 절강순무 문하에 들어가

1840~1911 청나라·2

항주 경여당 일각

《신보申報》. 1872년에 창간, 1949년에 정간되었다

| 중국사 연표 |

1863년 용핑榕平이 길이가 약 15m에 시속 8km로 항해할 수 있는 나무 선체의 윤선을 제조했다.

서 양대 총관糧臺總辦이 되었다.

왕유령은 벼슬을 얻은 후 호설암의 은혜를 잊지 않았을 뿐 아니라 그를 생사를 같이할 만한 친구로 여겼다. 왕유령은 호설암에게 전장을 차려주었는데, 그 명칭을 '부강阜康'이라 했다.

함풍 10년(1860) 절강순무로 승진한 왕유령은 호설암에게 모든 성의 식량 납부와 군수 물자 공급 그리고 조운漕運 등의 사무를 취급하라고 명했으며, 또 각 부와 현에 식량을 공급하면 모두 부강전장에서 돈을 지급한다는 통령을 내렸다. 이리하여 호설암의 전장은 더없이 번성했는데, 그 밖에도 전당포와 약방을 차리는가 하면 견사와 차까지 경영해 호설암은 벼락부자가 되었다.

좌종당의 깊은 신임을 받다

함풍 11년(1861) 태평군 주력이 양절兩浙 일대를 휩쓸었다. 호설암은 여러 번이나 상해에서 군수 물자와 식량을 항주로 수송해 청나라군을 지원, 청나라 조정의 깊은 호감을 얻었다.

그해 12월(1862년 1월) 호설암은 직접 상해에서 구입한 양곡과 군사용 배들을 호송해 전당강 어구에 들어섰을 때 태평군이 이미 항주를 공략했고, 왕유령이 자살했다는 소식을 들었다. 그리하여 그는 선대를 은폐시켰다.

그 후 그는 또 절강순무 좌종당 소속 부대가 강서에 있을 때 급료를 다섯 달이나 체불했고 굶어죽고 전사하는 자가 부지기수이며 이번에 군사가 절강에 들어와 형주를 고수하는 가운데 식량 공급 부족 문제로 좌종당이 밥도 제대로 못 먹고 잠도 제대로 못 잔다는 말을 들었다. 이 소식을 들은 호설암은 이 기회를 놓치지 않았다. 그는 전력을 다해 선대를 형주로 끌고 가 사흘 안에 20만 석의 식량을 마련했다. 그러고는 직접 강서 광신(상요)에 찾아가 좌종당에게 그 식량과 군수 물자를 바쳤다. 이런 일은 당시의 전쟁 환경에서 거의 완수할 수 없는 임무였다. 좌종당 앞에서 재능을 과시할 수 있는 이번 기회에 호설암은 좌종당의 칭찬을 받았으며 또 옛 상군湘軍의 식량 공급과 전운국轉運局 사무를 처리할 수 있는 중임을 맡았다.

그 후 호설암은 정부 인원의 신분과 상인의 신분으로 영파, 상해 등지의 서양인들이 모여 있는 개항장을 드나들었다. 그는 외국인과 왕래하는 기회를 이용해 1862년 프랑스 군관의 협조 아래 좌종당을 위해 모두 서양 총과 서양 대포로 장비한 '상승군' 약 1000여 명을 훈련시켰다. 이 군대는 일찍 청나라군과 연합해 영

항주 호설암 옛 저택의 뒤 화원

| 세계사 연표 |
1863년
프랑스에서 캄보디아를 자기들의 보호국이라고 선포했다.

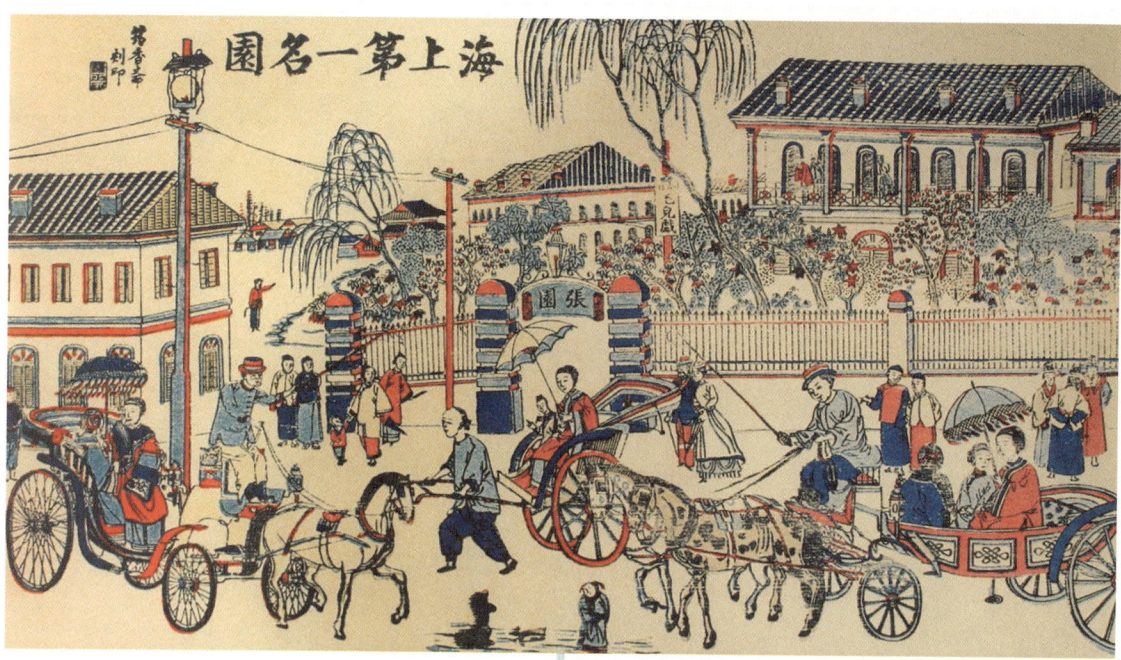

해상의 제일 명원 (청나라 후기 세화)
만청 시대 상해에는 여러 개의 화원이 있었다. 그 가운데 1885년에 정식으로 개방되었고, '해상 제일 명원名園'이라 불리던 장원張園은 규모가 제일 크고, 또한 유일하게 시민들에게 무료 개방한 화원이었다. 장원은 본래 개인 화원이었으며 건축물은 중국식과 서양식으로 되어 있었다. 화원 안의 안개제루安塏第樓는 당시 상해에서 제일 높은 건축물이었는데, 그 옛터는 현 태흥로 남쪽 끝에 있다. 이곳은 원래 밭이었지만 1872년부터 1878년 사이에 영국 상인이 임대를 맡으면서 화원식 저택으로 만들었다. 그 후 주인이 몇 번 바뀌면서 1882년 8월 상해의 거상 장숙화張叔和가 이 저택을 구매한 후 장씨미순원張氏味蓴園이라 명명했고, 이를 장원이라고 약칭했다.

파, 봉화, 소흥 등지를 함락했다.
　좌종당이 입직해 있는 기간에 호설암은 진무국振撫局의 사무를 관리했다. 민심을 얻기 위해 그는 죽 공장, 선당善堂을 세우고, 이름난 절과 옛 사당들을 수복했으며, 수십만 구의 유해를 거두고, 전란 탓에 한때 중지되었던 우차牛車를 복구했다.
　전쟁 후 재정 위기를 해결하기 위해 그는 관료와 신사들, 그리고 부자들에게 '돈을 헌납할 것'을 권하기도 했다.

초기의 양무운동 기간에 증국번, 좌종당, 이홍장 등은 그들의 특수한 신분 때문에 외국인들과 직접 교제하지 못했다. 이리하여 중국과 외국의 사무를 잘 아는 호설암이 능력을 발휘할 수 있었다.
　그는 좌종당을 도와 1866년 복주선정국福州船政局

●●● 역사문화백과 ●●●

[이금釐金]
근대 중국에서는 상품에 대해 부가헌납세를 징수했다. 태평천국이 장강 중하류에 들어선 후 청나라 정부의 세수가 큰 영향을 받았다. 방판양주군무帮辦揚州軍務 뇌이성雷以誠은 막료 전강錢江의 건의에 따라 장진에서 싸전들에게 이조항釐助餉을 기부하도록 권했다. 이듬해 청나라 조정에서는 이 방법을 강소, 하남에서 일반화했으며 그 후에는 전국으로 보급했다. 각 성·부·주·현에서는 각기 이연釐捐 총국인 이국을 설립했으며, 이국에서는 또 수륙통상요로, 장거리에 분국 또는 이잡釐卡을 세워 이연을 취급했다. 그 산하에는 또 분잡分卡과 순잡巡卡을 세워 필수품에서 1%의 세금을 징수했는데, 이를 추리抽釐, 이연이라고 했다. 이런 부가헌납세는 원래 전쟁 시대에만 거둬들였지만 태평천국이 실패한 후 계속 받아들였고, 1931년에야 없어졌다.

1840~1911 청나라·2

| 중국사 연표 |

1863년

12월에 태평천국이 소주를 잃었다.

항주 경여당 편액

을 창설했으며 또 좌종당을 위해 채굴과 운수 사무를 취급했다.

동치 6년(1867)부터 광서 7년(1881)까지 그는 좌종당의 명의로 상해에서 1250여만 냥의 내외 채무를 맡았다. 그는 이 채무로 20만 냥의 수수료를 챙겼다. 호설암은 신용을 지켜야 하며, 어느정도는 손해를 보아야 목돈을 벌 수 있다는 것을 알았다.

좌종당은 그를 아주 신임했다. 복주선정국을 창설할 때 좌종당은 "호설암은 없어서는 안 될 사람이며, 서양인들이 가장 신임하는 사람"이라고 상주했다. 그리고 서정할 때에는 대군의 급료는 호설암에게 받아야 하며 그가 없으면 아무도 이 일을 해내지 못한다고 말했다. 좌종당의 추천 아래 호설암은 벼슬길에 거침이 없었는데, 강서 후보도候補道로 추천받았는가 하면 포정사 벼슬을 수여받고 1품 관모를 쓰게 되었다. 그뿐만 아니라 황마괘黃馬褂를 입을 수 있는 상까지 받았다. 일반적으로 황마괘를 상으로 받으면 군공을 세워야 했다. 그때 좌종당은 호설암이 서정에서 모은 돈은 군공 못지않기 때문에 이런 특별상을 수여받았다고 말했다. 그는 명실 공히 '정계상인官商'이었다.

살아 있는 재복의 신

호설암은 부자가 되었다. 동치 말년에 그는 보잘것없는 전장주錢庄主에게서 3000만 냥의 거액을 받아 재력 있는 부자가 되었으며, 이로써 당시에 이미 '살아 있는 재복의 신'이라 불렸다.

부강전장은 상해, 북경, 천진 등지에 분점을 설립했다. 이외에 또 상해, 한구, 온주, 영파, 복주, 하문에서 6개소의 관은호關銀號를 경영했는데, 당시 전국적으로 개항장에 해관을 대신해 수입세를 받아들이는 이런 관은호는 21개소밖에 없었다. 그는 또 전국적으로 26개소의 전당포를 개설했다. 많은 고위급 관리와 귀인들은 거액의 저금을 그의 금융행金融行에 예금했는데, 그중에는 공친왕 혁흔奕訢과 형부상서 문욱文煜도 속해 있었다. 후에 호경여당胡慶余堂에서 생사를 구매하면서 외국 상인과 값을 다투던 중 파산하자 형부상서 문욱이 56만 냥의 은전을 갚지 못했다는 것을 빌미로 자산이 200여만 냥이나 되는 호경여당의 재산을 저당 잡았다.

큰 장사를 하면서 호설암은 갈수록 사치스러운 생활을 했다. 항주의 원보가에 있는 그의 저택은 몇 개 골목에 이어져 있었는데, 이 저택의 수리를 거듭해 더욱더 화려하고 웅장하게 장식했으며, 또 몇 십 명의 첩을 거느리기까지 했다. 전하는 바에 따르면, 그는 아내와 바둑을 두었는데 대청에 바둑판을 그려 놓고 32명의 첩에게 각각 앞가슴과 등에 붉은 글씨와 검은 글씨로 장식한 적삼을 입고 바둑알처럼 바둑판 위치에 서 있도록 하고서 제각기 지휘했다고 한다. 첩들은 지휘에 따라 움직이다 보니 서로 부딪치기도 했다고 한다.

원명원의 원영관 정면

| 세계사 연표 |

1864년 2월에 프러시아·오스트리아 연합군이 덴마크를 침입했다.

040

망해루를 불태우다

천진 교회당 사건은 민중들의 분노를 불러일으켰다. 이홍장도 이 일을 합리적으로 처리하지 못했기 때문에 국민들의 규탄을 받았다.

《광서동화속록光緖東華續錄》 출전

강변에 지은 화려한 교회

천진의 망해루望海樓는 당지에서 묘당이 운집한 지역이자 사람들이 경외하는 성지였다.

동치 8년(1869) 프랑스인들은 이 부근의 강변에 천주 교회를 지었는데, 현지의 백성들은 이 교회를 망해루 교회라고 불렀다. 고딕 양식의 풍격을 띤 교회 건축물은 북에서 남쪽으로 향하고 돌로 기초를 쌓고 벽돌 나무 구조였으며, 정면에는 지붕이 평평한 탑 루 세 채가 있었는데 붓 모양이었다. 교회는 프랑스인들이 중국에 세운 장엄한 건축물이었다.

아이들을 유괴한 테러 사건

당시 교회에서는 육영당育嬰堂을 운영하고 있었다. 육영당은 명의상 중국의 고아와 버려진 영아들을 수양한다고 했지만 중국인들은 아무리 가난해도 저절로 고아와 버려진 영아들을 육영당에 보내려 하지 않았다. 그러자 교회당에서는 포고를 내어 이런 영아들을 보내오는 자에게는 누구에게든 상금을 주겠다고 했다. 이리하여 영아들이 실종되는 사건이 끊임없이 발생했다.

얼마 후 천진 서관에서는 정해에서 어린이들을 유괴하고 있는 장계張桂와 곽괴郭拐를 체포했다. 심문 끝

청나라 시대 채색 유약 화훼 모양의 네모난 주전자 (위 사진)
이 주전자는 높이가 7.5cm이고, 남경박물관에 보관되어 있다. 조형이 특이한 이 주전자는 황토로 만든 것으로, 안에는 유약을 바르지 않았고, 외벽에만 백색 유약을 칠했다. 채색으로 풀벌레, 과일, 화훼 등을 그렸으며, 손잡이에는 녹색 유약을 발랐다.

에 그자들이 수면제로 어린이들을 유괴, 교회에 팔아먹었다는 것이 드러났다.

천진지부 장광조張光藻는 지현 유걸劉杰과 함께 이 사건을 재심한 후 그자들을 법에 따라 징벌했으며, 이를 포고로써 도시와 농촌에 알렸다.

뒤이어 어떤 사람이 또 교회에서 육영당 영아들의 시체를 하동의지河東義地에 묻어 버리고 있다는 것을 발견했다. 그래서 관부에서는 사람을 보내 조사한 결과 많은 나무 상자들을 파냈고, 그 상자 안에는 여러 구의 시체가 담겨 있었다.

분노한 사람들은 교회의 문이 하루 종일 굳게 닫혀 있어 음침하고 무시무시해 보이며, 육영당의 많은 어린이가 죽어 나가고 있다. 또 언제나 밤에 비밀리에 시체를 매장한다는 등 교회에서 어린이들을 유괴하

망해루를 불태우다 (청나라 시대 목판화)
1870, 80년대는 중국에서 돌발적인 교회당 사건이 빈번한 시대였는데, 많은 도시에서 서양 선교사들이 중국 아이들을 유괴하는 사건이 많이 발생했다. 그중 천진에서 발생한 사건이 가장 심했다.

1840~1911 청나라·2

| 중국사 연표 |

1864년

7월에 태평천국의 천경이 함락되었다.

정교하고 아름다운 희흠자 옥 여의
이 옥 여의는 재료가 순수하고 잘 다듬은 궁정 용품이다.

고 있다고 단정 지었다. 그런데 교회에서는 오히려 중국 민중이 마음대로 외국인의 거처를 교란한다는 이유로 묘지에 가서 무덤을 파고 있는 사람을 체포하여 천진주재 프랑스 영사에게 이 일에 대해 말했다.

5월 20일, 도화촌 주민들은 19살 난 무란진武蘭珍을 현 아문으로 압송해 왔으며, 그녀가 어린이들을 유괴했다고 고소했다. 심문을 받은 무란진은 교회당에서 이 일을 주도했으며 어린이 한 명당 은전 5냥씩을 받았다고 진술했는데, 그녀의 몸에서 서양 은전이 나오기까지 했다.

프랑스 영사가 총을 쏘다

6월 21일, 천진 지현 유걸은 유괴범을 끌고 대질하러 교회를 찾아갔다. 분에 넘친 대중이 교회를 포위했다. 교회 신부가 수하에게 곤봉을 들고 대중을 몰아내라고 하자 졸개들이 곤봉을 휘두르면서 대중을 구타했다.

프랑스 영사 헨리 빅토르는 3구 통상대신인 숭후崇厚에게 군사를 파견해 민중을 탄압할 것을 요구했다. 그러나 숭후가 그저 몇 명의 순포관을 파견했다는 것을 알고는 화를 냈다. 그는 흉기를 들고 숭후의 관아에 찾아가 검으로 책상을 치면서 '반란자들이 내 목숨을 노리고 있다는데, 당신이 먼저 나를 죽이라! 고 소리쳤다. 그러면서 총을 빼자마자 방아쇠를 당겨 총알이 숭후의 어깨를 스쳐 지나갔다.

그는 또 검을 휘둘러 관아의 역졸을 찌르려 하는가 하면 집의 기물들을 부쉈다. 그자는 영사관을 돌아오는 도중 천진 지현 유걸을 만나자 총을 빼들고 대중들을 탄압하라고 위협했다. 그러나 거절당하자 그는 고함을 지르며 유걸에게 총을 쏘아 유걸의 수행원 고승高升을 쏘아 죽였다.

외국인이 중국 땅에서 이토록 날뛰는 것을 본 대중들은 물밀듯이 달려들어 그 자리에서 빅토르와 신부 등을 때려죽이고 망해루 교회와 프랑스 영사관에 불을 지르고, 영국과 미국 교회 등 네 곳에도 불을 질렀다. 이 사건에서 빅토르와 그 수행원 3명, 프랑스 선교사, 수녀 12명이 죽었으며, 프랑스 교민 2명, 러시아 교민 3명을 죽이는 실수를 저질렀다.

사건 발생 후 프랑스와 미국, 영국, 독일, 러시아, 프러시아, 벨기에, 일본 등의 중국 주재 공사들이 연

●●● **역사문화백과** ●●●

[움직이는 지옥]

구미 식민주의자들이 중국 노동자들을 해외로 싣고 가던 배들을 말한다. 아편전쟁 후 구미 열강은 자국 정부의 공개적·비공개적 지지 아래 중국에 와서 중국의 매국노들과 규합해 중국인들을 유괴하거나 납치해 배에 싣고 북아메리카·호주·태평양의 여러 섬에 팔아 노예로 삼았다. 당시 이런 노동자들을 '돼지새끼'라고 불렀고, 배를 '고력선苦力船' 또는 '움직이는 지옥'이라고 불렀는데, 운송 도중 노동자들은 비인간적인 학대를 받았다. 어떤 사람은 물건을 씻듯이 솔로 씻었으며, 어떤 사람은 불에 달군 쇠로 낙인을 찍었다. 이런 노동자들은 일반적으로 돼지처럼 사면에 쇠창살을 댄 선창 안에 갇혀 빽빽하게 발 들여 놓을 틈조차 없었으며, 먹는 음식은 개·돼지 먹이였다. 병이 들면 바다에 던져 버렸고, 조금이라도 불만을 토로하는 즉시 물매를 때리거나 살해했다. 그리하여 뱃길에서 50%가량의 노동자가 사망했다. 때로는 폭동이 일어나기도 하고 때로는 선주를 때려죽이고 되돌아 회귀하는 경우도 있었다. 그리고 스스로 배를 침몰시키기도 했다.

| 세계사 연표 |

1864년
9월에 마르크스 등이 영국에서 노동자협회(제1국제당)를 조직했다.

남경의 청나라 양강 총독서 서훤문
이 사진은 남경의 청나라 양강 총독서 서훤문의 옛 사진이다. 태평천국 시대 일찍이 총독서를 천왕부로 개축했으며 후에 파손되었다.

합해 청나라 정부에 항의서를 제출했다. 영국 공사는 프랑스 공사를 도와 직접 사건을 처리하면서 가혹한 조건을 내놓았다. 예를 들면 장광조, 유걸 등을 사형에 처하고 범죄자를 엄벌해야 하고, 교회의 손실을 배상하고 재건해야 하며, 외국이 천진과 대고어구에 주둔군을 두는 것을 허락하며, 군비는 중국에서 부담해야 한다는 것이었다. 열강들의 군함은 앞 다투어 천진 어구에 들어와 중국을 압박했다.

증국번이 사건을 처리하다

이 일을 알게 된 청나라 조정은 바짝 긴장하여 직예 총독 증국번에게 천진으로 가서 숭후와 함께 사건을 처리하라고 명했다.

그는 속셈이 있었는데, 그 속셈이란 더 큰 난리가 일어나지 않도록 하며 원한을 풀기 위해 군사를 풀어서는 안 된다는 것이었다.

천진의 군민들은 증국번에게 큰 기대를 걸었다. 그러나 증국번은 〈천진의 사민士民들에게 알리는 글〉을 반포, 천진 백성들이 사리를 알지 못하고서 서양인들과 싸웠다고 책망했으며, 또 숭후의 건의를 받아들여 천진의 몇몇 지방 관리의 죄를 따졌고, 따라서 빅토르를 죽인 일로 수십 명의 백성을 잡아들였다.

바로 이때 청나라 조정은 이홍장에게 이 일을 맡으라고 명했다. 이홍장은 스승이 치욕을 참아 가며 중임을 짊어지고, 알력을 없애고 서로 사이좋게 지내도록 처리하는 데 대해 동의를 표시했다.

그 결과 천진부의 장광조와 유걸은 군대로 보냈으며, 차례로 16명의 민중을 죽였다. 그리고 은 50만 냥을 내어 배상금을 주고, 숭후를 프랑스에 특사로 파견해 사죄하도록 했다.

증국번이 천진 교회당 사건을 이렇게 처리하자 조야의 분노를 자아냈는데, 조야에서는 증국번을 '한간漢奸', '매국 역적'이라 하고, 그의 조수 정일창을 '정귀노丁鬼奴'라고 욕했다.

북경의 호남회관, 동향 집회에서는 증국번이 써 준 회관의 편액을 뜯어내 태워 버렸으며 또 홀에 걸려 있는 증국번의 초상을 떼어 내 두 눈을 도려내고, 다음과 같은 주련을 써서 증국번을 야유했다.

역적을 죽여 큰 공로를 세우고
백 번 싸워 여생을 복속에서 보내온 장군
서양 놈들과 화해한 죄 더없이 커
3년 전 죽어 버렸더라면 완전무결한 사람이었거늘.

1840~1911
청나라·2

송호철도다. 송호철도는 상해 북역부터 오송포대만까지다 127

| 중국사 연표 |

1864년 상해조계지에서 회심공해審公廨를 성립했다.

041

전보와 철도

교통과 통신은 근대화 공업이자 서양을 따라 배우는 주요 내용 중 하나였다. 근대 중국의 양무파들은 이를 잘 알았으며, 완고한 관료들도 후에 교통·통신의 기능을 인정했다.

중국에 상륙한 전보

근대 전보 기술이 날로 발전했다. 중국에 있는 외국인들이 대외와 연락을 편리하게 하기 위해 영국, 러시아, 덴마크 등의 나라들은 연합으로 홍콩에서 상해로, 나가사키에서 상해에 이르는 케이블을 놓았다.

동치 10년(1871) 4월, 덴마크 대북전보회사에서는 해상 케이블을 장강, 황포강을 거쳐 상해까지 늘였으며, 또 남경로 12번지에 전보 방을 설립했다. 이 전보 방은 6월 3일부터 전보 업무를 취급했다.

이는 중국의 첫 전보 케이블이자 상해 조계지에 세운 첫 전보국이었다.

1873년에 중국 주재 프랑스 일군 세프티미 오거스트는 《강희자전康熙字典》의 부수 배열 방법을 참조, 상용한자 6800여 자를 선택해 첫 한자 전보번호 책 《전보신서電報新書》를 편찬했다.

그 후 이 전보번호 책을 중국의 정관응鄭觀應이 《중국전보 신편》으로 개편, 중국 최초의 한자 전보번호 책이 탄생했다. 서양인의 전보가 편리하고도 빠른 것을 본 중국인들은 점차 군사 전쟁에서 정보 전달의 중요성을 인식하기 시작했다.

외국 실업가가 들여온 일류 전보통신기술사
대북전보회사는 상해에서 조직한 중국의 첫 외국 상인의 전보 통신 기구로 러시아, 영국, 덴마크 등이 공동 운영했다. 본부는 덴마크 코펜하겐에 설치되어 있었다. 일찍이 중국의 첫 해저 케이블이 블라디보스토크를 거쳐 동쪽으로 일본에까지 이르렀다. 사진은 20세기 초의 상해 대북전보회사 청사다.

●●● 역사문화백과 ●●●

[근대의 우정업]

아편전쟁 후 영국이 제일 먼저 홍콩에서 우정을 설립했다. 함풍 11년(1861) 영국과 프랑스가 상해에서 우정을 설립했는데, 당시에는 '객국客局'이라 불러 중국 민간의 '신국信局'과 구별했다. 동치 5년(1866) 해관의 총세무사 하트는 자의로 북경에서 천진까지의 우정을 경영했다. 광서 4년(1878) 천진 해관의 세무사에서는 각각 천진으로부터 우장, 연태, 진강 등 몇 갈래의 우정로를 개설하고 우표를 발행했다. 광서 22년(1896) 총리아문에서 우정을 경영하면서 대청우정총국을 설립했으며, 또 만국우정공회萬國郵政公會에 가입했다. 그러나 역시 해관에서 관리했기 때문에 여전히 하트가 좌우지했다. 우정총국 설립 후 여러 우체국 어귀에 녹색 우체통을 설치했다. 당시 편지 한 통을 부치려면 6문의 우편요금(입쌀 7근을 살 수 있었음)을 지불해야 했다. 우체국을 개설한 첫 해에 이미 은 6만 냥을 손해 보았으며, 그 후 해마다 손해를 보았다. 우체국이 관국官局이었기 때문에 '신국信局'은 점차 자취를 감추었다. 그러나 '객국客局'은 여전히 흥성했다. 선통 3년(1911) 우정총국은 우전부郵傳部에 귀속, 관리했다.

| 세계사 연표 |

1864년 스웨덴에서 양원의회제를 실시하고 새 헌법을 반포했다.

출전 《청사고清史稿》 《교통지交通志》 1권, 3권

청나라 해관 발행 우표 (견본) 3장

1878년(청나라 광서 4), 해관에서 '단색으로 오리五厘 은銀' 보상寶象무늬, '일분壹分 은銀' 보탑寶塔무늬와 '이전貳錢 은銀' 용무늬 우표 3장을 인쇄했다. 단색으로 된 이 우표는 액면 가치 외에도 '대청', '우정국'이 라는 글자가 찍혀 있었는데, 초기 우표의 기본 특징을 구현했다. 그러나 이 우표는 사용되지 못했다.

근대 중국의 전보에 관한 건의를 제출하다

동치 13년(1874) 일본은 일본인이 대만에서 살해된 사건을 구실로 중국 내정을 간섭하면서 군사를 대만에 상륙시키려고 시도했다.

당시 고향 광동에 있던 정일창丁日昌은 〈해안방어에 관한 건의〉를 올렸는데, 건의에서 그는 철도를 부설하고 전보회사를 설립할 것을 제출했다. 그러나 그의 건의는 청나라 수구파의 강한 반발을 샀다.

수구파가 주장하길, 정일창은 "오랑캐들의 물건으로 중국을 변화시키려는" 음험하고 비열한 소인배라고 했다.

청나라 시대 근무 중인 전화 교환수

광서 원년(1875) 정일창은 복건선정대신으로 부임, 이듬해에는 복건순무로 추가 임명을 받았다. 그는 복건선정학당에 전보학당을 증설하고 전보 기술자를 양성했다.

정일창은 대만에 대한 방위와 개발에 눈을 돌렸다. 광서 3년(1877) 그는 대만을 시찰하는 기회에 대만에 전보국을 설립할 것을 제출하고 전보선로를 늘일 방안을 작성했으며, 전보학당의 학생들인 소여작蘇汝灼, 진평국陳平國 등을 파견, 전문적으로 이 일을 관할하도록 했다.

그는 덴마크 대북회사에서 복주福州와 하문廈門 간

국문이 열리면서 철도를 운영하다

근대 중국은 외국 열강들이 들어오면서 서양 기술이 끊임없이 중국으로 들어왔다. 그중에는 철도 기술이 망라되어 있었다. 자본주의 국가들과 양무파들은 육속 철도를 부설하는 열조를 일으켰다. 사진은 〈철도운영도〉이며, 출전은 《점석재화보点石齋畵報》다.

1878년에 발행한 대용우표다 129

| 중국사 연표 |

2월, 중앙아시아 호칸드국 야쿠브베그가 신강을 침입했다.

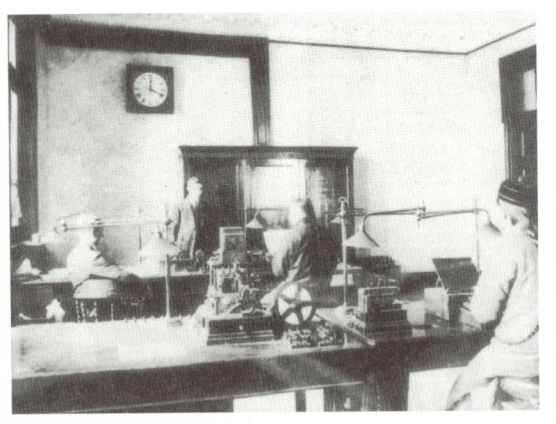

외국 실업가가 들여온 일류 전신 기술
중국의 첫 외국 상인의 전신기구인 대북전보회사에서는 중국에 당시 세계 일류로 꼽히는 전신 기술을 들여왔다. 사진은 대북회사의 발신방이다.

1881년 4월에 상해, 천진 두 곳에서 동시 시공에 착수했는데 12월 24일까지 전체 길이가 3075리나 되는 천진과 상해 전보 선로의 전선로가 준공되어 12월 28일에 정식으로 영업을 시작했다. 이 선로에서는 단체와 개인의 전보를 취급했으며 전 선로에서 자죽림, 대고구, 청강포, 제녕, 진강, 소주, 상해 등 일곱 곳에 전보분국을 설립했다. 이 전보 선로의 경영관리 형태는 정부가 감독하고 상인이 운영하는 것이었다.

오송吳淞철도

중국은 영토가 광활해 여러 자본주의 국가는 이익을 늘리기 위해서 반드시 해안에서부터 내지로 진출해야 했다.

동치 5년(1866) 영국 공사 웨이드는 오송에서 상해까지 소통하기 어렵기에 적재량이 큰 선박들이 상해에 정박할 수 없다는 것을 이유로, 청나라 정부에 오송에서 상해까지 철도를 부설해 상해와 연합 수송을 할 수 있도록 할 것을 요구했다. 철도부설에 관한 이런 이유에 의심을 품은 청나라 정부는 그의 제의를 비준하지 않았다.

선로를 가설하면서 마련한 전선과 기자재를 사들인 후 선박을 이용해 대만까지 수송했으며, 현지 탐사를 거쳐 그해 8월 시공에 착수하고 10월 11일 완공했다. 그때 그는 기후旗後, 지금의 고웅高雄에서 부성府城, 지금의 대남臺南까지 총길이 약 95리인 전보 선로를 가설했다.

이홍장이 군용 전보 선을 개설하다

879년에 직예총독 이홍장이 자신의 관할 범위 내에 대고大沽·북당北塘 포대에서부터 천진까지, 그리고 천진의 병기 공장에서부터 이홍장 아문까지 두 갈래의 전보 선을 늘였다. 이 전보 선은 중국 대륙에서 자체 건설한 첫 군용 전보 선로였다.

1880년 이홍장은 천진에 전보총국을 설립하고 성선회盛宣懷를 총판總辦으로 파견했다. 그리고 천진에 전보학당을 설립, 중국의 첫 장거리 공중 전보 선로를 늘이기 위해 준비했다.

1875년 초, 상해의 영국 상행인 이화양행에서는 오송에서 상해까지 공공도로를 닦겠다고 했으나 사실 이미 닦아 놓은 길을 토대로 궤도를 부설, 기차를 운행시키려는 것이었다. 그러나 청나라 정부는 토지를 내주는 데 동의했다.

1876년 초 이 길의 노반을 완공했으며 궤도의 4분의 3을 부설한 후 첫 시험 운행을 했다. 그 지역 군중들은 손해를 입자 강렬하게 반대했으며 상해의 관리들도 나

청나라 시대 철도 측량 계기

| 세계사 연표 |

1865년 러시아에서 타슈켄트를 공격해 호칸국을 점령했다.

서서 영국 영사와 교섭하면서 철도를 계속 부설하는 것을 제지했다. 이화양행에서는 겉으로는 명령에 따라 기차 운행을 중단했지만 궤도 부설은 예전대로 진행했다. 1876년 4월, 전체 길이 약 14.5km, 궤도 간격 0.762m인 협궤 철도 전선로가 완공되었으며 7월 1일 정식으로 영업을 시작했다.

당시의 기차는 매우 불안전했고, 운행한 지 한 달도 안 되어 지나가는 행인을 치었다. 그러자 오랫동안 쌓여 온 지역 주민의 불만이 폭발해 기차의 운행을 막고 나섰다. 그러자 영국인들은 1876년 10월 중국 측과 협의를 맺었는데, 청나라 정부는 29.5만 냥의 은을 내어 이 철도를 구매하되 돈은 일 년 반 내에 세 번 나누어 지불하며, 완불하기 전까지 예전대로 영업한다고 결정했다. 기한 내에 돈을 지불한 후 청나라 정부는 철도를 해체하고, 해체된 궤도는 기관차와 함께 대만으로 가져가 대만철도를 부설하기로 했다. 그러나 후에 여러 가지 원인으로 대만철도가 제때 시공에 착수하지 못해 오송철도 설비들은 녹이 슬어 폐철이 되고 말았다.

근대 중국에서 철도를 부설하기에는 장해물이 많았다. 그 가운데 최대의 장해는 다름 아닌 권력가들의

중국의 첫 철도인 송호철도
중국 경내 최초의 철도로, 영국이 상해에서 개설한 것이다. 1872년 영국과 미국의 상인들은 상해에서 오송에 이르는 철도를 부설하기 시작했다. 1876년 7월, 이 철도의 전선로가 개통되었다. 이 철도의 부설은 민중의 반대를 받아 나중에 청나라 정부가 은전을 내어 사들인 후 뜯어 버렸다. 사진은 송호淞滬철도가 통과하는 장면이다.

완고함과 우매함인데, 자희 태후慈禧太后가 바로 가장 전형적인 인물이었다. 그녀는 철도란 조상의 용맥龍脈을 상하게 하는 것이며 대청제국의 안전에 해를 끼친다고 했다. 전하는 바에 따르면, 그녀가 어느 해에 역현의 서릉에 가서 제사를 지내려고 하자 신하들은 그녀를 위한 철도를 부설했다. 그녀가 기차에 올라 순식간에 목적지에 이르고서야 철도의 필요성을 알게 되었고, 그때부터 더는 자기주장을 고집하지 않았다고 한다.

조정에서 수차례 논쟁을 거친 후에야 마침내 중국에 철도를 부설했는데, 1881~94년까지 14년 동안에 모두 300km여의 철도를 부설했다.

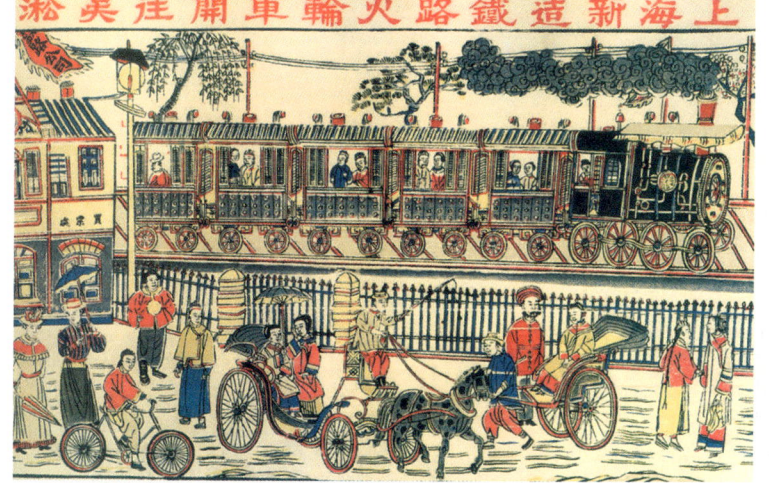

상해에서 오송으로 달리는 기관차 (청나라 후기 연화)
1876년 7월 3일 상해에서 강만江灣까지 구간의 기관차가 정식으로 개통되었는데, 사람을 치는 사고와 보수파들의 반대 때문에 후에 청나라 정부에서 뜯어 버렸다.

| 중국사 연표 |
1865년
5월에 염군이 산동에서 숭격임침군을 전멸했다.

042

무역 중개인 당정추

당정추唐廷樞는 근대 중국의 제1대 무역 중개인이었다. 그는 양행에서 양무파 관원 등으로 활동했다.

이화양행의 총 매판

당정추는 소년 시절 마카오와 홍콩의 교회 학교를 다녔기 때문에 영어를 잘 구사했다.

일찍이 도광 28년(1848) 16세의 당정추는 학교에서 나온 후 홍콩의 순례정과 교회학교에서 통역으로 일했다. 함풍 8년(1858) 상해로 온 그는 상해해관에서 수석 서기 겸 정통역正翻譯으로 일했다.

함풍 11년(1861) 당정추는 영국 상인의 이화양행에 들어가 장강 지역에서 견사와 차를 구매하고, 서양 물건과 아편을 판매했다. 그는 영어와 중국어를 아주 잘 구사하여 동치 원년(1862) 광동 방언으로 된 《영역집전英譯集全》이라는 책을 편찬했다. 이 책에서 특필한 중개 무역은 많은 호응을 얻었다.

이듬해 그는 또 초학자들이 읽을 수 있는 영어 교과서를 편찬해 당경성唐景星이라는 이름으로 이화양행에서 운영하는 《상해신보》에 광고해 사람들의 환영을 받았다. 얼마 후 당정추는 이화양행의 총 매판(중개 무역인)으로 부임했다.

그는 양행을 위해 모든 정력을 쏟았다.

동치 6년(1867) 양행은 그가 양행에 의부해 간당諫當 보험행을 창설하는 것을 허용했다. 그는 또 홍콩 보험회사의 중국인 주권의 분배 권력을 장악했다. 중개 무역으로 당정추는 자본을 축적하여 동치 11년(1872) 이화양행에서 윤선 회사를 설립할 당시 1650주 중 400주를 단독으로 구매했다.

초상국을 접수·관리하다

당정추는 손을 길게 뻗기 시작했다. 매판으로 있을 때 그는 이미 상해 사업공소絲業公所, 차잎공소와 서양 약국에서 이사직을 맡고 있었다. 또한 동치 9년(1870)을 전후해 서윤徐潤 등과 함께 자금을 모아 상해의 첫 병원인 인제仁濟 병원을 차렸다. 그 후 또 새로 설립한 격치서원格致書院, 광조공소廣肇公所 등에서 이사직을 맡았다.

이렇듯 상해에서 사회 명사가 되자 그는 점차 양행

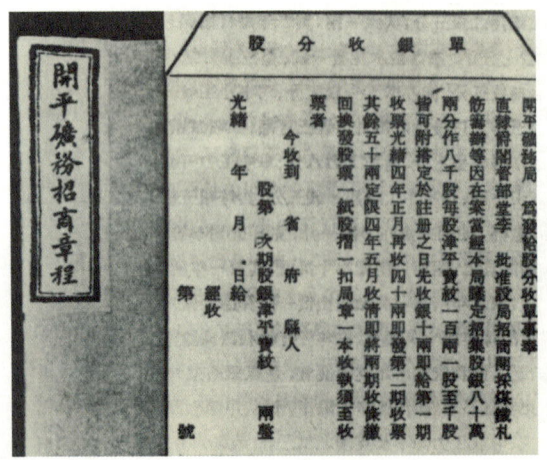

개평광무국 초상 규약과 주식 수금 영수증

중국의 초기 기차

| 세계사 연표 |
1865년
4월에 미국의 남북전쟁이 4년 세월을 거쳐 결속되었다.

《포은로로문고匏隱盧文稿》
《서윤연보徐潤年譜》
출전

에서 나와 벼슬을 생각하게 되었다.

동치 11년(1872) 이홍장이 상해에서 윤선초상국輪船招商局을 설립했는데 자본이 부족하자 성선회盛宣懷의 추천을 거쳐 당정추에게 도움을 요청했다.

이는 당정추의 생각과 맞아떨어졌고, 그는 은 47만 냥을 모아 초상국 총판으로 취임했으며, 또 도대道臺의 벼슬을 얻게 되었다. 이리하여 단번에 껑충 뛰어올라 당당히 3품관의 관복을 입게 되었다.

이는 청나라에서 정부가 감독하고 상인이 경영하는 첫 기업이었다.

정계에서 떠돌다

광서 원년(1875) 봄에 당정추는 명을 받고 복주로 가서 복주선정국에서 학생들을 모집했다. 이 기간에 그는 이홍장의 명을 받고 덴마크 대북전보회사와 복주와 하문 간 전보 선로에 관한 일을 교섭했다.

서양 사무의 특성을 잘 알고 있는 그는 10여 차례 변론을 거쳐 마침내 이 구간의 전보선로를 정부 측에 귀속시키고, 경영하도록 했다.

당서철도
1879년 당산唐山에서 서각장胥各莊까지의 철도가 이홍장의 청구에 의해 부설되었다. 이 철도는 1881년 초 착공해 6월 완공했으며, 당서철도라고 불렀다. 당서철도는 영국 공정사 클로드 윌리엄이 부설을 감독했다. 사진은 이홍장이 당서철도를 시찰할 때 사진이다.

개평의 탄광·철도

이듬해 이홍장은 또 당정추에게 개평으로 가서 석탄광, 철광을 탐사하라고 명했다. 시공을 하고 탄광을 개발한 후 그는 철도를 부설해 캐낸 석탄을 운송하도록 했다. 그런데 탄광 소재지가 동릉과 가까이 있었기에 예부시랑 기세장祁世長이 앞장서서 능침을 놀라게 하지 않도록 채탄을 중지하는 데에 관한 상주서를 올렸다. 당정추는 도리를 따져 가며 논쟁했다. 철도가 통과한 후 그는 낡은 문서를 다시 들고 나오지 않도록 하기 위해 처음에는 노새와 말로 열차를 끌다가 그 이듬해에야 기관차를 사용했다. 그런데도 여전히 운행하지 못한다는 명령을 받았으며, 여러 차례 우여곡절을 겪은 후에야 다시 운행했다.

●●● 역사문화백과 ●●●

[근대 중국 최초의 철도]

역사상 첫 철도는 1825년에 부설되었다. 동치 4년(1865) 8월, 영국 상인이 북경 선무문 밖에 길이 500m 남짓한 철도를 부설해 작은 기관차를 시험 운행해 외국인들이 중국에 철도를 부설했음을 과시했다. 그러나 이 철도는 당장 보군통령 아문의 명령에 따라 해체 되었다. 광서 2년(1876) 이화양행에서 송호철도를 부설했는데 전체 길이는 15km였다. 이 철도는 후에 청나라 조정에서 28만여 냥의 은전을 내어 사들인 후 모두 해체한 후 배에 실어 바다에 던져 버렸다. 중국인이 자체 부설한 첫 철도는 대만 기륭 탄광 구역의 노요갱老窑坑에서부터 빈해濱海까지의 석탄 수송 철도다. 이 철도는 광서 3년(1877) 정일창이 복선순무로 임직하는 기간에 부설했다. 다른 한 갈래는 광서 6년(1880)부터 그 이듬해 5월까지 완공한 당산에서부터 서각장까지의 철도로, 전체 길이 11km다. 이 철도는 그 후 10년 사이 산해관까지 연장되었는데, 전체 길이 200km였다.

곽숭도郭嵩燾다. 1875년에 그는 먼저 영국주재 공사로 있었고 후에 프랑스 공사를 겸임했다

| 중국사 연표 |

1865년

9월, 이홍장이 상해에 강남기계제 조총국을 설립했다.

043

외국 유학을 조직한 양무파

당시만 해도 아이를 서양으로 유학시키는 것은 중국에서 그리 쉬운 일이 아니었다.

중국 최초의 재미 유학생

중국 최초의 유학생인 용굉容閎은 미국 예일 대학을 졸업했고, 중국 근대 유학 운동의 발기자이기도 했다.

용굉은 1828년 11월 광동 향산의 남병촌南屛村에서 태어났는데, 포르투갈이 차지한 마카오와 아주 가까웠다. 그는 일찍이 영국 선교사가 마카오에서 창설한 '서숙書塾'에서 공부하다가 얼마 후 학교 운영이 중지되는 바람에 중도 퇴학했다. 그는 집안이 가난해 인쇄 공장에 들어가 견습공으로 일하기도 했다.

1841년 그는 홍콩의 매디슨 교회학교에서 공부했다. 1847년에 이 학교의 교장 새뮤얼 브라운(Samuel Robbins Brown)의 부인이 병을 앓아 잠시 중국을 떠나 귀국했을 때 용굉도 그를 따라 미국으로 갔다.

그는 매사추세츠에서 공부하다가 2년 후 예일대학에 합격했다. 1854년 대학을 졸업한 후 그는 미국에 남아 일해 달라는 요청을 거절하고 조국으로 돌아왔다.

유학 계획을 실현하다

대학에서 공부할 때 용굉은 이미 중국인들의 유학 계획을 구상했다. 그는 더 많은 중국 학생이 자기처럼 서양의 교육을 받게 하려 했다. 그의 계획은 귀국 후 증국번, 이홍장, 정일창 등 양무파의 지지를 받았다. 일찍이 동치 원년(1862) 총리아문 대신 혁흔은 청나라 조정에 동문관同文館(외국어 학교)을 창설하는 데에 관한 상주서를 올렸다.

이듬해 혁흔은 우연한 기회에 진정서를 보았는데, 진정서에는 이미 일본에서는 어린이들을 러시아와 미국으로 유학시켜 선박, 대포 제조, 화약 제조는 물론 모든 병기 기술을 배우고 있다고 쓰여 있었다.

진정서를 읽고 난 혁흔은 중국에서도 유학생들을 파견할 수 있으면 얼마나 좋을까 생각했다. 그러나 영솔할 사람을 찾지 못했기에 계획을 중단해야 했다. 그리하여 동치 10년(1871) 어린이 유학 문제에 관한 이홍장의 상주서를 받자 즉시 비준했다.

동치 11년(1872) 상해에서 어린이 출국 유학 이업국肄業局을 성립하고 진란빈陳蘭彬, 용굉이 정·부 감독으로 되었으며 요구되는 경비는 해관에서 지급하기로 했다. 유학 계획은 4년에 나누어 진행되었

미국에 처음 파견된 유학생들
동치 10년(1871), 증국번과 이홍장은 〈어린이들을 선발해 태서泰西에 파견하는 데에 관한 이업 장정〉 12개조를 상주했으며, 이듬해 30명의 유학생이 미국 길에 올랐다. 사진은 미국 유학생들이다.

| 세계사 연표 |

1865년
영국에서 용광로 제강법을 발명했다.

용굉容閎 《서학동절기西學東漸記》 출전

도광 시대에 만든 연지지개광胭脂地開光 사계화무늬 사발
이 한 쌍의 사발은 높이는 6cm이고, 지름은 15cm이며, 청나라 도광 연간의 자기 진품이다. '개광' 장식 예술은 당나라 때 이미 출현했는데, 청나라 시대에는 더욱 완벽해졌다.

는데, 해마다 12~16세의 남자 아이를 30명씩 총 120명을 파견했으며, 유학 기한은 15년으로 정했다.

시체를 따르다

1872년 8월 11일, 30명의 중국 소년들이 상해에서 원양상선에 올라 미국으로 갔다. 그들은 대부분 광동에서 왔다. 가난하고 낙후된 시골에서 온 어떤 어린이는 이국 타향에 이르자 상상 밖의 세계에 놀라움을 금치 못했다. 당시 미국인들도 그들을 보고 이상하게 여겼다. 장삼을 입고 머리를 땋고 과피모를 쓴 그들이 거리에 나타나면 언제나 사람들이 모여들어 구경하는 바람에 아이들은 쑥스러움을 금치 못했다.

그들은 미국 주민의 집에서 함께 먹고 생활해 보니 언어 장벽을 넘을 수 있었다. 국내에서처럼 봉건예교의 속박이 없어 어린이들은 자유자재로 여러 가지 체육 경기와 사회 활동에 참가했으며, 또 교회에 가서 예배를 드렸다. 얼마 되지 않아 아이들은 자신들의 옷차림과 머리 모양에 혐오감을 느꼈다. 어린이들은 토론을 거쳐 아예 몸에 딱 맞고 입기 편리한 양복을 갈아입었으며, 어떤 아이는 긴머리 태를 잘라 버렸다. 양복에 단발을 하고 보니 멋있었다.

한림 출신 진란빈陳蘭彬은 어린이들의 달라진 모습을 보고 용굉을 질책했다. "아이들을 어떻게 단속하는 건가? 그 머리 태가 자르고 싶으면 자르는 머리 태인가?" 그러나 용굉은 대수롭지 않게 대답했다. "잘랐으면 자른 거지요. 사람이란 유행을 따르기 마련이라는 것을 알지 않습니까? 저의 머리 태도 없어진 지 오래됐지만 조정에서는 나를 어쩌지 못하지 않습니까?" 그 말에 진란빈은 기가 막히고 말문도 막혔다.

몇 년 후 진란빈이 미국 주재 중국 공사로 취임했고 한림원 편수 출신인 오가선吳嘉善이 감독으로 부임했다. 처음 온 그는 대청 관원의 위세를 부렸다. 키도 크

첫 유학생 용굉
용굉(1828~1912)은 자가 달맹達萌이고, 호는 순보純甫이며 광동 향산현 남병진 사람이다. 19세에 황관黃寬, 황승黃勝과 함께 미국으로 가서 배우면서 과학으로 나라를 구하는 길을 탐색했는데, 시험을 거쳐 예일대학에 들어가 미국의 대학을 졸업한 첫 중국 유학생이 되었다. 함풍 5년(1855)에 귀국한 그는 홍콩의 영국정부 고등재판정의 통역과 상해의 영국 상인 사다絲茶 회사의 서기書記로 일했다. 1912년 4월 그는 미국에서 병사했다. 저서로 《서학동절기西學東漸記》가 있다.

| 중국사 연표 |

1866년
청군이 광동 가응주를 함락했다. 남방의 태평군이 전부 실패했다.

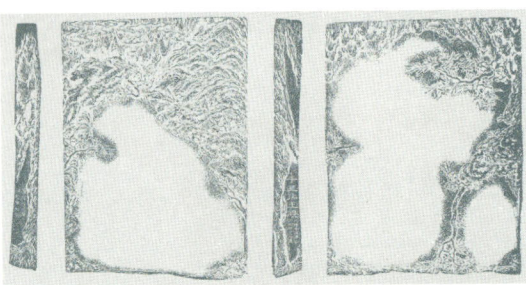

청나라 시대 단연 꽃무늬, 명문 탁편
단연端硯은 중국의 4대 명연 중 한 명으로 유구한 역사를 가지고 있다. 단연은 상등급 석재에 장인이 정교한 도안을 새겨 넣었는데, 그야말로 아름다움을 한 몸에 지녔다고 할 수 있다. 네모난 이 단연은 광서연간에 만든 벼루로, 정면과 측면에 모두 정교하고 아름다운 도안이 새겨 있다. 명문에 '천금후왕연千金侯王硯'이라고 새겨져 있다.

고 지식도 일취월장한 아이들은 국내의 예의범절을 알은체하지 않았다. 그들은 감독을 보고도 무릎을 꿇은 예를 올리지 않았기 때문에 오랫동안 서로 대치해 있었다. 체면을 잃었다고 생각한 오가선은 대로했다.

오가선은 청나라 조정에 상주서를 올려 미국에서 유학 중인 학생들은 '유학 경서를 얼마 읽지 않고, 덕성을 튼튼히 하지 않으며, 아직 이국의 강점을 배우지 않고서 도리어 악습에 젖었다.'는 구실로 전체 학생들을 소환할 것을 건의했다.

진란빈도 재미 유학생 소환에 관한 상주서를 올리면서 이런 아이들은 "외국의 장점을 아직 별로 알고 있지 못하면서 벌써부터 이족의 경박한 습관에 젖었다."고 했다.

••• 역사문화백과 •••

[곽숭도와 셰익스피어]
셰익스피어에 대한 중국인들의 평론을 문자로 기재한 사람은 곽숭도郭崇燾다. 광서 2년(1876) 곽숭도는 제1임 영국주재 공사로 부임했다. 그는 《런던과 파리 일기》에서 세 번이나 셰익스피어를 언급했다. 그 가운데 하나는 광서 4년(1878) 12월 26일 런던에서 셰익스피어의 극을 관람한 후 기재한 것이다. '저녁이었다. 마그리트의 요청을 받고 시엔엠 극장에 가서 셰익스피어의 극을 관람했다.'

처량하게 귀국하다

1881년 여름, 진란빈의 상주서를 받은 혁흔은 이홍장의 의견을 청취했는데 그때 이홍장은 절반을 소환하자고 건의했다. 당시 중국 주재 미국 공사는 총리아문에 미국의 여러 대학 학장들의 연명 편지를 전해주면서 유학생들을 소환하지 말 것을 중국에 간곡히 청구했다. 그러나 혁흔은 당시 자안 태후가 갑자기 병사해 자희 태후가 다시 대권을 독점한 일을 감안해 일을 더욱 신중하게 처리하여 마침내 전체 학생을 3기로 나누어 소환하자는 데 동의했다. 이리하여 대다수 학생은 대학 공부를 중단했고, 중학교에서 한창 공부하던 학생들도 부득이 중도 퇴학해 귀국해야 했다.

그렇지만 이번 유학생 가운데는 여러 면의 전문 인재와 저명인사들이 적잖이 배출되었는데 경장철도를 설계하고 부설한 첨천우詹天佑가 바로 그중 한 사람이었다. 오앙증吳仰曾, 광영광鄺榮光은 중국의 첫 야금공정사가 되었고 당소의唐紹儀는 일찍이 북양정부의 제1임 국무총리가 되었다.

최초의 외국어 학교 - 동문관
동치 원년(1862), 총리 각국 사무아문 내에 중국 최초의 외국어 학교 동문관을 설립했다. 교원은 외국인이었고, 동문관 건립은 근대 중국 신식 교육의 발단이었다. 사진은 북경 동문관 입구다.

| 세계사 연표 |

1866년 제1국제당이 스위스 제네바에서 제1차 대표대회를 거행했다.

044

《청사고淸史稿·지리지地理志 18권》
《심문숙공정서沈文肅公政書》

심보정의 대만 시찰

대만에 일본군이 출병하자 심보정沈葆楨은 군사 대비를 강화하는 한편 평화회담을 거쳐 군대를 철수하도록 했다.

일본의 무리한 출병

일본은 메이지유신 초기에 이미 대외 팽창을 주장했는데, 그중 하나가 대만을 침략하는 것이었다.

1874년(동치 13) 일본은 3600여 명의 군사를 파견해 5월 10일 대만 낭왕교琅王喬로 상륙했다. 22일에 200여 명의 일본군이 석문石門을 공격했으며 모단사牡丹社 수령 아록阿祿 부자 등 16명이 희생되었다.

6월 2일 일본군 주력 1300여 명은 모단사, 고사불高士佛 등 두 곳을 공격했고, 이튿날 모단사를 점령한 후, 구산龜山에 '도독부'를 설립하고, 그 지방을 차지하려고 했다. 청나라 정부는 복건 선정船政대신 심보정을 흠차대신으로 대만으로 파견해 방어를 하도록 했으며 다른 한 면으로 영국, 미국, 프랑스 등 세 나라와 일본과의 회담을 진행했다.

청나라 시대 분채 과자課子 도안의 접시 (위 사진)

증국번 일기에서의 무기, 윤선의 제조, 실험에 관한 내용

한 치의 땅도 남에게 양보하지 않는다

심보정은 복주 사람으로, 도광 27년(1847)에 진사 급제했다. 그는 선정대신, 양강총독 겸 통상대신으로 임직하는 동안 여러 번 근대화를 이뤄 부국강병을 실현할 것을 제창했다.

요직에 부임된 후 그는 즉시 청나라 조정에 일본이 대만을 침범한 사실을 각 나라에 알릴 것을 요구했다. 그리고 그는 6월 14일 대만으로 갔다.

6월 16일에 팽호澎湖에 도착한 그는 그곳에서 하루 동안 해안방어 태세를 시찰했으며, 이튿날 대만의 안평安平에 도착해 그곳에 있는 도원道員 하헌륜夏獻綸과 총병 당전규唐殿奎를 만나 대만 방어에 대해 의논했다.

양광총독 심보정 (청나라 오우여 그림)
심보정(1820~1879)은 임측서의 사위이고, 광신부廣信府, 지금의 강서 상요上饒에서 지부로 임직했다. 부인의 협조로 그는 성을 포위한 태평군을 몰아낸 후 벼슬길에 올랐고, 증국번의 추천으로 강서순무 직을 맡았다.

1840~1911 청나라·2

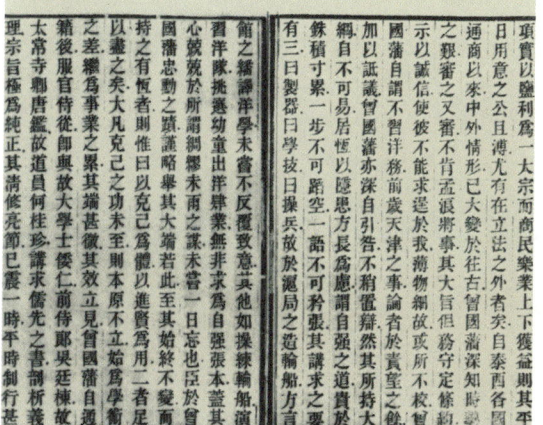

회심공해會心公廨

| 중국사 연표 |

1866년
11월, 좌종당이 군수공장인 복주선정국을 설립했다.

'동치'의 유래

재순이 즉위한 후 연호를 '기상祺祥'이라고 지었다. 의정왕, 군기대신들은 명을 받고 의논한 후 '동치同治'라는 두 글자를 올렸는데 자희태후, 자안 태후는 이 글자를 사용하는 것에 동의했다. '동치'란 두 태후가 조정에 나가 통치한다는 것을 말한다. 사진은 '내각에서 황태후의 성지를 받들어 명년을 동치 원년으로 하는 문제에 관해'라는 글이다.

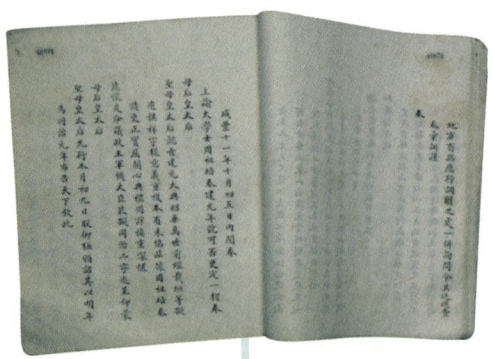

심보정은 대만에 깊은 관심을 가졌다. 그날 그는 일부러 안평에 있는 정성공사鄭成功祠를 참배하면서 정성공이 대만을 수복한 데 대해 찬탄을 금치 못했다.

나흘 후 심보정은 직접 한 부의 각서를 작성하고 전권특사를 특파해 대만을 침범한 일본군 최고사령관에게 보냈다. 각서에서 그는 다음과 같이 성명했다.

'중국의 땅은 한 치도 남에게 양보하지 않는다!'

포대를 쌓아 대만의 해안 방어를 강화하다

당시 대만은 육로 방어가 아주 공허했으며 군대는 전투력이 형편없이 낮아 작전에 투입할 수 있는 병사는 대만에 주둔해 있는 1000여 명과 내지에서 금방 이동해 온 1000명밖에 안 되었으며 온 대만 땅에는 쓸 만한 대포가 한 문도 없었다. 그리하여 심보정은 긴급히 증원을 요구하고 적극적으로 계획을 세우면서 향용鄕勇들을 모집했다. 그리하여 8월 중순에 이르러 병용兵勇은 무려 16개 영의 8000여 명으로 늘어났다. 동시에 안평에 병용 1500명을 수용할 수 있는 포대 하나를 세우고 그 안에 대포 5문, 소포 4문을 걸어 놓았으며 또 봉산현 경내에 동항포대, 기후포대를 건축했다. 팽호에 마조궁 포대를 앉히고 새로 대성북 포대를 더 증축했으며 북로에 기륭포대와 호미포대를 세워 대만의 주요 바다 어구에 포대 방어 시설을 갖추었다.

그리고 심보정은 독일에서 서양 총을 구입하고 대만진 총병 장기광張其光, 대만도 하헌륜에게 군사를 거느리고 남북 두 갈래로 주둔하도록 했다. 또한 상주서를 올려 철갑선을 구매하고 군대를 증파, 대만에 대한 방어를 강화할 것을 요구했으며 '양무호', '비운호', '안란호', '정원호', '진위호', '복파호' 등 6척의

화륜포를 끌어오다 (청나라 후기 세화)
이 그림에서는 갑오전쟁 기간의 요동 전투를 묘사했다.

| 세계사 연표 |
4월, 미국 국회에서 공민권법제를 채택했다.

군함을 팽호에 상주시키고 '복성 1호'를 대북에, '만년 1호'를 하문에 주둔시키고 '제남 1호'를 복주에 주둔시켰다. 그리고 '영보호', '침항호', '대아호' 등 세 척의 함정을 수송선으로 삼고 함정 한 척으로 복건과 상해 사이에서 바다를 경계하고 소식을 전하도록 했으며, 조선소를 가동해 하루빨리 선박들을 건조하도록 했다. 그리고 현지의 고산족高山族과 공동으로 외적에 대처하도록 했다. 군대 이동과 포치가 결속되자 청나라 정부의 정예 부대인 회군이 9~10월 사이에 대북으로 들어가 주둔했으며, 일본군과 정면으로 대치했다.

평화 담판을 거쳐 일본군이 철퇴하다

중국과 일본은 날카롭게 맞서 형세가 사뭇 팽팽했다. 양방은 담판으로 문제를 해결할 것을 희망했다.

7월 중순, 일본은 야나기하라 마에미츠를 사신으로 하여 중국과 담판을 지었으며, 8월 1일에는 또 오쿠보 도시미치를 전권대신으로 임명하고 중국에 와서 담판을 짓도록 했다. 9월 10일 오쿠보 도시미치가 북경에 도착했다. 9월 14일부터 10월 말까지 중·일 양쪽은 연속 7차례의 회담을 거행했다.

10월 18일 열린 제5차 회담에서 오쿠보는 청나라 정부에 출병 비용을 보상해 달라는 요구를 제기했으며, 20일에 열린 제6차 회담에서 중국 측은 얼마간 배상해주는 데 동의하고 군대를 철수할 것을 요구했으며, 중국이 자체적으로 대만에서 교민들이 살해당한 사건을 조사하고 처리하기로 했다. 23일에 열린 제7차 회담에서 배상 액수에 대해 이견이 발생하면서 아무런 결과도 보지 못했다. 25일 오쿠보와 야나기하라 마에미츠는 총리아문에 각서를 교부하면서 귀국하겠다고 말했다. 마침내 영국공사가 조정한 후 중국과 일본은 10월 31일 '북경전조北京專條'를 체결했다.

소무목양도蘇武牧羊圖 (청나라 임이 그림)
이 그림은 청나라 말기의 화가 임이任頤가 청나라 광서 14년(1888)에 그린 그림이다. 그의 그림은 필묵, 색채, 구도 등이 모두 독특하다. 그는 당시의 저명한 해파海派 화가였다. 이 그림을 그릴 때는 나라에 사건이 많이 일어난 때였다. 임이는 소무蘇武의 절개로 국민들을 감화시키려 했다. 이는 또한 화가의 속셈이기도 했다.

그 외의 '회의평단會議評單'은 중국이 먼저 금으로 은 10만 냥을 지불하며, 일본군은 12월 20일 모두 철수한 후 중국은 일본이 대만에서 길을 닦고 집을 짓는 등의 비용으로 은 40만 냥을 지불한다고 규정했다.

그해 12월 23일 일본군은 대만에서 철수했다.

'동광신정同光新政' 또는 '자강신정自强新政', '자강운동自强運動' 이라고 했다

| 중국사 연표 |

1866년
11월, 12일 손중산이 탄생했다.

045

왕도가 신문을 창간하다

왕도王韜는 홍콩에 망명해 있는 동안 《순환일보循環日報》를 창간했다. 이 신문은 중국인이 창간한 첫 근대 신문이다. 그는 자신의 사상을 정론으로 써서 신문에 발표해 국내외에 영향을 끼쳤다.

강남의 재자

도광 27년(1847), 부모를 찾아 상해로 온 왕도는 2년 후 당시 상해 묵해서관에 있는 선교사의 요구에 따라 중문中文조수가 되어 그를 도와 저작을 수정·윤문하면서 머드허스트와 함께 《신약전서新約全書》, 《격치신학제강格致新學提綱》, 《광학도설光學圖說》 등 종교과학 저서를 번역했다. 이 기간에 왕도는 서양의 종교사상과 과학 기술에 대해 체계적으로 이해했으며, 중국과 서양의 모순에 대해서도 자신의 견해를 밝혔다.

전설의 '긴 털의 장원'

상해에서의 번역 사업은 비록 순조롭게 진행되었지만 왕도는 마음속으로 여전히 공명을 바랐다. 바로 이때 태평천국이 장강 중하류를 차지하고 뒤이어 상해로 근접해 왔다.

이때가 바로 자기가 두각을 나타낼 수 있는 좋은 기회라고 생각한 왕도는 1852년부터 1862년까지 연이어 청나라 조정의 국경을 수비하는 고위급 관리들에게 상서를 올려 태평천국을 어떻게 평정할 것인가 하는 문제로 계책을 내놓으면서 고위급 벼슬로 자신을 발탁해 주기를 바랐다. 그러나 그의 상서에는 아무런 회답도 없었다.

왕도는 청나라 정부의 중시를 받지 못하자 태평천국에 접근하기 시작했다. 그리고 그와 함께 묵해서관에서 성경을 공부한 적이 있는 홍인간洪仁玕은 이미 태평천국의 간왕干王이 되어 태평천국을 총관하고 있었다. 그리하여 왕도는 이런 친분을 이용해 여러 번이나 서양인들을 따라 태평천국의 수도 천경을 방문했다.

함풍 10년(1860) 그가 집으로 돌아가 부모를 찾아뵐 때 태평군은 이수성李秀成의 영솔 아래 상해를 공격할 준비를 하고 있었다. 본명이 왕한王翰인 왕도는 '황원黃畹'이라는 가명으로 태평천국 소복성蘇福省의 민정 장관에게 상서를 올려 태평군의 행동을 위해 계책을 대주었으며 상해에 대한 공격을 잠시 늦추고 영국, 프랑스와의 관계를 잘 처리하며 장강 중하류를 공고히

청나라 시대 황색 바탕의 오채 구름, 학 무늬 큰 사발 (위 사진)

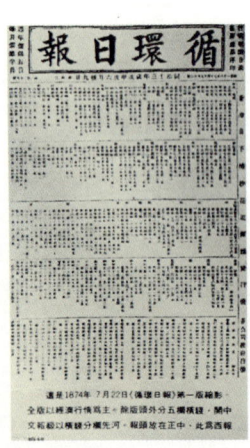

《순환일보》
왕도는 동치 13년(1874), 홍콩에서 《순환일보》를 창간했다. '순환'이라는 신문 제목에는 전통적인 '순환 사관史觀'이란 뜻이 내포되어 있는 귀중한 자료다.

왕도 인물상
왕도는 몸이 뚱뚱하며 용모가 특이했다. 당시 사람들은 "뚱뚱하지만 재간은 누구 못지않으며, 북방 사람의 용모를 가졌지만 서양인들도 따르지 못하며, 소와 말의 정신, 원숭이의 품성으로 날마다 천 마디를 할 수 있을 만큼 문장이 뛰어나다."라고 조롱했다. 그러나 왕도는 이 말을 적어 두고 스스로 격려했다.

| 세계사 연표 |

1866년 7월에 영국보수당의 데이비 훈작이 내각을 구성했다. 이는 자유당과 윤번으로 집권하는 첫 시작이었다.

《도원문록외편桃園文錄外編》 출전

광수 화조화, 산지목酸枝木으로 테를 두른 액자
길이가 46.5cm이고, 폭이 34.5cm인 이 액자는 만청(1851~1911) 시대에 만들어진 것으로, 현재 광동성 박물관에 소장되어 있다. 이 액자는 하얀 비단을 바탕으로 금계錦鷄, 제비, 꽃 등을 수놓았는데, 그 뜻은 '아름다운 앞날' 이다. 이 액자는 인각鱗刻, 찰침扎針, 창침戧針, 철화撤和 등 여러 가지 광수침법廣繡針法으로 수놓아 있다. 테에는 작은 여덟 신선과 꽃을 박아 넣었다.

하는 데에 관한 책략을 제출했다.

이 상서는 이수성이 받아 보지 못했지만 동치 원년(1862) 3월 상해의 왕가사王家寺 대전에서 태평군이 전패하면서 전장에 남겨 놓았으며 그 후 청나라군의 손에 들어갔다.

그 상서를 보고 난 설환薛煥, 이홍장 등은 크게 놀랐다. 그도 그럴 것이 다행히 태평군이 그 상서에 밝혀진 대로 행동하지 못했기에 망정이지 그렇지 않았더라면 후과가 상상조차 할 수 없었기 때문이다.

이 상서의 중요성에 비추어 1862년 청나라 조정은 황원을 체포하라는 성지를 내렸다. 정황이 좋지 못하다는 것을 알아차린 왕한은 급히 묵해서관으로 도망쳤으며, 영국영사관을 거쳐 상해에서 빠져나와 수십 년의 망명 생활을 시작했다.

이 일은 후에 끊임없이 유전되면서 상서를 올린 왕한은 태평천국 시대의 장원이 되었다. 그때부터 그는 이름을 '왕도' 라 고쳤다.

홍콩에 망명해 《순환일보》를 창간하다

홍콩으로 간 왕도는 몇 년 동안 유럽을 비롯한 열국들을 돌아다녔다. 유럽 여행에서 그는 점차 서방의 여론 공개와 신문업의 발달은 국가의 발전과 인과 관계가 있다는 것을 인식하게 되었다. 서양을 따라 배워 정보가 빠른 환경을 개척하며 중국인들에게 세계를 이해하고 중국을 이해하는 창구를 마련하도록 하기 위해 1874년 2월 4일 왕도는 홍콩에서 《순환일보》를 창간했다.

신문을 말한다면 고대의 중국에는 그때까지 조정

●●● **역사문화백과** ●●●

[묵해서관]
묵해서관墨海書館은 영국 선교사가 상해에 설립한 최초의 편역, 출판 기구였다. 도광 23년(1843)에 인도네시아 자카르타에서 상해로 온 런던 전도회 선교사 머드허스트가 이름을 지었다. 묵해서관은 머드허스트, 와일리 알렉산더가 20여 년 동안 주최했다. 주요 업무는 《성경》과 유관 소책자들을 인쇄하는 것이었고, 후에는 과학기술 서적을 번역·출판했다. 인쇄기는 소로 회전축을 돌리도록 했다. 그래서 당시 사람들은 '소 수레가 묵해의 회전축을 돌리니／ 여러 가지 글자들이 그 안에서 돌고 돌아／ 다급해 늙은 소를 잡아 버리는 줄도 모르니／ 밭은 갈지 않고 책 밭을 가는구나' 라는 시까지 썼다.

1840~1911 청나라·2

윤선초상국 141

1867년

| 중국사 연표 |
영국 웨이펑 은행 상해 분행이 영업을 시작했다.

의 문건을 기재하는 《저보邸報》밖에 없었다. 아편전쟁 후 외국인들이 중국에서 많은 신문을 창간하기는 했지만 대부분 영문판이었고, 중국 문자로 된 신문이 있다고는 하지만 그 창간자와 편집자 모두 외국인이었다. 그러나 왕도가 창간한 《순환일보》는 창간, 편집, 인쇄, 판매에 이르기까지 모두 중국인이 운영하는 것이었다. 그렇기에 《순환일보》는 중국 역사에서 중국인들이 창간한 첫 신문이라고 할 수 있다.

《순환일보》는 일요일을 제외하고 매일 발행했으며, 처음부터 정론 신문의 모습이었다. 신문사 주필로서 왕도는 거의 모든 정론을 직접 썼으며 신문에 정기적으로 게재했다.

1874년 5월부터 1885년 12월까지 왕도는 '천남순수天南遁叟', '둔굴폐민遁窟廢民' 등의 필명으로 신문에 890편의 정론 문을 발표했다. 《순환일보》는 사회 여론을 인도하는 것을 방향으로 사회의 폐단과 시사를 논했다.

그 후에 유신파들이 창간한 신문들은 대부분 《순환일보》의 풍격을 따랐다. 왕도와 직원들의 노력을 거쳐 《순환일보》는 70, 80년대에 발행 부수가 가장 많은 중문신문이 되었으며, 국내외에 모두 상주대리가 있었다.

서양을 견문한 후 책을 쓰다

홍콩으로 망명한 후 그는 영국인 레그의 요청을 받고 1867년부터 유럽에 대해 장장 몇 년 동안 몇 십 국을 돌아다니는 여행을 시작했다.

그는 자신의 유럽 여행 과정을 《만유수록漫游隨錄》이라는 책으로 묶어 중국인들에게 영국의 의회제도,

〈상해 외국인 거주지 규약〉
공공 외국인 거주지 공부국工部局이 성립 된지 얼마 안 되어 열강들은 상해에 외국인이 날로 늘어나자 법률에 적용되지 않는 사건을 규정해야 한다고 했는데, 그 목적은 공부국의 권력을 확대하고, 외국인 거주지의 행정권을 '합법화' 하려는 것이었다. 동치 4년(1865) 공부국 이사회는 특별회의를 소집하고 전문위원회를 성립해 규약을 개정하기로 했다. 그 후 각국 영사들의 뜻에 따라 규약 초안에 대한 개정을 마쳤다. 동치 5년 2월에 소집된 외국인 거주지 특별회의에서는 〈상해 외국인 거주지 규약〉을 통과했다.

프랑스의 루브르 궁 등을 소개했다. 그가 프랑스를 여행하는 기간에 프러시아와 프랑스 간에 전쟁이 발발했다. 전쟁을 직접 겪은 사람으로 그는 전쟁을 사실대로 기록하고, 자기의 평가를 달아 《프러시아·프랑스 전쟁》이라는 책을 썼다.

그리고 1879년에 왕도는 일본으로 가서 메이지유신 후의 일본 사회를 이해했으며, 그것을 토대로 《부상유기扶桑游記》라는 책을 써서 중국인들에게 일본을 이해하고 배울 수 있도록 했다.

청나라 시대 운용云龍 무늬가 새겨 있는 자단관피紫檀官皮 상자

| 세계사 연표 |

1867년
마르크스의 《자본론》 제1권이 출판되었다.

046

《좌문양공주고左文襄公奏稿》 출전

좌종당의 신강 수복

세계 열강의 중국에 대한 침략이 잇따르자 점령당한 영토를 포기할 것인지, 수복할 것인지에 대한 논쟁이 청나라 정부 내에서 일어났다.

야쿠브베그가 신강을 침범하다

아편전쟁 후 제정 러시아는 중국의 국력이 약해진 틈을 타 신강 서부의 영토를 점령하고 신강 지구를 합병하려 했다.

동치 4년(1865) 중앙아시아의 호칸드浩罕汗 국 안지앤安集延 부족의 군관 야쿠브베그阿古柏(Mohammad Yagub Beg)가 신강지구가 혼란에 빠진 틈에 군사를 거느리고 침입했다.

1867년에 야쿠브베그는 남 신강에서 '야타샤르(7개 도시 한국)'를 성립한다고 선포하고는 자칭 '피도르트한(행운의 주인)'이라고 했다. 뒤이어 1870년에는 우룸치烏魯木齊와 툴판吐魯番 분지로 쳐들어갔다. 그리하여 남신강과 북신강의 부분이 야쿠브베그에 의해 침범당했고, 영국과 러시아는 야쿠브베그와 결탁해 각각의 정권을 승인했다.

좌종당 인물상 (청나라 마태馬駘 그림)

포기할 수 없는 신강

동치 13년(1874) 서북 변경의 위기가 눈앞에 닥쳤으며 동남연해의 방어도 일본이 대만을 침략하면서 긴장 되었다.

청나라 정부에서는 해안 방어와 변경의 방어 문제를 놓고 치열한 논쟁을 벌였다. 직예총독 이홍장은 해안방어의 중요성을 강조하면서 신강을 포기하고 군력과 군사비용을 동남 해안 방어에 돌리자고 했고, 섬감총독 좌종당은 신강을 포기하는 것을 단호하게 반대했다. 좌종당은 "만약 변경 수비를 철수하는 경우 적들은 지금보다 더 쳐들어올 것이니 전력을 다해 서정으로 눈길을 돌려 러시아인들이 서북에서 뜻을 이루지 못하게 한다면 각국은 동남연해에서 도발할 엄두를 내지 못할 것이다."라고 했다.

좌종당의 이 말에 수많은 만족과 한족 관원이 동의했고, 청나라 정부는 신강을 수복하기로 결정했다.

광서 원년(1875) 청나라 정부는 좌종당을 흠차대신으로 임명하고 신강의 군사 사무를 감독·처리하도록 했다.

광서 4년에 디자인한 대용大龍 견본 우표
이 우표는 청나라 광서 4년(1878)에 디자인한 우표로, 점선이 없고 가로 2장으로 되어 있다. 액면 가치는 '삼푼 은'이다. 도안을 보면 앞에서 서술한 적이 있는 '이전은二錢銀'과 같다.

1840 ~ 1911
청나라·2

《중국여보中國女報》라고 불렀다

| 중국사 연표 |

1867년 강남제조총공장에 번역관을 설립하고 서수徐壽, 화형방華衡芳과 영국인 와일리Alexander Wylie, 프라이어John Fryer 등을 초빙해 주관하게 했다.

좌종당이 신강을 수복하다

광서 원년(1875), 좌종당은 흠차대신으로 임명되어 신강 군무를 감독했다. 그는 먼저 북쪽을 탈취하고 후에 남쪽을 탈취하는 노선을 취해 신강에서 이리를 제외한 전 국토를 수복했다. 그림에서는 당시 좌종당이 신강을 수복하는 '회역전도回逆戰圖'를 반영했다.

가욕관을 넘어 서정, 국토를 수복하다

좌종당은 호남 상음湘陰 사람으로서 일관적으로 저항하자는 분명한 태도를 보였다. 신강에 출정할 때 나이가 65세나 된 좌종당은 나이가 많고 몸이 허약함에도 국토를 수복하는 중임을 떠안았다.

이듬해 4월 좌종당은 난주에서 숙주肅州, 지금의 주천酒泉으로 진출해 그곳을 서정의 대본영으로 삼았다. 그는 숙주에서 주천호酒泉湖를 준설해 놓고 밤낮으로 막료들과 함께 호수에서 뱃놀이를 하고 술을 마시고 시를 읊으면서 한가로이 향락을 누렸다.

그러자 적군의 염탐 군은 좌종당이 호수의 경치에 빠져 서정을 잊었다고 보고했다. 이리하여 적들은 경계를 늦추기 시작했다. 그러나 바로 이때 좌종당은 이미 전투 준비를 끝마쳤고 여러 갈래의 군사들이 제각각 출발했다.

신강에서 정의의 군사는 당지 여러 민족 인민들의 유력한 지지를 받았는데 그들은 주동적으로 식량과 군마를 내놓는가 하면 길잡이로 나서기까지 했다.

8월 중순부터 3개월간의 격전을 거쳐 우룸치와 그 주변 도시들을 수복했으며 북 신강에 둥지를 틀고 있던 야쿠브베그 세력을 격파했다. 이로써 서정군은 믿음직한 기지를 차지하게 되었으며 남 신강으로 쳐들어가는 데 유리한 조건을 마련했다.

겨울이 지나고 이듬해 봄, 전투가 또다시 시작되었다. 야쿠브베그는 수만 명의 병력을 집결해 다판達

신강에 성급행정구를 설립

좌종당은 신강을 수복한 후 조정에 신강에 성급행정구를 건립해야 한다는 건의를 제출했다. 그러자 청나라 정부는 한참 후 신강에 성급행정구를 건립할 것을 결정했고, 유금당이 제1대 신강순무로 임명되었다. 사진은 신강의 성급행정구 설립을 선포한 〈신강 성급행정구 설립에 따른 지시〉다.

| 세계사 연표 |
1867년
미국이 러시아로부터 알래스카를 샀다.

산지목에 나선형 무늬를 박은 귀비의 침대
침대의 높이는 106.5cm이고, 길이는 185.5cm, 폭 60.5cm이며, 청나라 말기(1851~1911)에 제작되었다. 이 침대는 우수한 재료를 사용했으며, 나선형 무늬로 정교함과 아름다움을 더욱 나타냈다.

坂城, 툴판吐魯番, 터크슨托克에 두 갈래 방선을 구축했다. 좌종당은 갈래를 나누어 합동 공격하기로 결정하고 유금당 부대에 다판청을 공격하고 장요부대에 툴판을 공격하라고 명령했다. 보름 동안 청나라군은 야쿠브베그의 두 갈래 방선을 연이어 격파하고 남신강으로 통하는 문호를 열었다. 그러자 5월에 야쿠브베그는 자결했다. 서정군은 승승장구 남신강을 수복하는 전역을 펼쳤는데 선후해 남신강의 '동4성'인 카라싸르喀喇沙爾, 쿠차庫車, 악수阿克蘇, 우시烏什和와 '서4성'인 카스카르喀什噶爾, 옐칸什爾羌, 잉지싸르英吉沙爾, 호텐和闐을 수복했다.

이 기간에 좌종당은 처음으로 신강에 행성을 군·현으로 고칠 것을 제의했으며 남신강의 8개 도시를 탈취한 후에는 또 상주서를 올려 '신강을 행성으로 고치는 일은 서북의 전반 국면과 연관된다.' 라고 했다. 광서 10년(1884) 마침내 신강에 성을 설치했는데, 유금당劉錦棠이 제1대 순무로 임명되었다.

신강은 이리伊犁 지구를 제외하고 다시 조국의 품으로 돌아왔다.

●●● 역사문화백과 ●●●

[좌공류]

좌종당은 나무 심기를 중요시했다. 그는 서북에 있을 때 섬서, 청해, 감숙, 영하와 신강 등의 지역에 군대와 백성들을 동원해 나무를 심을 것을 호소했는데, 그중 가장 많이 심은 나무는 모래바람이 있는 곳에서 잘 자라는 버드나무, 백양나무, 느릅나무였다. 광서 2년(1876) 그는 명을 받고 서정했다. 그때 그는 난주 서쪽의 옥문玉門, 안서安西부터 합밀哈密, 조로목제烏魯木齊 이서까지 3000리의 관도官道 양측에 나무를 심었는데, 그 수량은 무려 100만~200만 그루였다. 그래서 사람들은 이 나무를 '좌공류左公柳'라고 불렀다. 광서 5년(1879) 좌종당의 옛 부하였던 양창준楊昌濬이 좌종당의 추천에 의해 난주로 와서 섬감 독판군무로 임직했다. 섬감경 내에 들어섰을 때 연도에 버드나무가 대열을 지은 듯 서 있고 녹음이 짙어 마치 서북외의 강남에 들어선 듯한 느낌을 받은 그는 그 자리에서 '서행에서의 좌공의 공로를 공경히 칭송하노라' 라는 시를 읊었다.
변강을 수복한 대장은 돌아가지 않고/ 천산에는 그 어디나 호남의 자제들 있어라./ 머나먼 3000리에 버드나무 새로 심어/ 봄바람 불어불어 옥문관을 넘누나.

청나라 시대의 경사도서관이다. 1909년에 선통황제의 비준을 거쳐 설립되었다

1868년

| 중국사 연표 |
8월, 서염군西捻軍이 산동에서 복멸되었다.

047

증기택이 이리를 되찾다

청나라 시대의 외교 역사에서 증기택曾紀澤은 중국에 손실과 굴욕을 주지 않은 외교관이었다.

이리를 강점하다

좌종당이 신강 지구를 수복한 후 청나라 정부는 즉시 이리에 대한 수복에 착수했다.

북 신강 서부에 자리 잡고 있는 이리에는 영원寧遠, 혜원惠遠, 혜령惠寧, 수정綏定, 광인廣仁, 희춘熙春, 공신拱辰, 첨덕瞻德, 타러얼塔勒爾 등 9개의 도시가 망라되어 있었으며 이리하, 테크스하特克斯河가 이곳을 흘러 지나기에 농사와 목축업이 편리했다.

이곳은 신강에서 부유한 지역 중 하나였다. 청나라 정부는 이리 장군을 두어 영원성에 주재하게 했다.

동치 10년(1871) 제정 러시아는 야쿠브베그의 난이 일어난 틈에 청나라 정부를 도와 변경의 질서를 안정시키며 교민을 보호한다는 구실로 공공연히 많은 군사를 파견해 이리를 강점했다. 광서 2년(1876) 우룸치를 수복한 후 청나라 정부는 제정 러시아에 철수할 것을 요구했지만 제정 러시아는 여러 구실을 대면서 철수하지 않았다. 야쿠브베그 군이 복멸된 후 청나라 정부는 여러 차례나 제정 러시아와 교섭했지만 '먼저 토론한 후 되돌려준다.'는 대답뿐이었다.

숭후가 '리바지야 조약'을 체결하다

그러자 청나라 정부는 숭후崇厚를 전권대표로 하여 러시아에 가서 담판하도록 했다.

1879년 10월 2일 숭후는 크림 반도의 리바지야에서 제 마음대로 제정 러시아와 '리바지야 조약'을 체결했다. 조약은 중국은 일 리만 회수하기로 하고, 제정 러시아는 이리 서쪽의 호르꼬스하 이서, 이리 남쪽의 테크스하 영역과 타르바하타이 지역의 자이쌍호 이동의 땅을 가지며 이리에서 주둔

국민에게 욕설 당한 숭후 (아래 왼쪽 사진)
숭후(1826~1893)는 완안完顏씨이고 자는 지산地山이며 만주 양황기 사람이다. 그는 북양기계국을 창립했으며, 광서 4년(1878)에는 러시아로 건너가 이듬해 '리바지야 조약'을 체결해 이리를 제외한 넓은 영토를 상실했다. 그 후 투옥되어 병사했다.

증기택이 이리를 되찾아오다 (아래 오른쪽 사진)
청나라 말기의 외교관 증기택(1839~1890)은 경세파經世派 학자이며, 호남 상향 사람이고, 자는 할강劼剛이다. 증국번의 큰아들이기도 한 그는 1878년 영국, 프랑스 주재 대신으로 부임되었으며 태상사소경이 되었다. 1880년 러시아 주재대사직을 겸임하고 러시아와 이리를 되찾아오는 일에 관해 담판을 지음으로써 숭후의 굴욕적인 조약으로 땅을 잃은 치욕을 씻고 1881년 2월 24일 '중국·러시아 이리 조약'을 체결함으로써 이리와 테크스하 지역을 되찾아왔다.

| 세계사 연표 |

1868년 일본 천황은 연호를 개원 메이지로 고쳤으며, 에도로 수도를 옮기고 도쿄라고 했다.

증기택曾紀澤 《봉사奉使 러시아 일기日記》 출전

한 군사비용으로 500만 루블(은 전 약 280만 냥)을 배상한다고 규정했다.

소식이 북경에 전해지자 순시간에 숭후가 권력을 남용해 나라를 팔아 먹었다고 규탄했다. 청나라 정부는 조약에 대한 비준을 거절하고 숭후를 파직시켰으며 다시 증기택을 파견해 러시아와 담판을 짓도록 했다. 동시에 좌종당 부대는 세 갈래로 출병해 무력으로 이리를 수복하려는 태세를 보여 주었다.

좌종당은 직접 군사를 거느리고 숙주에서 떠나 신강 하미哈密로 향했다. 그와 함께 몇몇 건장한 장사들이 빈 관을 들고 뒤따랐다. 좌종당은 이미 조국을 위해 몸 바쳐 싸울 준비를 하고 증기택의 든든한 뒷심이 되어 담판 자리에 배석했다.

간고한 담판

광서 6년(1880) 초 청나라 조정은 영국·프랑스 주재 중국 공사 증기택을 제정 러시아로 파견하는 흠차대신 직을 겸직시켜 조약에 관한 일을 교섭하도록 했다. 증기택은 증국번의 큰아들인데 영어에 능통했다.

담판 좌석의 분위기는 유달리 긴장감이 흘렀다.

청나라 조정의 부패와 청나라 관원들의 무능을 잘 알고 있는 러시아의 외교대신 대리인이 말했다. "우리는 이미 숭후와 조약을 체결했으니, 그 조약대로 할

단석端石 오동잎 모양의 벼루 (위 사진)
이 벼루는 길이 18cm, 두께 1.9cm이며 청나라 광서 연간에 만들어졌다. 얼핏 보면 가을 나뭇잎 같기 때문에 오동잎벼루라고 이름 지었다. 이 벼루는 오랜 갱석抗石으로 만들어졌다.

것인데 이제 무엇을 더 개정한단 말인가?" 그러자 증기택이 대답했다. "저는 나라 사이에 조약을 체결할 경우 반드시 정부의 비준을 받아야 효력이 발생한다고 알고 있습니다. 숭후가 제 마음대로 조약을 체결했고, 그 조약은 또 협의서 초안이며 비준을 거치지 않은 조약입니다. 그리고 숭후도 징벌을 받았습니다. 그러니 이제와서 무슨 조약을 의거로 해야 합니까? 그리고 또 무슨 이유로 재차 토론하지 못하는 겁니까?" 이 말에 러시아 외교관은 증기택이 대처하기 어려운 사람이라는 것을 알고 말문이 막혔다.

그러자 그는 숭후는 특파 특등대신이지만 증기택은 2등공사로서 전권대신이라 부르지 못하며, 특등대신이 정한 일을 2등대신이 어찌 고칠 수 있는가를 문제 삼았다.

이에 증기택은 이렇게 반박했다. "사신으로서 일등이든 이등이든 모두 자국의 뜻을 고의적으로 어기고 마음대로 해서는 안 된다고 봅니다. 이전에 월렌그리, 푸처 등 두 대신에게는 아무 권력도 없었지만 중국에서 일을 처리하지 않았습니까?"

이리를 되찾아오다

거의 한 해 동안 논쟁을 거쳐 1881년 2월 '중·러 이리조약'을 체결하고, 증기택은 이리 지역과 테크스하 유역의 1만 9000km² 땅을 회수했다. 그러나 이 조약은 여전히 불평등한 조약이었다. 그렇지만 증기택은 조국을 위해 일부분의 권익을 되찾아왔다. 이는 청나라의 외교사에서는 보기 드문 일이었다.

강소·안휘·강서가 속해 있었다

| 중국사 연표 |

1869년
산동순무 정보정이 경성의 태감 안덕해를 포획해 법에 의해 처리했다.

048

경성에서 나온 태감

당시 조정에서 태감은 직분을 어기고 마음대로 황성을 떠나서는 안 되며, 이를 어기는 자는 능지처참을 한다고 규정했다.

안덕해가 제 마음대로 하다

어전 태감인 안덕해安德海는 남피南皮 사람이다. 입궁한 후 사람들은 그를 '소안자小安子'라고 불렀다. 언변이 좋고 다른 사람 비위를 잘 맞추는 그는 바람 따라 돛을 다는 격으로 일했기 때문에 자희 태후의 총애와 신임을 받았다. 수렴청정 후 안덕해는 자희 태후의 총애를 등에 업고 아무 거리낌 없이 방자하게 굴었는데, 공친왕恭親王마저 안중에 없었다.

당시 황제와 태후의 식사용 식기들은 각별하게 골랐는데, 이 일을 관리하는 안덕해는 식기를 한 달에 한 번씩 교체했으며 관혼상제 때는 두 배로 늘려서 들여왔다. 그 사실을 알게 된 혁흔은 이 일에 분명 비밀이 있을 것이라고 단정하여 안덕해에게 물었다.

"달마다 받아 오면 받아 둔 식기들이 적지 않을 텐데 왜 자꾸 더 받아 오는 건가?" 안덕해는 덤덤하게 대답했다. "그럼 이후부터 더 가져오지 않겠소."

이튿날 식사 때 그릇을 든 자희 태후는 어쩐지 식기가 거칠고 무거운 감을 느꼈다. 그래서 식탁 위의 식기들을 살펴보니 식기들이 이전과 달랐다. 거친 사발과 접시들은 모두 일반 백성이 사용하는 사발과 접시였다. 그래서 그녀는 안덕해에게 따졌다. 안덕해는 혁흔이 절약을 제창하기 때문이라고 대답했다.

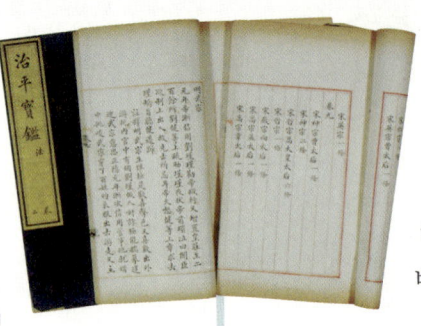

자희 태후의 정치 참고서 (위 사진)
《치평보감治平寶鑑》은 청나라 시대 장지만張之万이 쓴 책으로, 한·당나라 이래의 제왕 정치와 모후母后의 정사 참여에 관한 일들을 수록했는데, 장점과 결점을 지적했다. 자희 태후는 이 책에서 정치적으로 많은 것을 배웠다.

자희 태후는 혁흔을 불러 자초지종을 묻지 않고 훈계했다.

안덕해의 고자질은 즉시 효과를 보았고, 이 일로 인해 혁흔은 의정왕議政王 직을 박탈당하기까지 했다. 자신마저 태감의 모함을 받을 줄은 꿈에도 생각지 못한 혁흔은 조정에 미안하고 자신에게 미안하지 않도록 이런 환관은 꼭 죽여 버리고 말리라 다짐했다.

강남에 출장가면서 위세를 자랑하다

안덕해는 궁정에서만 일을 해 왔기에 실증을 느끼고 바깥세상을 구경하고 싶었다. 자희 태후는 그가 소주蘇州로 가서 동치同治 황제의 결혼식에 쓸 용포 등을 구입하는 데 동의했다.

태감이 성지를 받고 멀리 출장 가는 일은 청나라 역사에서 들어 본 적이 없는 일이었다. 처음 가는 길에 위세를 부려 보려는 생각으로 안덕해는 야단법석을

양무운동을 주도한 사람들
양무운동의 주요 인물인 이홍장, 혁흔, 장지동이다. (사진 왼쪽부터)

1869년

| 세계사 연표 |

일본 메이지 천황이 관제官制를 고치고 신문 간행을 허락했다.

왕개운王闓運 《자희외기慈禧外紀》
《기상고사畸賞故事》 출전

청나라 시대 붉은 물감으로 색칠한 교룡무늬 사발

떨며 준비했다. 그는 두 척의 큰 배를 특이하게 장식했는데, 배앞에는 해 모양의 삼족오기三足烏旗를 걸고, 배 양옆에는 용봉龍鳳의 기치를 가지런히 꽂았다. 수행하는 남녀가 여럿 있었고 악사樂士, 악녀樂女들이 길에서 악기를 타며 흥을 돋웠다.

1869년 8월, 안덕해는 선대를 거느리고 남하했다.

안덕해를 죽여 저잣거리에 버리다

안덕해는 산동 덕주德州까지 위세를 부리며 갔다. 그를 맞은 지주知州 조신趙新은 어찌할 바를 몰라 급히 산동 순무 정보정丁寶楨에게 보고를 올렸다.

안덕해의 행차 때 혁흔은 이미 심복을 산동에 보내 정보정에게 속히 '그물을 치고 물고기 잡을' 준비를 하라고 지시하는 동시에 이 일은 동치 황제의 지시라고 알려 주었다.

혁흔이 고대하고 고대하던 일이 마침내 찾아왔다. 그는 자희 태후가 병을 앓고 있는 틈(일설에는 한창 연극 구경을 하고 있었다고 함)에 동태후 자안慈安의 동의를 거쳐 성지를 작성해 서둘러 산동으로 보냈다. 성지는 "심문할 것 없이 당장 죽여라."라고 명령했다. 정보정은 안덕해를 죽여 시체를 저잣거리에 버렸다.

자희 태후는 뒤늦게 이 일을 알았지만, 조정의 관원들 모두 그자는 죽여 마땅하다고 했기 때문에 그녀도 별다른 방법이 없었다. 그리하여 자희 태후는 원한을 마음속에 묻어 두었다.

수묵설색의 종이 족자 (청나라 이괴李魁 그림)

두 장의 하얀색 얇은 병餠 위에 복숭아씨, 설탕, 꿀 등으로 만든 소를 넣은 것으로, 모양은 중악에서의 만들어 낸 복령 조박 모양 같기 때문에 이런 이름이 붙었다

| 중국사 연표 |
1869년
복건기계국이 건립되었다.

049

시동생과 형수의 권력쟁탈전

자희 태후는 보좌에 앉은 후 혁흔을 잠재적인 위협으로 간주했다.

한인 중용을 책망하다

자희 태후는 강한 정권욕이 있어, 혁흔을 네 번이나 강직시켰다.

그들 사이의 첫 충돌은 한인 중용 문제에서였다. 혁흔이 관직에 모두 한인을 등용시키자, 자희 태후는 이 세상을 모두 한인들에게 넘긴다며 혁흔의 벼슬을 박탈하겠다고 협박했다. 그러나 혁흔도 물러서지 않았다. "신은 선종 황제(도광 황제)의 여섯째 아들이옵니다. 내 벼슬을 강직시킬 수는 있어도 황자 자리를 파면시키지 못할 것이옵니다." 꿇어앉아 있던 혁흔이 자리에서 일어나자 자희 태후는 그가 자기를 때리려 한다고 고함을 질렀다. 양옆에 서 있던 태감들이 나서서 수습하며 혁흔에게 얼른 자리를 뜨라고 권했다.

재차 상주해 탄핵하다

강서 덕화 사람인 채수기蔡壽祺는 도광 20년(1840) 진사에 급제했으며 일찍이 한림원 편수 직을 맡았으며, 자희 태후의 마음을 잘 꿰뚫고 있었다.

당시 채수기는 재차 상주서를 올려 혁흔을 탄핵하면서 "혁흔은 탐욕스럽고 교만하며 권력을 독차지하고 사사로운 일에 얽매어 불법을 저지른다."는 등의 죄명을 씌워 혁흔에게 벼슬자리를 내놓고 물러나야 한다고 권했다.

자희 태후는 내심 기뻤다.

정변을 획책한 혁흔
공친왕 혁흔은 기타 세력을 연합해 공동으로 여덟 대신의 행동을 반대하는 일을 했으며, 장례에 간다는 명의로 열하에서 두 태후와 밀모했다. 이는 한편으로는 새 황제의 즉위에 관한 토론이었고, 다른 한편으로는 정변에 대한 준비였다.

북경 공친왕부의 화원

| 세계사 연표 |

1869년

10월, 인도의 간디가 탄생했다.

두종일實宗一《이홍장연보李鴻章年譜》
이지명李慈銘《월만당일기越縵堂日記》
왕개운王闓運《기상고사騏祥故事》

출전

자희 태후의 친서
동치 4년(1865) 자희 태후는 친필로 공친왕 혁흔을 파직시키는 글을 썼는데, 글씨는 마치 어린이가 쓴 것 같고 틀린 글자가 수두룩했으나 문장은 격식에 맞았다. 그녀는 이 조서를 내각에서 발부하라고 했다. 그 원인은 군기처 일꾼들이 몽땅 혁흔의 수하였기 때문이다.

이날 혁흔이 배알하러 오자 자희 태후는 그에게 채수기가 혁흔을 탄핵했다고 말했다. 그 말을 들은 혁흔이 목소리 높여 "채수기는 나쁜 놈입니다."라면서 그 자를 붙잡아다 시비를 가리려 했다. 두 태후는 그런 혁흔을 보고 더욱 분개했다.

혁흔의 죄를 따지려 했지만 감히 말문을 열지 못하다

며칠 후 두 태후는 대학사 주조배周祖培, 서상瑞常, 이부상서 주봉표朱鳳標, 호부상서 오정동吳廷棟, 형부상서 왕발규王發奎 등을 불러다 놓고 울면서 말했다.

"공친왕이 제 마음대로 정사를 처리하고 있어 더는 참을 수 없소이다. 그러기에 그의 죄를 따져야겠소." 관원들은 서로 얼굴만 쳐다볼뿐 아무도 입을 열지 못했다. 그러자 서태후가 말했다. "신들은 선황제를 생각해야지 공친왕을 두려워할 필요가 없다. 친왕의 죄

두견도杜鵑圖 (청나라 오창석 吳昌碩 그림)

를 더는 회피할 수 없으니 속히 토론할지어다!" 그래도 대신들은 침묵을 지켰다.

이때 수석 주조배가 입을 열었다. "이 일은 두 태후께서 결단 내려야 하는 일로 아옵니다. 이런 일은 확실한 근거가 있어야 하옵니다. 신들이 물러간 후 소문을 자세히 조사하도록 윤허해 주옵소서. 그러면 대 학사 왜인倭仁과 함께 다스리도록 하겠나이다."

태후는 대신들에게 물러가라고 명했다. 그제야 대신들은 안도의 한숨을 내쉬었다.

왜인은 몽골 정황기 사람으로 대 학사, 군기대신 직을 맡고 있었다. 그는 어떤 개혁이든 반대하는 대표적인 완고파였다. 혁흔은 외국인들과 교제해 온, 청나라 조정에서는 제일 먼저 양무 사상을 습득한 고위 관리였다. 그러기에 왜인은 양무에 미련이 있는 혁흔에 대해 불만을 품고 있었다.

그렇지만 혁흔을 제거하는 일은 쉬운 일이 아니었다. 왜인, 주조배는 채수기가 총리아문에 돌고 있는 소문, 즉 통상대신 설환薛煥이 뇌물을 주고 섬서 순무

| 중국사 연표 |
1869년
복주조선소의 첫 윤선이 진수했다.

고궁 태화문

유용劉蓉이 뒤로 벼슬을 더 주었다는 소문을 그대로 믿고 상주서를 올린 것이며, 그런 일은 아예 없었고, 더욱이 그런 일은 혁흔과 아무 연관이 없음을 알게 되었다. 그러자 그들은 실망하지 않을 수 없었다.

성지로 인한 풍파

더는 우물쭈물할 여유가 없다고 생각한 자희 태후는 4월 2일 친필로 성지를 작성, 혁흔을 규탄하고 그의 모든 직무를 박탈하며 공무에 간섭하지 못한다고 했다. 오자투성이인 이 성지는 '오자로 뒤덮인 성지'라 불렸다. 그러나 혁흔을 두둔하는 사람들도 적지 않았다.

이튿날 돈친왕惇親王 혁종奕誴이 상주서를 올렸다.

"공친왕이 정사를 보아온 이래 일을 처리함에 있어 아직 뚜렷한 악행을 저질렀다는 말은 들어본 적이 없지만, 유독 황제를 배알할 때 말에 조심성이 없다는 말은 모두 보고 들어온 바외다. 그리고 여러 가지 정황을 보면 확실한 근거가 없는 줄로 아옵니다."

혁종은 비록 노돈왕 금개錦愷의 자식이지만 그는 혁흔의 형이었고, 선종의 근지近支 친왕 중에서 연장자였기 때문에 그의 말에는 무게가 있었다.

혁흔은 과연 여러모로 조심성이 없었다. 양궁兩宮이 수렴청정 해온 후 아무리 높은 급의 관원이라 해도 총관태감이 성지를 전하지 않는 한 경솔하게 입궁하지 못했지만 혁흔만은 성지에 관계없이 마음대로 출입했으며, 내외의 여러 가지 사무를 처리하는 데에도 흔히 태후의 뜻을 타진하지 않고 제 마음대로 처리했던 것이다. 이런 일을 동 태후는 용인할 수 있었지만 서 태후는 생각이 달랐다.

순친왕醇親王 혁현奕譞도 혁흔을 위해 사정했다.

"혁흔은 조심성이 없긴 하지만 그것은 사소한 일이며, 마음이 교만해 그런 것은 아니오이다. 설령 이런 일로 그를 파면, 규탄한다면 그야말로 소름 끼치는 난폭한 행위입니다."

혁현은 혁흔의 동생이고 자희 태후 여동생의 남편이었기에 그의 말도 일리 있었다. 기타 관원은 자희가 '강을 건넌 후 다리를 뜯어 버리고 토끼를 다 잡아 버리고는 사냥개를 잡아먹는' 군왕의 재주를 부리고 있으며, 혁흔이 나가떨어지면 자신에게도 화가 미칠까 봐 앞 다투어 상주서를 올려 혁흔을 위해 사정했다.

혁흔은 패배를 인정할 수밖에 없었다. 5월 8일, 두 태후가 그를 불렀을 때 혁흔은 땅에 엎드려 통곡했는데, 억울해서인지 잘못을 시인하는 것인지 알 수 없었다. 이로써 혁흔의 모든 직무가 취소된 건 아니지만 그때부터 그는 의정왕 왕위를 박탈당했다.

| 세계사 연표 |

1869년

11월, 수에즈 운하의 낙성식을 거행했다.

050

《옹동화일기翁同龢日記》
《광서동화속록光緖東華續錄》 출전

황위 계승자의 최후

동치 황제 재순載淳이 죽자 황위 계승 문제로 의론이 분분했으나 이미 계승자는 결정되어 있었다.

동치 황제가 죽다

동치 13년(1874) 친정한 지 1년밖에 안 된 황제 재순이 죽었다. 그의 나이 19세였다.

동치 황제는 그해 10월 30일 갑자기 병에 걸렸으며, 35일 간 투병 후 12월 5일 죽었는데, 그의 죽음에 대해 여러 가지 소문이 돌았다.

그중 하나는 자희 태후가 수렴청정 하면서 오래도록 권력을 돌려주지 않아 불만이 있었고, 황후가 동치 황제와 잠자리를 못하도록 태후가 막는 바람에 동치 황제가 오랫동안 울적해하다가 병에 걸렸다는 것이었다.

동치 황제의 병에 대해 청나라 말기, 민국 초년의 야사野史의 기록에는 신분 노출을 꺼린 동치 황제가 최하층 기생집을 다녔으며 이로써 매독에 걸렸다고 적혀 있다. 그러나 정부와 옹동화翁同龢 등 가까운 신하들에 따르면 동치 황제는 천연두를 앓다 죽었다고 한다. 동치 황제가 죽은 후 젊은 황후는 단식 자결했는데, 죽을 때 그녀의 나이 역시 19세였다.

밤에 열린 어전 회의

자희 태후는 친아들인 동치 황제가 죽자 비통함을 금치 못했다. 그러나 이러한 비통함은 오히려 정권을 좌지우지할 수 있는 근본이 되어 주었다.

동치 황제가 죽기 전 자희 태후는 지체하지 않고 오랫동안 생각해 온 '태자 책립 계획'을 내놓았다.

깊은 밤에 돈친왕 혁종, 공친왕 혁흔, 순친왕 혁현, 부군왕 혁혜奕譓, 이홍장, 옹동화 등 왕공대신들이 태후의 의지懿旨를 받고 급히 양심전 서난각에 가서 일을 토론했다. 황친, 대신들의 마음은 의문으로 가득 찼는데, 무슨 일이 발생했는지 알 수 없었다.

태후가 황위 계승을 결정하다

자희 태후는 울먹이며, 황제가 중병을 앓고 있으나 치료하기 어려워 황친, 대신들과 종실에서 황위를 계승하여

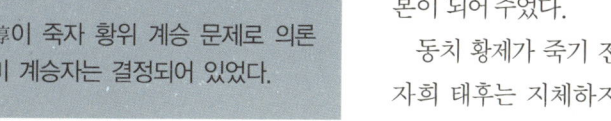

동치 황제의 죽음
동치 13년(1874) 10월, 동치 황제가 중병에 걸렸고, 어의御醫는 천연두라고 진단했다. 병세는 갈수록 악화되었고, 동치 13년 12월 5일 동치 황제는 양심전 동난각에서 19세의 나이로 숨을 거두었다. 사진은 '동치 황제가 숨을 거두는 날의 약처방'이다. 이 자료는 '황상께서 자주 들던 약의 처방'에서 나왔으며, 동치 황제가 천연두에 걸려 죽었다는 사실의 보여 준다.

동치 황제의 시보 (위 사진)
동치 황제의 사후 시호는 '목종의황제穆宗毅皇帝'였다. 사진은 목종 황제의 시보인데, 글자는 '목종계천개운수중거정보대정공성지성효신민공관명숙의황제지보穆宗繼天開運受中居正保大定功聖智誠孝信敏恭寬明肅毅皇帝之寶'다.

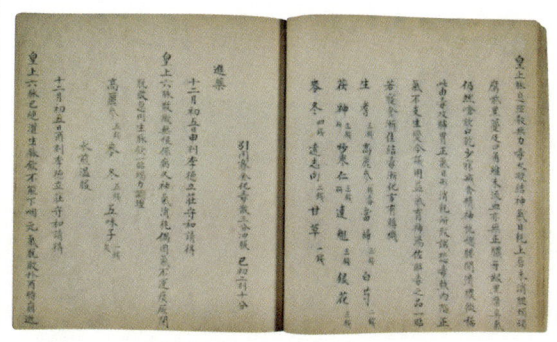

1840~1911 청나라·2

대통을 이어 나갈 수 있는 인선을 토론하려 한다고 말했다. 자안 태후는 표정이 비감한 채로 아무 말 없었다.

황태자 책립에 관해 청나라에는 예부터 '가법家法'이 있었다. 즉, 황제 슬하에 아들이 하나뿐이면 그 아들이 계승하고, 아들이 여럿이면 그 가운데 현명한 자를 태자로 책립하며, 황제에게 아들이 없다면 조카 중에서 선택하는데 나이는 관계없다는 것이었다.

누군가 부륜溥倫을 태자로 책립할 것을 건의했으나 그는 황족의 직계가 아니어서 조건 미달이었다. 또 누군가가 부위溥偉를 제기했다. 부위는 공친왕 혁흔의

동치 황제가 등극할 때 신었던 남색 비단신

손자였다. 그렇지만 자희 태후가 공친왕을 미워했기 때문에 그가 태자가 될 가능성은 전혀 없었다.

더는 참지 못한 자희는 '부溥' 자를 단 세대에서 인선하지 못한다면 다른 경로를 거쳐야 한다면서 순친왕의 아들 재첨載湉이 가장 적합하다고 했다. 그녀는 재첨을 자신의 아들로 삼아 문종文宗(함풍 황제의 시호)의 계승자로 하며 연호를 광서光緒라 하겠다고 했다. 이는 '선조의 가법'을 위반하는 행위였다.

혼비백산한 혁현

갑자기 한 사람이 앞서 나와 자희 앞에 무릎꿇고 땅에 이마를 찧고 울먹이며 말했다.

"황상께서 병중이기는 하나 아직 젊기 때문에 태자를 세우는 일은 이른 줄로 아옵니다. 저의 자식은 아직 어리고 무지하기에 중임을 맡기 어렵사옵니다."

그 사람은 순친왕 혁현이었다. 혁현은 도광 황제의 일곱째 아들이고 장순황莊順王 귀비 우야烏雅 씨 태생

자희가 정권을 돌리고 재순이 결혼하다
재순이 17살 되던 해 자희 태후는 정권을 황제에게 돌려주었는데, 약속보다 3년 늦은 때였다. 규정에 의하면 정권을 되돌리기 전에 먼저 황제를 위해 결혼식을 올려야 했다. 나중에 동치 황제는 동안 황후의 뜻에 따라 한림원 시강 숭기崇綺의 딸 아루트씨阿魯特氏를 황후로 맞이했다. 사진은 '효철의孝哲毅 황후 조복상'이다.

| 세계사 연표 |
1870년 일본이 번제藩制를 개혁하고 새 법률 강령을 간행 공포했다.

이다. 함풍 황제가 재위한 11년 사이에 그는 '순군왕醇郡王'이라는 벼슬 외에 별다른 은혜를 받은 일이 없었다. 그러나 기상정변이 있은 후 자희 태후의 깊은 신임을 받은 그는 정황기 한군 도통, 정황기 영시위내대신, 어전대신 등의 직을 연달아 책봉 받았으며 1872년에는 순친왕으로 책봉되었다. 그가 벼락출세를 한 원인은 그가 자희의 친여동생 남편이었기 때문이다.

자신의 네 살 난 아들 재첨을 자희에게 양자로 보내는 일에 대해 혁현은 너무나 갑작스럽고 받아들이기 힘들었다. 그는 철모르는 아들이 집을 떠나는 것이 아쉬웠고, 아이의 앞날이 근심되었다.

자희는 더는 그를 알은체도 하지 않고 손수건으로 눈물을 닦고 나서 마침내 이렇게 선포했다. "황제께서 이미 붕어하셨도다."

순식간에 서난각에서는 통곡소리와 흐느낌이 터져 나왔고, 그 말을 들은 혁현은 그 자리에서 기절했다. 3, 4명의 환관이 달려들어 불러도 그는 깨어나지 못했고, 대전에서 들어내 치료하는 수밖에 없었다.

재차 '수렴청정'의 보좌에 등극

자희 태후의 선택은 아주 도리에 어긋나는 것은 아니었다. 재첨은 외조카이자 친조카이기도 했고 함풍 황제의 조카이자 재순과는 동년배였기에 황태후의 신분이 바뀔 리 없었다. 그리고 재첨은 네 살밖에 안

건녕궁에 있는 황제의 신혼 방
건녕궁은 원래 명나라의 황후가 있던 곳이었으나 청나라 시대에는 신에게 제사를 지내는 곳으로 고쳤다. 강희 4년(1665) 현엽玄燁이 결혼할 때 태황 태후는 건녕궁에서 혼례식을 치른다고 지정했다. 동치 황제, 광서 황제의 결혼, 부위의 결혼도 모두 건녕궁에서 거행했다. 옹정 황제 이후 황제는 양심전으로 옮겨 갔으며 황후도 더이상 건녕궁에 있지 않았다.

되어 여전히 태황후가 정사를 대리해야 했다.

1875년 1월 15일, 즉 동치 황제가 붕어한 후 세 번째 날에 자희 태후가 성지를 내렸다.

"황제 계승자가 아직 나이 들어야 하고 지금 할 일 또한 많기 때문에 부득이 본 고모가 예전같이 청을 따르지 아니할 수 없도다. 황제 계승자가 배움에서 성과를 올리고 어른이 된 후 즉시 권력을 돌릴 것이다."

동치 황제는 친정한 지 얼마 안 되어 병사하고, 재차 수렴청정 하는 자희가 어느 때에야 권력을 돌리겠는가?

사천 총독 정보정의 집 요리사가 이런 요리를 잘했으며, 정보정이 청나라 정부에서 '태자태보'로 임명받았기에 이런 명칭이 붙었다고 한다

| 중국사 연표 |
1870년 남경에서 양강 총독 마신이馬新貽가 살해되는 사건이 발생했다.

051

양내무와 풋배추

동치·광서 연간에 절강 여요현余姚縣에서 큰 사건이 발생했다. 이는 흔히 볼 수 있는 형사사건이었지만 사건 담당 관원들이 모두 부정을 저질러 세상을 떠들썩하게 하고, 수십 명의 관원이 파직 당했다.

아름다운 여인 '풋배추'

여요현에 한 가족이 살고 있었는데, 바깥주인은 세상을 뜬 지 오래 되었기에 모녀가 서로 의지하며 살아가고 있었다.

딸은 피부가 하얗고 몸매가 풍만했으며 항상 푸른 윗옷에 하얀 치마를 입고 다녀 동네에서는 그녀를 '풋배추'라고 불렀다.

시집갈 나이가 되자 집이 가난한 그녀는 1872년 봄, 두부 가게에서 일하는 갈품연葛品連과 결혼하기로 했다. 갈품연이 아내를 맞는 날, 동네 사람들은 모두 '풋배추'가 정말로 예쁘다고 말했다.

갈씨네 집은 비좁고 낡아 거인 양내무楊乃武네 빈 집을 세 얻었다. 갈품연은 일을 마치고 돌아오는 길에 종종 양내무가 자신의 아내에게 글을 가르치고, 때로는 함께 식사하는 모습을 보고 저도 모르게 의심을 품었다. 발 없는 말이 천리 간다고, '양이 풋배추를 먹는다'는 소문이 쫙 퍼졌다.

그 곳의 지현 유석동劉錫彤의 아들인 유자한劉子翰은 아름다운 풋배추를 보고 흑심을 품었고, 그는 수단과 방법을 가리지 않고 마침내 풋배추를 손아귀에 넣었다.

갈품연이 급사하다

지식인의 부유한 가정에서 태어난 양내무는 용모가 출중하고 글재주도 뛰어났다. 그와 안면을 익힌 풋배추는 날이 갈수록 남편이 눈에 차지 않았다. 남편은 병을 앓기 때문에 걸을 때 발을 절뚝거렸던 것이다.

초겨울이 되어 날씨가 점점 추워오자 갈품연의 병이 재발했다. 벌겋게 부어오른 다리를 끌고 밤이 되어 집으로 돌아온 갈품연은 다리를 움직이지 못하고 침대에 쓰러졌다. 한밤중에 거친 숨소리를 들은 풋배추는 남편에게 다가가 살펴보다가 비명을 질렀다. 남편의 숨이 간들간들했던 것이다. 비명소리에 옆방에서 자던 시어머니가 놀라 깨어나 달려왔다.

이튿날 이른 아침, 갈품연은 숨을 거두었다. 모친은 수의를 입히면서 아들의 사체를 살펴보았는데 아무런 이상이 없어 보여 급히 장례를 치르고 말았다.

혹형에 못 이겨 자백하다

갈품연이 돌연히 죽자 동네에는 풋배추가 남편을 독살했다는 풍문이 나돌았다. 그 소문을 믿은 풋배추의 시어머니가 며느리와 양내무를 고발했다.

지현 유석동은 피고가 양내무인 것을 보자 부검을 명했고 중독으로 사망했다는 결과가 나왔다. 양내무와 풋배추는 살인 피의자가 되어 감옥에 갇혔다.

모진 형벌을 참지 못한 풋배추는 자기가 간부姦夫와 밀모해 남편을 독살했다고 자백했다. 양내무도 처음에는 일체 인정하지 않았으나 호된 형벌 끝

청나라 시대 동질 법랑화훼 쌍록雙鹿 그림의 병

| 세계사 연표 |

4월에 레닌이 탄생했다.

이자명李慈銘《월만당일기越縵堂日記》
《서신유사西神遺事》
《옹동화일기翁同龢日記》 출전

상해 광익廣益 서국에서 1940년대에 출간한 통속소설 《양내무》 삽화 (왼쪽 그림)

《양내무와 풋배추》 표지 (오른쪽 그림)
양내무와 풋배추에 관한 사건이 종결되자 상해 무대에서는 즉시 이 내용을 극文明劇으로 만들어 공연했다. 양내무도 이 극을 직접 본 적이 있다. 그 후 수 십 년 동안 여러 희곡戲曲과 소설이 세상에 나왔다. 이 소설은 1940년대에 출판한 거탄사기據彈詞家 엄설정嚴雪亭이 개편하고 강동량江棟良이 그린 연환화의 표지다.

이 사건은 민간에서 흔히 볼 수 있는 형사사건이었지만 무려 3년이 지나서야 진상이 밝혀졌다.

양내무와 풋배추는 무죄로 석방되

에 "독약을 사서 갈품연을 죽였다."고 인정할 수밖에 없었다. 그 결과 그는 풋배추와 함께 사형 판결을 받았다.

억울한 사건에 불평을 토로하다

양내무의 아내는 남편은 청백하고 무고한 사람이라고 굳게 믿었기에 시누이와 함께 억울함을 호소하는 소송장을 올렸다. 도찰원에서는 지방에 재심하라고 명했다. 항주 지부와 절강순무 양창예楊昌濬가 차례로 직접 심문했다.

자희 태후가 이 사건을 알게 되었고, 자희 태후 자신의 권세와 명석함을 알리고, 이 사건을 일벌백계로 삼아 많은 한족 지방 관리들을 제압하기 위해 양내무와 풋배추 그리고 이 사건을 심리한 관원들을 모두 북경으로 송환했다.

이 사건은 그 후 옹동화의 의견에 따라 해결했다. 옹동화는 그들을 함께 가둬 두고 직접 형부刑部의 한 관리와 함께 창밖에서 엿들었다. 결국 그는 두 사람은 모두 핍박에 의해 공술했으며, 풋배추가 유자한의 사주를 받아 양내무를 모함했다는 것을 알아냈다.

었고, 유석동은 흑룡강으로 유배 보내졌다. 그리고 유자한은 바다에 뛰어들어 자결했고, 양창예는 벼슬을 박탈당했다.

그때부터 양내무는 항간에 살면서 더는 공명을 추구하지 않았으며 한동안 누에치기를 했다. 집으로 돌아간 풋배추는 출가해 비구니가 되었다.

●●● 역사문화백과 ●●●

[청나라 말기 네 가지 이상한 사건]

네 가지 사건이란 일반적으로 '장문상이 말을 찌르다', '양내무와 풋배추', '남경 3패루에서 갈비뼈를 바꾼 사건'과 '호북 무창부 모현에서 오역作逆을 고발한 사건'을 말한다. '말을 찌르다'는 일반 백성이 총독을 암살한 사건을 다루었기에 정계와 연관된다고 할 수 있다. 그러나 나머지 사건은 모두 당시 흔히 볼 수 있는 민간 사건이었다. '갈비뼈를 바꾸다'란 쌀가게의 심부름꾼이 어느 한 보초병에게 차여 죽었으며 그의 아내가 북경에 들어가 어전에 고발하면서 마침내 갈비뼈가 상해 죽게 된 사실을 밝혀낸 사건을 다루었으며, '오역을 고발하다'는 아들이 어머니를 때려 외삼촌이 관부에 고발하고, 나중에 황제가 사건을 다시 심리하라고 명한 일을 다루었다. 이 네 가지 사건은 모두 동치 말기, 광서 초기에 발생한 사건으로 모두 청나라 조정에 알려지면서 일찍이 조야에서 의론이 자자했으며 나중에 모두 서 태후가 직접 심사 결정한 사건이었다. 네 가지 사건에서 '말을 찌르다'는 지방의 많은 관원과 도읍 관원들이 연루되었다.

1892년에 화교실업가 장필사張弼士가 연태에 창립한 장유와인회사다

| 중국사 연표 |
1870년
12월, 양강 총독 겸 5구 통상 대신을 임명했다.

052

북양수사

북양수사北洋水師는 근대 중국에서 가장 강대한 수사였으며, 당시 아시아에서도 선두를 차지하고 있었다. 이홍장은 이 수사를 위해 심혈을 기울였다.

함정 구매 시 발휘한 '총명함'

직에 총독 이홍장은 열강들에게 함정을 구매하는 일을 빈틈없이 밀고 나갔다.

일찍이 7, 8년 전 청나라 조정은 함정을 구매한 적이 있는데, 당시 관원들이 양무에 대해 알지 못했고 또 어떤 관원은 일을 공적으로 처리하지 않았기에 청나라 조정에서는 손해를 많이 보았다.

이홍장은 옛 일을 교훈 삼아 북경의 안전을 보위하려는 일념으로 조정 상하에서는 여전히 견고하면서

북양해군 제독아문
1887년에 건설된 북양해군 제독아문은 벽돌과 느티나무로 산세에 따라 지은 집으로, 세 겹의 정원이 있다. 겹마다 중간채·옆채·곁채가 있다. 이 건축물은 현재 애국주의 교육의 장이 되어 사람들에게 국치를 잊지 않도록 일깨워 주고 있다.

도 선진적인 함정을 사들이기로 결정했다.

경험이 많은 이홍장은 과거 알게 된 영국 관원들의 중개를 받고 그들과 토론했으며, 여러번 영국으로 사람을 파견해 고찰하도록 했다.

설계도와 견본을 보고 흥정하는 등 함정을 구매함에 있어 필수적으로 구비해야 할 일련의 수속을 거친 후 최후로 배수량 360톤, 구경 11인치, 무게 26톤인 대포를 장착한 군함 두 척과 배수량 440톤, 구경 12인치, 무게 38톤인 군함 두 척을 구매하기로 했다.

1876년 6월 24일, 영국 황실 해군에서 경력을 쌓은 몇몇 선장이 360톤짜리 함정 두 척을 몰고 1만 리를 항해해 마침내 천진의 대고어구에 도착했다. 이홍장은 관원, 전문 기술자들과 함께 현지에서 검수했다.

이듬해 영국 선장이 몰고 온 440톤짜리 군함 두 척

| 세계사 연표 |

1870년

9월, 프러시아군이 프랑스의 세단에서 프랑스군을 크게 격파했고, 나폴레옹이 세 번째로 포로가 되었다.

《청말해군사료清末海軍史料》 출전

북양해군 제독서 옛터

도 대고어구로 들어섰다. 이홍장은 새로 구매한 전함을 보면서 기쁨을 감추지 못했다.

그는 조정에 올리는 상주서에 이렇게 썼다. "모든 대포와 장비들이 정예하며 잘 돌아가나이다."

그는 군함에 용감성과 속도를 상징하는 '용양龍驤', '호위虎威', '비정飛艇', '책전策電' 등의 이름을 붙였다. 그 후 또 '진북鎭北', '진남鎭南', '진동鎭東', '진서鎭西', '진중鎭中', '진변鎭邊' 등의 함정을 구매했다. 그리고 강남제조국과 복건선정국에서 자체적으로 많은 함선들을 제조했는데, 어떤 함선은 영국과 독일의

위원 포대 옛터

아편전쟁은 중국 근대 역사에 짙게 그려진 화폭이다. 당년의 자욱한 포화의 초연은 사람들의 기억 속에 맴돌고 있다. 위원威遠포대 옛터는 지금 그럴게도 아늑하며 대포는 마치 하나의 조각같다. 그러나 그 누군들 포화 속에서 피 흘려 싸우던 선구자들을 잊을 수 있으랴. 그들의 감동적이고 눈물겨운 업적은 천고에 전해질 것이다.

제원함 앞에 달려 있던 큰 닻

'갑오해전甲午海戰'은 국민들에게 낙후되면 침략당하기 마련이며 강국, 부국만이 유일한 길이라는 경종을 울렸다. 1998년에 인양한 제원함淸遠艦에 달려 있던 큰 닻은 높이가 2m이고, 무게가 1.5톤이다.

선진적인 순양함을 모방한 것이었다. 북양수사에는 총 25척의 여러 함선이 있었고 정여창丁汝昌이 제독을 맡았으며, 함장과 선장들은 모두 추천을 거쳐 영국에 보내 공부하고 귀국한 학생 또는 청나라에서 직접 양성한 전문 기술자가 함정을 관리했다.

함정을 구매하고 건조함에 있어 이홍장은 자신의 재능을 남김없이 과시했는데, 그야말로 총명하기 그지없었다고 할 수 있었다.

한편 그는 선박 구매 계약을 맺을 때 값이 싸고 품질이 좋게 하려고 노력했으며, 다른 한편으로 북양수사가 당시에 선두에 서도록 했다. 그러나 그는 포탄을 구매할 때 저질품을 사들여 포탄이 구경과 맞지 않은

| 중국사 연표 |
1871년 러시아가 신강 이리를 침점했다.

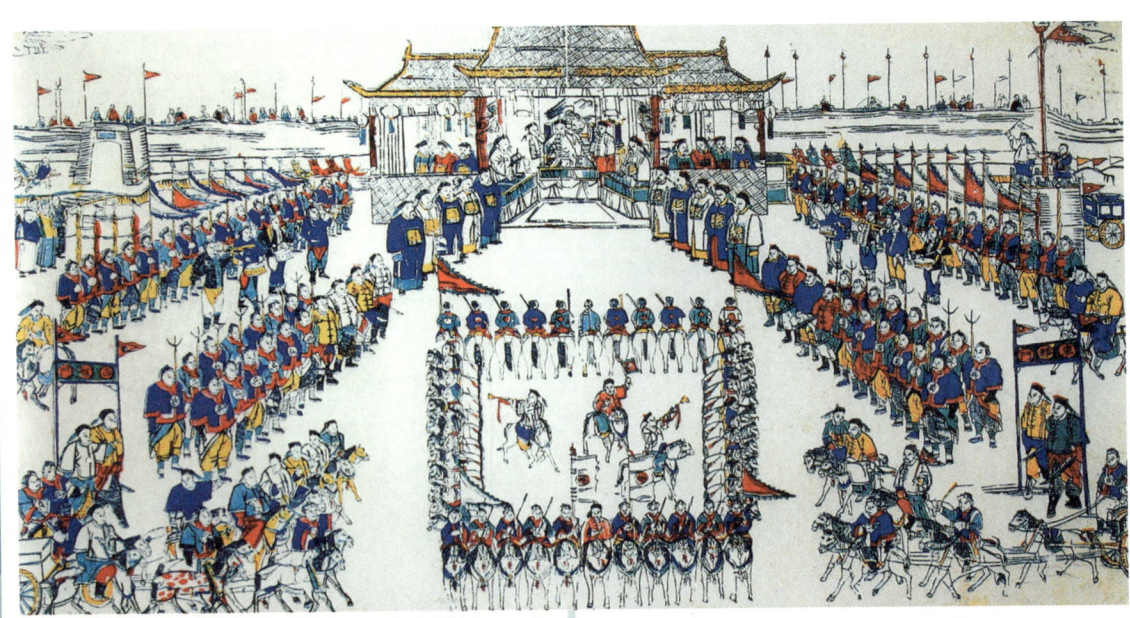

하간부河間府에서 군사 기능을 연마하다 (청나라 말기 세화)
1905년 10월 말, 청나라 정부는 2만여 명의 군사를 이동해 두 갈래로 나누었다. 한 갈래는 왕영해王英楷가 총 교관을 맡아 산동에서 북상했고, 다른 한 갈래는 단기서段祺瑞가 총 교관을 맡아 보정에서 남하해 하간부(황하와 영정하 사이)에서 회합, 합동 훈련과 열병식을 거행했다. 조정에서는 원세개袁世凱와 철량鐵良을 열조대신閱操大臣으로 파견했고 각 성에서도 대표를 파견해 훈련을 관람했다.

일이 발생하고, 또 그런 일이 북양수사의 복멸에 화근이 될 줄은 생각지도 못했다.

나가사키 사건

북양수사에 관한 정황을 알고 큰 자극을 받은 일본 해군은 연속으로 8차례나 해군 확장 안을 제출했다. 그뿐만 아니라 중·소학교 학생들에게 군국주의를 주입했으며, 중국을 가상의 적으로 삼았다. 북양수사를 요해하려는 목적으로 일본은 북양수사가 일본을 방문할 것을 요청했다. 북양수사는 1886년과 1891년에 두 번이나 일본을 방문했다.

함대가 처음으로 나가사키에 들어섰을 때 시민들에게는 흠모와 질투의 마음이 생겼다.

북양수사 수병들이 상륙해 기생집을 가고 물건을 사는 와중에 언어가 통하지 않아 분쟁이 발생했으며 일본 경찰과 북양수사 수병들 간에 충돌이 일어났다.

이틀 후 북양수사는 휴가를 했다. 재차 충돌을 면하기 위해 이홍장과 정여창은 수병들에게 병장기를 지

소충사대문
소충사昭忠祠는 복건의 복주 마미 마한산 동쪽 기슭에 자리 잡고 있으며, 붉은 담장에 푸른 기와로 되어 있다. 이 건축물은 1885년 갑신년에 벌어진 중국과 프랑스 해전인 마강해전에서 전사한 장병들을 기념하기 위해 서리 선정대신 장패륜張佩綸이 청나라 조정에 상주서를 올린 다음 세운 것으로, 이듬해 낙성되었다. 사당의 붉은 담장은 장병들이 흘린 피를 상징한다.

| 세계사 연표 |
1871년 일본이 제후의 나라를 철폐하고 현縣을 설립했다.

니지 못하게 했다.

수병들이 나가사키 시내에 들어섰을 때 보복을 다짐하던 일본 경찰과 시민들이 길을 막았는데, 경찰은 칼과 곤봉으로 마구 때렸고 어떤 시민은 이층집에서 펄펄 끓는 물을 쏟아 많은 수부들이 화상을 입었다.

적수공권인 북양수사의 수병들이 일본 경찰과 필사적으로 싸운 결과 북양수사에서 수병 5명이 죽고, 6명이 중상을 입었으며, 38명이 경상을 입고, 5명이 실종되었다. 그리고 일본 경찰은 1명이 죽고, 30명이 다쳤다.

나가사키현 정부는 교섭을 거쳐 말이 통하지 않아 발생한 사건이라고 인정했으며 옳고 그름을 가릴 것 없이 중국 측 사망자에게 배상을 했다. 북양수사가 두 번째 일본을 방문했을 때는 아무 충돌도 일어나지 않았지만 일본 해군 군관들은 수사의 관리와 무기 정비 측면에 문제가 있음을 알았다.

북양수사의 두 차례 일본 방문 목적은 청나라 측에서는 위풍을 과시하기 위한 것이었고, 일본 측에서는 청나라 수사의 실력을 타진하기 위한 것이었다. 그 결과 일본은 청나라보다 뒤떨어짐을 인지하고 차이를 극복했다. 그러나 청나라 제국은 태후에게 축수를 올리면서 노래와 춤의 태평 성세에 잠겨 있었다.

여순旅順의 바닷가

절강 승현嵊縣 일대 중국 남방 특유의 노동·애정 가요와 설창 문학의 토대에서 발전했다

| 중국사 연표 |

1871년 상해와 홍콩 간에 해저 케이블 부설을 완공했다.

053

복건 수군

청나라 전기에 창건되고, 근대의 함대로 발전한 복건 수군과 마미선정국馬尾船政局과의 관계는 매우 밀접했다. 선정국에서 제조한 함정은 주로 복건, 절강, 양광兩廣(지금의 광동·광서)의 해상 방위에 나섰다.

선정국 총리대신 심보정

강남제조국에서 건조한 첫 근대 함정 '황혹黃鵠' 호의 진수식이 끝난 후 절강·복건 총독 좌종당은 복건에 선정국을 세우는 데 대해 조정에 두 번이나 상주했다. 그 상주서를 훌륭하게 여긴 황제는 "원대한 소견이니 으레 그리할지어다."라는 칙유를 내렸다.

1866년 12월 23일 복건의 마미에서 시작된 선정국 건설 공사는 일 년 반 동안 학당, 공장 건물, 부두, 노동자 주택, 교회 등 80여 개의 건물을 지었다. 드디어 선정국이 세상에 모습을 나타냈고, 복건 후관侯官 태생인 강서 순무 심보정이 선정국 총리대신으로 임명되었다.

청나라의 관례에 따르면 본지인이 본지의 임용되지 못하게 되어 있었지만 심보정에게 본지 직을 내린

것이다.

선정국은 건립 초기에 도둑질하는 사람, 탐오하는 사람들로 무법천지였다. 태평군太平軍 토멸에 큰 공을 세워 봉강대리封疆大吏로 봉해진 심보정은 죄악이 큰 두 관리를 참수하는 것으로 관리를 경계하고 관리 단속을 게을리 하지 않았다. 그때부터 좌종당이 제정한 여러 규약이 제대로 실행되었다. 이에 외국의 전문가들도 선정국이 "폐단이 자취를 감추고 풍기가 깨끗한" 곳이라고 칭찬을 아끼지 않았다.

1869년 6월 10일 선정국에서 자체 설계·건조한 '만년청萬年靑' 호가 순조로이 진수했다. '만년청'은 청나라의 첫 전투함이다. 선정국은 그 후 심보정의 독려 아래 6년이란 짧은 기간에 19척의 함정을 건조했다.

동양의 유학생

근대 해군을 창건하기 위해서는 터빈을 동력으로 한 철갑선을 건조하고, 함정을 몰고 바다를 누비며 해전을 지휘하는 등 근대 과학 기술을 장악할 인재가 있어야 했다.

마미선정학당馬尾船政學堂은 근대적 해군 학교로, 외국의 전문가를 교사로 초빙하고 재질이 뛰어난 당지 소년들을 입학을 시켰다. 그 후 이들을 외국으로 유학 보냈다.

그때 청나라 사람들은 다른 나라는 모두 "야만의 나라"라고 생각했고, 심지어 미국인들은 청나라 사람들의 살가죽을 벗겨 개에게 옷을

장문보첩 (청나라 후기 연화)
1884년 8월 프랑스군이 대만 기륭을 공격하다가 청나라군에 격퇴당했다. 같은 달 하순에 프랑스군은 또 복건 수군에 불의의 습격을 가했다. 복건 수군은 장문에서 프랑스군에 큰 타격을 가했다.

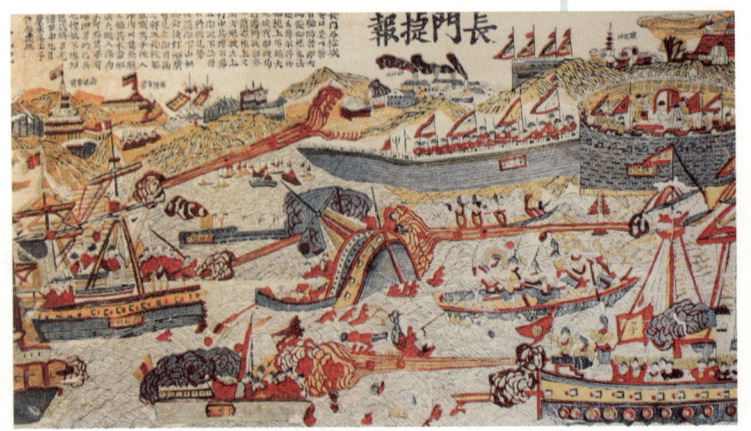

162 역사 시험장 〉 청나라의 첫 근대화 조선소의 명칭은 무엇인가?

| 세계사 연표 |

1871년

3월 28일, 파리 코뮌이 수립되었다.

《청말해군사료清末海軍史料》

해 입힌다는 소문까지 나돌았다. 그러니 사람들은 유학을 떠나는 것이 위험천만한 일이라고 여겼다.

대청 제국의 존엄을 보이느라 유학생들은 하나같이 과피모瓜皮帽(중국 고유 모자의 일종. 차양이 없고 정수리에 꼭지가 달린 검정색 모자)를 쓰고 남색 비단 마고자를 입고 까만 헝겊신을 신었다. 중국 유학생들이 땋아 드리운 머리를 보고는 미국인들은 "중국 계집애"들이 왔다고 놀리는 바람에 어떤 유학생은 수치스러워 울기까지 했다. 그러나 이 유학생들의 운명은 중국 해군, 나아가 온 나라의 운명과 같았다.

청나라 말기의 양주 선정국

마강 해전

광서 10년(1884) 중국 해군과 프랑스 해군이 복건 마강馬江(또는 마미)에서 치열한 해전을 벌였다. 사면이 산으로 둘러싸인 마미항은 연안 지형이 험준해 방어에 유리했다.

'중국·프랑스 회의 간명 조항'이 체결되었지만 그에 불만족을 느낀 프랑스는 먼저 대만의 기륭항을 공격했다. 그러나 격퇴당하고 뒤이어 복주를 공격 목표로 삼았다.

프랑스 해군이 마미 군항으로 들어왔다. 그때 복건에 체류 중이던 흠차 장패륜張佩綸과 선정대신 하여장何如璋은 중국과 프랑스의 '강화' 조항과 열강들과의 우호관계에 금이 갈까 봐 각 함정에 "먼저 발포하는 자는 설사 이겼다 해도 참수한다."는 명령을 내렸다.

프랑스 해군은 썰물 때를 틈타 복건 수군에 맹공을 퍼부었다. 복건 수군은 미처 닻도 올리지 못하고 갈팡질팡하다가 전함 2척이 격침되고, 여러 척이 크게 파손되었다.

'복성福星' 호 함정의 관대인 진영陳英이 전함의 전체 관병들을 이끌고 반격에 나섰다. 진영은 "공격만 있을 뿐 퇴각은 없다."라고 외치면서 적함과 결사적으로 싸웠다. 포탄이 줄지어 적함을 향해 날아가고 '복성' 함은 적군의 어뢰를 피하면서 적함을 향해 돌진해 갔다.

그때 복성함의 프로펠러가 적군의 어뢰에 부딪혔고 진영이 흉탄에 맞아 희생당했다. 복성함은 불길에 휩싸였지만 바다 속에 침몰될 때까지 적함에 포탄을 날렸다. 다른 전함의 장졸들도 눈물겹고 장렬한 최후를 마쳤다.

반시간에 걸친 격전에서 복건 수군은 전함 11척, 운수함 19척이 모두 격침되거나 파손되었고, 장졸 521명과 전사, 150명이 부상을 당했다.

밀물이 들어오자 프랑스 함대는 30km여 상거한 복주 조선 공장 부근까지 포함을 몰고 가서 공장을 잿더미로 만들었다. 그 후 며칠 동안 프랑스 군함은 마강의 하류로 내려가면서 민강 양안의 포대를 하나하나 포격해 무용지물로 만들었고 무수한 민가를 포격해 폐허로 만들어 버렸다.

그런 다음 프랑스군은 정해만定海灣으로 퇴각했다.

| 중국사 연표 |

1872년 청나라 정부에서 소년들을 유학생으로 파견했다.

054

대만의 초대 순무

프랑스군이 대만에 침입하자 정세는 위급했다. 이 위급한 고비에 유명전劉銘傳은 초대 대만 순무의 직을 제수 받자 대만에 성省을 쌓고, 해상 방어력을 굳건히 다지고, 경제를 발전시켰다.

위험한 고비에 중임을 맡다

1884년(광서 10) 중·프 전쟁이 발발했다. 그 해까지 꼬박 14년 동안이나 고향에서 한거하던 유명전은 그때 《유씨종보劉氏宗譜》 편찬에 전념 중이었다. 그 시대에 프랑스는 베트남 북부 지역까지 점령한 후 대만을 점령하고, 나아가 청나라의 굴복을 받기 위해 함대를 파견, 중국의 동남 연해에 침입했다.

그해 4월 청나라 조정에서는 유명전을 북경으로 소환하고 그에게 대만의 군무를 감독하고 관리할 순무직을 제수했다. 그러자 유명전은 〈해상 방위 10대 대책〉이라는 상주문을 올린 뒤, 30명의 옛 부하들을 거느리고 대만으로 갔다. 유명전은 여독을 풀 틈도 없이 프랑스군에 맞서 싸우고 대만을 보위할 대책 마련에 뛰어들었다.

대만 백성들의 옹호를 받은 유명전

유명전은 대만을 성공적으로 다스렸다. 그는 복건 백성들이 대만으로 가서 정착하도록 격려했고, 무간국撫墾局을 설립하고, 고산족 백성들에게 선진적인 농법을 전수했으며, 대만 백성들은 모두 그를 옹호했다. 〈대만 백성들을 초무하는 유명전〉이라는 제목의 이 그림은 광서 말년에 간행된 《점석재화보》에 실려 있다.

노년기의 유명전 인물상

어릴 때 천연두를 앓은 탓에 얼굴에 곰보 자국이 남아 있었다. 유씨 가문의 여섯째 아들로 태어나 '유씨네 곰보 여섯째'라고 불렀다. 그의 만년과 사후에 사람들은 그를 "유곰보"라고 불렀다.

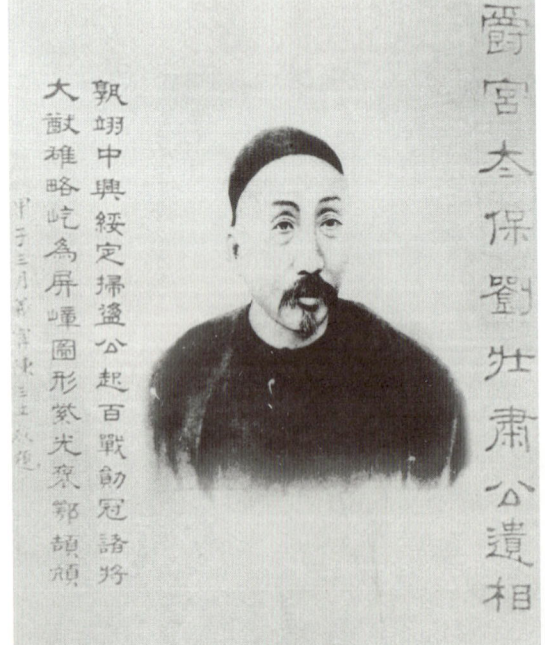

●●● 역사문화백과 ●●●

[관방]

관방關防은 관인의 일종이다. 청나라 제도에 따르면 정규직 관리들은 정사각형의 관인을 썼으며 그것을 '인'이라 했으나 임시 파견된 관리들은 직사각형의 관인, 즉 '관방'을 썼다. '인'은 주홍색 인주를 쓰고 '관방'은 자홍색 물감을 썼다. 지방 총독과 순무는 조정에서 임시로 파견한 관리이므로 관방을 썼다. 그 후 이 제도가 관례가 되었지만 점차 '인'이 '관방'으로 대체되었다.

| 세계사 연표 |

1872년 일본이 국가 은행을 창설했다.

《청광서조중법교섭사료淸光緖朝中法交涉史料》
《청사고淸史稿·유명전전劉銘傳傳》

적군을 유인하다

7월 16일, 유명전은 기륭에 이르렀다. 배에서 내리자 바람으로 그는 대북, 호미滬尾, 지금의 담수淡水의 요새와 포대 등 군사 시설을 살펴본 다음 방어 대책을 논의했다. 순찰 과정에 대만의 방어와 수비군의 자질이 부족함을 느낀 유명전은 방어 시설물을 늘리고, 포대를 재축성하며, 해군을 건립하고 무기를 사들일 것과 같은 많은 건의를 조정에 제기했으며, 전투 전 짧은 기간 내에 대만의 재무와 병력을 재조정했다.

8월 4일 프랑스군이 중국 주둔군에 투항 권유서를 보냈다. 그러나 중국 주둔군이 투항을 거절하자 프랑스군은 5척의 군함으로 기륭을 포격한 후 중국 주둔군의 진지를 공격해 왔다. 중국군은 유명전의 지휘 아래 방어 진지가 수축된 바닷가 백사장에서 기륭의 뒷산으로 퇴각했다. 해상에서의 열세를 육지에서의 우세로 바꾸기 위한 유명전의 유인술이었다.

프랑스군은 중국군이 퇴각하는 줄로 알고 직격해 들어왔다. 그날 프랑스군은 기륭을 일거에 점령하려고 했다. 프랑스군의 대부대가 해안에 오르자 유명전은 동서 양쪽으로 우회하고 삼면에서 협공하라고 명령했다. 혼란에 빠진 프랑스군은 허둥대다가 퇴각했다. 중국군은 100여 명의 적군을 사살하거나 부상을 입히고 1명의 적을 생포하고, 적군 군기 한 폭, 포 4문, 장막 수십 개, 많은 군복과 군모를 노획하여 첫 전투에서 승리를 거두었다.

손 부인이 창화에서 대승하다 (청나라 말기 연화)
1895년 유영복劉永福이 대만 창화彰化 등에서 당지의 봉기군과 함께 왜구에 대항했다. 손 부인은 남편이 불행하게 전사했다는 소식을 접하자 남편의 생전 부하들을 불러 모은 후, 유 아가씨와 더불어 부하들을 거느리고 중로에 진을 치고 주둔했다. 손 부인은 드디어 왜군 장수의 가슴을 창으로 찌르고 왜구를 창화에서 몰아냈다.

대만 보위 전

기륭 공격에서 실패한 후 그해 10월 다시 한 번 기륭 공격전을 벌였다가 또 실패의 쓴 맛을 본 프랑스군은 공격 목표를 호미로 옮겼다.

유명전은 치밀한 계획 끝에 기륭을 버리고 대북의 문호인 호미를 사수할 작전을 세웠다. 대다수 장수와 병졸들이 이 작전을 이해하지 못하고 반대했으나 유명전의 결의는 굳었다. "기륭을 내놓지 않으면 대북을 지켜낼 수 없다. 본관이 이미 대책을 확정한 이상 사후 책임은 본관이 질 것이다. 명령을 거역하는 자는 가차 없이 참할 것이다."

프랑스군이 기륭을 점령하고 보니 기륭 탄광은 다 폭파되고 시내는 폐허가 되었으며, 전함에 대한 충분한 보급이 보장되지 못해 장기적인 전투가 불가능했

1840 ~ 1911 청나라·2

유명전 165

| 중국사 연표 |
1873년
동치 황제가 친정했다.

일본의 대만 침습

동치 13년(1874) 일본은 자국 어민이 대만 사람에게 살해되었다는 구실로 대만을 습격했다. 대만 주민들은 이에 용감히 대항했다. 일본은 대만을 점령하지 못하자 중국과의 강화를 영국·미국 공사에게 위탁했다. 중국과 일본은 〈중·일 북경특별협정〉을 체결했다. 이 협정에 의하면 중국은 일본에 50만 냥을 배상하고, 일본이 대만을 습격한 것은 본국의 백성을 보호하는 의로운 거사임을 승인해야 했다. 이 협정은 일본이 그 후 유구 제도를 넣는 후환을 남겼다.

다. 그러자 프랑스군은 즉시 호미로 공격 방향을 돌렸다. 유명전의 전술에 약이 오른 프랑스군은 대포로 호미를 맹포격 했다.

기륭에서 철거한 중국군이 유명전의 지휘 아래 병력을 재배치하고 방어 시설을 보강하고 새로 보충된 대포가 위력을 과시했으므로 프랑스군은 7일 동안이나 공격했으나 끝내 성공하지 못했다.

다음 날 프랑스군은 포화의 엄호 아래 중국군 진지를 덮쳤다. 유명전은 노약자와 불구자로 조직된 병력으로 싸우다가 퇴각하고, 퇴각하다가 싸우면서 적군을 매복권 안으로 유인한 다음 우세한 병력으로 적군을 몇 갈래로 분할하고 협동공격을 했다. 순식간에 탄알이 빗발치듯하고 돌격의 함성이 천지를 울렸다. 적군은 삼면 협공을 받고 산산이 패주했다.

호미에서도 패한 프랑스군은 10월 하순에 4000여 명의 병졸과 20여 척의 전함으로 대만 연안의 모든 후미진 곳을 봉쇄했다. 그러나 유명전은 이렇듯 위급한 상황에서도 당황하지 않고 작전 계획을 짰다.

그는 산이 많은 대만의 지형적 특성을 이용해 포대를 축성하고, 갱도를 파 지키도록 지휘하는 한편 대만 전 섬의 재산가, 권력가, 일반 백성에게 돈을 내고 힘을 모아 돕도록 했다.

8개월 동안 이렇게 버틴 덕에 프랑스군은 지칠 대로 지쳤다. 얼마 후 풍자재馮子材가 양산에서 대승함에 따라 중·프 전쟁의 대세에는 대역전이 일어났다. 대만에서 더이상 견디기 어려웠던 프랑스군은 철수할 수밖에 없었다. 이로써 대만보위전은 승리의 막을 내렸다.

대만성의 건설

중·프 전쟁이 끝난 후인 1885년(광서 11) 10월 청나라 정부는 원래 복건에 귀속되었던 대만에 행성行省을 설립했다. 유명전은 대만성의 초대 순무를 제수 받고 우선 세 가지 급선무를 해결하는 데 앞장섰다.

첫째, 방어력을 키웠다. 31문의 대포를 새로 사들이고 기륭, 담수, 팽호, 대남 등에 콘크리트 포대를 쌓고 군대를 35개 영으로 재편성했으며, 신식 조련법을 채용해 전투력을 높였다. 둘째, 임대 수입을 늘렸다. 지주들이 허위 보고한 토지 면적과 서양 상인들의 탈세를 조사했다. 그 결과 대만의 재정 수입이 매년 백은

| 세계사 연표 |

1873년 프랑스군이 베트남 하노이를 함락했다.

복건 대만 순무 관방

광서 10년(1884) 유명전은 호미대첩滬尾大捷 후 복건 순무를 추가로 제수받고 계속 대만에 체류하면서 방어 사무를 감독·처리했다. 이듬해 청나라 조정에서는 복건성 대만부를 대만성으로 승격시키고 유명전을 초대 순무로 임명했다. 광서 12년(1886) 새로 주조한 '복건 대만 순무'라는 관방을 가져올 관리를 북경으로 보냈고, 그 관방은 이듬해부터 정식으로 사용되었다.

10만 냥에서 300만 냥으로 뛰어올랐다. 셋째, 법치와 덕치를 결합하는 민족 정책을 실시했다. 대만의 토착민인 15만의 고산족을 초무해 88개 사社에 편입시켰다. 그리하여 정령政令의 통일을 실현했다.

유명전은 교육을 중요시했다. 그는 무간총국과 산하 수십 개 지국에 학당을 설치하고 소수민족에 대한 문화 교육을 실시했다.

1887년 대북에 '서학당西學堂'을 세우고 수학, 물리, 화학, 측량, 역사, 지리 등의 과목을 설치하는 한편 외국인 교사를 초빙해 외국어도 가르치게 했다. 1890년에는 또 '전보학당電報學堂'을 세우고 전신 기술을 가르치게 했다.

1886년에는 윤선초상국輪船招商局을 세워 해상 교통의 편리를 도모하고, 뒤이어 기륭과 대남 간의 철도를 부설해 육상 교통의 편리를 도모했다. 1887년에는 전보국을 세우고 대북에서 복주까지, 안평에서 팽호에 이르는 수백 킬로미터에 달하는 해저 케이블을 가설했으며 기륭과 대북에서 대남에 이르는 육상 전화선로 수백 킬로미터를 개설했다. 1889년에는 대북에 우정국을, 각지에 지국을 설립했다.

이 밖에 유명전은 대만의 자원을 개발하는 데 힘썼다. 그는 석탄국을 세우고 기륭의 낡은 광산을 정돈했으며 백은 40만 냥을 투자해 신식 채굴 기계를 사들여 새 광정을 개발할 준비를 갖추었다. 그리고 대만에서 석유 탐사에 성공한 후 곧바로 시추에 착수했다. 영국 상인들이 사탕수수와 차 잎의 가공 판매를 독점한 국면을 돌려세워 중국의 상업 무역 권리를 탈환했다.

유명전이 대만 순무로 있던 7년간 섬 안에는 경제가 발전하고 해상 방어력이 강해 사람들은 유명전의 치적을 찬송했다.

중국 근대 우정 업무의 첫발자국

광서 14년(1888), 유명전은 대만에서 근대 국가 우정을 창시했다. 우정총국을 대북에 두고 '대만우표'와 '우정상표'라는 두 가지 우표를 발행했으며, 총 길이 173.8km에 달하는 우편로를 개설했다. 이는 중국에서 독립적으로 근대 우정 업무의 시작이다. 사진은 〈대만에 우정을 설립하는 데에 관한 통고〉다.

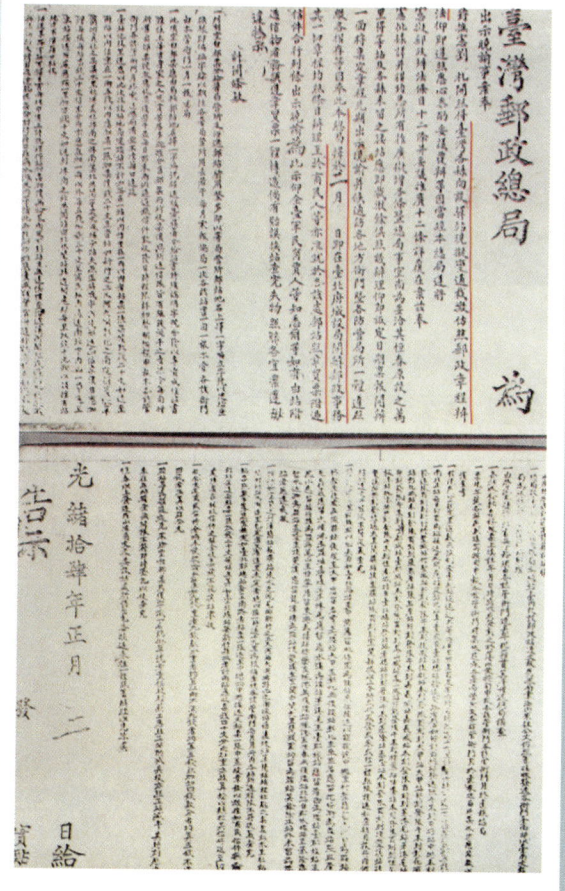

왕도王韜의 《도원문록외편弢園文錄外編》

1874년

| 중국사 연표 |
3월, 각 성의 이금국厘金局을 철폐했다.

055

초보산의 대포

오걸吳傑이 해안 방어 요진인 초보산招寶山에서 프랑스 군함을 포격했다. 프랑스군의 사령관이 사망하자 프랑스 군함은 재침범할 엄두를 못 냈다.

해안 방어의 요지

후도산候濤山은 상선들이 자주 드나드는 곳에 위치한 덕에 상품의 집산지가 되었는데, 사람들은 재산이 늘고 금은보화가 들어오라는 뜻에서 그 산의 이름을 초보산이라고 고쳐 불렀다.

초보산은 현재 영파시寧波市 진해구鎭海區에 위치하며 해안 방어의 군사 요지로, 절강 동부의 문호로도 유명했다.

명나라 왕조 가정 39년(1560) 왜구의 침입을 막기 위해 초보산에 위원성威遠城을 쌓고 많은 병력이 주둔했다. 유명한 항해 명장 척계광戚繼光도 바로 이곳에서 수차례 전공을 세웠다.

광서 9년(1883) 프랑스는 중국 침략 전쟁을 일으켰다. 프랑스 원동 함대가 대만, 복건에서부터 북진해 초보산으로 접근해 왔다.

두각을 나타낸 오걸

피할 수 없는 일장 악전이 눈앞에 다가왔다. 절강 순무 유병장劉秉璋이 몸소 전선에 나와 지휘하고 절강 제독 구양리현歐陽利見도 초보산과 지척인 금계산金鷄山으로 와서 독전했다. 후방에는 영파·소흥 태도台

청나라 시대 광채방관형 쌍이 화병
높이가 25.5cm이고, 청나라 광서 연간에 만든 이 화병은 마개가 있는 꽃병이라서 '방관형'이라고 불렀다. 사용할 때에는 마개를 열고, 사용하지 않을 때는 마개를 닫아 장식품 역할을 한다.

道 설복성薛福成이 남아서 내정·외교·군무를 관할했다.

상군湘軍의 백전노장인 구양리현은 육전에 능했지만 해전에는 익숙지 않았다.

그는 자신의 경험을 고집하면서 초보산의 주요 화기를 뜯어 감추어 놓고 초보산에서 퇴각했다가 그 후 때를 보아 적을 섬멸하자고 주장했다. 그러나 일부 장수들은 해안포의 위력을 발휘하며 용강의 출해구에서 결전을 벌여 한 놈이라도 뭍에 발을 들여놓게 해서는 안 된다고 주장했고, 수비守備직에 있던 오걸吳傑도 이 주장에 동의했다.

그러자 구양리현은 군기를 세우기 위해 오걸을 군법으로 다스리라고 명령했다. 이 일은 순무 유병장을 놀라게 했다. 유병장은 초보산의 화기를 철거해 버리려는 구양리현의 계획에 동의하지 않았다.

진해구 공방전

위원성 안의 집에서 오걸이 향을 피우고 촛불을 켜 놓고 조상에게 제사지내고 있었다. 오걸이 제단 앞에서 무릎을 꿇고 조상에게 맹세했다. "놈들을 격퇴하지 못하면 이 한 몸 순국해 조상님들의 재천의 영령을 위로하겠나이다." 맹세를 마친 오걸은 비장한 각오를 다지며 진중으로 돌아갔다.

| 세계사 연표 |

1874년
영국이 고든에게 수단 원정을 명했다.

《청사고清史稿·오걸전吳傑傳》
《청사고清史稿·구양리현전歐陽利見傳》 출전

1840 ~ 1911 청나라·2

원명원 해안당圓明園海晏堂의 생동한 동상
이 3개의 동상은 모두 원명원 해안당 앞에 놓인 수력종水力鍾의 부분품이다. 유럽 예술가가 동서양의 조형 예술을 결합해 디자인한 것이다. 정교하고 생동력 있으며 섬세한 것이 특징이다.

3월 1일 오후 3시, 프랑스군의 군함 4척이 초보산에 포탄을 퍼부으며 달려왔다. 적의 포화는 단숨에 초보산을 평지로 만들 기세였다. 오걸은 적군의 강력한 공세에 맞서 침착하게 지휘하고 명령을 내렸다.

순식간에 초보산에서 포탄이 적함에 빗발치듯 날아가 적 기함을 적중시켰다. 병졸들의 사기를 고무시키려고 오걸은 몸소 포를 다루어 적의 기함을 향해 연방 포사격을 퍼부었다. 이번에는 적 기함의 후미를 적중시켰다.

연속 두 번이나 포탄을 맞은 기함은 머리를 돌려 후퇴하기 시작했다. 다른 세 척도 기함을 따라 도망쳤다. 첫 격전은 적함이 후퇴하는 것으로 막을 내렸다.

3월 3일 오전 10시, 프랑스군은 두 척의 군함을 더 보내 용강 출해구의 호준산虎蹲山 부근을 덮쳐 초보산에 포격을 감행했다.

오걸은 갑옷을 벗어 팽개치고 몸소 포를 다루어 적함에 분노의 포탄을 퍼부었다. 포탄은 마치 눈이라도 달린 듯 연이어 적함 쪽으로 날아가 터졌다. 적함은 휴전을 알리는 깃발을 내걸고 도망쳤다.

적군 사령관은 이 전투에서 포탄 파편에 중상을 입고 퇴각 중 숨졌다.

그 후 프랑스군은 여러 차례나 초보산을 공격했지만 난공불락難攻不落의 요새인 초보산에 한 발자국도 올라서지 못했다.

3월 1일부터 6월 8일까지 중·프 양군의 진해구 공방전은 백일하고도 사흘이나 계속되었다.

청나라군이 중·프 전쟁에서 노획한 프랑스군의 군복과 대발(레그 가드)

가을 169

| 중국사 연표 |
1874년
6월, 일본군이 대만에 상륙했다.

056

흑기군

흑기군은 반청 세력이었지만 프랑스에 대한 베트남의 저항운동을 원조하고, 애국심으로 조정의 파견을 받아 대만을 보위했다.

흑기군 기두 유영복

함풍 17년(1857) 스무 살의 유영복劉永福은 천지회天地會의 봉기에 참가했고 그 후에는 사람을 거느리고 오아충吳亞忠의 반청 봉기군에 가입했다. 유영복을 주축으로 한 봉기군은 검은 기를 군기로 삼았으므로 '흑기군黑旗軍'이라고도 했다. 청나라군의 토벌에 밀린 흑기군 300여 명은 베트남 변경의 라오까이에 집결, 주둔했다. 이국에서 산림을 개간하고 농사를 짓고 가축을 기르면서 피난살이를 하는 이 사람은 2000여 명으로 늘어났고, 기율이 엄한 그들은 당지 백성들의 옹호를 받았다.

지교 대첩

광서 8년(1882) 프랑스군이 베트남 하노이를 강점하고 중국의 서남 지구까지 쳐들어가 '동방 제국'을 세

양국의 화합 (청나라 말기 연화)
중·일 갑오전쟁은 중국이 패했고, 중국은 굴욕적인 '시모노세키 조약'에 서명했다. 이 연화의 작자는 승리한 중국이 일본과 '시모노세키 조약'을 조인한 것으로 잘못 알고 있었다.

우겠다고 하자 유영복은 베트남 국민들과 함께 침략자들을 베트남 땅에서 몰아낼 결의를 굳게 다졌다.

5월 19일 하노이에서 서쪽으로 약 2리 떨어진 지교紙橋에서 유영복의 흑기군은 프랑스군의 주력과 겨루었다. 유영복은 양저은楊著恩에게 선봉군을 거느리고 다리 부근의 관제묘를 지키게 하고, 황수충黃守忠에게는 관제묘 뒤에서 선봉군을 적극 엄호하게 하고는 매복전을 벌일 준비를 갖추러 떠났다.

전투가 시작되자 양저은은 침착하게 응전하면서 관제묘를 목숨처럼 지키라고 병졸들을 격려했다. 두 다리가 흉탄에 맞은 상황에서도 양저은은 극심한 고통을 참아 가면서 전투를 지휘하며 적들에게 권총 사격을 가했다. 오른손이 부상을 입자 그는 왼손으로 권총을 쥐고 10여 명의 적병을 사살했으나 가슴에 흉탄을 맞고 희생되었다.

적군이 관제묘를 점령하고 황수충의 부대와 격전을 벌일 때 길 양옆에 매복해 있던 흑기군 대부대가 적군 무리에 뛰어들어 육박전을 벌였다. 프랑스군은 떼죽음을 당하고 뿔뿔이 도주하기 시작했다.

애국의 일편단심

동치 10년(1871) 프랑스 침략군 5000여 명이 베트남을 대거 침공해 홍하 삼각주를 강점하고

| 세계사 연표 |

1874년 베트남·프랑스 평화 동맹 조약이 조인되어 베트남이 프랑스의 보호국이 되었다.

《청사고清史稿·유영복전劉永福傳》
《유영복역사초劉永福歷史草》 출전

유영복의 수군이 프랑스 수군을 대파 (청나라 말 연화. 위 그림)

유영복의 군대가 프랑스군을 대파 (청나라 말 연화. 아래 그림)

1873년 프랑스 침략군이 베트남 하노이를 침범했다. 베트남 정부의 지원 요청에 응해 유영복이 흑기군을 이끌고 베트남에 진군, 지역의 군민과 함께 프랑스군을 대파했다.

뒤이어 대만의 기륭항을 공격했다. 청나라 조정은 프랑스에 선전포고를 내리고 유영복에게 명예 제독의 관함을 제수했다.

유영복이 임명을 받자 흑기군을 거느리고 청나라 관군과 협동해 선광을 포위했고, 이듬해 3월 프랑스 증원군에 대한 매복전에서 대승을 거두었으며, 임조에서 프랑스군을 대파하고 광위를 수복했다. 이와 때를 같이하여 노장 풍자재도 진남관에서 프랑스군을 대파해 전쟁의 형세를 돌려세웠다.

중·프 전쟁이 끝난 후인 1885년 10월 유영복은 조정의 영을 받아 흑기군 3000여 명을 거느리고 귀국했다. 조정에서는 흑기군 정원을 1200명으로 줄이라는 영을 내렸다. 1886년 유영복 남오진南澳鎭 총병으로 임명된 후 흑기군은 300여 명으로 줄었다.

1894년 7월 갑오전쟁이 발발했다. 유영복은 청나라 정부의 영을 받고 대만으로 가서 순무 소우렴邵友濂의 방위 사업에 협조했다. 8월에 유영복은 두 개 영營의 흑기군을 거느리고 대북으로 갔다가 다시 영을 받고 대남에 가서 주둔했다. 그때 흑기군은 8개 영으로 늘었다.

이듬해 대만 할양 반대 운동이 일어났다. 유영복은 군민 항일 수령으로 추대되고, 흑기군은 대만에서 대만 군민들과 함께 했다.

흑기군 수령 유영복

중국적의 첫 번째 개신교 선교사 양발梁發

| 중국사 연표 |

1875년

1월, 동치 황제가 병으로 죽었고, 재첨載湉이 황위를 계승했다. 본년을 광서 원년으로 정했다.

057

진남관 대첩

근대 중국은 열강과의 전쟁에서 단 한 번의 싸움에서 승리했는데, 바로 풍자재가 지휘한 진남관鎭南關 전투다. 그러나 약소국에는 외교란 것이 없다는 유감만을 남겼다.

은퇴 노장의 출정

광서 10년(1884), 중·프 전쟁이 발발했다. 청나라군 전선의 각 군은 프랑스군의 침공을 막아내지 못하고 앞 다투어 퇴각했다. 항프랑스 전쟁의 적극적인 고취자였던 신임 양광兩廣 총독 장지동張之洞은 풍자재를 기용할 것을 황제에게 건의했다.

그때 풍자재는 제독 지위에서 은퇴했지만 혼란한 나라를 생각해 고향인 광서 흠주欽州에 부잣집 자식들로 지방무장을 조직하고, 또 광동 고뢰高雷, 염경廉瓊지방 무장 조직의 독판督辦으로 있으면서 군사 훈련을 하고 있었다.

진남관 관전애에서 중국군의 대승

장지동이 파견한 관리가 찾아오자 풍자재는 곧 두 아들과 옛 부하, 병졸들을 집합해 출정의 장도에 올랐다. 이 때 풍자재는 67세였다.

관전애에서의 전투 준비

풍자재는 방판광서군무幇辦廣西軍務로 임명되었다. 독판督辦은 그의 후배인 광서 제독 소원춘蘇元春이었다. 그는 풍자재를 전선 총지휘로 임명했다.

풍자재는 전선에 나가 지형을 살펴보고 분석한 다음 진남관에서 남쪽으로 10리 떨어진 관전애關前隘에 부대를 주둔시켰다. 지형이 험한 그곳은 중간에 관문 통로가 나 있고 양옆은 절벽이어서 한 사람이 여러 사

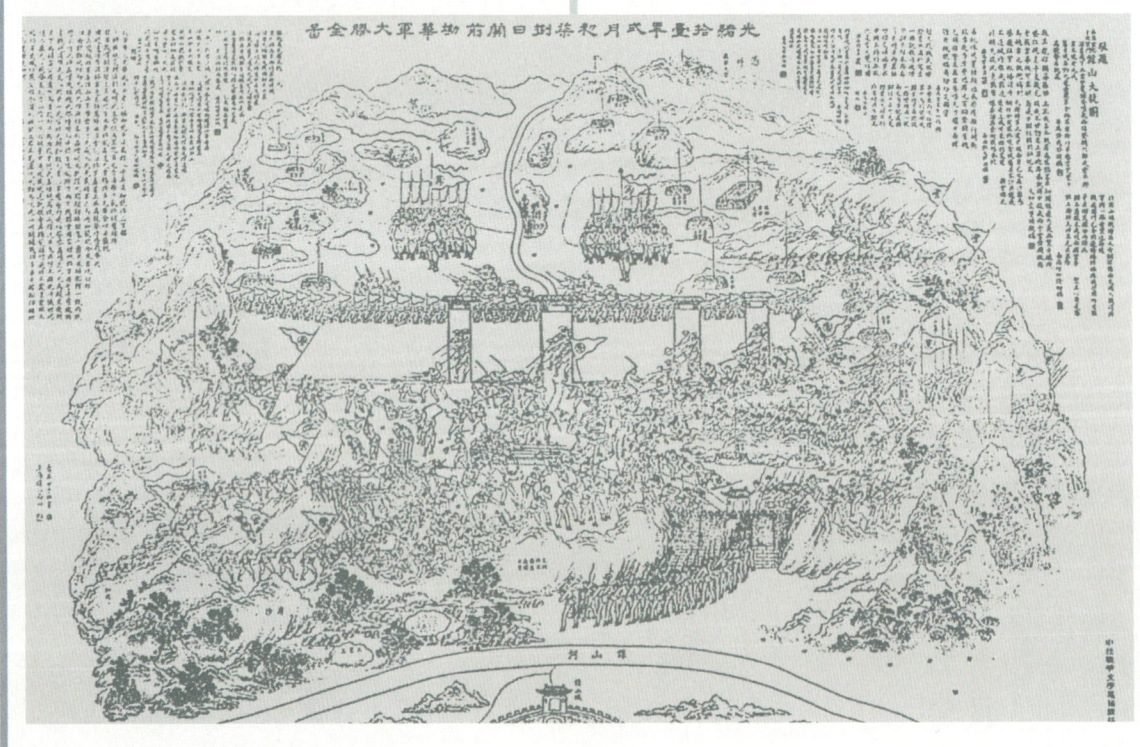

| 세계사 연표 |

1875년
일본이 법제국을 설립했다.

《청사고清史稿·풍자재전馮子材傳》 출전

광서 진남관 우의관友誼關

람을 막아낼 수 있는 곳이었다. 풍자재는 관전대로 들어오는 입구를 막을 3리 반 남짓의 성벽을 쌓아 동쪽 산과 서쪽 산을 그 벽으로 연결하고 벽 앞에 길고 넓은 웅덩이를 파 놓고, 또 영 위에 포대 여러 개를 수축하도록 했다. 뒤이어 그는 분산해 주둔하고 유사시 협동 작전에 유리하도록 부대를 배치하고 예비대에 병력도 충분히 배치했다. 그리고 자신은 프랑스군 주력이 공격해 올 수 있는 장벽 구간과 요새의 방어 임무를 맡았다.

진남관 대첩

광서 11년(1885) 2월 7일, 프랑스군은 베트남 양산의 소굴에 틀어박혀 있던 병력을 총출동하고 세 갈래로 나누어 진남관에 대한 총공격을 감행했다.

관전애 동쪽 산을 공격하는 프랑스군은 산기슭과 중턱의 포대 3개를 모두 점령했다. 관전애 입구의 장벽을 공격하는 프랑스군은 맹렬한 포화의 엄호 아래 장벽 아래까지 공격해 들어왔다. 형세는 자못 위급했다. 풍자재가 외쳤다. "프랑스 군이 관문 안으로 한 발짝이라도 들어선다면 무슨 면목으로 광동·광서의 부모님을 만나 보겠는가." 그의 격려에 한마음 한뜻이 되어 장벽 바깥으로 돌진해 나가 프랑스군의 공세를 저지했다.

이튿날 프랑스군은 장벽 돌파에 모든 군사를 동원했다. 많은 적병이 웅덩이를 넘어 장벽으로 기어올랐다. 이 위기일발의 순간에 풍자재가 훌쩍 몸을 날려

1840~1911 청나라·2

그곳에 아마阿媽라는 신묘가 있었으므로 아마항 또는 마항媽港이라고도 했다

| 중국사 연표 |

1875년
2월, 운남에서 영국인 마가리 피살 사건 일어났다.

장벽을 뛰어넘었다. 그의 두 아들이 아버지의 뒤를 따랐다. 수많은 병졸들도 그들을 뒤따라 장벽을 뛰어넘어 처절한 백병전에 나섰다. 돌격의 함성이 산골짜기에 메아리 치고 양군은 일대 혼전을 벌였다. 이때 서로군이 증원되어 프랑스군을 앞뒤에서 협공하자 프랑스군은 모든 전선에서 완전히 붕괴되었다.

2월 9일 풍자재는 총 반공하라는 명령을 내렸다. 총군의 각 군과 베트남 군민들이 산마루와 총림에서 뛰어나와 패주하는 적군을 추격했다.

잠 통수 북령 수복 (청나라 말기 연화)
중·프 전쟁 중 운귀 총독 잠육영岑毓英이 1884년 음력 4월 7일 밤 청군을 거느리고 베트남에서 프랑스 군대와 격전을 벌여 북령北寧을 수복했다.

이 전투에서 프랑스군의 정예부대는 섬멸당했다. 이 소식이 파리에 전해지자 온 프랑스가 비애에 잠겼다. 어떤 사람은 진남관에서 프랑스군의 참패를 1815년 나폴레옹이 워털루에서 당한 패배와 같다고 했다.

풍자재 군대가 양산을 공략한 지 이틀 만에 프랑스 내각은 무너지고 말았다.

그러나 청나라군이 10여 개 도시를 해방하고 하노이를 곧 해방할 무렵 청나라 정부는 불의에 정전 명령을 내렸다.

승전하고도 적군과 강화하는 것이야말로 청나라 말기의 외교상 이상하기 짝이 없는 양상이었다.

민족 영웅 풍자재
황준헌黃遵憲은 〈풍장군가〉에서 진남관 전투에서 앞장에 선 풍자재를 이렇게 노래했다.
"장군의 용솟는 기개 산보다 높고 / 우리 장졸들 장구직진해 옥관을 나섰네 / 평생을 바쳐 용감한 장졸 키우니 / 누란의 목 베지 않고는 돌아가지 않으리 / 손에 8장 세모창 거머쥐고 / 흉노의 피 웃으며 빨아들이려 하네 / 좌충우돌하며 뒤로 날아드는 칼 끊으니 / 전진만 있고 퇴각 없으니 퇴각하면 목을 칠 테다 / 대성질호로 장졸들 구름같이 따르게 하니 / 필사의 이 한 몸 죽어서도 장군 따르니."

| 세계사 연표 |

1875년

영국이 수에즈 운하의 주식을 대량 구입했다.

058

《정관응집鄭觀應集》
《남유일기南遊日記》 출전

상해 거리의 어린 견습생

성세위언

《성세위언盛世危言》의 핵심은 '부강구국'이다. 부강의 뿌리와 기초는 '공업과 상업을 진흥시키는 것'이다. 외세를 배격하기 위해서는 상업 전쟁이 총포의 전쟁보다 더 중요하다. 후세 사람들은 이 책에서 중국 발전의 전도와 방향을 알게 되었다.

광동성 향산현香山縣, 지금의 중산현中山縣은 근대의 유명한 상업 중심지다. 그곳의 많은 주민이 외국인 상사에서 일하거나 외국인을 상대로 장사를 했고, 그중 많은 사람이 뭉칫돈을 벌었다.

근대 중국의 민족 자본가이자 사상가인 정관응鄭觀應은 바로 이곳 선비 가문에서 태어났다.

함풍 8년(1858) 정관응은 동자시童子試를 보았으나 낙방하였고 아버지의 권유로 상해에 있는 숙부에게 가서 상업 경영을 배웠다.

그는 숙부의 신덕양행新德洋行에서 사환으로 일하는 한편 열심히 영어 공부를 했다. 이듬해 그는 영국인이 경영하는 보순상사에 말단 직원으로 들어갔다. 사업 능률이 높고 영어에도 능란한 그는 얼마 후 보순상사의 매판買辦으로 승진했다.

외국 상인 중 수석 중국 매판

정관응은 그 후 차엽 상사와 염무鹽務 상사의 경리經理로 있으면서 많은 상사 운영 경험을 쌓았다. 상해 상업계에서 유명해진 그는 영국 상인이 동치 12년(1873)에 세운 태고 상선 회사에 취직했다.

3년 고용 계약을 맺은 그는 총경리직 외에 회계 사무와 창고 사무 관할을 겸임했다. 태고상사는 또 그와 5년의 고용 계약을 맺었다. 그때 정관응의 연봉은 백은 7000냥이었는데 거기에 회사의 이윤 분배까지 합하면 당시 중국의 갑부 수준이었다.

태고상사 임직 기간에 정관응은 상공 기업소를 경영하기 시작했다. 시장에서 외국 기업과 높낮이를 겨루어 보고 싶었던 그는 산동에 광산을 개발했고 또 제지공장도 세웠다.

광서 6년(1880) 정관응은 북양 대신 이홍장의 초청을 받고 태고상사와 계약이 만료되자 더 우대해 주겠다는 것도 사절하고 기선 초상국에 가서 일했다.

나라를 위해 적정을 정찰하다

기선 초상국에 들어간 후 정관응은 태고상사에서 쌓은 경험을 운용해 초상국의 열여섯 가지 폐단을 제거하고 열심히 경영해 초상국을 새롭게 일으켜 세웠다. 1883년 11월 그는 기선초상국의 총판으로 승진했다.

오래지 않아 중·프 전쟁이 발발했다. 광서 10년(1884) 2월, 독일 주재 청나라 공사가 구입한 25문의 대포가 홍콩에 도착했으나 영국 식민당국이 국내 반입을 방해했다. 홍콩에 가서 그 문제를 처리하게 된 정관응은 홍콩의 모든 것에 익숙했으므로 교섭이 상당히 순조로워 곧바로 대포를 광동으로 반입했다.

정관응 동상
2002년 7월, 마카오 기금회와 마카오 민정 총서는 정관응 탄생 160주년을 기념하여 마카오 신구안 예원에 정관응 동상을 세웠다.

1840~1911 청나라·2

장지동張之洞 175

| 중국사 연표 |

1875년
5월에 좌종당이 독판 신강 군무로 부임했다.

궁정의 금 사발

5월 초순께 정관응은 또 광동 동부 방무대신의 파견장을 받고 베트남 사이공으로 잠입, 정찰에 나섰다. 정관응은 두 달 동안 수천 리 길을 오가면서 사이공에서 하이퐁에 이르는 구간의 프랑스군 수륙 방어 시설을 정찰해 자세한 지도를 그려 돌아왔다.

태평성세의 충언

정관응은 청년 시절 자신의 구국 이론을 담은 《구시절요救時揭要》와 《역언易言》이라는 두 권의 책을 쓴 적이 있다. 광서 12년(1886) 정관응은 마카오에서 《역언》을 기초로 새로운 사상을 담은 《성세위언盛世危言》의 집필에 정진했다.

《성세위언》에는 부록과 후기까지 합해 모두 87편의 글이 수록되어 있다. "부강을 도모하고 치욕을 씻어내야 한다."는 것이 주제인 이 책은 부강구국의 사상으로 일관되어 있고 강성을 도모하려면 꼭 변법을 실시해야 함을 열렬히 호소했다.

정관응은 다음과 같이 주장했다. 변법을 실시하려면 경제적으로 '상전商戰(상업적인 경쟁)'을 벌여야 하고, 군사상 선진적인 무기를 제조해야 하며, 정치적 의회 제도를 견지해야 한다. 그는 '병전兵戰(군사적 강화)'이 '상전'보다 못하다고 주장했고, 중국이 일단 서방의 선진적인 경제와 기술을 배우고 국내에서 자본주의를 대대적으로 발전시키면 꼭 열강들의 경제적 침략을 막을 수 있으며 '상전'에서 열강들을 이길 수 있다고 인정했다. 그리고 정관응은 조정에서 조속히 전국의 경제를 통관하는 상부商部를 설립하며 남북 경제를 관리하는 지방 상무국의 설립을 희망했다.

정관응은 상전에 대해 논술하면서 지금 중국이 낙후되어 있고 침략을 당하는 가장 근본적인 원인은 전제 정치 탓이라고 지적했다. 그리고 그는 또 내부에서 정치 개혁을 실시하며 군주 입헌제를 실행하고 의회를 설립해야 비로서 쇠약한 국력과 가난한 중국의 현실을 바로잡을 수 있다고 단언했다.

변법을 실시하려는 당시 중국인들의 간절한 염원을 담은 《성세위언》은 그 후의 변법과 유신에 지대한 영향을 미쳤다.

광서 20년(1894)에 이 책이 출판되자마자 당시 지성인들은 모두 이 책을 읽었고, 일대 센세이션을 일으켰다. 19세기 말기에 이르기까지 그 책은 20여 차례나 인쇄되어 중국 근대 출판사상 가장 제일 많은 책이 되었다. 실패의 어두운 그림자에 가려 있던 광서 황제는 1895년 초 그 책을 본 후 2000부를 인쇄해 대신들에게 배포하라는 칙지를 내렸다. 그때 사람들은 그 책을 "나라를 다스리는 법보"라고 불렀다.

팔보와 화조를 새겨 넣은 청나라 시대 나무 필통

역사 시험장 〉 청나라 시대에 최초로 돈을 받고 연주 놀이를 하는 장소를 무엇이라 불렀는가?

| 세계사 연표 |
1875년
마르크스가 《고타강령 비판》을 저술했다.

059

《장문양공전집張文襄公全集》
《양무운동洋務運動》 출전

청류파의 우두머리

청나라 말기에 젊고 재능 있는 소장파들이 조정에 발탁되었다. 그들은 비록 지위가 높지 못했으나 조정의 정치적 폐단을 과감히 비판하고 국가 대사에 대한 견해를 과감히 피력했다. 그리고 어리석고 부패한 관원은 가차 없이 탄핵했다. 사람들은 이 소장파를 '청류파淸流派'라 했는데, 이 '청류파'의 대표자인 장지동, 보정寶廷, 장패륜張佩綸, 황체방黃體芳을 사람들은 '한림사간翰林四諫'이라 불렀다. 그 가운데 가장 명성 높은 장지동이 사실상 청류파의 우두머리였다.

동치 3년(1864) 회시會試에서 한번에 탐화探花로 뽑힌 장지동은 그 후부터 벼슬길이 크게 열렸다. 1879년 무지한 숭후崇厚가 신강의 광활한 영토로 자그마한

장지동

장지동은 청나라 후기의 개명한 관료 중 한 사람이다. 그는 양무운동을 추진하는 사업에 진력했고 한양 제강소를 세웠다. 그의 사상에는 중국의 학술을 근간으로 하고 서양의 학술을 겸용하는 변법과 유신의 선진적인 일면도 있었다. 그러나 결과적으로 청나라의 멸망을 막아내지는 못했다.

이리성伊犁城 하나를 바꾼 '리바지야 조약'을 러시아와 체결했다.

장지동은 숭후에 대한 탄핵에 발 벗고 나섰으며 조약의 위해성을 밝히는 상주문을 자희태후慈禧太后에게 올렸다. 그는 장패륜 등과 더불어 병마를 모집하고 변경을 공고히 하는 데에 관

장지동 인물상

장지동(1837~1909)은 자가 효달孝達 또는 향도香濤이고, 호는 호공壺公 또는 빙포노인冰抱老人이며 남피南皮(현 하북성에 속함) 사람이다. 청나라 말기 양무운동의 주요 지도자 중 한 사람이며, 근대 중공업의 창시자인 그는 한양 제강소, 호북 총포 공장, 호북 방직 4국을 세웠으며 노한盧漢 철도 부설을 위한 준비 사업에 참가했다. 청나라 말기의 저명한 교육가이기도 하다.

1840~1911 청나라·2

●●● 역사문화백과 ●●●

[청나라 말기의 군가]

청나라 말기에 신군新軍을 창건하고 무비武備 학당을 세웠으며 일본 등에 가서 군사를 고찰하고 배웠다. 이에 따라 해외의 군가에도 접촉하게 되었다. 예를 들면 일본 메이지 기간에 유행되던 〈개선〉이란 군가를 배워서 중국에 온 후 새로운 가사를 붙여 불렀는데, 노래 제목은 가사에 따라 〈종군악從軍樂〉, 〈부인종군〉, 〈권총수〉 등으로 각기 달랐다. 그 가운데 〈권총수〉의 가사는 다음과 같다.

"사랑스러운 모제르 권총 / 나의 친구야 / 용감히 나가자 / 칼산도 두렵지 않다 / 앞장에서 돌격하세 / 신 중화의 젊은이 / 씩씩한 기개 사나이답네 / 원수는 하나 개적심 불태우니 / 그 위명 우주를 진감하네 / 우리 함께 개선주 마시리."

당시 장지동이 호북에서 지은 〈군가〉도 여러 성에서 애창됐다.

"인정 베푸는 은혜로운 우리 왕조 10여 대를 이어 가리 / 천자님들 모두 다 요순일세 / 형법 가볍고 세금 적으니 / 한·당·원·명나라 어느 왕조가 우리 왕조에 비길쏘냐 / 백성들 황은 입어 집마다 따뜻하고 사람마다 배부르니 / 천 날이 멀다 하지 않고 우리를 키움은 하루아침에 쓰기 위함이로다."

차원茶園 또는 차루茶樓다. 이는 찻물 팔기를 위주로 했으므로 극 구경 값도 찻값에 포함되었다 177

| 중국사 연표 |

1875년 북양·남양 함대 건설을 시도했다.

장건이 세운 자생 제철소
1905년 민족 자본가 장건張謇이 강소성 남통南通에 제철소를 세웠다. 사진은 당시의 직포기다.

한 19부에 달하는 상주서를 작성했다.

이 상주서들을 본 자희 태후는 즉시 그들을 접견했다. 이렇게 중·러 교섭에서의 특출한 공로로 청나라 최고 통치자의 눈에 든 장지동은 차례로 산서 순무와 서리양광총독署理兩廣總督에 취임했다.

임직 기간 내에 사업 실적에 따라 지방 아전들을 대담히 등용하고 근대 기업을 통 크게 경영해 많은 사람에게 찬양을 받았다.

양무운동의 급선봉

광서 15년(1889)에 장지동은 노구교盧溝橋와 한구漢口 간 철도 부설을 제의했다. 그러자 조정에서는 이 철도의 남방 구간 부설을 가속화하기 위해 장지동을 호광 총독으로 임명했다. 그때부터 장지동은 18년간이나 그 직위에 있었다.

장지동은 호북에서 공장을 세우고 군대를 훈련시키며 교육을 진흥시키는 양무운동을 적극 추진했다.

1893년 한양제강소가 4년간의 건설 끝에 드디어 조업을 시작했다. 이 제강소는 강철 공장, 철공장, 주철 공장 등 10여 개 공장이 망라된 강철 트러스트였는데 용광로 2개, 노동자 3000명, 광부가 1000명이었다.

한양 제강소는 그때 아시아에서 제일 큰 제강소였다.

광서 34년(1908) 한양 제강소는 대야철광산, 평향탄광과 더불어 한야평석탄강철회사로 발돋움했다. 장지동은 호북에 제강소 외에도 포목, 비단, 견사, 마장 4 방직 관국官局과 호북 총포공장을 세웠다.

호북 총포공장

광서 16년(1890) 장지동은 호북에 차례로 보총 공장, 대포 공장, 포탄 공장, 보총탄알 공장 등을 세웠다. 호북 총포공장은 당시 생산량이 가장 많은 병기 공장으로 연간 생산량이 보총 5000자루, 대포 150문에 달해 이홍장이 세운 강남제조총국의 연간 생산량인 2000자루을 훨씬 웃돌았다. 이뿐만 아니라 후자는 보총의 양식이 낡아 신해혁명 전후에 모두 폐기되었다. 이와는 달리 호북 총공장에서 생산한 직경 7.9mm 보총은 신군의 주요한 무기였고 항일전쟁 초기까지 일부 보병부대는 주로 이 보총을 썼다.

호북 총포공장은 당시 생산량이 가장 많은 병기 공장으로, 한 해에 총 5000자루에 대포 150대를 생산해 냈다. 이홍장이 강남에 세운 강남제조국은 하루에 총을 겨우 7자루, 한 해에 2000자루 정도 생산했는데 구식이어서 신해혁명 후 폐기되었다.

| 세계사 연표 |
1876년 조선이 일본과 '강화도조약'을 체결했다.

'중학위체서학위용'

갑오전쟁이 끝난 후 장지동도 청나라 조정의 낙후성을 깨달았다. 그는 조정에 변법을 실시, 부강을 도모해야 한다는 내용의 상주서를 올렸다. 그의 주장은 유신파의 찬양을 받아 강유위康有爲는 강학회强學會를 세우고 장지동을 회장으로 추천했다.

장지동은 변법의 실행을 극구 주장했지만 유신파가 주장하는 서방식 군주입헌제에는 동의하지 않았다. 그는 서양의 과학 기술은 배워야 하지만 군주 통치는 수호해야 하고, 중국의 전통과 도덕은 준행해야 한다고 인정했다.

그는 〈권학편勸學篇〉에서 백성의 삼강오상의 마음을 바로잡아 주고 서방의 선진기술을 배우는 바람을 불러일으켜야 한다고 호소했다. 요컨대 장지동의 주장은 진보적이긴 하지만 양무운동의 제한성에서 벗어나지 못한 일면도 있다.

전반 변법 유신운동 과정에 장지동은 많은 활약을 했고 유신파와 밀접한 관계를 유지했다. 무술 6군자 중 한 사람인 양예楊銳는 바로 장지동의 문하생이었다. 외국인들은 장지동을 중국 관리 가운데 선진적인 관리로 보았다.

청나라 시대의 신문 배달원

그가 조정을 떠날 때 자희 태후가 그에게 은 5000냥을 하사했는데, 그는 그 돈에 평상시 저금한 2만 2000냥을 합해 학교를 세웠다. 그 후 그는 또 중학당을 증설하게 했다. 그 중학당이 바로 현 남피 제1중학교의 전신이다. 그는 또 많은 유학생을 일본으로 파견했는데, 그의 창도와 관심 아래 당시 일본에 가서 학습하는 중국 학생의 4분의 1이 호남, 호북 학생들이었다. 그 유학생 가운데에는 황흥黃興, 송교인宋敎仁, 채악蔡鍔 같은 인재들이 배출되었다.

이듬해 장지동이 조정에 신식 학교를 세우고 과거제도를 폐지하는 것에 관한 상주서를 올리자 청나라 정부는 그 상주서를 받아들여 1300여 년간이나 실행했던 과거제도는 폐지했다.

그 후 장지동은 상경해 대학사 직에 취임했고 무너지고 부패한 청나라를 지키는 기둥이 되었다. 그러나 이미 기울어지기 시작한 청나라를 혼자 힘으로 바로잡아 세우기란 힘겨운 일이었다.

광서 황제와 자희 태후가 타계하자 장지동의 인생 여정에도 종지부가 찍혔다.

1909년 8월 장지동은 "국운이 진했구나."라고 개탄하면서 72년 인생의 종점에 이르렀다.

근대 교육을 창도하다

교육과 인재 육성에 자못 큰 중시를 돌렸던 장지동은 많은 서원과 신식 학당을 세웠다.

광서 30년(1904)에 그는 조정의 명을 받고 상경해 '계묘학제癸卯學制'를 작성한 후 원직에 복귀, 무창으로 가던 중 고향 남피에 들러 조상들에게 제사를 지냈다.

청나라 시대의 하늘색 6련병

| 중국사 연표 |
1876년
8월, '중·영 연태조약'을 조인했다.

060

황준헌과 일본

청나라는 왕조 말기에 외국에 사절들을 파견했다. 이런 사절 가운데는 증기택, 설복성, 여서창黎庶昌과 시가 혁명의 창도자인 유신파 인물 황준헌黃遵憲 등이 있었다.

일본의 이모저모

광서 3년(1877) 가을, 황준헌은 근대 중국의 첫 일본 주재 외교사절단으로 일본에 갔다.

그때 한림원의 시강侍講으로 있던 하준여何俊如가 일본 대사로 있었는데, 황준헌이 홍콩에서 신문물을 접한 적이 있고, 또 시국을 담론하기 좋아하는 것을 알고 그를 참찬으로 추천한 것이다.

유신파 – 황준헌

시인, 사학가, 유신파 인물로 유명한 황준헌(1848~1905)은 광동 가응주嘉應州, 지금의 매주시梅州市 사람이다. 광서 3년(1877) 일본 주재 청나라 공사관 참찬으로 일본으로 건너가 일본 메이지유신의 역사를 연구하고 《일본국지日本國志》를 편찬했다. 그 후 미국 샌프란시스코 주재 총영사, 영국 주재 공사관 참찬, 싱가포르 주재 총영사 등으로 있었다. 1895년 상해에서 강학회에 가입했고 《시무보時務報》를 창간했다.

황준헌은 일본에 체류하던 4년 동안 일본 열도의 4개 큰 섬을 다니면서 많은 일본 친구를 사귀었고 그들과 필담, 시회 등을 교류하며 중국 고전을 일본 친구들에게 소개하고 일본의 전통 문화를 소개 받았다.

황준헌은 그 기간에 일본의 역사와 풍토, 풍습을 노래한 시 100여 수를 창작했다. 이 시와 그가 그 후 중국에 돌아와 쓴 시들은 '시가의 혁명'을 제창하고 "낡은 형식을 이용해 창작한 신체시新體詩"라는 국내외 호평을 받았다.

《일본국지》 저술

황준헌은 일본에 가자마자 메이지유신 이후 일본의 개혁이 뚜렷한 성과를 거둔 데 놀라지 않을 수 없었다. 그는 중국도 앞으로 반드시 개혁하여 서양을 따를 것이라고 했다.

일본에 체류하던 4년간 그는 일본의 역사와 현황을 널리 조사하고 200여 종에 달하는 문헌을 수집한 다음 일본의 전장 제도를 주체로 한 《일본국지日本國志》의 저술 작업에 착수했다.

광서 11년(1885) 황준헌은 미국 샌프란시스코 총영사 임기를 마치고 귀국한 후 미국 주재 신임 공사 장음환張蔭桓과 양광 총독 장지동張之洞의 초빙도 사절하고 고향인 광동 가응주로 돌아가 저술 작업에만 정진했다.

광서 13년(1887) 총 40권, 50만 자에 달하는 《일본국지》가 드디어 출간되었다. 황준헌은 이 책에서 일본 국정과 메이지 유신 이래 개혁 조치를 소개하는 데 중점을 두고 자기의 변법 이념을 피력했다.

| 세계사 연표 |

1876년
영국 빅토리아 여왕이 인도 여왕으로 선언했다.

《청사고淸史稿·황준헌전黃遵憲傳》
《인경여시초人境廬詩草》 출전

인물·꽃·새 도안 수놓이

《시무보》 창간

갑오전쟁이 끝난 후 황준헌은 개량파의 운동가가 되어 1896년 상해에서 강학회에 가입하고 1000여 원을 창간 비용으로 출연한 다음 양계초梁啓超를 주필로 초빙했다.

그때 20살밖에 안 된 양계초에게 큰 희망을 건 황준헌은 격려의 시 6수를 써서 양계초에게 주었다.

호남에서 새 정치를 펴다

그의 명성은 나날이 높아가 광서 황제도 만나보고 싶어 할 정도였다. 얼마 후 황준헌은 도원道員 자격으로 광서 황제의 접견을 받았다. 광서 황제가 물었다. "서방의 정치를 왜 좋다고 하는가?" 황준헌이 아뢰었다. "서방 나라가 강대함은 모두 변법을 실시한 결과인 줄로 아옵니다. 신은 런던에서 100년 전에는 영국이 중국만 못했다는 한 노인의 말을 들었사옵니다." 광서 황제는 황준헌의 말에 의아해 하더니 나중에는 웃으면서 고개를 끄덕였다.

황준헌은 그때부터 중용되어 호남의 안찰사 대리로 파견되었다. 그는 호남 순무 진보잠陳寶箴과 함께 모든 성에 새로운 정치를 폈다.

역사문화백과

[만충묘]

광서 20년(1894) 11월, 일본군은 북양 해군의 주요 기지인 여순항을 공략했다. 여순성에 돌입한 일본군은 숨어 든 청나라 군대를 잡는다는 구실로 주민들을 4일 동안 학살했다. 성안의 2만여 명 주민 가운데 일본군에게 붙잡혀 시체를 묻는 일을 한 36명을 제외하고는 모두 학살당했다. 대학살이 끝난 후 사람들은 학살당한 사람들의 시체를 백옥산 동쪽 기슭에 합장하고 '만충묘萬忠墓'라는 비석을 세워 놓았다.

마오가니 나무에 자개를 박아 넣은 귀비의 침대 (일부분)

| 중국사 연표 |

1876년 영국 상인의 이화상사가 송호철도의 선절旋折 구간을 부설했다.

061

티베트 융토산

영국군이 침략하자 서장의 관리와 백성들이 일어나 대항했다. 여러 차례 전투 끝에 영국이 라싸를 점령했으나 여러 원인과 압력으로 영국은 부득이 서장에 대한 청나라의 주권을 돌려주었다.

침략 야심

영국은 인도를 식민지로 만든 뒤 중국도 식민지화 시키려고 했다.

19세기 후반 무렵 영국은 네팔, 부탄, 카슈미르 등을 식민지 판도 안에 넣은 후 포교, 관광의 명의로 정찰 활동을 하는 간첩을 서장으로 파견했다.

광서 2년(1876)에 조인한 '중·영 연태조약'에 의하면 영국인들은 그때 감숙, 청해, 사천 또는 인도에서부터 서장으로 갈 수 있었다.

1884년 10월 영국과 인도 정부는 마크 레이에게 서장으로 가서 상업 시찰을 하라는 명령을 내렸다.

1886년 초 마크 레이 시찰단은 대길령大吉嶺에 집결해 서장으로 들어갈 준비를 했다. 그 후 영국 관병들이 서장으로 들어가는 통로를 열기 위해 길을 닦고 다리를 놓기 시작했다. 그리고 유랑민들을 고용해 서장 경내의 융토산隆吐山까지 이르러 서장 내지에 대한 정찰 활동을 감행했다.

티베트인들은 영국인들의 시도를 간파하고 영국인들의 행동을 저지했으나 그들은 융토산을 넘어 계속 북진하면서 길을 닦고 역참을 세웠다. 그리고 중국 주재 영국 공사는 여러 번 청나라의 총리 사무 아문에 찾아가 티베트와의 통상에 대한 요구를 제기했다.

청나라 동치 때 관황지분채영극쌍이방존
'청동치관황지분채영극쌍이방존淸同治款黃地粉彩嬰戱雙耳方尊'이란 도안을 보면 산, 바위, 나무, 구름, 난간, 화초 등으로 내용이 풍부하다. 그중 어린이들에 대한 그림이 많은 것은 후대에 큰 희망을 걸었음을 말해 준다. 이 그릇은 높이 31cm이다.

초소를 설치하고 반격하다

영국인들의 잦은 침범에 비추어 티베트 지방 정부는 티베트 주재 청나라 대신에게 영국의 침략 죄행을 열거하고 티베트의 승려와 주민들의 반침략에 관한 뜻을 담은 공문을 제출했다.

광서 12년(1886) 티베트족의 수령 거샤가 티베트군 200명을 거느리고 융토산에 초소를 세우고 그 옆에 티베트족의 호법신 상을 세워 놓았다.

영국은 티베트군이 자국의 관할에 침입했다고 비난하면서 기한 내로 융토산에서 철수할 것을 청나라 정부에 요구했으며 그 요구를 들어주지 않으면 티베트에 군대를 주둔시키겠다고 위협했다.

청나라 조정은 티베트 변경에서 전쟁이 일어나는 것이 두려워 철수할 것을 명령했다. 그러나 3대三大 사원에서는 융토산이 티베트의 영토라고 주장하면서 그 철거령을 집행하지 않았다. 그러자 티베트 주재 청나라 대신도 영국의 침략 야심을 규탄하며 티베트를 지지했다.

《쥐해의 전쟁》

영국은 청나라 조정과 티베트의 관계를 이간시키는 술책을 쓰는 동시에 2000여 명의 병력을 융토산 남부 지구에 집결하고 그레햄 장군의 영솔 아래 공격할 준비를 갖추고 있었다.

티베트도 영국군의 공세에 대비해 전

역사 시험장 > 1907년 이전의 행정구인 성경盛京에는 어떤 지역들이 포함되는가?

| 1876년 |
| 세계사 연표 |
벨이 전화기를 발명했다.

《광서동화속록光緒東華續錄》

유영복의 대남 대첩 (청나라 말기 연화)
1894년 유영복은 흑기군을 거느리고 대만에 남아 항일투쟁을 영도했다. 대만에 주둔하던 그는 대만 항일 의용군과 협동 작전을 펼쳐 일본군에게 큰 타격을 가했다.

투 준비에 박차를 가했다. 그리고 900명의 티베트군과 민병民兵 1개 부대를 융토산과 그 북쪽에 배치하고 거루타루이시노부왕츄를 전선 총지휘로 임명했다.

광서 14년(1888) 3월 20일(티베트력 2월 7일) 영국군이 공격을 개시했다. 티베트 관리 둬지런쩡多吉仁增 등이 티베트군과 민병을 거느리고 화총과 활 같은 전통적인 간단한 무기로 반격해 영국군 100여 명을 사살하거나 부상을 입혔고 인도의 방글라데시 성장 대리를 붙잡을 뻔했다.

그러자 이튿날 영국군이 공세를 더 퍼부었다. 티베트군은 수적으로 우세한 영국군에 밀려 융토산과 그 북쪽의 지역을 내줄 수밖에 없었다.

침공해 오는 영국군과의 전투가 한창 가열되고 있을 때 청나라 조정에서는 항영투쟁을 지지하는 티베트 주재 대신 문석文碩의 직을 박탈하고 새 대신을 보냈다. 13세의 달라이 라마와 거샤는 청나라 조정의 저지를 물리치고 티베트군과 민병 1만여 명을 전선에 파견했다.

7월에 이 증원군이 전선에 이르러 영국군과 대치하고 반공을 준비했다. 그러나 청나라 조정이 티베트군의 출격을 저지하는 명령을 내렸다.

9월 24일 영국군이 시킴을 점령했고, 그 후 영국군은 계속해 릴라, 야퉁 지역을 점령했다. 티베트 군민들의 제1차 항영투쟁은 이렇게 실패했다.

1888년이 쥐의 해였으므로, 티베트족은 이 항영 투쟁을 '쥐해의 전쟁'이라고 한다.

전쟁이 끝난 후 청나라는 영국의 압력에 굴복하고 '중·영회의英會議 장인조약藏印條約'에 서명했다. 이리하여 역사적으로 줄곧 티베트의 속국이던 시킴을 영국에 빼앗기고 말았다.

청나라의 산해관 이동, 내몽골, 외몽골 이동, 봉천부윤과 봉천, 길림, 흑룡강 3장군이 관할하는 지역은 모두 성경통부盛京統部에 속했다

| 중국사 연표 |

1877년 익지회益智會를 설립했다. 위염신韋廉臣, 부란아傅蘭雅가 서학을 편집·번역했다.

062

황해 해전

근대 중국의 제일 크고 제일 치열한 해전은 황해 해전이었다.

귀항 도중 적함과 조우하다

1894년 9월 12일, 해군 제독 정여창丁汝昌이 영솔하는 북양 함대의 18척 함정이 기선 초상국의 청나라군 병사들을 실은 5척의 운반선을 호송해 대련에서부터 조선으로 떠나 16일 압록강 하구에 도착했다.

호송 임무를 완수한 북양 함대는 17일 오전 8시 여순으로 귀항하는 닻을 올렸고, 도중에 전투 연습을 했다. 연습이 끝나 각 함정에서 점심식사 준비를 할 때 한 초병이 서남쪽 해상에서 뭉게뭉게 피어오르는 검은 연기를 발견했다. 성조기를 올린 미국 함대였다.

그 미국 함대가 점점 가까이 다가오더니 갑자기 일장기로 바꿔 올렸다. 정여창 제독은 즉시 전투 준비를 명령했다.

북양 함대는 14척이 전투에 투입되었는데, 그중 4척은 어뢰정이었다. 일본 함대는 12척이 전투에 투입되었다.

청나라 위원호威遠號 함의 명패銘牌

그때 배수량을 보면 북양 함대는 평균 3만 5000톤이고, 일본 함대는 4만여 톤이었으며, 병력을 보면 북양 함대는 2200여 명이고 일본 함대는 3500여 명이었다. 양쪽의 군사 역량 대비가 얼핏 보기에는 비슷하지만 사실상 북양 함대는 함정이 낡았고, 속도가 느리며 화력이 약했다.

이홍장의 무저항, 실력보존이라는 명분으로 전투 준비가 불충분했는데 심지어 대포에 포탄도 장전되

장렬히 순국한 등세창

등세창鄧世昌(1849~1894)의 자는 정경正卿이며, 광동 번우番禺 사람이다. 1894년에 갑오 중일 전쟁이 발발하자 그는 "만일 의외의 불행이 닥쳐오면 일본 함정과 같이 침몰하겠다."라며 적들과 결사전을 벌일 굳은 결의를 다졌다. 등세창이 탄 기함이 일본 군함 4척에 포위 되었다. 등세창은 왼쪽 다리에 부상을 입었고, 기함이 어뢰에 맞아 침몰되기 시작했다. 등세창은 기함의 250명 장졸 대부분과 함께 장렬히 희생되었다.

●●● 역사문화백과 ●●●

[용기龍旗 - 청나라 국기]

일명 '황룡기'라고도 하며 원래는 토템 깃발이다. 청나라 군대가 전투할 때 쓰던 삼각형 깃발이다. 청나라 말기 세계 여러 나라와의 왕래가 많아지자 국기의 필요성을 느껴 이 삼각기를 국기로 썼다. 그런데 외국인들이 용에 대한 이해가 부족해 그 기를 "병든 뱀의 기"라고 했다. 그리고 광서 7년(1881), 청나라는 해군을 창건했는데 해군의 깃발은 폭 4m, 높이 3자인 직사각형에 노랑색 바탕에 청색 용을 넣은 기를 만들었는데, 광서 15년 4월(1881년 5월), 장음환의 주청에 의해 국기로 확정되었다. 깃발의 노랑색은 만족滿族을, 용은 황제를 나타낸다. 광서 26년(1900)부터 청나라가 망할 때까지 사용되었다.

| 세계사 연표 |

1877년
영국에서 레이버당이 창건되었다.

《청사고清史稿·정여창전丁汝昌傳》
《광서동화속록光緖東華續錄》

중·일 황해 해전
북양 함대에는 40여 척의 함정이 있었다. 당시 원동에서는 제일 큰 함대였다. 함대가 일본을 방문 했을 때 일본 측 인원이 함정에 올라가 참관하도록 요청했는데, 위풍을 보이기 위해서였다. 일본인들이 큰 대포를 보고 놀랐으나 전투함 경원호經遠號가 부두에 들어설 때 청나라 병사들이 젖은 옷을 대포에 걸어 놓고 말리는 모습이 눈에 띄었다. 청나라 군대가 기율이 엄하지 못한 것을 본 후 일본 해군 대장 동향평사랑東鄕平四郎은 "청나라 해군을 능히 싸워 이길 수 있다."라고 말했다. 이 그림은 당시 일본인이 그린 것이다.

일본군 전리품으로 일본에 전시된 진원호
진원호는 북양 함대의 주력함이다. 3대의 어뢰 발사기가 있는 이 함정은 당시 원동의 제일 큰 철갑 순양함 중 하나다. 이홍장이 독일에 주문·구매한 것인데, 황해 해전에서 대파해 일본군의 전리품이 되었다. 당시 도쿄 상야上野 공원에 전시되어 있었다.

어 있지 않았다.
전투가 시작되자 일본 함대는 일렬 종대형의 진세로 4척의 순양함을 앞세우고 기함이 7척인 함정을 지휘해 '일자수진一字豎陳'을 펼치며 북양 함대를 향해 달려들었다.

북양 함대는 주력함인 정원호定遠號와 진원호鎭遠號가 중간에 위치하고 작고 느린 함정들을 양쪽 날개에 배치한, 기러기가 줄을 지어 나는 듯한 '여덟 팔자八' 형의 진세로 응전했다. 사실상 이런 진세는 벌써 불리한 일면이 있었다.

속도가 빠른 일본 함대는 북양 함대의 뒤를 우회해 정원호와 진원호 두 주력함의 포화를 피한 후 북양 함대 좌우익의 초용超勇과 양위揚威 두 낡은 병선에 포화를 퍼부었다. 얼마 후 초용이 격침되고 양위에 불이 붙어 좌초했다. 그리고 얼마 후 일본 함대의 두 병선도 퇴각했다.

등세창의 전사

기함인 정원호는 적의 주요한 공격 목표였다. 정여창은 현수교 위에서 독전했다. 기함이 적의 포화에 적

치원호의 순국 관병들
치원호致遠號는 북양 함대의 주력함이다. 이홍장이 독일에 주문하고 사들인 것이다. 황해 해전에서 치원호 관병들은 생사를 초개같이 여기면서 영용히 싸우다가 함정이 수장하고 전체 관병이 순국했다. 사진은 치원호 관병들의 모습이다.

1894년, 갑오년

| 중국사 연표 |

1878년 좌종당이 남강南疆을 수복했다.

여순 노호미老虎尾

중되어 선체가 크게 요동치는 바람에 그는 갑판 위로 떨어져 머리, 목과 손에 화상을 입었으나 상처를 싸매고 갑판에서 계속 독전했다.

해전이 점점 치열하고 위급해졌다. 치원호致遠號의 관대管帶인 등세창鄧世昌은 치원호가 적중되어 기울기 시작하고 포탄도 거의 떨어졌을 무렵 치원호에 미친 듯이 포격을 가하는 적함 길야호吉野號를 보자 치원호로 그 적함을 들이받아 함께 침몰할 비장한 각오를 다졌다. 그는 대부大副 진금규陳金揆에게 적함을 향해 전속력으로 달려들라고 명령했다.

길야의 적들은 치원호의 포화가 잠잠해지니 포탄이 다 떨어진 것이라고 생각하다가 치원호가 자신들의 함정을 향해 쏜살같이 달려오는 것을 보자 부랴부랴 어뢰를 발사했다. 치원호는 어뢰에 명중해 요란한 폭음과 함께 불길이 치솟아 오르고 서서히 침몰되기 시작했다.

함정이 폭발하는 찰나 거센 폭풍이 등세창을 바다로 날려 보냈다. 등세창의 부하가 구명부표를 건네주었지만 등세창은 그것을 뿌리쳤다. 등세창의 애완견이 헤엄쳐 와서 그의 머리 태를 물어 당겼다. 점점 가라앉는 등세창을 구하려는 것이었다.

그는 애완견을 물에 담가 죽이고는 밀려오는 파도 속에 몸을 맡겼다. 치원호의 250여 명 관병은 구조된 27명 외에 전부 장렬히 순국했다.

경원호의 관대 임영승林永升도 한 척의 함정으로 네 척의 적함을 상대해 격전을 벌이다가 적함에 적중당해 16명의 구조 인원 외에 250여 명 전원이 장렬히 희생되었다. 광서 황제는 등세창의 장렬한 최후를 높이 치하했다. 다섯 시간이나 계속된 격전에서 일본군의 서경환호西京丸號가 대파하고 기함 길야호 등 4척의 함정은 전투력을 완전히 상실했다.

이듬해 4월 17일, 청나라 조정은 이홍장을 일본으로 파견해 일본 대표 이토 히로부미와 더불어 굴욕적인 '시모노세키 조약'을 체결했다.

북양 함대의 기함 정원호

북양 함대의 가장 큰 주력함이자 당시의 가장 큰 철갑 순양함이었다. 길이가 99m, 가장 넓은 폭은 20m였다. 배수량은 7335톤이고, 6000마력이며, 3대의 어뢰 발사기가 있다. 그리고 강철 포 20문, 기관총 525정이 있으며, 항해 시속 29마일이었다. 광서 6년(1880) 독일에서 백은 111.3만 냥에 사들였다.

진원호

북양 함대의 주력함 중 하나다. 임측서의 손자인 관대 임태증林泰曾은 황해 해전에서 일본 함대의 주력함 송도호松島號를 대파하고 일본 해군 대위 이하 100여 명을 사살했다.

1877년

| 세계사 연표 |

미국 팬실베이니아 철도 노동자들이 파업했다.

063

《청사고淸史稿·좌보귀전左寶貴傳》 출전

좌보귀의 순국

"이번 거사에 공을 세우리라." 조선의 보위를 위해 뜨거운 피를 뿌리다.

조선을 증원하다

고주진 총병 좌보귀 左寶貴는 회족이다.

갑오전쟁 전후로 일본은 조선을 침략하고, 군사 요새를 점령하는 한편, 중국 침략 준비를 하고 있었다. 좌보귀는 다년간의 전투 경험으로 일본의 의도를 간파하고, 조선에서 일본군과의 전쟁 준비를 위해 한양으로 가서 적의 동태를 정찰하고 지도를 만들어 오게 했다.

광서 20년(1894) 7월 좌보귀, 마옥곤馬玉崑, 위여귀衛汝貴, 풍승아馮升阿는 각각 일개 노군 路軍을 거느리고 조선 아산牙山에 주둔해 있는 청나라 군대를 증원하러 갔다. 29개 영에 1만 3000명 병력이었다.

1894년 7월 25일 아침, 일본 육군이 아산 주둔 청나라 군대에 공격을 시작했고, 갑오 중일 전쟁이 정식으로 발발했다.

네 갈래의 대군을 조선에 보낸 후 청나라 조정에서는 공수 문제를 놓고 심각한 분위기가 형성되었다. 광서 황제가 조선에 파견된 각 부대에 밤을 이용해 곧장 한양을 공격하며, 미리 손을 써서 신속히 토멸하라는 명령을 내렸다.

그러자 이홍장은 "먼저 수비 국세를 안정시켜야 하며, 한양을 공격하려면 반드시 3만 병력이 도착하기를 기다려 걸음마다 침착하고 신중해야 승리할 수 있다."고 주장했다.

그리고 좌보귀는 주동적인 공격을 주장했다.

진원호의 쇠닻 (위 사진)
황해 해전에서 대패한 진원호의 쇠닻.

8월 초순, 좌보귀는 먼저 아산에 진주한 섭지초葉志超와 섭사성聶士成 부대와 협동해 남북 협격의 국면을 이룩하기 위해 여러 장령과 남진 문제를 토의했다. 그런데 아산 수비군이 7월 29일 패전하고, 섭지초 부대가 이미 북쪽으로 퇴각해 평양에 이르렀다는 전보가 날아왔다. 남북 협공 형세가 이미 기울어진 형편이니 남진 문제에 대한 토의는 즉각 중지해야 했다. 그러나 8월 하순 패잔병들을 거느리고 평양에 입성한 섭지초는 전과에 대한 허위 보고로 청나라 조정의 신임을 얻어 평양 주둔 여러 군을 지휘하는 통령으로 임명되었다.

도시 방위 지휘관

9월 12일부터 14일까지 평양을 공격하는 일본군이 차례로 평양 외곽에 도착해 9월 14일 평양에 대한 포위권을 마무리했다.

좌보귀가 도시 방어 대책을 상의하려고 섭지초를 찾아 갔지만 그는

좌보귀

| 중국사 연표 |
1878년 좌종당左宗棠이 난주에 기계 모직물 공장을 세웠다.

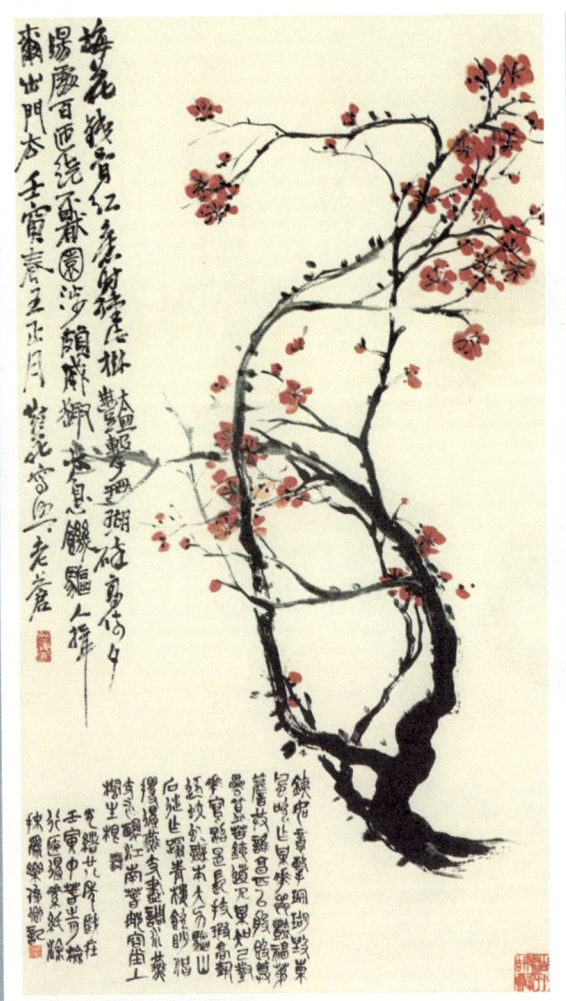

냉염도축冷艶圖軸 (청나라 오창석吳昌碩 그림)

다. 그놈들에게 죽음이 무엇이고 고향으로 돌아가지 못하는 게 무엇인지 보여 주고 다시는 우리 중원을 탐내지 못하게 해야 한다. 대장부가 공을 세울 기회는 바로 이번 전투이니, 더이상 논할 필요가 없다."

이에 섭지초의 위신이 일락천장하고 그의 영을 듣는 사람이 없었다. 좌보귀는 근위병들에게 섭지초가 도망치지 못하게 잘 감시하라고 명령했다. 그리고 좌보귀는 평양보위전의 통수가 되었다.

평양 성벽 위에 우뚝 서서

9월 15일 새벽, 일본군은 네 갈래로 나뉘어 평양성을 공격했다. 좌보귀가 영솔하는 부대는 평양 북쪽의 모란대와 현무문玄武門 일선에 배치되었다. 일본군은 평양성의 모란대를 주 목표로 하고, 전투력이 제일 강한 제5사단의 삭령 지대와 제3사단의 원산 지대를 주공 전선에 투입했는데 그 병력은 공성 병력의 3분의 1 이상이나 되었다. 그리고 다른 세 갈래는 허위 공격을 했다.

적들은 청나라군의 보루를 하나하나씩 집중 포격했다. 두 시간이 지나 모란대 외곽의 보루들이 모조리 함락당했다. 일본군의 삭령, 원산 두 지대가 합류해 동·북·서 3면으로 모란대를 포위, 공격했다.

좌보귀는 성벽 위에 올라가 전투를 지휘했다. 살아남은 병사들은 한마음이 되어 적군의 공격을 막아섰다. 그러자 일본군이 이번에는 모든 중포 화력을 성벽 한곳으로 집중해 성벽을 허물어뜨리고, 또 청나라군의 속사포 진지를 파괴시킨 후, 모란대를 함락했다.

현무문 성루에 우뚝 서서 전투를 지휘하던 좌보귀는 회족의 관습대로 목욕을 한 후 조복을 갈아입었다. 비장 양씨가 적들의 눈을 피하기 위해 관모에 꽂은 비취색 물총새 깃과 누런 두루마기를 벗으라고 권고했지만 좌보귀는 단호한 어조로 말했다.

화를내며 퇴각할 것을 주장했고, 죽음을 두려워하는 소수의 장령들이 섭지초의 주장을 지지했다. 좌보귀가 격분한 어조로 말했다.

"죽기 싫거든 너희들 갈 대로 가거라. 이 성은 나의 집이니 내가 지킬 것이다."

그날 밤 섭지초가 장령들에게 성을 버리고 북쪽으로 철수하자는 주장을 하자 좌보귀가 강경한 어조로 말했다. "적군이 연락도 지원도 받을 수 없는 깊숙한 곳까지 들어왔으니 지금이야말로 기습전을 벌일 때

| 세계사 연표 |

1878년 영국이 제2차 아프가니스탄 전쟁을 도발했다.

대첩을 거둔 뒤 조약을 체결하다
진남관 대첩을 거둔 뒤인 광서 11년(1885) 4월 청나라의 조정 대표 이홍장이 프랑스 대표와 천진에서 '회정베트남 조약', 일명 '중·프 조약'을 체결했다. 이 조약에 따르면 중국은 중국·베트남 변경의 두 곳을 개방하며 운남성, 귀주성과 베트남 변경의 수출입 관세를 낮추어야 했다.

"조복을 입는 것은 장졸들로 하여금 내가 그들을 위해 먼저 죽기 위한 것인데 왜놈들에게 발견된다고 해서 두려울 게 뭔가?"라고 말했다. 그리고 그는 몸소 놈들을 향해 유탄포 36발을 쏘았다.

좌보귀를 발견한 일본군은 그에게 집중 사격을 했다. 일본군의 한 포탄이 유탄포를 적중하면서 파편이 좌보귀의 늑골 밑을 관통했고, 피가 조복을 붉게 물들였다. 비장이 그를 부축해 성벽 위에서 땅으로 내려가려 했지만 좌보귀가 거절했다.

여순 박물관

진지의 장졸들은 이 광경을 보고 모두 끝까지 싸우겠다고 결의를 다졌다. 전투는 10여 시간이나 계속되었다. 적의 포탄 하나가 좌보귀의 바로 옆으로 날아와 터졌고, 좌보귀는 쓰러졌고 평양은 함락되었다.

비장이 좌보귀의 시체를 말에 가로 얹고 현무문으로 빠져 나오려다 매복에 걸려 전사했고, 좌보귀의 시체는 그때부터 그가 목숨을 걸고 보위한 조선에 남아 있게 되었다.

유 장군이 생포한 왜군 도독 화산씨의 심문 (청나라 말기 연화)
1895년 유영복은 대남에서 당지 의용군과 연합군을 지휘해 항일하던 중 첫 전투에서 일본군 총독 화산씨를 생포했다. 사진은 유영복이 화산씨를 심문하는 광경이다.

| 중국사 연표 |

1879년 청나라 조정은 숭후가 러시아와 체결한 조약이 사명을 욕되이 한 것이라며 숭후의 직을 박탈했다.

064

시모노세키 조약

이홍장은 대일 전쟁에서 청나라의 최고 지휘관이자 강화 투항의 전권대신이었다.

이홍장이 일본과 화의를 제기하다

황해 해전과 평양 전쟁이 끝난 후 일본군은 이홍장과 시급히 화의하려는 청나라 조정을 꿰뚫어 보고 요동 반도를 침략하는 한편, 해군이 발해에서 제 마음대로 행동하게 했으며, 산동의 위해위威海衛를 위협했다.

청나라는 호부 좌시랑 장음환張蔭桓, 호남 순무 소우렴邵友濂을 전권대사로 임명하고, 일본 히로시마로 가서 화의하게 했으나 일본은 자격이 부족하다는 이유로 그들을 돌려보냈다.

장음환과 소우렴이 귀국할 때는 유공도가 함락되고 북양 수군이 복멸된 때였다. 청나라 조정은 그 일로 공포와 불안에 휩싸여 있었다. 그리하여 일본이 암시하는 대로 전쟁 실패의 책임을 지고 파직당한 이홍장을 복직시켜 특등 전권대사로 임명했고, 이홍장은 일본 히로시마 시모노세키로 갔다.

이홍장이 일본에 가 담판을 짓다

1895년 일본 수상 이토 히로부미는 이홍장을 담판 대표로 하는 요구를 청나라 조정에 제기했다. 그때 일흔두 살을 넘긴 이홍장은 일본으로 가서 이토 히로부미와 담판을 하고 화의를 요구할 수밖에 없었고, 그 결과 '시모노세키 조약'을 체결했다. 이 그림은 당시 일본 화가가 그린 것이다.

일본의 휴전안

시모노세키의 춘범루에서 일본 수상 이토 히로부미 일행이 이홍장과 회담을 벌일 때 일본의 기세는 대단했다.

군·정·재계의 책임자들은 배상금을 턱없이 높이 불렀고, 해군성은 대만을 내놓으라고 했으며, 대장성은 배상금 10억 냥(당시 일본 군비 총액이 8000만 냥이었음)을 요구했다.

첫 번째 회담에서는 쌍방이 국서를 교환했고, 두 번째 회담에서는 이토 히로부미가 무리한 휴전 조건을 내놓았다.

그중에는 수도권 내의 대고구, 천진, 산해관을 일본군이 점령하고, 그 지역의 철도를 관리하며, 그 세 곳의 청나라 군대가 무기를 바쳐야 한다는 조건이 포함되어 있었다.

세 번째 담판에서는 이홍장이 휴전 문제보다도 강화 조약 문제를 먼저 논하자고 제의했다. 이토 히로부미는 상의해 결정할 강화 조약은 체결이고 뭐고 간에 즉시 효력을 발휘해야 하지 그렇지 못하면 전쟁이 일어날 것이라고 으름장을 놓았다.

회담이 끝난 다음 이홍장이 마차를 타고 호텔로 돌아갈 때 구경꾼 속에서 한 사람이 불쑥 빠져나와 이홍장을 겨냥해 권총을 쏘았다. 이홍장의 왼쪽 안경알이 부서지고 탄알은 왼쪽 눈 아래 관골을 스쳤다. 이런 사건이 일어나자 각국 여론이 들고 일어났다.

이 상황이 일본에 불리하게 작용하자 일본 천황이 직접 어의를 보내 이홍장의 병을 치료해 주게 하고, 황후가 어용 붕대를 보내 주었으며, 간호사 두 명을 보내 이홍장을 간호하게 했다.

그리고 3주 동안 휴전하는 데에 관한 조약에 조인하겠노라고 했다.

| 세계사 연표 |

1878년 러시아가 터키와의 전쟁에서 승리하고, '산스테파노 조약'을 체결했다.

《청광서조중일교섭사료清光緒朝中日交涉史料》

1840~1911 청나라·2

시모노세키 조약 체결
광서 21년(1895) 3월 20일, 일본 히로시마 시모노세키 춘범루春帆樓에서 청나라 조정의 강화 대표 이홍장이 일본 수상 이토 히로부미와 휴전 조건을 놓고 담판을 지었다. 담판 석상에서 일본 측은 사전에 작성한 조항을 내놓고 '동의'와 '부동의' 양자 간에 어느 한 가지 태도만 표해야 하며, 그 어떤 상의도 하려고 해서는 안 된다고 했다. 왼쪽부터 중국 측 인원 마건충馬建忠, 이경방李經方(이홍장의 아들), 흠차대신 이홍장, 나풍록羅豐祿, 오정방伍廷芳이며, 이홍장의 맞은편에는 이토 히로부미가 앉았다.

대만을 보위하기 위해

'시모노세키 조약'에 대만을 할양한다는 조항이 들어 있다는 소식이 국내에 전해지자 비분에 잠겨 있던 여러 성의 각급 관리들이 보낸 140여 건의 상주서가 조정에 날아들었다. 대만 민중은 왜구의 강점을 반대해 끝까지 싸울 결의를 굳게 다졌다.

대만을 지키던 유영복 부대는 군수 물자가 부족하고 외부 지원을 받지 못하는 어려운 환경에서 일본군과의 다섯 달에 걸친 고군 작전을 견지했다. 그들은 대만 북부 지역의 신죽, 대만 중부 지역의 창화·대보림·운림·가의 그리고 대만 남부 지역의 고웅 등에서 화승대, 창과 검 같은 구식 무기로 일본군과 격전을 벌여 대만침략군 총사령관이자 근위사단장인 백천능구 친왕과 제2여단장인 산근신성소장을 포함한 4600여 명의 일본군을 사살했다.

일본이 중국 대만성을 강점
왜군이 대북에 입성했다. 말을 탄 세 번째 사람이 대만 강점 총사령관 북백천능구北白川能久 친왕으로 그 후 가의성 전투에서 대만 의군과 흑기군에게 사살되었다. 이 그림은 당시 일본인이 그렸다.

조약을 체결하다

그해 3월 16일(4월 10일) 이토 히로부미가 이홍장에게 강화조약 조항을 넘겨주었다. 이홍장이 조항들을 보니 가혹하기 그지없어 이렇게 말했다.

"세 가지만 말하겠습니다. 2억 냥 배상금은 너무 크며, 귀군은 중국에서 철수해야 합니다. 그리고 대만 문제는 다시 제기하지 말아야 합니다." 그러자 이토 히로부미가 말을 받았다. "그렇게 못하겠다니, 거절하는 뜻이로구먼. 하지만 그 조항들은 고치지 못한다는 걸 알란 말이요."

며칠 후 이홍장은 청나라 조정의 윤허를 받은 후 조약에 서명했다. 이것이 바로 '시모노세키 조약'(일명 '춘범루 조약')이었다.

실업학당實業學堂 191

| 중국사 연표 |

1880년 좌종당이 신강성 건립에 관해 상주했다.

065

이홍장의 세계일주

청나라 시대에 구미를 돌아다닌 대신은 이홍장李鴻章 한 사람뿐이었다. 그러나 그는 "오랑캐는 오랑캐로 다스린다."는 전략의 재판을 거듭했다. 그 결과는 주권을 상실하고 국위가 떨어지는 것이었다.

러시아의 초청

이홍장은 '시모노세키 조약' 체결 후 온 국민의 질타를 받자 병을 핑계로 천진에서 휴가를 보내고 있었다.

3개월 후 그는 상경해 황제를 알현했다. 광서 황제는 엄한 어조로 말했다. "경은 중신으로 회담의 사명을 지었거늘 주권을 잃고 나라를 욕되게 했소이다. 2억 냥 배상금은 어찌된 일인가? 대만성을 남의 나라에 떼어 주었으니 민심을 잃고 국체가 서지 못하게 되었소이다." 그러고는 직예 총독 겸 북양 총독은 그만두고 내각의 한직에 있을 것을 명했다.

몇 달 후 러시아의 니콜라이 2세 차르 황제가 대관식을 치른다는 소식이 전해졌다. 청나라 조정에서는 왕지춘王之春을 사절로 파견하려고 했다. 그런데 러시아 공사 카신이 본국 정부의 뜻이라면서 이렇게 말했다. "왕지춘은 작위가 낮아 적합하지 못합니다. 우리는 이홍장이 적임이라고 생각합니다."

자희 태후도 러시아와 제휴해야 한다고 생각했으므로 이홍장을 러시아에 사절로 파견하는 데 동의했고, 그를 독일, 프랑스, 영국, 미국 등의 나라에 국서를 바치는 대신으로 임명했다.

이홍장은 러시아로 떠나기에 앞서 자희 태후, 광서 황제와 각각 밀담을 나누면서 러시아와 제휴해 일본을 제어할 방법을 토의했다.

가장 귀한 국빈

이홍장은 광서 22년(1896) 1월에 출국했다. 러시아에서 이홍장은 가장 귀한 국빈으로 접대를 받았다. 차르가 접견하며 "장차 영국과 일본이 중국을 침략

●●● 역사문화백과 ●●●

[이홍장 300만 루블 수뢰]

10월 혁명 후 크렘린 궁의 보존 서류들을 정리할 때 보존 서류에서 이홍장에 관계되는 서류들을 발견했다. 그 서류는 중·러 비밀 협정이 체결된 이튿날 은행 주관이 서명한 의정서였는데, 그 의정서는 흠차 대신이 본 후, 재정 부장이 서명하고 동의한 후 비밀 보존 서류고에 밀봉 보관된 것이었다. 의정서의 내용은 다음과 같았다. 만약 중동中東 철도가 준공되면 도승 은행이 이홍장에게 300만 루블을 사례금으로 주되, 세 번에 나누어 지불한다. 첫 번의 100만 루블은 청나라 황제가 조약을 정식 비준한 다음 지불하고(그해 8월 도승 은행 중국 지행의 주관이 직접 현금을 이홍장에게 주었다), 두 번째 100만 루블은 철도 전 선로의 측량이 끝나고 부설 계약이 맺어진 후 지불하며, 세 번째 100만 루블은 철도가 완전히 개통된 후 지불한다. 도승 은행은 두 번째와 세 번째에 지불할 금액으로 '이홍장 기금'이라는 계좌로 개설하고 1897년부터 다섯 번에 걸쳐 모두 170만 루블을 지불했다. 그중 지불액이 제일 많은 것은 여순 통상구 회담의 중국 측 대표인 이홍장과 장음환 두 사람에게 각각 50만 루블씩 지불한 것이었다.

중·영 '홍콩 경계 지점 확대 특별 조항' 체결 시 이홍장
1898년 9월 6일 '홍콩 경계 지점을 확대하는 데에 관한 특별 조항'을 체결한 후 남긴 사진이다. 왼쪽에 앉은 사람이 이홍장이다.

| 세계사 연표 |

1879년
메이프 석유 회사가 미국의 첫 트러스트(독점자본)로 떠올랐다.

《이홍장구미방문기》李鴻章歷聘美記 출전

하면 러시아는 중국을 도와주겠다."는 말까지 했다. 이 말에 이홍장은 기뻐서 어쩔 줄 몰라 했다. 러시아가 300만 루블을 사례금으로 주겠다는 보증서까지 내어 보이자 이홍장은 러시아의 요구를 전적으로 받아들여 동북에 철도를 부설하며 중국의 모든 통상구를 사용할 수 있다는 등의 비밀 협정을 체결했다.

이 협정은 직접 일본을 겨냥한 것이었다. 전하는 바에 따르면, 당시 자희 태후 본인이 협정의 원본을 보관했고, 이홍장도 조정에 오고 간 비밀 전보 코드를 사사로이 감춰 두고 누구에게도 보이지 않았다고 한다. '중·러 호상 원조조약'이라 불린 비밀 문서의 내용을 아는 사람은 조정에 몇 사람밖에 없었다.

러시아는 이 비밀 협정에 따라 중국의 영토 주권을 알게 모르게 빼앗았다. 그 후 일 년 만에 러시아는 여순과 대련을 강점했다.

유럽 대륙과 미국을 방문하다

이홍장은 뒤이어 독일, 프랑스, 네덜란드, 벨기에, 영국, 미국 등을 방문했다. 그는 각국에서 환대를 받았다. 독일에 갔을 때는 독일 황제가 국연을 베풀고 초대하기도 했다.

독일 군대가 잘 훈련되어 있음을 본 이홍장은 며칠 후 함부르크에서 이미 은퇴한 재상 비스마르크와 담화를 나누는 과정에서 독일 교관을 초빙해 청나라 군대의 소질을 높이고 싶다는 의향을 내비쳤다.

이홍장은 또 네덜란드와 벨기에에서 열광적인 영

각국의 축수 (청나라 말기 연화)
1903년은 자희 태후의 70세 탄신 해였다. 각로 대신들과 각국 사절들이 왕림해 축수하니 그 장면이 실로 가관이었다.

접과 배웅을 받은 뒤 영국으로 건너갔다. 그는 빅토리아 여왕의 접견을 받고 국서를 제출하고, 영국 군항과 여러 공장을 참관했다. 영국인들은 이홍장이 귀국한 후에도 수도 내외 여러 대신들의 수령이 되어 줄 것을 희망했다.

보름 후 이홍장은 대서양을 건너 미국에 이르렀다. 클리블랜드 미국 총통이 휴가지에서 찾아와 환대해 주었다. 이홍장은 또 미국 기독교 각 파의 교주들과 만나 공자의 가르침과 예수의 가르침이 다름과 같음에 대해 의견을 나눴으며, 중국에서 쌓은 미국 선교사들의 업적을 칭찬했다. 그런 후 그는 캐나다 오타와에서부터 미국 기선을 타고 귀국했다.

이홍장의 이번 외국 방문은 190일이 걸렸고, 청나라 역사에서는 실로 드문 일이었다.

그가 맺은 중·러 비밀 협정과 다른 나라에서 한 말은 승냥이를 집 안에 끌어들이고 호랑이에게 보호해 달라고 하는 것과 같았다. 그럼에도 그는 방문이 아주 성공적이었다고 기뻐하면서 황준헌에게 "이제 20년 동안 무사할 것이다."라고 말했다.

| 중국사 연표 |

1880년 청나라 조정에서 이홍장의 상주를 윤허, 천진에 전보총국을 설립했다.

066

손중산이 이홍장에게 상서하다

중국 혁명의 선구자인 손중산은 동치 5년(1866) 광동 향산현香山縣에서 태어났다. 형 손미孫眉가 호놀룰루에서 목장을 경영했기에 어릴 때 형에게 가서 생활했고, 당지의 교회 학교에서 공부했으며, 귀국 후에는 광주와 홍콩의 의과 대학에서 공부했다.

여러 해 동안 서양 교육을 받은 그는 어릴 적부터 자본주의의 사회 정치 학설과 민주 사상을 접했다. 1892년 홍콩 서양 의학원을 졸업한 손중산은 마카오에서 의사의 생을 살기 시작했다.

날로 심해지는 민족 위기 앞에서 젊은 손중산은 청나라 조정의 능력에 의거하고 위로부터 아래로의 개혁을 거쳐 중국을 부흥시키려고 했다.

광서 19년(1893) 겨울, 손중산은 8000여 자에 달하는 《상이홍장서上李鴻章書》를 썼다. 이홍장에게 올린 이 편지는 중국 개혁에 관한 일련의 문제를 다음과 같이 지적했다. "사람이 자신의 재능을 다 발휘하게 하며, 땅이 그 이로움을 다 짜내게 하며, 물건이 그 쓸모를 다 이용하게 하며, 상품이 그 유통을 거침없이 해야 한다."

이듬해 봄 손중산은 친구 육호동陸皓東과 함께 천진으로 가서 이홍장에게 그 편지를 부쳤다. 그러나 이홍장은 손중산의 제의에 아무런 관심도 갖지 않았다.

흥중회

손중산孫中山은 이홍장에게 상서한 일이 실패하자 청나라의 통치를 무력으로 바꿀 결단을 내리고 호놀룰루에서 중국의 첫 자산계급 혁명 단체인 흥중회興中會를 창립, 광주 봉기를 일으켰다. 봉기는 실패했지만 혁명당의 혁명 서막은 그때부터 올랐다.

오랑캐를 몰아내고 중화를 되찾자

상서 실패의 고배를 마신 손중산과 육호동은 북경의 정세를 알아보려는 생각에 북경으로 갔다.

그때는 이미 갑오전쟁이 발발해 전선의 청나라 군대가 지휘의 무능으로 군함이 황해에 침몰되고 조선 아산에서 떼죽음을 당하고 있었다. 일본인의 기염은 갈수록 더하고 국내외 국세는 갈수록 험악해졌다. 그러나 청나라 정부는 자희 태후 탄신 60주년을 경축하기 위해 일부러 태평성세의 분위기를 보여 주느라 애를 썼고 해군 건설비용을 의화원 수건에 돌려놓기까

하문의 해변가

●●● 역사문화백과 ●●●

[다관]

청나라 때에는 다관茶館(찻집)이 많았는데, 말기에 이르러 전국적으로 퍼졌다. 상업이 발달한 지구, 특히 강남에서 번성했는데, 찻집 경영자는 모두 자본이 없는 사람들이었다. 소주蘇州 지구에는 처음에 사람이 많이 모이는 불교 사원이나 도교 도관, 사당, 명승지 부근에 많았고, 건륭 시대에는 도처에 찻집에 들어섰다. 무석無錫 등의 지역에서는 찻집이 거의 각 아문 부근에 자리를 잡고, 관청을 찾는 사람들이 이용했다. 강남 수향水鄕의 여러 읍에는 찻집이 많았는데, 농민들은 읍에 가면 찻집을 찾아가 담론하기도 하고 정보를 교환하거나 장사를 했다. 북경에도 찻집이 많았는데, 시내는 물론 성 밖 여러 관광 지역에는 찻집이 즐비하게 늘어서 있었다.

| 1880년 | 세계사 연표 |
일본이 요코하마에 정금 은행을 세웠다.

《손중산전집孫中山全集》 출전

지 했다. 이런 상황을 알게 된 손중산은 썩을 대로 썩은 조정을 믿고 위로부터 아래로의 개혁을 실시하고자 한 자신의 생각이 잘못되었음을 알게 되었다. 그는 혁명적 수단으로 청나라 정부를 뒤엎고 중국을 부흥시키려는 굳은 결의를 다졌다.

그해 10월 손중산은 화교가 많이 모여 사는 호놀룰루로 가서 청나라를 반대하는 혁명적 주장을 적극 선전했다. 11월 24일 손중산은 20여 명의 화교 청년으로 구성된, 호놀룰루에서 중국의 첫 부르주아 혁명 단체인 흥중회를 세웠다.

손중산이 직접 '흥중회 규약'의 기초를 잡았다. 손중산은 이 규약에서 열강들의 침략으로 중화 민족이 위기에 직면하고 있음을 강조하고, 청나라 정부를 규탄했다. 그리고 애국 인사들이 단합해 청나라를 뒤엎고 "중화를 진흥시키고 국체를 유지"할 것을 호소했다. 손중산은 흥중회에 가입하는 맹세문의 기초를 썼다. 그 맹세문에서 "오랑캐를 몰아내고 중국을 되찾고 합중 정부를 세우자."는 목표를 밝혔다.

흥중회가 세워진 후 손중산의 영도 아래 회원들의 무장훈련을 조직하고 화교들에게 모금을 하면서 무장 봉기를 준비했다.

손중산의 친필 〈천하위공天下爲公〉

혁명의 첫 발자국 — 광주 봉기

흥중회를 세운 후 손중산은 광주 봉기를 단행해 광주를 혁명의 근거지로 삼아 창설하기로 했다.

광서 21년(1895) 연초에 흥중회 성원 양구운楊衢雲과 사찬태謝纘泰 등이 홍콩에서 흥중회를 세우고, 손중산은 광주에서 '농학회農學會'를 세웠으며, 광주를 본거지로 봉기 준비를 지도했다. 봉기 계획에 따르면, 양구운과 사찬태가 홍콩에서 무기와 탄약을 구입하고 봉기 인원들을 모집하며, 일단 분위기가 무르익으면 홍콩에서 무기를 반입하고 봉기를 일으키기로 되어 있었다.

손중산이 반 년 동안 노력한 결과, 광주 당지 회당

청나라 사람이 그린 시국도時局圖
광서 24년(1898) 사찬태가 〈동아 형세도〉를 그렸다. 이 그림에서는 열강을 짐승으로 표현했다. 북극곰은 러시아, 매는 미국, 개는 영국, 개구리는 프랑스를 가리킨다. 중국이 직면한 분할 위기를 형상적으로 밝힌 이 그림 옆에는 사찬태의 시가 적혀 있다.
"깊은 잠에서 깨지 못한 나의 중화여 / 언제면 나라 사랑 내 집 사랑인 줄 알려나 / 국민들이여, 어서 깨어나야 하지 않느냐 / 이 땅이 사분오열되기를 기다리지 말지어다."

엄복嚴復 195

황하 호구 폭포

| 세계사 연표 |
1880년 스페인이 쿠바에서 노예제를 철폐했다.

과 일부 군부대의 지지를 취득하게 되어 유사시 1만여 명을 동원할 수 있었다.

이와 동시에 양구운, 사찬태가 홍콩에서 많은 무기를 사들이고 많은 사람을 모집해 놓았으므로 모든 준비가 되어 있었다. 그리하여 그해 중양절인 10월 26일 봉기를 일으키며, 홍콩에 사 놓은 무기를 봉기 전날에 광주로 반입하며, 봉기의 깃발로 육호동이 디자인한 청천백일기靑天白日旗를 사용하며, 동지끼리는 '제폭안량除暴安良'이라는 암호를 쓰기로 결정했다.

봉기의 실패

모든 준비가 일사불란하게 진척되어 갈때 비밀이 누설되는 두 가지 사건이 발생했다. 홍중회 성원인 주기朱淇가 봉기 격문을 기초하던 중 형에게 들키고 말았다. 주기의 형은 즉시 양광 총독 담종린譚鐘麟에게 반란 준비를 알렸다.

담종린은 그저 웃음으로 넘겨 버리고 손중산 등을 체포하지는 않았으나 만일에 대비해 순찰 대오를 늘이고, 홍콩으로 파견한 정탐들에게 정보 사업을 강화하라는 명령을 내렸다.

뜻밖에 홍콩에서도 봉기 준비에 문제가 생겼다. 원래의 약속대로라면 홍콩의 봉기 참가자들과 무기가 10월 25일 밤 광주에 도달해야 했으나 양구운 등 지휘자들이 이틀을 늦추어 수송하기로 계획을 변경했다. 바로 그 이틀 사이에 광주로 보낸 600여 자루 총이 홍콩 해관에 발각되었다.

이 소식은 바로 광주에 전해졌다. 양광 총독 담종린은 두 가지 정보를 분석하고는 확실히 반역을 꾀하는 자들이 있다는 결론을 내렸다.

광주시에 봉쇄령이 내려지고 혁명당에 대한 검거 선풍이 온 시내에 불어쳤다. 손중산은 위험에서 탈출했지만 육호동 등 혁명가들은 검거되었다. 그런데 홍콩의 봉기 참가자들이 이 소식을 들었을 때는 일부 봉기 참가자가 광주로 떠난 뒤였다.

배가 부두에 닿자 이미 기다리고 있던 청나라 군사들이 달려들어 40여 명의 혁명 동지를 모두 체포했다.

반년 동안이나 준비해 온 광주 봉기는 이렇게 끝나고 말았다.

하문 화교 기념관

| 중국사 연표 |

1881년
상해-천진 간 첫 전보선이 개통, 이용되었다.

067

엄복과 《천연론》

19세기 말기 서양의 학술과 사상이 동양에 전파되기 시작했다. 《천연론天演論》이 내세운 '적자생존適者生存'이라는 생존 경쟁 학설은 전통적인 중국인의 숙명론과 윤회 사상을 개변시켰다.

함선 위에서 실습하다

엄복嚴復은 복주 선정 학당에서 5년간 학습을 마치고 동치 10년(1871)에 우수한 성적으로 졸업한 후, 동문생인 유보섬劉步蟾 등과 함께 건위호建威號 군함에 파견되어 항해 실습을 했다.

이듬해 그는 복주 조선소에서 건조한 양무함揚武艦을 타고 일본을 방문했다. 그 후 그는 또 심보정의 수행 인원으로 대만에 가서 고찰했다.

5년간 실습을 거쳐 그는 견식을 꽤 넓혔다.

서양을 따라 배울 것을 주장한 엄복

근대 계몽 사상가, 번역가인 엄복(1854~1921)의 원명은 종광宗光, 자는 우릉又陵이다. 갑오전쟁 후 우국충정에 가슴을 불태우던 그는 봉건 전제를 규탄하고 서양을 배울 것을 주장했다. 토머스 헉슬리의 《천연론》을 중국에 번역·소개하여 '자연도태, 적자생존'의 진화론 관점으로 국민들을 구국 투쟁으로 불러일으켰다. 그는 중국 근대 사상계에 많은 영향을 준 사람이다.

광서 3년(1877) 엄복은 해군 함정의 함장을 육성하기 위해 나라에서 파견한 12명의 유학생의 일원으로 영국에 갔다. 엄복은 유학 생활 동안 법전에 가서 방청하거나 서방의 사상가들인 애덤 스미스, 몽테스키외, 루소, 밀러, 다윈이나 헉슬리의 저서들을 탐독하는 데 많은 시간을 보냈다.

서양 철학과 사회과학에 대한 엄복의 흥취와 추구, 사회에 대한 관찰력에 영국 주재 청나라 정부의 초대 공사 곽숭도郭嵩燾는 놀라움을 금치 못했다. 곽숭도는 나이가 예순을 넘었지만 서양의 새 지식을 추구했고 영어를 배우는 중이었다. 곽숭도는 엄부를 찾아 이야기를 나누어 보고는 자신보다 서른다섯 아래인 엄복을 기특히 여겨 망년지교忘年之交를 맺었다.

민중을 각성시킨 《천연론》

《천연론》은 헉슬리의 《진화와 윤리》 중 앞 두 편을 번역한 것으로, 광서 23년(1897)부터 잡지 《국문회편國聞彙編》에 연재·발표되었다. 사진은 《천연론》 번역고다.

| 세계사 연표 |

1881년

일본이 소학, 중학, 사범 교육 강령을 반포했다.

《천연론 天演論》
《후관엄선생연보 侯官嚴先生年譜》 출전

서양 닭싸움 (청나라 말기 연화)
닭싸움은 중국에서도 고대부터 민간에서 유행했다. 상해가 통상지가 된 후 서양인들이 닭싸움을 개의 투견 같은 도박으로 만들었다.

매주 일요일마다 엄복은 빼놓지 않고 공사관으로 갔다. 그와 곽숭도는 서양의 문화, 예술과 국가 체제를 놓고 연구하면서 견해를 교류했다.

훗날 곽숭도는 한 친구에게 보낸 편지에 이렇게 썼다. "이 나라에 올 대사 감으로는 엄군밖에 없다고 말하고 싶소. 영어를 모르고 세계를 모르면 이 나라에 대사로 올 수 없다고 보오."

구국 방안을 내놓다

엄복은 귀국 후 천진 북양 수사 학당 총교습(교무장)으로 취임했고, 9년이 지나 회판(부교장)과 총판(교장)에 차례로 취임했다.

광서 20년(1894) 갑오전쟁이 발발했고 이듬해 '시모노세키 조약'이 체결되었다. 이에 큰 충격을 받은 엄복은 천진《직보 直報》에 구국방안을 논한 '세상 변고의 극심을 논함', '원강 原强', '구국 결론 決論'과 '벽한 闢韓' 등의 글을 발표했다. 그는 영국의 스펜서가 말한 국가 존망의 3대 요소, 즉 백성의 힘을 키우고 백성의 지혜를 개발하며, 백성의 도덕을 새로이 바꾸는 원칙에 근거하여 서양화한 중국 군주 입헌 제도를 건립하고, 나라의 강성을 도모해야 한다고 역설했다.

엄복은 영어에 정통했고 유럽 사회를 깊이 이해하고 있었으며 서양의 사상에 대한 연구가 깊었다. 이는 출국해 본 적이 없지만 선교사와 강남 제조국에서 번역·출판한 책에서 새 지식을 배운 강유위, 담사동 譚嗣同과 양계초, 또는 갑오 해전이 있기 전 외국에 다녀온 적이 있는 왕도, 정관응 같은 유신파 중 누구와도 비길 수 없는 수준이었다.

그러므로《천연론》의 역술 사업은 그에 의해 완수될 수밖에 없었던 것이다.

| 중국사 연표 |

1882년

성선회盛宣懷가 상해에 전보상국電報商局과 전신학당電信學堂을 세웠다.

자연도태, 적자생존

《천연론》의 원서명은 《진화와 윤리》로, 영국 생물학자 토마스 헉슬리의 논문집이다.

엄복은 그중 2편을 골라 번역하고 《천연론》이라는 이름으로 하나로 묶어 출판했다. 《천연론》이란 바로 《진화론》이다.

그때부터 중국에는 진화론 학설이 등장했다. 엄복은 진화론에 대해 역술하면서 '자연도태, 적자생존'이라는 진화론의 기본 원리를 운용해 중국인들에게 구국의 경종을 울린 것이다.

엄복은 헉슬리의 학설을 자못 숭배했다. 《천연론》에서는 자신의 견해를 밝힌 '번역자주해'를 볼 수 있는데 어떤 것은 역문보다 더 길다. 그는 종족, 국가 역시 그 자체의 경쟁 구조 안에 놓여 있기 때문에 경쟁 가운데서 강자는 계속 생존할 수 있고 약자는 멸망한다고 했다. 그러므로 중국은 강대해야 멸망하지 않을 수 있다고 역설했다. 엄복이 번역한 《천연론》은 사실

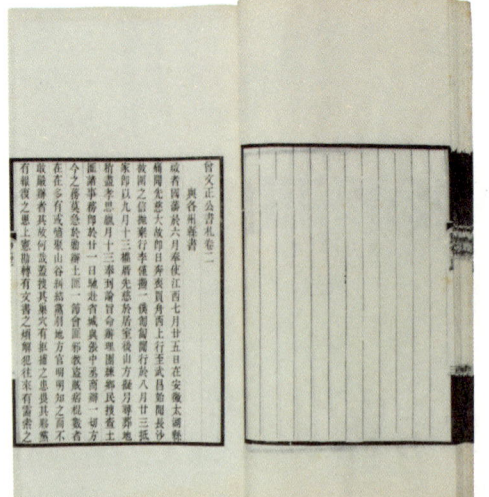

증문정공서찰

《증문정공서찰曾文正公書札》에는 증국번이 단련團練을 세운 내용이 기재되어 있다. 사진은 청나라 시대 각본刻本이다.

상 그의 사상 진수였다.

광서 24년(1898) 3월 세상에 나온 《천연론》은 출판되자마자 일대 센세이션을 일으켰다. 청나라 말기 전국적으로 30여 종의 판본이 나왔고 담사동, 양계초는 탄복해 마지않았다. 안하무인으로 이름난 강유위마저 그 책을 읽고 나서 엄복이 중국 서양학의 일인자임을 인정했다.

20세기 초에 초등학교 교사들은 그 책을 교재로 썼고, 중학교 교사들은 종종 '자연도태, 적자생존'에서 작문 제목을 냈다. 많은 사람이 이 여덟 글자에서 한 글자를 골라 자기 이름을 지었다. 예를 들면 추근秋瑾은 경웅競雄으로, 호적胡適은 적지適之로, 등연달鄧演達은 택생擇生으로, 진형명陳炯明은 경존競存으로 자기 이름을 고쳤다.

해군 인재의 육성 기지 – 천진수사학당

천진수사학당天津水師學堂은 광서 7년(1881) 이홍장의 제의에 따라 건립되었는데, 서양의 표준과 제도를 모방한 학교였다. 오중상吳仲翔이 출판을, 엄복이 교습을 담임했으며 영국 교원을 교사로 초빙했다. 학생들은 졸업한 후 해군에 배치되거나 연수생으로 외국에 파견되었다. 사진은 천진수사학당 학생들의 단체 사진이다.

| 세계사 연표 |

1881년 프랑스가 아프리카 튀니지를 강점했다.

068

출전 《상청제 제이서 上淸帝第二書》
《공거상서기 公車上書記》

공거상서

'시모노세키 조약'이 체결되었다는 소식이 전해지자 국토를 보위하고 나라를 구하자는 목소리가 높아졌다. 강유위康有爲는 상경해 회시를 보는 기회에 각 성의 응시 거인들의 연명 청원 운동을 일으켜 '공거상서公車上書'를 활발히 진행했다.

국민들의 분노

광서 21년(1895) 봄에 강유위는 양계초와 함께 3년에 한 번씩 있는 경사京師 회시會試를 보기 위해 광동을 떠나 북경으로 갔다.

응시자들은 모두 거인擧人(향시에 합격한 사람)들이었다. 한나라 때부터 회시를 보러 가는 거인들은 관가의 수레를 이용했으므로 '공거公車'는 거인들이 상경해 치르는 시험의 대명사가 되었다. 과거에 급제하는 것은 옛날 선비들의 최고 이상이었다. 강유위는 이번 응시가 두 번째였다. 과거 급제 말고 그에게는 변법자강의 큰 포부가 있었다.

때마침 '시모노세키 조약'이 체결되었다는 소식이 북경에 전해졌다. 국토를 떼어 주고 배상금을 내야 한다는 청천벽력 같은 소식에 국민들은 큰 분노에 휩싸였다.

도찰원 문 앞에서

이 소식을 들은 강유위는 즉시 광동 출신 80여 명의 거인들과 연락해 그 매국 조약을 비준하지 않는 데에 관한 연명 상주서를 작성했다. 그러자 호남 출신의 거인들도 대열에 가세했다.

4월 22일, 두 성省의 거인들이 그 상주서를 도찰원에 올렸다. 성세가 크지 못하다고 여긴 강유위는 18개 성의 거인들을 더 동원했다. 도찰원 문 앞은 거인들이 애국 열정을 토로하고 구국 언론을 발표하는 마당이 되었다. 특히 대만 출신의 거인들은 가마를 타고 지나가는

우국충정 넘치는 상주문 (아래 왼쪽 사진)
광서 21년(1895) 청나라 정부가 일본과 '시모노세키 조약'을 체결했다. 강유위는 각 성의 거인들과 연락을 취해 4월 8일 광서 황제에게, 강화를 거절하고 천도하며 변법 실시를 희망하는 유신 개량의 정치적 강령을 담은 상주서를 올렸다.

우국 우민의 강유위 (아래 오른쪽 사진)
근대 사상가이자 문학가인 강유위(1858~1927)의 원명은 조이祖詒, 호는 장소長素이며, 광동 남해 사람이다. 일곱 차례나 변법자강을 청원하는 상주서를 올렸다. 그중 갑오전쟁 실패 후 공거 상서가 가장 유명하다. 그는 양계초 등과 함께 《만국공보》를 창간, 강학회를 세우고 《강학보》를 발행하면서 유신변법을 위한 사상적 기초를 다져 나갔다. 1898년 양계초 등과 함께 무술변법 운동을 일으켰으나 실패 후 외국으로 망명했다. 주요 저서에 《신학위경고新學僞經考》, 《공자개제고孔子改制考》, 《대동서大同書》, 《남해선생시집南海先生詩集》 등이 있다.

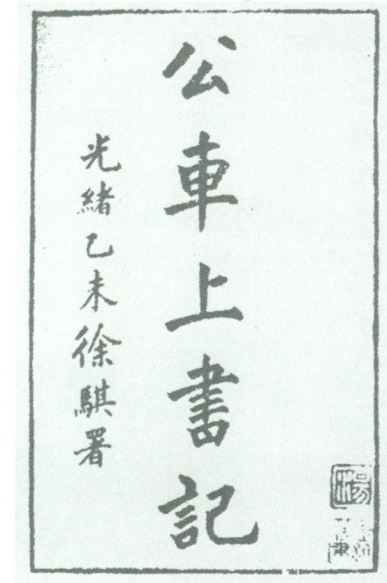

1840~1911 청나라·2

만목초당 万木草堂

경사대학당의 주요 관원

관리들을 붙잡고 울면서 대만을 절대 할양하지 말아 달라고 애원하기도 했다. 이 광경을 목격한 사람들은 모두 비애의 눈물을 흘렸다.

거인들의 연명 만언서

성세는 점점 커지고 거인들의 정서는 갈수록 격앙되어 갔다. 강유위는 북경으로 온 전체 거인들을 단합시켜 규모가 더욱 큰 상서 청원 운동을 일으키기로 결심하고 하루 낮 이틀 밤 동안 충만한 애국 격정을 담은 1만 8000여 자에 달하는 《황제 전상서》를 써 냈고, 양계초와 맥맹화麥孟華가 그 글을 몇 부 베껴 여러 곳에서 돌려 가며 볼 수 있도록 배포했다.

5월 1일 양계초의 초청을 받은 18개 성의 응시 거인들이 달지교 송균암松筠庵에서 집회를 열고 상서 문제를 상론했다. 이 집회에는 1300여 명이 참가했다.

《황제 전상서》에서 양계초는 국토 할양과 배상금의 엄중한 후과를 통책하고, 대만 등 지역의 할양으로 말미암아 민심이 흐트러지고, 열강들이 꼬리를 물고 달려들게 되었으며 망국의 큰 치욕을 초래했다고 성토했다. 그런 다음 "국토의 할양은 작은 일이지만 망국은 큰일이며 사직의 안위에 달린 일"이라고 경고하고 나서 광서 황제에게 "조서를 내려 백성들의 기개를 북돋아주고, 천도해 천하의 근본을 굳건히 하며, 군사를 훈련해 천하의 기세를 강대하게 하며, 변법을 실시해 천하의 대치를 이룩하라."고 청원했다.

끈질긴 진언

도찰원은 청나라 정부가 이미 조약에 서명했으므로 만회할 수 없다는 이유로 《황제 전상서》를 황제에게 올리겠다는 강유위의 요구를 거절했다. 비록 황제가 그 청원서를 보지는 않았지만 공거상서가 조야를

●●● 역사문화백과 ●●●

[경제특과]

광서 24년(1898), 경제특과經濟特科를 치르는 데 관한 귀주 학정의 제의가 채택되었으나 무술변법으로 무산되었다. 광서 27년 (1901), 자희 태후가 인준하고 1903년 시험을 치렀다. 1등 9명, 2등 18명이 합격해 거인, 수재, 지현, 주좌분 등에 임용되었다.

| 세계사 연표 |
1881년 프랑스의 파스퇴르가 백신 주사법을 발명했다.

참대에 조각한 종규와 다섯 작은 귀신

진동했고 이로써 강유위는 전국적으로 유명한 사람이 되었다.

강유위는 낙심하지 않고 전시에서 황제에게 진언하기로 마음먹었다. 그는 황제가 보게 될 〈전시책殿試策〉과 〈조고권朝考卷〉 답안에서 변법자강을 강조하면서 "만약 빨리 변법을 실시하지 않는다면 나라를 구할 수 없습니다. 변법이란 취사를 결정하는 것이오니 새로움을 취함으로써 강성을 도모하고 인습을 버림으로써 천하를 격려해야 합니다."라고 변법의 필요성을 피력했다. 그는 또 변법의 중요성을 역설하면서 다음과 같은 요지의 간언을 적었다.

"하늘에는 사계의 변화가 있어 폐단이 없이 그 장구함을 보전한다. 땅도 상전벽해의 변화가 있다. 천지는 불변하면 장구하지 못하다. 천지가 이렇건대 사람이야 더 말해 무엇 하랴."

시험관들은 강유위의 답안이 훌륭하다고 했지만 부총재 이문전李文田은 이 견해에 동의하지 않았다. 그리하여 강유위는 장원으로 뽑히지 못하고 진사에 합격해 공부 주사를 제수 받았다. 그러나 강유위는 광서 황제와 황제의 스승인 옹동화에게 깊은 인상을 남겼다.

강유위의 《대동서》 친필 원고

강유위의 대동사상은 중국은 물론 세계적으로 보아도 유토피아에 대한 가장 완벽한 구상이라 할 수 있다. 양계초도 이 책이 출판된 후 이렇게 말했다. "그 이상은 현 세계주의나 사회주의와 많은 공통점을 갖고 있다."

| 중국사 연표 |
1882년
상해와 남경 간에 전보가 개통되었다.

069

언론계의 총아 양계초

양계초梁啓超는 강유위를 스승으로 모셨고, 강유위의 이론 저술들을 편집·교열하는 과정에서 스승의 사상적 영향을 깊이 받았다.

금문경학을 비판의 무기로 삼고

양계초는 선생인 강유위와 함께 상경해 회시를 보았지만 금문경학의 변법에 대해 역설해서 낙방했다.

완고한 시험관들은 그런 글들을 싫어했고, 부총재 이문전은 양계초의 글재주를 대견하게 생각하면서도 내용이 너무 부정적이라면서 낙방시킨 것이다. 그러면서도 젊은 양계초가 애석해 시험 답안지 아래 여백에 이런 시를 써주었다. "그대의 맑은 눈동자에 두 줄기 눈물 드리워 주거니 / 시집가기 전에 만나 보지 못했음이 안타까워라."

금문今文 경학은 고문古文 경학에 상대해 생긴, 금문경今文經을 해석하고 연구하는 학문이다. 금문 경학은 〈공양 춘추〉 학문을 근간으로 《춘추春秋》를 해석하고 '춘추' 속의 '미언대의微言大義'를 탐구하면서 아주 다른 뜻과 논조를 내놓는다.

후세에 이르러 위원魏源과 공자진龔自珍의 추앙 결과 '공양전'을 빌려 당대의 정치적 폐단을 비웃고 봉건 말세를 규탄하며 '개혁'을 창도했다.

강유위와 양계초는 그것을 변법과 유신의 이론적 근거로 삼았다.

양계초는 시험장에서 잠시 좌절했을 뿐 계속 '변變' 이론을 이용해 변법을 고취하는 글들을 써 나갔다.

영향력이 가장 컸던 신문 《시무보》 (아래 왼쪽 사진)

《시무보時務報》는 자산계급 유신파 중 황준헌, 왕강연이 상해에서 광서 22년(1896)에 창간한 신문으로 구국 운동의 종지를 관찰하고 봉건제도를 비판한, 당시 영향력이 가장 큰 신문이었다. 광서 24년 6월 21일에 폐간되었다. 그 후 왕강연이 《창언보倡言報》로 개칭, 복간했다.

개량파의 대표 양계초 (아래 오른쪽 사진)

근대 사상가, 유신 운동의 수령 중 한 사람인 양계초(1873~1929)는 자가 탁여卓如, 호는 임공任公, 별호는 음빙실주인飮冰室主人이며, 광동 신회新會 사람이다. 강유위와 함께 공거상서를 주도하고 1898년의 '백일유신'에 투신했으며 9월에 쿠데타가 일어나자 일본으로 망명했으며, 한 시대 동안 손중산을 비롯한 혁명파들과도 접촉했다. 일본에서 망명 생활을 하면서 《청의보淸議報》와 《신민총보新民叢報》를 창간했다. 개량을 주장하고 혁명을 반대했다. 저서에 《음빙실합집飮冰室合集》이 있다.

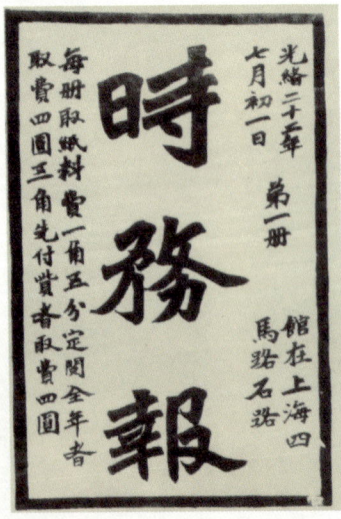 

《시무보》의 주필

공거 상서 이후 양계초는 중국을 진흥시키려면 인재가 있어야 하며, 인재를 키우려면 학회를 발전시켜야 함을 깨달았다. 학회 창립 초기에 강유위와 진치우陳熾于는 1895년 8월 17일 북경에서 《중외기문中外紀聞》을 창간하고 양계초와 맥맹화에게 편집을 일임했다. 양계초는 그때부터 언론인의 길을 시작했다.

강유위와 양계초는 북경에서 또 강

세계사 연표

1882년
일본이 헌법을 고찰하도록 이토 히로부미를 유럽과 미국에 보냈다.

양계초梁啓超 《무술정변기戊戌政變記》 출전

변법을 선전한 《변법통의》

변법을 선전한 양계초의 글이다. 처음으로 《시무보》에 발표되었다. 봉건 제도의 부패성을 비판하고 민족 상공업을 크게 발전시켜야 함을 역설했다.

학회를 세웠다. 이 강학회는 일부 고위급 관리들의 지지를 받았다. 양무파의 대표 인물인 장지동이 은 5000냥을 희사하고, 또 국고에서 1500냥을 지급하면서 상해 강학회를 창설하라고 했다. 장지동은 갑오전쟁 때 양강兩江 총독으로 부임해 왔는데 상해가 그의 관할 지역 안에 속해 있었던 것이다.

1896년 8월 왕강연汪康年, 황준헌, 양계초 등은 장지동의 인준을 받고 강학회 창설 자금의 여윳돈으로 상해에서 《시무보》를 창간했고, 양계초가 주필에 취임했다.

《시무보》는 모두 69호를 출간했다. 그중 52개 호에 양계초의 글이 실려 있다. 어려운 이치를 알기 쉽게 통속적으로 펴 나가는 데 능란한 양계초의 글은 논점이 새롭고 감정이 충만했다. 《시무보》는 변법 구국을 종지로 내세웠다.

양계초는 제1호의 '국사에 유익한 신문을 논함'이란 글에서 자본주의 국가 신문업의 발달 상황을 소개하고 나서 "이목과 후설에 유조해 천하의 병폐를 다스린다."는 말로 언론의 유익성과 중요성을 개괄하고, 세상이 어떻게 돌아가는지를 알려면 신문을 보아야 한다고 역설했다. 가장 유명한 글은 '변법통의變法通議'다. 이 글에서 양계초는 "하늘이 변하지 않으면 도도 변하지 않는다."는 완고파들의 관점을 겨냥하여 이렇게 말했다. "'법法'이란 천하의 공동 무기이며 '변變'이란 천하의 공리다. 대지가 이미 통했고 만국이 번영하고 나날이 향상하는 긴박한 추세는 막을 수 없다. 열강이 침입하는데 관제가 부패하니 변화를 원해도 변하고 원치 않아도 변할 것이다. 변화를 원해 변화시키면 변화한 권력이 자기 손에 장악되므로 나라를 지켜낼 수 있고, 민족을 보전할 수 있으며, 종교를 보호할 수 있다. 변화를 원치 않으면서 변화한다면 변화한 권력이 남에게 장악되어 백성을 속박하고 힘들게 할 것이다. 아, 후자의 경우는 내가 감히 말하지 못할 경우이니라." 말하자면 변하지 않으면 나라가 망하고 민족이 망한다는 것이다.

유신파의 후설인 《시무보》는 몇 달 동안 1만 부나 발매되었다. 이는 의미 깊고 언어가 우미한 양계초의 글이 신문의 인기를 높여 준 덕이다. 그는 이로써 명성을 더 높이 날렸다.

양계초의 묘소

청나라 말기의 저명한 사상가 양계초는 '무술변법'에 참여, 유신파의 수장이 되었다. 변법이 실패한 후 학술 연구와 교수 활동에 종사해 많은 학술 저작을 남겼고 제자가 많았다. 1929년 병으로 죽었다. 북경 서쪽 교외의 향산에 자리 잡은 그의 묘 앞에 세운 비석은 높이 2.8m, 폭 1.6m, 두께 0.7m다.

1840~1911 청나라·2

강유위의 《광예주쌍즙廣藝舟雙楫》

| 중국사 연표 |
1883년
광산 개발을 위한 개발상인 모집과 주식제 실시를 운남에 명했다.

070

강유위와 조정 권신들의 설전

강유위는 변법과 유신을 전력으로 획책하고 추진시켰다.

품계가 낮은 탓에

공거상서 이후 강유위는 또 두 번이나 〈황제 전상서〉를 올렸다. 완고파 대신들은 그의 품계가 너무 낮아 직접 상주할 자격이 없다는 이유로 접수하려고도 하지 않았다. 상서는 황제의 손에 전달되지는 못했지만 관원들은 그 수사본을 돌려가며 읽었고, 상해와 천진의 여러 신문에 게재해 전국에 널리 전했다.

황제의 스승인 옹동화가 황제에게 강유위를 소개했다. 황제는 4품 이상 관원 외에는 황제가 소견하지 못한다는 규정 때문에 고민하다가 총리 각국 사무 아문에 강유위와 대화한 후 전달하라는 영을 내렸다.

올바른 도리와 떳떳한 기상

1898년 1월 24일 오후, 강유위는 부름을 받고 총리아문의 서화청西花廳으로 가자 다섯 대신이 그를 기다리고 있었다. 그들은 이홍장, 옹동화, 영록榮祿과 형부상서 요수항廖壽恒, 호부 좌시랑 장음환張蔭桓이었다. 강유위가 대신들에게 예를 올렸다. 영록이 급한 성미를 누르지 못하고 앞질러 위엄을 부렸다. "조상이 정한 법을 어찌 마음대로 뜯어 고칠 수 있느냐?"

강유위가 폴란드의 교훈으로 황제를 설득하다 (위 사진)
광서 24년(1898) 광서 황제에게 《폴란드 멸망기》란 책을 올렸다. 이 책에는 18세기에 폴란드가 수구 귀족 세력의 강세로 제때에 변법을 실시하지 못해 국력의 쇠퇴를 초래하고 다른 나라에 분할된 과정이 쓰여 있었다. 변법의 필요성을 역설한 이 책은 광서 황제에게 큰 영향을 주었다. 사진은 《폴란드 멸망기》 책이다.

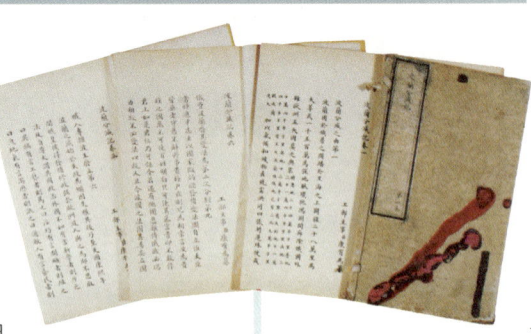

완고파가 반대할 것을 짐작한 강유위는 다음과 같이 말했다.

"조상이 정한 법은 조상이 물려준 국토를 지키기 위한 것이다. 총리아문을 봐도 조상들이 정한 법에는 없었지만 나라에 필요하니 새로 세우지 않았던가."

대청 안은 갑자기 숨소리가 들릴 정도로 조용해졌. 요수항이 난감한 분위기를 깨면서 물었다. "그렇다면 어디부터 착수해야 하는 건가?"

그 문제에 대해 많이 생각해 본 강유위는 즉각 법률과 관제를 개혁하는 문제부터 착수해야 한다고 대답했다. 이 말을 들은 이홍장이 펄쩍 뛰면서 물었다. "그렇다면 6부를 모두 철폐하고 법률을 몽땅 내동댕이쳐야 한단 말이냐?" 그러자 강유위는 또박또박 힘주어 말했다. "지금은 열강들이 나란히 줄지어

변법 유신 지지자 옹동화
옹동화의 자는 성보聲甫, 호는 숙평叔平이며, 만년의 호는 송선松禪, 병로거사였다. 동치·광서 두 황제의 스승이었으며 형부, 공부, 호부의 상서, 협판대학사, 군기대신, 총리 등 각국 사무대신을 역임했다. 광서 24년(1898) 자희 태후에 의해 파직 당하고 고향으로 돌아가 은거했다. 저작으로 《옹문공공일기翁文恭公日記》, 《병려문초瓶廬文抄》, 《병려시가瓶廬詩歌》 등이 있다.

| 세계사 연표 |

1882년

프랑스가 6세에서 13세에 이르는 모든 아이는 취학해야 한다는 의무 교육법을 채택했다.

《강남해자편연보康南海自編年譜》 출전

시국의 이폐를 평한 강유위의 상주서

강유위는 수차례 상주서를 올려 변법강국의 사상을 역설했지만 황제에게 전해지지 못했다. 광서 24년 강유위는 경성에 올라가 다섯 번째로 상주서를 올렸는데, 광서 황제가 대신들에게 강유위의 상주서를 신속히 올려 보낼 것을 명했다. 사진은 〈총리 각국 사무 아문에서 공부주사 강유위의 상주서를 대신 전달하는 데에 관한 진술서〉로, 모두 5건이다.

있습니다. 더는 대 청나라 제국의 시대가 아닙니다. 현재의 법률과 관제는 모두 때가 지난 낡은 법들이며 중국을 망친 법들이니 모조리 철폐해야 합니다. 그래야 새 정치를 펼칠 수 있습니다."

이홍장은 유창하고 도리 있는 강유위의 변설 앞에서 할 말이 없었다. 옹동화가 구체적인 문제를 언급했다. "변법에 들 돈은 어떻게 모을 작정인가?" 그러자 강유위가 대답했다. "일본에서는 은행을 세우고 지폐를 발행하며, 인도에서는 지세地稅를 받습니다. 중국은 땅이 커서 제도만 개혁하면 세수입이 지금보다 열 배는 될 겁니다."

기준이 선 황제

강유위는 서양의 법률, 관제, 재정, 학교, 군대 등에 대해 소개했다. 특히 일본 메이지 유신에 대해 비중 있게 소개하면서 일본과 중국은 국정이 비슷해 모방하기 쉽다는 점을 강조했다. 그러고는 자신의 저서 《일본 메이지 변정 고찰日本明治變政考》과 《러시아 표트르 대제 변정기俄大彼得變政記》를 대신들에게 드리고 나서 한 질은 황제에게 전해 달라고 했다.

이튿날 옹동화는 대담 내용을 황제에게 아뢰고는 재차 강유위를 천거했고 황제는 강유위의 저작을 뒤적여 보면서 자주 머리를 끄덕였다. 마음속에 어떤 기준이 선 듯했다.

죽음고사도竹陰高士圖 (청나라 말기 황산수黃山壽 그림)
황산수는 강소성 상주 사람으로 청나라 말기, 민국 초년의 화가다. 그는 학문에 조예가 깊어 황궁에 초빙되어 그림을 평가하고 제자들을 가르쳤다. 1900년 이후에는 상해에서 그림을 팔아 생계를 유지하면서 오창석 등 유명 화가들과 함께 예원선회를 창립했다. 이 그림은 필법이 활달하고 색채가 선명하다.

유신파 207

| 중국사 연표 |

1883년

12월에 흑기군과 전계군鎭桂軍이 각기 내침한 프랑스군을 대파했다.

071

쉽지 않은 황제의 변법

광서 황제는 5년 동안 사사건건 태후에게 제약을 받자 독자적인 황제가 되고 싶었다.

황제의 결심

광서 황제는 '대혼大婚'을 치른 후 친정을 시작했으나 자희 태후는 겉으로 수렴청정을 하지 않는다면서도 실제로는 패권을 장악하고 있었고, 광서 황제는 나이가 들어감에 따라 나라를 직접 다스려 보려는 마음이 불같았다.

1895년 5월 8일은 '시모노세키 조약'을 체결한 날이었다. 그날 광서 황제는 장지동이 올린 상주서에 단 칙어에 이렇게 썼다. "향후 우리 군신이 한 마음이 되어 묵은 병폐를 제거하고 연병과 군향 마련이라는 두 가지 일에 전력하며 변혁 준비를 다그쳐야 할지어다." 황제는 그때 이미 변법을 실시하지 않으면 나라를 세우지 못한다는 것을 잘 알고 있었다. 강유위 등 유신파는 한 가닥 서광이 비치는 느낌을 받았다.

화채도형호畵彩圖形壺 (청나라. 위 사진)
높이가 12.5cm이고, 입구의 지름은 11.5cm이며, 덮개가 있다. 어깨가 둥그스름하고 환형 손잡이가 달렸다. 몸통은 불룩한데 위에 남색 유약으로 과접도瓜蝶圖가 그려 있고 '일편빙심재옥호一片冰心在玉壺'라는 흰 글씨가 흰 유약으로 쓰여 있다.

황제로서 해놓은 일이 없어서는 안 된다

1898년 초 강유위는 다섯 번째 상주서를 올렸다. 그는 국토가 분할되고 나라가 풍전등화의 위기에 놓여 있는 이때 변법자강의 조치를 과단성 있게 취하지 않는다면 강산을 잃고 백성을 잃게 된다고 대성질호했다.

황제는 그 상주서를 보고 감동하여 깊은 생각에 잠겼다. 나이 서른에 아직 자희 태후에게 폐위당할 수 있는 신세를 생각하자 조상이 물려준 왕업이 자신의 손에서 무너지게 할 수 없다는 생각이 들었다.

5월 29일 공친왕 혁흔奕訢이 병사했다. 혁흔의 별세로 변법을 반대하는 한 권위자가 없어졌으므로 광서 황제에게 변법자강의 기회가 주어졌으나 자희 태후가 더 제멋대로 할 수 있는 기회를 더해 주었다.

자희 태후의 윤허 없이는 변법을 실시할 수 없었다. 광서 황제는 경친왕 혁광에게 "태후가 나에게 권력을 주지 않는다면 나는 황위를 비울지언정 망국의 국군은 되지 않겠다."는 자신의 말을 태후에게 전하라 했

••• 6부 주요 관원 •••

관명	품계	설치	
상서尙書	종1품	각 부에 만, 한 상서각 1명	대학사, 지방총독(일부 순무 포함)의 사업을 지도
시랑侍郞	정2품	각 부에 좌·우 시랑 각 1명	내각학사, 지방 순무의 사업을 지도
낭중郞中	정5품	각 부에서 설치한 각사의 주관	청나라 말기 외무·내정·순경·탁지·학법·농공상·우전郵傳 등 부 설치
원외랑員外郞	종5품	낭중의 부직임	리번원·태복시·내무부의 연히 설치
주사主事	정6품	진사 분부는 먼저 보선할 수 있음	
필첩식筆帖式	정7품부터 정9품까지		만문·한문으로 된 상주서와 문적 등을 번역

| 세계사 연표 |

1882년 독일의 지멘즈가 전차를 만들기 시작했다.

《광서동화속록光緒東華續錄》
《강유위주의康有爲奏議》
《무술조변기문戊戌朝變紀聞》

출전

광서 황제가 모사한 〈자서고〉

광서 황제는 조정 사무를 처리하는 여가에 안진경顏眞卿의 《자서고自書告》를 모사하면서 옛 명인들을 따라 배울 결심을 시시로 굳혔으며 '입덕천행立德踐行'의 지향을 더 굳건히 다져 나갔다. 사진은 〈광서 황제가 모사한 안진경의 자서고〉다.

다. 그 말을 들은 자희 태후는 대노해 "그가 그 자리를 내주겠다니 차라리 잘된 일이요. 나는 진작부터 그가 그 자리에 있는 것이 눈꼴사나웠소." 하고 말했다. 혁광은 일을 그르칠까 봐 두려워 변법은 이점이 많다느니, 일본이 좋은 사례라느니 하며 권고도 해 보고 해석도 했다.

자희 태후가 잠시 생각에 잠기더니 "그럼 맘대로 하라고 하게, 어떻게 되는지 두고 봄세" 하고 말했다. 혁광은 기뻐 어쩔 줄 몰라 하면서 돌아가 황제에게 사실대로 아뢰었다.

조서의 반포

6월 11일 광서 황제가 유신변법의 첫 막을 올리는 '명정국시소明定國是

변법자강의 진리를 부지런히 탐구한 광서 황제
'시모노세키 조약'의 체결은 광서 황제에게 큰 충격을 주었다. 그는 변법자강의 도리를 알게 되었고, 나라가 강해야 비로소 외국에 대항할 수 있음을 알게 되었다. 그는 변법 사상에 널리 접촉하고 유신파 지사들과 널리 의견을 교환했다. 그림은 청나라의 궁정화 〈독서하는 광서 황제의 모습〉이다.

詔'라는 조서를 내렸다. 여기서 '국시'란 국가의 대정 방침이라는 뜻의 국책이라는 말이다. 조서에는 다음과 같이 지적되어 있다.

"5제五帝와 3왕三王은 서로 전례를 좇지 않았으니 그것은 겨울의 털가죽 옷과 여름의 도롱이처럼 서로 용납하지 못한다." 그러므로 "송나라나 명나라를 답습하지 말고" 변법자강의 길을 걸어야 한다. 그날부터 자희 태후가 쿠데타를 일으킨 날까지 103일 동안 광서 황제는 일련의 변법 조서를 내렸고, 일부 개혁 조치를 취했다.

이를 역사상 '백일유신百日維新'이라 한다.

양계초 209

| 중국사 연표 |

1884년

8월, 프랑스군이 마미 해전馬尾海戰을 도발, 복건 수군이 복멸했다.

072

'백일유신'과 서태후

'백일유신百日維新' 기간에 황제는 변법 조서를 빈번히 내렸다. 낡은 것을 버리고 새것을 창조하는 운동이 일어났다. 그러나 보수파는 가만히 있으려 하지 않았다. 제당帝黨과 후당後黨 사이의 투쟁은 첨예하고 복잡했고 한시도 멈춘 적이 없었다.

올가미에 걸린 황제

광서 황제가 변법을 실시할 때 자희 태후는 뒤로 물러나 이화원頤和園에서 정양 생활을 했다. 그러나 그것은 자희 태후와 영록榮祿이 처 놓은 올가미였을 뿐, 황제의 뜻대로 변법을 실시하고, 자신의 권력을 장악한 것은 아니다. 그것은 자희 태후와 영록이 처 놓은 올가미였을 뿐이다.

'명정국시소明定國是詔'가 반포된 후 이화원으로 드나드는 사람이 많아졌다. 그중 많은 사람이 정보를 수집해 가서 보고했고, 많은 사람은 유신에 겁을 먹고 신정이 갖다 준 재난과 불행에 대해 하소연했다.

어느 날 만주대신과 내무부에서 파견된 몇 명의 대표가 자희 태후에게 황제에 대한 불만을 이야기하며 자신들의 요구를 들어 달라고 머리를 조아렸다. 그러나 자희 태후는 웃기만 할 뿐 아무 대답도 하지 않았다.

자희 태후가 드디어 입을 열었다. "경들은 이 같은 부질없는 일로 왜 이리 야단이요? 그래, 내가 경들만 못하단 말이요?" 그 말이 무슨 뜻인지 알아채지 못한 대신들이 영록에게 물었다. "황상께서 조상들이 제정한 법을 짓밟는 망령된 짓을 하는데 그대로 두어서야 되겠나이까?" 영록이 말했다. "황상께서 몇 달 동안 허튼짓을 하게 좀 놔두어야지 천하가 다 같이 분을 터뜨리고 죄악이 넘칠 때 처지하면 더 좋지 않을까?"

영록은 만주 정백기였고 자희 태후의 이질이었다.

고궁 오문午門

210 역사 시험장 〉 무엇 때문에 무술변법을 '백일유신'이라고도 하는가?

| 세계사 연표 |

1883년 영국에서 페이비언 협회가 창립되었다.

출전: 양계초(梁啓超) 《무술정변기(戊戌政變記)》

권력을 내놓지 않으려는 자희 태후

자희 태후는 황제가 친정을 하도록 물러선 후에도 의연히 조정 정무를 좌지우지했다. 크고 작은 일에 모두 태후의 지시를 기다렸다. 자희 태후와 광서 황제 사이의 모순은 갈수록 노골화되었다. 자희 태후는 광서 황제의 유신변법이 자신의 당파 이익을 건드리는 데 불만이 많았고 직접 관여하기를 조금도 꺼리지 않았다. 사진은 자희 태후와 광서 후비의 모습이다. 사진 속 자희 태후는 세상에 자기밖에 없는 듯 오기에 취해 있다.

옹동화는 광서 황제의 스승이며 제당의 수령이었다. 어릴 때부터 스승에게서 글을 배운 광서 황제는 옹동화에 대한 깊은 정을 느끼고 있었다. 그때 조정 대신이 대부분 후당이었으므로 제당은 몇 사람 안 되었다. 옹동화를 쫓아낸 것은 신정을 펴는 광서 황제의 한 팔을 자른 것이나 다름없어 제당의 역량은 크게 약화되었다.

후당의 수령인 영록은 승직한 후 북경과 천진을 지키는 북양 3군을 통솔하게 되어 가장 중요하고 정예한 무장력을 통제할 수 있게 되었다. 그리고 자후가 3품 이상 품계 안에 든 관원들에게 자기한테 와서 사은하게 한 것이 그가 임직 여부를 결정한다는 것을 말해 주는 것이었다.

6월 16일 자희 태후는 자신의 심복들인 형부 상서, 예부 상서와 강의를 북경 위수 부대의 중요한 직에 승진시켰다. 변법 실시에 관

그는 조상이 낸 법은 고치지 못한다면서 유신을 반대했기에 자희 태후의 총애를 받았다.

대항 진세

1898년 6월 15일은 광서 황제가 변법 실시를 선포한 나흘째 되는 날이었다. 자희 태후는 광서 황제가 세 가지 영을 내리도록 핍박했다. 첫째 유지는 협판 대학사이며 호부 상서인 옹동화의 직을 박탈하고 그를 고향으로 축출하는 데 대한 영이었다. 둘째 유지는 영록을 직예 총독에 임명하고 동복상(董福祥)(감군), 섭사성(무의군), 원세개(신육군)를 통솔하게 하는 데 대한 영이었다.

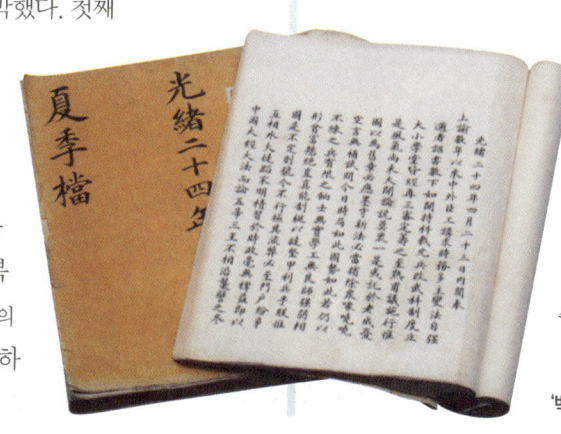

'백일유신'에 관한 조서

1898년 6월 11일 광서 황제가 변법 실시에 관한 조서를 내리면서부터 9월 21일 자희 태후가 쿠데타를 일으킬 때까지 103일이 걸렸으므로 '백일유신'이라고 한다

| 중국사 연표 |
1884년
신강이 성급으로 승격되었다.

한 조서를 내린 지 열흘 남짓 지나 황제의 변법이 아직 아무 성과도 거두지 못하고 있는데 자희 태후는 그 와중에 변법에 대항할 진세를 다 펼쳐 놓았다. 변법 유신이 무산될 것은 불 보듯 훤한 일이었다.

권력을 행사한 황제

9월 4일 광서 황제는 예부 상서 화이타부怀塔布, 허응규許應騤 등 예부 여섯 대신의 관직을 박탈했다. 그 여섯 대신 중에는 만·한족 상서가 2명, 만·한족 시랑이 4명 포함되어 있었는데, 그들은 예부 주사 왕조王照의 상주문 봉정을 거부한 죄를 지었던 것이다.

왕조는 광서 황제가 일본과 그 외 여러 나라에 가서 고찰할 것과 상부商部·교부敎部를 세우는 것에 대해 상주했는데, 허응규가 관서에서 위협적으로 협박했고, 자객이 많은 일본에 황제를 보내려 했으며, 황제를 험지에 방치하려는 짓이라면서 받아들이지 않았다.

이 일을 알게 된 광서 황제는 화이타부 등이 "황제의 조서와 교지의 뜻을 어기고 고의로 남의 상주 권리를 짓밟은 것."이라면서 중징계를 내렸다. 이와 동시에 왕조에게 3품 품계와 4품 경당 후보 관직을 제수했다.

황제는 9월 5일 양예楊銳·유광제劉光第·임욱林旭·담사동譚嗣同 등에게 4품 품계를 제수하고, 그들을 군기처의 실권을 장악한 군기처 장경章京으로 임명했다.

광서 황제는 모든 일을 자희 태후의 지시에 따라 처리했지만 이번만은 알리지 않고 예부의 대관들을 전부 파면하고, 전례를 타파하고 4명의 하급 관원을 승진시켰다.

군기처 장경이란 관직은 황제의 교지를 기초하고 대신들의 상주문을 검열하는 작은 관직이지만 사실상 군기대신 겸 대학사 직에 상당한 역할을 담당하므로 군기대신은 결국 허수아비가 되고 말았다.

상황이 이러하니 자희 태후가 못 본 체 가만 놔둘 수 있었겠는가?

여인들을 그린 청나라 병풍 (일부분)

| 세계사 연표 |
1883년
3월 14일 마르크스가 서거했다.

073

양계초梁啓超 《무술정변기戊戌政變記》
《산원정사문집散原精舍文集》 출전

호남신정

유신변법 시대에 진보잠陳寶箴을 비롯한 호남 관원들은 담사동譚嗣同과 양계초梁啓超 같은 유신파와 함께 중국의 부강을 위해 수구 세력과 충돌했다.

유신을 창도한 순무

유신변법 운동이 전국에서 고조될 때 전국의 많은 지역이 변법 대오에 가입했다. 그러나 변법과 유신을 실시해 보려는 사람은 없었다. 그런데 호남에서만은 순무 진보잠의 영도 아래 신정을 적극 펼쳐 나가면서 유신운동을 밀고 나갔다.

호남 순무 진보잠은 강서 의령 사람이다. 1895년 호남 순무로 취임한 그는 나라를 구하는 길은 개혁뿐임을 알고 취임한 그날부터 변법 유신 활동을 적극 펼쳐 나갔다. 그는 웅희령熊希齡과 황준헌黃遵憲이라는 유력한 인사의 협조를 받았고 호남의 변법 유신 운동은 북경 못지않게 활기를 띠었다.

학당을 세우고 신문을 창간하다

1897년 9월 진보잠은 시무학당을 세우는 데에 관한 공시를 냈다. 그 공시에서 그는 "국가의 강성과 쇠퇴는 인재의 유무에 달려 있으며, 인재의 유무는 학교에 달려 있다."라고 주장했다. 진보잠은 웅희령을 교장으로 임명했다. 황준헌의 추천에 따라 진보잠은 양계초를 중문 총교습으로, 이유격李維格을 서학 총교습으로 초빙했다.

강유위의 수제자인 양계초는 호남에 온 후 강유위의 만목 초당을 모방해 학당의 학과목을 '보통학'과 '전문학'으로 나누고 전통적인 《4서 5경》을 가르치는 외에도 중국 역사와 외국 역사, 격치산술 같은 새로운 학과를 증설했다.

그리고 교관 과정에 중국과 서양의 문화를 가르치는 동시에 유신변법 사상을 적극 전수하고 군주 입헌제를 선양했다. 시무 학당의 교수 방식은 호남 학술계에 새 바람을 일으켰다. 유신변법의 중견들이 이렇듯 호남에서 육성되었다.

담사동은 진보잠의 대대적인 지지 아래 신무 학당을 세우는 한편, 또 주로 당시의 유신 지사들로 구성된 남학회를 세웠다. 남학회는 정기적으로 강연회를 열고 청중들이 제기한 문제에 해답을 주었으며 이런 방식으로 민중을 깨우쳐 그들이 변법 운동에서 자신의 재질을 발휘하도록 했다. 또한 이것은 사·농·공·상과 한 마음이 되는 효과적인 방식이었다.

남학회의 강연 활동은 호남에서 큰 반향을 일으켰다. 강연회에는 매번 1000여 명의 청중이 참가했으며, 호남 각지에서 남학회 지회를 자동적으로 조직했다.

유신파는 신문을 창간해 유신 사상을 선전했다. 당재상 등은 순무의 지지 아래 《상학보湘學報》와 《상보湘報》를 창간했다. 양계초, 담사동 등은 이들 신문에 유신을 해석하고 변법을 호소하며 국민들에게 국외의 선진적인 과학기술을 소개하는 글을 발표했다. 학

강표 초상
강표江標(1860~1899)의 자는 건하健霞, 호는 훤포萱圃다. 광서 15년 진사에 합격하고 호남 학정에 취임, 담사동과 가깝게 지내며 《상학보湘學報》를 창간했다. 무술변법 기간에 4품 경당의 신분으로 총서에 승진했으나 정변으로 인해 관직을 박탈당하고 자택에 연금되었다.

1840 ~ 1911 청나라·2

중서 대약방. 1888년 상해 대영병원(약방)의 사무원 고송천이 상해 제4가(현 복주로)에 세웠다

| 중국사 연표 |

1885년
3월에 풍자재 등이 진남관, 양산에서 프랑스군을 대파했다.

당의 건립, 신문의 창간에 따라 호남의 신정은 활기차게 펼쳐졌다. 그러나 수구파는 이 모든 것을 못마땅하게 보았다.

수구파가 일어나다

호남 수구 세력의 대표자는 국자감 제주를 지낸 적이 있는 대학자 왕선겸王先謙과 향신 섭덕휘葉德輝였다. 왕선겸은 청나라 말기의 저명한 경학가이자 역사학자로, 호남에서 자못 높은 명망을 떨치고 있었다. 그는 담사동, 양계초 등이 호남에서 학당을 세우고 신문을 창간하고 변법을 선전하며 강유위의 공자개조론을 대대적으로 선전하는 현실에 무관심할 수 없다면서 양계초를 호남에서 쫓아내며, 악록岳麓·성남城南·구충求忠 3개 서원의 학생들이 '상성湘省 공약'을 제정해 강유위와 양계초의 사상을 배격하도록 요구하는 편지를 진보잠에게 올렸다.

수구 세력의 배격으로 양계초는 호남을 떠나지 않을

자립군의 두령 당재상

당재상唐才常의 자는 백평伯平, 호는 불승佛丞이고, 호남 유양瀏陽 사람이다. 1895년에 담사동 등과 함께 유양에 산학관算學館을 세웠고, 1887~1898년 사이 장사에서 《상보》와 《상학보》를 편집했으며 시무 학당, 남학회의 창립 활동에 참가했다. 무술정변 후 일본으로 망명했다. 귀국 후 정기회를 조직하고 자립군을 묶어 세웠다. 거사에 실패하고 무창 자양호반에서 사형을 당했다.

수 없었고, 《상학보》와 《상보》도 액운을 피할 수 없었다. 주필이 불한당들에게 물매를 맞았고, 강유위의 '공자개조론'에 불만이 많은 호광 총독 장지동이 진보잠, 황준헌에게 선전의 방향을 옳게 잡으라는 명령을 내리기까지 했다. 그 후부터 이 두 신문은 점차 세속적인 신문으로 전락하고 말았다.

호남의 신정과 유신 운동이 수구 세력의 저지를 받아 좌초하고 말았지만 호남은 그때부터 중국의 변법, 나아가 혁명에서 가장 활약하는 성이 되었다.

이는 진보잠 등이 펼친 호남의 신정과 갈라놓고 생각할 수 없는 것이었다.

진보잠의 친필 원고

●●● 역사문화백과 ●●●

[염정鹽政]

청나라도 다른 왕조와 마찬가지로 식염의 국가 전매 제도를 실시했다. 소금세는 국가 재정의 중요한 원천이었다. 초기에는 순염어사와 도전염운리사가, 그 후에는 6부의 사원司員이나 독무督撫가 겸직으로 염무鹽務를 관리했는데, 이를 염운리鹽運使(종3품) 또는 염법도鹽法道(종4품)라고 불렀다. 청나라 때에는 11개 소금 생산 지역이 있었는데, 국가에서 생산과 판매를 관리했으며, 판매 허가를 받은 소금을 관염官鹽이라 했다. 그때 관염 마대에는 호부戶部의 반인頒印이 찍혀 있었는데, 이를 인증이라는 뜻에서 '인'이라고 했다. 그 후 인이 식염의 계산 단위가 되어 100근짜리 50마대를 1인이라 했다. 어떤 때는 관염이 부족해 지방 염무 기구에서 '표'를 발급했다. 그래서 상인들은 '인'과 '표'가 붙은 소금만 팔 수 있었다. 염상은 세습을 했고 소금 판매는 전매 지역의 구별이 있었다. 염무 기구에서는 소금의 배분·운수·판매·질·값과 '인', '표'의 유무를 관리하고 사염私鹽의 생산과 판매를 제지했다.

| 세계사 연표 |

1884년
일본이 지조地租 조례와 상표 조례를 제정했다.

074

양계초梁啓超 《무술정변기戊戌政變記》 출전

무술밀모

'명정국시소'가 반포된 지 닷새 후 강유위는 광서 황제의 소견을 받았다. 이는 그의 일생에 처음 맞은 영광이자 자랑이었다. 황제가 궁지에 몰려 있으니 모든 방법을 강구해야 했다. 몇몇 선비가 태후를 제거할 계획을 도모했다.

1840 ~ 1911 청나라 · 2

자희 태후를 협박하기로 결정하다

담사동에게는 필영년畢永年이라는 고향 친구가 있었다. 호남에서 북경으로 온 그는 강유위가 자리 잡고 있는 남해 회관에 기숙했다. 호남에 있을 때 담사동, 필영년, 당재상은 교제가 빈번했고 자못 가까이 지냈다. 혈기 왕성한 그들은 명나라 말기, 청나라 초년의 사상가이자 학자인 왕부지王夫之를 숭배했고 민족 혁명사상에 심취되어 있었다. 그들은 부패한 청나라 정부를 증오했고 늘 시사와 정치를 논했다. 각 회당 사이의 연락원인 필영년의 이번 북경 행은 변법 유신의 새로운 동향을 알아보기 위함이었다.

1898년 9월 14일 저녁, 강유위가 필영년을 자신의 방으로 불러 말했다. "황제가 지금 위급한 처지에서 고민하고 있다." 그러면서 강유위는 자기가 황제에게 원세개袁世凱를 상경시켜 그에게 자희 태후를 제거하는 역할을 하게 할 계책을 마련해 주었다고 했다.

이 말을 들은 필영년은 원세개가 이홍장李鴻章의 동당이고 이홍장이 자희 태후의 사람 아닌가, 원세개는 워낙 조선에 주둔하고 있다가 스스로 군대를 철수한 겁쟁이 아닌가, 어떻게 이런 사람에게 자희 태후를 죽이는 큰일을 맡길 수 있는가 싶어 강유위에게 가당찮은 일이라고 말했다. 강유위는 자신이 이미 서인록徐仁祿을 원세개에게 보내 그가 태후와 영록을 미워하고 있다는 것을 알았으며, 황제의 중용을 받고 있는 원세개가 은혜에 보답할 것이라고 말했다.

이튿날 필영년은 그 일이 근심스러워 강유위의 말을 담사동에게 들려주었다. 담사동은 그 일은 승산 없는 일이라고 했으나 강유위는 반드시 그렇게 하겠다고 고집했다.

죽음이 헛되지 않게

저녁 식사 때 원세개가 시랑 후보로 승진했다는 소식이 전해졌다. 강유위는 너무나 기뻐서 밥도 먹지 않고 필영년을 끌고 자신의 방으로 가서 행동 계획을 검토했다. 필영년도 자기주

'정대 광명'이라 쓰여 있는 건청궁의 편액

1870년 전후 215

| 중국사 연표 |

1885년

8월, 중·프 간에 '베트남조약'이 천진天津에서 체결되었다.

황제 대혼 혼수 도안
황제·황후의 대혼에 사용할 이불, 요, 베개 등은 먼저 도안을 정성껏 디자인한 후 그 도안에 따라 만들었다. 사진은 그 도안들이다.

장을 굽히지 않았다. 강유위는 그의 반대에도 아랑곳없이 정중한 어조로 임무를 맡겼다. 그것은 필영년에게 황제의 조서를 지니고 병졸 100명을 거느리고 이화원에 가서 원세개의 병사들이 이화원을 포위한 틈을 타 자희 태후의 침궁에 돌입, 태후를 나포해 폐출하라는 것이었다.

필영년은 뻔히 죽을 길을 가고 싶지 않았다. 그는 강유위의 동생 강광인康廣仁을 찾아가 이유를 설명했다. 강광인이 필영년의 말을 몇 마디 듣고선 욕설을 퍼부었다. "이런, 시골 양반 같으니라고! 평상시엔 이러니저러니 고성준론을 토하다가 정작 거사 때가 되니 질질 끄는구만!" 필영년이 다그쳐 변명했다. "그것이 아니라 저를 내세우는 이상 어떻게 해야 하는지 상세히 알려 달란 말입니다. 저의 목숨이 아무리 비천하다 해도 실없이 죽을 순 없지 않습니까. 이 남방 사람에게 초면강산의 북방 사병들을 거느리라 하니, 시간

이 열흘밖에 없는데 언제 그들을 저의 심복으로 만들어 나를 따라 불산 칼 바다에 뛰어들게 한단 말입니까?' 군직에 있는 아버지를 따라 어릴 적부터 군영에서 자란 필영년이어서 군대의 일을 좀 안다지만 그에게 군사를 거느리고 싸우라는 것은 무리가 아닐 수 없었다.

필영년이 강광인과 옥신각신하는 것을 보고 강유위가 끼어들었다. "수재인 자네가 군사를 거느리는 게 얼마나 체면이 설 일이라고 그러는 거야. 뭘 자꾸 안 된다는 거야?'

관건적 시각으로

1898년 9월 17일, 광서 황제가 임욱林旭의 경호를 받으며 황궁 밖으로 나가 피신하겠다는 밀조를 내렸다. 이튿날 아침 강유위도 밀조를 받고 무릎을 꿇고 앉아 그 밀조를 소리 내어 읽으며 통곡했다. 그도 그럴 것이 황제께서는 자기 목숨도 보전하기 어려운 형편에 유신파를 걱정하고 있는 것이었다.

"그대는 한시도 지체 말고 빨리 피신해야 할지어다. 그대의 충성을 짐은 아까워하도다. 몸을 아끼고 스스로 잘 섭양하라. 장차 대업을 위해 최선을 다할 날이 있을 것이니 이것이 짐의 두터운 희망이니라." 그 밀조를 읽으면서 강유위는 가슴이 터질 듯한 비통에 잠겨 아무 말도 잇지 못했다.

강씨 형제와 양계초는 속이 바짝바짝 타서 방도를 찾아 여기저기 뛰어다녔다. 양계초는 전유기에게 필영년을 찾아보라고 부탁했다. 전유기 역시 필영년의 고향 친구였던 것이다. 전유기는 필영년을 찾아가 생각해 보았는지 알아보았고 병사들을 거느리고 가서 자희 태후를 죽이는 과업을 꼭 완수해야 한다고 알려주었다. 필영년은 한참 어리둥절해 하더니 한마디 내뱉었다. "난 아직도 어찌 해야 할지 모르겠다."

| 세계사 연표 |
1884년
프랑스가 캄보디아를 겸병한다고 선포했다.

075

양계초梁啓超《무술정변기戊戌政變記》
원세개袁世凱《무술일기戊戌日記》

출전

담사동의 심야 방문

광서 황제가 재차 원세개를 소견한 이튿날 깊은 밤, 특수한 사명을 지닌 한 인물이 원세개를 방문했다. 온 사람은 위풍당당해 마치 협객 같아 보였다.

1840~1911 청나라·2

황상을 구하는 공동의 책임

쿠데타의 움직임이 더욱 노골화되어 감에 따라 큰 화가 들이닥칠 것을 예감한 광서 황제는 시급히 대책을 강구하는 데에 대한 밀조를 두 번이나 내렸다.

1898년 9월 18일 아침 강유위는 양계초, 담사동, 강광인 등을 남해 회관으로 불러 대책을 상의했다. 그들은 밀조를 받들고 다시 읽으면서 통곡했고, 나중에 담사동이 원세개를 찾아뵙고 그가 군사를 풀어 황제를 구원하기로 결정했다.

그날 밤중에 담사동이 법화사法華寺에 있는 원세개의 처소로 찾아갔다. 두 눈에 정기가 돌고 기개가 늠름한 담사동이 나타나자 원세개는 다소 긴장했다.

담사동이 나라 밖에서 오는 우환보다 나라 안 우환이 더 큰 문제라고 말했다. 원세개가 의아해 하며 담사동의 입만 쳐다보고 있는데 담사동이 물었다. "당신은 황상이 어떤 사람이라고 봅니까?" 원세개가 대답했다. 황상은 당대에 어느 누구도 비할 수 없는 성주이십니다." 그러자 담사동이 또 물었다. "천진 열병식의 음모에 대해 들은 적이 있습니까?" 원세개가 머리를 끄떡였다.

담사동은 허리춤에서 황제의 밀조를 꺼내 원세개

유신파를 참혹하게 진압한 영록

영록榮祿(1836~1903)은 만주 정백기 사람이며 내무부 대신·공부 상서·병부 상서·직예 총독 겸 북양 대신·군기대신 등의 관직을 역임했다. 유신변법을 반대하고 자희 태후를 도와 무술 쿠데타를 일으키고 광서 황제를 유폐하고 유신파 인사들을 죽였다.

무술 6군자 중 한 사람 – 담사동

담사동譚嗣同(1865~1898)은 호남 유양 사람으로 광서 10년(1884) 신강 순무 유금당劉錦棠의 막료로 들어갔다. 갑오전쟁 이후 변법 유신을 창도하고 당재상과 함께 유양 사학관을 세웠다. 무술 쿠데타 때 유광제·양예·임욱·양심수·강광인과 함께 피살되어 '무술 6군자'로 불린다.

자희 태후의 60살 환갑을 기념해 발행했다

| 중국사 연표 |

1885년
10월, 대만을 행성行省으로 정했다.

에게 보이며 말했다. "지금은 당신만이 황상을 구원할 수 있습니다. 구원하고 싶으면 구원하고, 그렇지 않으면 이화원에 가서 저를 고발하고 죽여 주시오. 그러면 당신은 부귀영화를 누릴 수 있을 겁니다."

원세개는 처음엔 깜짝 놀랐다가 정신을 차리고 엄숙한 어조로 말했다. "당신은 나를 어떤 사람으로 보시는 겁니까? 황상은 우리 모두가 함께 섬기는 성군입니다. 저와 당신은 함께 성은을 입은 사람인데 황상을 구원하는 것은 우리의 공동 직책입니다."

밀모 계획을 털어놓다

담사동은 원세개가 시원시원하게 말하자 경계심을 늦추고 자기들의 밀모 계획을 털어놓았다. 그 계획은 다음과 같았다.

원세개가 9월 20일 황제를 배알하면 황제가 붉은 종이에 쓴 칙지 한 장을 준다. 원세개가 군사를 거느리고 천진으로 가서 영록에게 그 칙지를 보이고 그를 죽인다. 원세개가 직예 총독 대리가 되어 군사를 거느리고 상경해 절반의 군사로 이화원을 포위하고 남은 절반의 군사로는 황궁을 수비하면 된다.

여기까지 말한 담사동은 점점 격앙되어 이렇게 말했다. "저는 이미 호한 수십 명을 고용해 놓았고, 호남에서 장사 몇을 보내 태후를 죽이라고 전보를 쳤습니다. 당신은 두 가지 일만 하면 됩니다. 한 가지는 영록을 죽이는 것이고, 또 한 가지는 이화원을 포위하는 것입니다. 만약 당신이 응하지 않으면 전 당신 앞에서

원세개
관료 세가 출신인 원세개(1859~1916)의 자는 위정慰庭이며, 하남 항성 사람이다. 직예 총독 이홍장의 눈에 들어 그의 추천으로 조선 한양 주재 청나라 주둔군 총리영무처에서 회판 조선 방무를 지냈다. 귀국 후 천진에서 신군을 훈련시키고 유신변법 기간에 강학회에 참가했다. '백일유신' 이후 자희 태후의 중용을 받았다.

죽어 버리겠습니다. 당신의 목숨이 내 손에 달렸고, 내 목숨이 당신 손에 달렸습니다."

원세개는 그제야 모든 정황을 이해했다. 그는 당장 거절하면 위험하겠다 싶어 구실을 찾았다. "이 일은 중대한 만큼 경솔히 결정할 수 없습니다. 오늘 밤에 저를 죽인다 해도 결정할 수 없습니다. 그리고 황상께서 반드시 성지를 내릴지도 모를 일이고요." 그러자 담사동이 말했다. "그럴 수는 없습니다." 담사동의 말에서 단호함을 느낀 원세개가 말했다. "그럼 됐습니다. 영록을 죽이는 것쯤이야 아무 일도 아닙니다." 담사동은 드디어 마음을 놓고 머리를 끄떡이며 말했다. "당신은 진정 사내대장부입니다. 강 선생께서 사람을 잘못 보지는 않았습니다. 강 선생을 대신해 감사 말씀을 드립니다." 담사동은 말을 마치고 나서 일어나 작별인사를 하고는 밤의 장막 뒤로 사라져 갔다.

담사동이 뜯던 벽력금
담사동은 평상시 피리를 불거나 거문고 뜯기를 좋아했다. 사진은 오동나무로 만든 벽력금霹靂琴이다. 이 벽력금에는 담사동의 '잔뇌시殘雷詩'가 새겨 있다.

| 세계사 연표 |

1884년

10월, 워싱턴 국제회의에서 영국 그리니치를 자오선의 기준점으로 하기로 결의했다.

076

소계조蘇繼祖《청정무술조변기清廷戊戌朝變記》
황홍수黃鴻壽《청사기사본말清史紀事本末》

영대에 연금된 황제

자희 태후는 정변을 일으켜 '백일유신'을 압살했다. 광서 황제가 변법이 활동한다는 정보를 입수한 자희 태후는 이화원에서 자금성으로 돌아왔다. 그때 그는 이화원을 포위·공격하려는 강유위와 담사동의 계획을 모르고 있었다.

9월 20일 광서 황제는 세 번째로 원세개를 소견했다. 그날 오후 원세개는 천진으로 가서 영록에게 유신파의 계획을 보고했고 영록은 밤에 상경해 자희 태후에게 보고했다.

격노한 태후

자희 태후는 영록의 밀보를 받고 격노했다. 밤새도록 뜬눈으로 새우면서 대책을 생각한 끝에 쿠데타 계획을 앞당겨 실시하기로 했다. 이튿날 이른 아침 시위 태감과 영록이 중화전에 뛰어들어 황제를 자희 태후의 침궁으로 압송해 갔다.

자희 태후는 광서 황제를 보자 큰 소리로 꾸짖었다. "네가 네 살에 입궁해서 스물 몇 해 동안 난 고생이란 고생은 다 참고 견디면서 너를 키웠다. 너한테 미안한 일을 한 적은 없다. 그런데 넌 소인배들의 말을 듣고 내 목숨을 해치려 드는구나." 광서 황제는 고개를 숙이고 아무 말도 못했다.

훈계

자희 태후가 편전 숭좌에 올라 탁상 앞에 앉았다. 얼굴에는 노기가 가득했다. 경친왕 혁광奕劻을 비롯한 왕공 대신들이 탁상 오른쪽에 서고 광서 황제가 왼쪽에 무릎 꿇고 앉았다. 탁상 위에는 죽장竹杖이 놓여 있었다. 황제라 해도 곧이곧대로 굴지 않으면 그 죽장에 맞아야 했다.

전당 안은 쥐 죽은 듯 조용했다. 왕공 대신들은 숨도 크게 내쉬지 못하고 자희 태후의 훈계에 귀를 기울였다.

자희 태후가 탁상을 '꽝' 내리치면서 엄한 소리로 황제를 책문했다. "천하가 조상의 천하인데 넌 어째서 아무 짓이나 하느냐? 신하 모두 내가 선발하고 키운 신하이고 너를 도와 나라를 다스리고 있는데 넌 어째서 네 맘대로 그들의 직을 떼느냐? 넌 반역 도당들의 꾐에 빠져 조정의 기틀을 흐트러뜨렸다. 그 강유위란 놈이 내가 선발한 인재들보다 낫단 말이냐? 강유위의 법이 우리 조상들의 법보다 낫단 말이냐? 넌 완전히 돌았

광서 황제가 유폐되었던 영태

영태瀛台는 북경 중남해의 남해에 자리 잡고 있다. 명나라 때 짓기 시작해 청나라 순치, 강희 연간에 두 번 수리했으며, 제왕과 후비들의 피서·유람지다. 삼면이 물로 둘러싸인 이곳은 바다 속 신선이 사는 섬 같다 하여 영태라고 이름 지었다. 자희 태후는 광서 황제를 이곳에서 구금되었다.

황후의 화려한 구봉九鳳 비녀관 (위 사진)

만족 여자들은 대부분 비녀관으로 머리 모양을 꾸민다. 비녀관은 철사나 등나무 줄기를 쪼갠 것으로 트는데, 비취로 장식한 검은 면사포를 씌운다. 이 비녀관은 황후가 쓰던 것이다.

1840~1911 청나라·2

담사동

| 중국사 연표 |

1885년

10월, 청나라 조정에 해군 아문을 설치했다.

자희 태후의 침궁 – 낙수당

낙수당樂壽堂은 원래 건륭 황제가 정치를 태자에게 이양하고 은거했을 때의 서재다. 이곳은 뜰이 넓은 사합원이다. 광서 20년(1894), 서태후는 정치를 그만두고 편안히 쉬겠다면서 낙수당으로 옮겨 와 서난각西暖閣을 침실로 정하고 이곳에서 60세 생일을 맞이했다.

"어, 넌 조상을 잊어버린 불초한 놈이야."

한바탕 욕설을 퍼붓고 나니 입술이 마르고 갈증이 났으나 그래도 한이 풀리지 않아 왕공 대신들을 둘러보며 대성질호大聲叱呼했다. "황제가 이 지경에 이르렀는데 그대들은 왜 간언을 드리지 않았는가? 황제가 나라를 망치고 집안망신을 하게 놔둘 심산인가? 난 그가 대업을 계승하기에는 모자란다는 걸 알고 있었지만 폐위시키는 일이 생각대로만 해선 안 되는 일이어서 두고 보자 했을 뿐이네. 난 몸은 비록 이화원에 있어도 마음만은 항상 조정에 와 있었네. 난 간사한 놈들이 황제를 꾈까 봐 자네들에게 늘 부탁했네. 그리고 황제가 불초하다고 해서 나랏일에 충성을 다하지 않을 수도 없는 일 아닌가. 나도 아직 건강하니 여러 신들의 기대를 저버리진 않겠네."

자희 태후는 지친 듯 잠시 그쳤다가 계속했다. "올봄에 혁광이 날 찾아와 황상이 모든 정력을 치국 대업에 돌리고 있으니 태후께선 시름을 놓아도 된다고 하기에, 그리고 사람들이 내가 조정을 좌우지하면서 황상이 대담하게 집정할 기회를 주지 않는다고 말할까 봐 혁광의 말대로 황상으로 하여금 친정하게 했네. 오늘에야 그렇게 해선 안 되겠다는 걸 알 수 있잖나? 황제는 내가 옹립했는데 그가 나라를 망치면 그 죄는 내게 돌아올 텐데 내가 가만히 있을 수 있겠어? 황상을 단속하지 않은 건 그대들의 죄란 말이야."

●●● **역사문화백과** ●●●

[단편 문안]

자희 태후는 수렴청정 기간에 황제에게 올리는 상주서에 반드시 "황태후, 황상께 문안드리옵니다.", 혹은 "황태후, 황상께서 보시기를 엎드려 비나이다."라고 쓰라고 규정했다. 말하자면 절대 황제(동치·광서 황제) 한 사람에게만 올린다고 써서는 안 된다는 것이다. 무술 쿠데타 이후 자희 태후는 광서 황제를 폐위시키고 겉으로는 황제의 숙환이 위중하다면서 약방문을 공개했다. 이는 각 성 독무들의 태도를 시험하려는 수작이었다. 양강 총독 유곤일劉坤一은 그 수작에 맞서 약방문을 보겠다는 구실을 대고 "황제 폐하께 문안을 드립니다."라고만 썼다. 광서 황제에 대한 충심을 나타내려는 뜻이었다. 그 후 많은 사람이 그렇게 썼다. 자희 태후는 소문이 자신에게 불리하게 나돌자 광서 황제에 대한 폐위를 유폐로 고쳤다.

| 세계사 연표 |
1885년 유럽의 14개 나라가 동아프리카 분할 협의를 달성했다.

청나라 시대 술 주전자

광서 황제가 말이 없자 자희 태후는 뒤이어 따지고 들었다. "조상의 법을 맘대로 뜯어고치는 게 무슨 죄인지 너는 알고 있느냐? 조상이 중요하냐, 아니면 강유위가 중요하냐? 조상의 법을 저버리고 강가란 놈의 법을 쓰니 넌 어쩌면 그렇게 아둔하냐?"

내처 몸을 떨고 있던 광서 황제가 작은 소리로 대답했다. "물론 소자가 모자란 점도 있겠지만 서양의 핍박을 벗어나 국맥을 이어 나가려고 서양 법을 써본 것일 뿐 강유위의 법을 쓴 게 아닙니다."

황제의 변명은 불에 기름을 붓는 격이었다. 태후는 더욱 큰 소리로 고함을 쳤다. "조상의 법이 서양의 법만 못하단 말이냐? 또 놈들이 조상보다 중하단 말이냐? 강유위가 반역을 하고 나를 죽이려 한 걸 몰랐단 말이냐? 아니면 그들을 두둔해 주는 것이냐?" 광서 황제가 혼비백산해 대답을 못했다. 태후가 다시 물었다. "넌 알고 있었느냐, 어쨌느냐? 아니면 네가 바로 공범이냐?"

광서 황제는 알고 있었다고 말할 수밖에 없었다. 자희 태후가 또 엄하게 따졌다. "알고서도 법을 바로 세우지 않고 그자를 놔주려고 했단 말이지." 광서 황제가 얼떨결에 대답했다. "예, 응당 붙잡아 죽여야 했습니다."

황제를 구금하다

이튿날인 9월 22일, 자희 태후는 재차 광서 황제를 훈계했고, 강유위를 체포하라는 칙지를 내렸다. 사흘 날에는 광서 황제가 나서서 백관 축하훈정 식을 거행하게 하고는 황제의 침궁, 서재 같은 곳에서 수색해낸 서류 원고들을 내놓고 죄를 인정하게 했다. 그런 다음 자희 태후는 광서 황제의 명의로 자희 태후가 다시 훈정을 시작한다는 조서를 내렸다. 제3차 '수렴청정'이 시작되었다.

자희 태후는 '작당해 사치 사욕을 꾀하고 나쁜 언사로 정치를 어지럽혔다.'는 죄명으로 강유위의 직을 박탈하고 보병 통령 숭예崇禮에게 강유위를 체포하라는 영을 내렸다.

광서 황제는 영태에 구금되었다. 황궁 서원西苑의 남해 가운데에 위치한 그 누각은 사면이 물로 둘러싸이고 다리 하나만 외부와 연결되어 있었다. 이날부터 가련한 황제는 10년 동안 죄수 생활을 해야 했다.

청나라 시대 양각 필통

1840~1911 청나라 · 2

월수 221

| 중국사 연표 |
1886년 장지동이 광주에 소사국을 설치했다.

077

무술 6군자

무술정변 이후 유신파 인사들이 파직·감금·피살당했으나 담사동 등은 죽음을 두려워하지 않았다.

죽음으로 성군께 보답하리

쿠데타가 일어난 후 경성과 각지에서는 유신 인사들을 대대적으로 수사·체포했다. 큰 재난이 수시로 유신파에게 덮쳐들 수 있었다.

양계초가 조용히 유양 회관으로 찾아와 담사동을 만났다. 양계초는 바깥 형세가 좋지 않으니 속히 대책을 강구하라고 했다. 양계초가 잠시 피신하라고 하자 담사동이 말했다. "평상시 우리는 살신성인이요, 멸족도 두려워하지 않는다는 말로 서로를 격려했습니다. 그런데 어찌 자그마한 이해와 득실을 따지며 초지일관해 온 신념을 포기할 수 있겠습니까?"

양계초는 담사동에게 함께 주중 일본 대사관으로 피신했다가 청나라를 떠나자고 했다. 담사동은 그것도 마다하면서 양계초에게 '살아남는 사람'이 되어 유신 대업의 부흥을 도모하기 위해 어서 피신하라고 당부했고, 자기는 '죽는 사람'이 되어 황제의 은총에 보답하겠다고 했다.

그날 밤 양계초는 홀로 일본 대사관에 몸을 숨겼고, 담사동은 집에서 청나라군이 들이닥치기를 숨죽이며 기다렸다.

무술 6군자 중 한 사람 - 강광인
강광인康廣仁(1867~1898)의 이름은 유부有溥, 자는 광인, 호는 유박幼博이고, 광동 남해 사람이며, 강유위의 동생이다. 1897년 마카오에서 《지신보》를 창간한 후 상해에서 대동 역서국譯書局을 경영했다.

무술 6군자 중 한 사람 - 유광제
유광제劉光弟(1859~1898)의 자는 배촌裴村이고, 사천 부순富順 사람이다. 1883년 형부 주사에 취임했으며, 1898년 보국회에 가입했다. 저서로는 《계백당시집介白堂詩集》, 《충성재문집衷聖齋文集》이 있다.

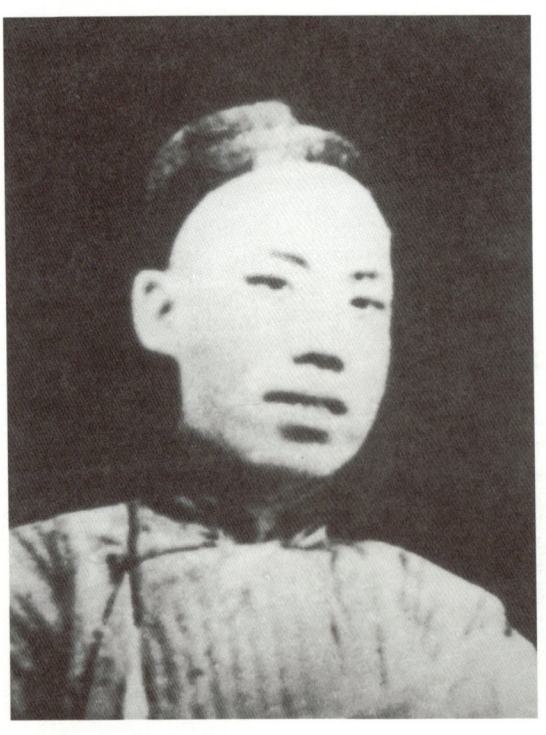

| 세계사 연표 |
1885년 독일의 헤르츠가 무선 전파와 광전기(텔레비전의 기초)를 발견했다.

양계초梁啓超《무술정변기戊戌政變記》
황준黃浚《화수인성암척억花隨人聖盦摭憶》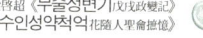

특수한 성장 환경

담사동은 어릴 때부터 특수한 환경에서 자랐고 강인한 성격을 키워 왔다. 열 살 때 아버지 담계순譚繼洵이 호부 원외랑으로 승진해 온 집안이 서울로 이사했다. 이듬해 디프테리아가 발병해 어머니와 형, 둘째누이가 죽었다. 담사동이 다행히 살아남았기에 아버지가 그에게 복생이라는 이름을 지어 주었다.

열두 살 때 감숙으로 발령난 아버지를 따라 서북 지구 여러 곳에서 살았다. 그 후 몇 년간 그는 직예·섬서·감숙·호남·호북·산서·안휘·강서·강소 등을 돌아다니며 사회의 인정세태를 살피고 백성들의 질고를 알게 되어 청나라 정부의 부패한 통치에 불만을 느끼고 나라와 백성을 구하기 위한 진리를 탐구하기 시작했다.

사형장에 피 뿌린 6군자

1898년 9월 25일은 쿠데타가 일어난 나흘째 되는 날이었다. 한 무리의 청나라 병사들이 담사동의 거처에 덮쳐들어 담사동을 밖으로 끌고 나가려 했다. 담사동이 격분한 어조로 말했다. "난 문인이고 또 관직도 있다. 그런 내가 도망칠 줄로 아느냐?" 말을 마친 담사동은 떳떳한 걸음으로 바깥으로 걸어 나갔다. '군기 4경' 중 나머지 세 사람인 임욱, 유광제, 양예, 양심수, 강광인도 체포되어 옥에 갇혔다.

옥중에서 담사동은 태연자약했고 석탄 숯덩이를 주어들고 감방의 벽에 시를 썼다. 그중 한 수에는 이렇게 쓰여 있었다. "내 스스로 칼 비껴 차고 하늘 우러러 웃거니……."

자희 태후를 비롯한 완고파들은 대역무도의 죄를 씌워 "즉시 참하라"는 영을 내렸다.

9월 28일 수많은 청나라 병사가 감옥에 들이닥쳤

무술 6군자 중 한 사람 - 임욱
임욱林旭(1875~1898)의 자는 돈곡暾穀이고, 복건 후관侯官 사람이다. 1895년 내각 중서에 취임했으며, 1898년 3월 민학회閩學會를 창도하고 세웠다. 9월 초 4품 군기 장경을 제수 받았다.

다. 강광인은 형장에 끌려 나갈 때가 되었음을 알았다. 그가 큰 소리로 말했다. "천하에 이런 우스운 일이 어디 있나? 형의 일을 어찌 동생이 책임져야 하는 것이냐?" 유광제는 형부에서 일한 적이 있으므로 심판 절차를 잘 알았다.

병사들에게 압송되어 서문까지 가서야 형장으로 압송된다는 것을 안 유광제는 엄한 어조로 항의했다. "심리도 판결도 하지 않고 죽이는 법이 어디 있느냐? 왜 이렇게 암둔하고 무치해졌느냐?"

담사동은 사형을 당하기 전에 얼굴색 한번 변치 않았고 가슴을 내밀고 외쳤다. "나라를 망치는 놈들을 죽여 버리려고 했는데 힘이 모자라는구나. 그래도 난 값지게 죽는다. 통쾌하고 또 통쾌하구나!"

| 중국사 연표 |

1887년 상해에서 동문학회(1893년 광학회로 개칭)를 세웠다.

078

해상 탈출

정변이 발생하기 전날, 강유위는 천진으로 갔다. 그는 그때 쿠데타가 일어난 것도, 자기에게 구속 영장이 내려진 것도 몰랐다.

하늘의 도움

구속 영장에는 강유위를 체포하면 당장 목을 자르라는 자희 태후의 지령이 쓰여 있었다. 쿠데타가 일어난 날 강유위는 천진天津에서 '중경重庚'호를 타고 상해로 떠났다.

중경호가 천진을 떠난 후 강유위를 구속할 특수 사명을 지닌 쾌속정이 중경호를 따라 잡으려고 바다를 달렸다. 독일에서 사들인 이 쾌속정은 속도가 빨라 중경호가 상해에 도착하기 전에 따라잡을 수 있었다. 그런데 공교롭게도 쾌속정은 얼마 못 가 휘발유가 모자라 천진항으로 돌아가 휘발유를 넣고 다시 떠나야 했다. 이때 중경호는 이미 연태烟台에 도착했다.

일이 묘하게 된 것은 등내도登萊道 도태 이희걸李希杰이 연태를 떠나고 없기에 암호 전보의 내용을 번역할 수 없었던 것이다. 그래서 그 성지는 아무도 거들떠보지 않는 한 장의 파지로 변하고 말았다.

영국 정부의 방조

상해 도태 채균蔡鈞은 밀지를 받자마자 많은 청나라 병사를 보내 오송구吳淞口를 봉쇄했다. 구속 임무를 맡은 병정들은 강유위의 사진을 들고 나루 어귀를 지켰다.

채균은 또 강유위가 그물에서 빠져나가는 것을 방지하기 위해 상해 주재 영국 총영사 대리에게 천진에서 온 모든 영국 기선을 수색해 강유위를 구속할 외교 각서까지 보냈다. 영국은 동의하지 않았지만 2명의 순포를 보내 기선에 올라 수사하겠다고 대답했다.

채균은 사진 몇 장을 보내주면서, 만약 강유위를 붙잡으면 2000냥의 사례금을 보내겠다고 했다. 사실 영국 영사관은 강유위를 보호해 주라는 영국 정부의 지시를 받았던 것이다.

탈출에 성공하다

9월 24일 중경호가 오송 포구에 들어서자 특수사명을 띤 영국인이 거룻배를 타고 중경호를 막아 세우고 기선에 올라 강유위를 찾았다. 그 영국인은 사진을 들고 보면서 몇 안 되는 중국 승객 가운데 강유위를 찾아냈다. 강유위를 찾은 영국인은 그에게 따라오라는 눈짓을 보냈고, 강유위는 그를 따라 작은 선창 안으로 들어갔다.

작은 선창으로 온 그 영국인이 물었다. "당신은 북

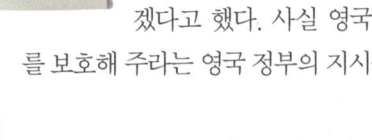

강유위가 일본을 거울로 구국의 길을 탐구하다 (위 사진)
《일본변정고日本變政考》은 변법 사상을 선전한 강유위의 저서다. 강유위는 일본을 예로 들어 헌법을 만들고 의회를 세우며 군주 전제를 군주 입헌으로 개혁하는 것이 진정한 구국의 길이라고 밝혔으며, 개량을 거쳐 중국이 자본주의 길을 걸을 것을 요구했다. 위 사진은 《일본변정고》 전집이다.

1885년

| 세계사 연표 |
수단이 영국군을 대파하고 고든을 사살했다.

출전 강유위康有爲《강남해자편연보康南海自編年譜》

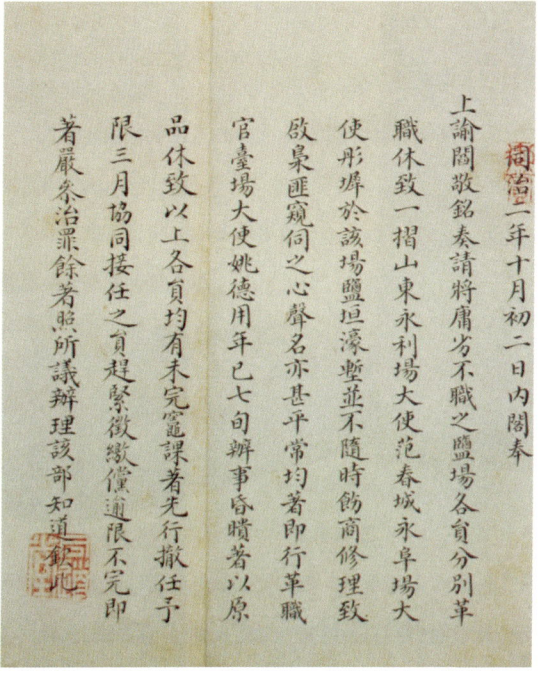

두 옥새가 찍혀야 효력 있는 칙지
함풍 황제가 사망한 후 모든 칙지의 첫머리에 반드시 황제의 '어상御賞'인이 찍히고 끝에 자희 태후의 '동도당同道堂'인이 찍혀야 발효된다고 규정했다. 이 규정은 그 후 자희 태후의 권력 팽창의 여지를 남겨 주었다. 사진은 '어상' 인과 '동도당' 인이 찍힌 칙유다.

경에서 황상을 시해하려고 했습니까?' 강유위가 깜짝 놀라면서 반문했다. "제가 어찌 황상을 시해하려 했겠습니까? 선생은 무슨 근거로 그런 말씀을 하십니까?" 그러자 그 영국인은 품속에서 그대로 베낀 조서 한 부를 강유위에게 보여 주었다. 조서에는 강유위를 붙잡는 즉시 목을 베라는 내용의 글이 적혀 있었다.

강유위는 지금 꿈을 꾸고 있지 않은가 싶어 울음이 터졌고, 영국인은 통곡하는 강유위를 말리면서 말했다. "미스터 강, 울지만 말고 사실을 설명해 주시오."

강유위는 한참 울다가 갑자기 무슨 생각이 들었던지 짐을 헤쳐 광서 황제가 자신에게 내렸다는 밀조를 넘겨주며 자기가 황상의 명령을 받고 지금 위험에 처한 황제를 구할 방도를 찾으러 상해로 가는 길이라고

말했다. 영국인은 강유위를 데리고 거룻배에 올라 오송 포구를 돌아 다른 나루로 갔다.

강유위는 생각할수록 억장이 무너졌다. 상해로 온 목적이 황제를 구할 방도를 찾기 위함인데 그 방도를 찾기는커녕 일신도 보전하기 어렵고 또 국내 어디에도 피신할 곳이 없지 않은가. 유신 대업이 하루아침에 물거품이 되고 황상과 집안 식구들의 생사도 짐작하기 어렵게 되지 않았는가. 여기까지 생각한 그는 바다에 뛰어들어 자살하려다 뒤따라 온 한 영국인이 허리를 끌어안는 바람에 뛰어들지 못했다.

거룻배가 드디어 홍콩으로 가는 영국 기선 회사의 여객선 앞에서 멈춰 섰다. 영국 병선의 호위를 받는 그 여객선은 홍콩을 향해 달렸다.

공화를 반대한 선기

선기善耆(1866~1922)는 만주 양백기鑲白旗 사람이며, 청나라 정부의 군주 입헌을 지지했다. 선통 원년(1909) 해군 창건 사무에 참여했다. 무창 봉기 이후 종사당宗社黨을 결성, 민주 공화와 혁명을 반대했다.

1840~1911 청나라·2

| 중국사 연표 |

1887년 프랑스가 베트남·도쿄·캄보디아 등을 합병해 '인도차이나 연방'을 세웠다.

079

검술명수 왕오

예부터 연나라와 조나라에는 강개한 의사가 많았다. 중화 무술은 오랜 전통을 갖고 있고 많은 무술가가 정의를 펼치고 재물을 멀리하며 폭정자를 제거하고 약자를 도와주는 민족의 전통을 계승했다.

무술의 고향 창주

하북성 창주滄州는 중국 무술의 고향이다. 명·청나라 시대에 많은 무술 대사들이 등장했는데, 그중 한 사람이 광서 연간의 왕정의王正誼다.

그는 어린 시절 아버지를 여의고 창주 무술 세가 출신의 이봉강李鳳崗의 제자로 들어가 뼈를 깎는 노력으로 무예를 익혔는데, 특히 검술에 능했다. 두 칼 쓰기와 단칼 쓰기를 배운 그는 특히 단도를 잘 썼다. 그가 동년배 가운데 다섯째였기에 사람들은 그를 '대도왕오大刀王五'라 불렀다.

무죄 자수

왕오는 창주를 떠나 강호 생활을 했다. 성격이 시원시원하고 친구 사귀기를 좋아한 그는 황하 유역의 직예(하북), 산동, 하남, 감숙, 섬서 등에서 녹림 호한들과 더불어 의로운 일을 하고 재물을 멀리하며 부잣집을 털어 가난한 사람들에게 나누어주었다.

그 후 왕오는 북경 선무문 밖에 원순표국源順鏢局을 개설하고 관가와 상인들을 위해 돈과 식량을 호송하는 일을 했다.

광서 5년(1879), 북경 주변에서는 연속적인 강도 사건이 일어났다. 최대의 용의자로 왕오를 짚은 주사 복문섬濮文暹은 순성 어사에게 그를 붙잡아 오라고 명령했다. 순성 어사가 병정 몇 백 명을 파견해 표국을 포위했다.

날이 점점 어두워지자 표국을 포위하고 있던 청나라 병졸들이 철수했다. 그들은 왕오가 병정으로 변복하고 자기네 무리에 섞여 표국을 떠나는 줄을 알지 못했다. 이튿날 왕오는 복문섬을 찾아 형부로 갔다. 그는 복문섬에게 말했다. "당신들이 나를 붙잡으려 할 때 나는 죄가 없기 때문에 여기로 올 이유가 없었습니다. 그런데 당신들이 지금 나를 붙잡으려 하지 않기에 스스로 찾아왔습니다." 그러고 나서 그 강도 사건이 누구누구의 소행이라고 알려주었다. 천진하다 할 만큼 솔직한 고백이었다.

왕오의 사람 됨됨이에 대해 많이 들어 온 복문섬은 만나고 보니 소문처럼 정직한 사람 같아 이렇게 말했다. "난 자네가 이번 사건과 관련이 없는 줄 알고 있지만 자네가 사귀는 친구들 중에 어떤 무뢰한이 섞여 있는

전당포를 털다 (청나라 말기 연화)
1900년 8개국 연합군이 북경을 강점하고 자희 태후가 태원으로 피난을 가자 온 나라가 혼란에 빠졌다. 민간에 전당포를 터는 소란이 일어났다. 일부 도사와 비구니, 심지어 서양 병사들도 전당포 털기에 나섰다.

| 세계사 연표 |

1886년 독일인 다이믈러가 고속 회전 내연 발동기를 발명했다.

《창현지滄縣志》 8권
《대도왕오전大刀王五傳》
《춘빙실야승春冰室野乘》

출전

소도회 의군들이 사용하던 단검

지 자네가 모를까 봐 한번 혼을 내주려 했네. 앞으로 조심하게."

담사동과의 두터운 교분

왕오는 일찍이 광서 2년(1876)에 의형제들을 통해 담사동을 제자로 받아들이고 검술을 가르쳤다. 그리고 그는 담사동의 포부와 사상에 탄복해 의형제를 맺었으며, 담사동을 열여덟 의형제의 수령으로 세울 준비를 했다.

광서 19년(1893), 왕오는 담사동에게 사람을 모아 장성 이북 지역에 가서 밭을 일구고 가축을 방목할 것을 제의했다. 그 수입으로 담사동의 사업을 지원하려 했으나 담사동은 그 제의를 사절했다.

광서 21년(1895)의 유신변법 시대에 왕오는 담사동의 신정 참여를 지지했다. 그는 매일 아침마다 유양회관에 가서 담사동에게 검술을 가르쳤다.

형세는 점점 긴장감이 돌았다. 담사동이 체포되기 전날 밤, 왕오는 담사동을 찾아가 안전은 전적으로 자신이 책임질 테니 빨리 피신하자고 권고했으나 담사동은 거절했다. 담사동은 결국 구속되어 감옥에 갇혔다. 왕오는 혐의를 받는 것도 두려워하지 않고 몇 번이나 감옥에 가서 그를 만났다.

왕오는 감옥 문을 부수고 담사동을 구출할 계획까지 세웠지만 담사동이 동의하지 않아 그만두었고, 그 후 사형장으로 진입해 구출하려 했지만 방비가 삼엄

곽원갑 인물상
청나라 말기에 무술이 번성했다. 왕오보다 늦게 이름을 날린 북방의 무술 명수 곽원갑霍元甲은 하북 동광 사람이다. 조상 전래의 무술과 종권鬃拳의 진수를 장악한 곽원갑은 선통 원년(1909), 상해에 가서 정무精武 체육회를 세웠다. 아래 그림은 당시의 방간坊間 소설에 등장한 곽원갑의 인물상이다.

해 손을 쓰지 못했다. 담사동이 처형된 후 왕오는 몇백 명의 장사를 모아 담사동의 원수를 갚으려 했다.

단검으로 서양 놈들을 죽이다

광서 26년(1900), 8개국 연합군이 북경을 강점하고 서슴없이 악한 짓을 감행했다. 왕오는 홀로 단검을 휘둘러 많은 서양인들을 죽이던 중 흉탄에 맞아 생포, 살해당했다.

일설에 따르면, 서양인들이 빼앗아 간 표국의 은전을 도로 빼앗아 오던 중 적들에게 포위되어 은전 한 닢으로 흉탄을 맞받아치다가 은전이 다 떨어지자 적탄에 맞아 쓰러졌다고도 전해진다.

유악劉鶚의 《철운장구鐵雲藏龜》

| 중국사 연표 |

1888년

3월, 영국군이 티베트 룽투산을 침범했다.

080

진보잠의 죽음

진보잠이 호남에서 신법을 적극 펼친 결과, 그 후 몇 십 년 간 호남의 문화·인재와 중국에서의 호남의 지위·역할에 영향을 미쳤다. 그러나 진보잠은 무술 쿠데타 이후 원인불명의 죽음을 당했다.

변법을 견지한 순무

무술변법 시대에 전국의 성급 순무 가운데 한 사람만이 유신변법을 주장하고 자신의 실제 행동으로 유신변법을 밀고 나갔다. 그 사람이 바로 호남 순무 진보잠이었다.

진보잠이 지지하고 격려했기에 호남은 변법의 가장 효과적인 실천 장소가 되었다. 담사동, 양계초 등 유신파는 언행의 보장과 신체의 자유를 얻을 수 있었다. 그곳에서 그들은 남학회南學會와 시무 학당을 세우고 《상보》를 창간했다.

진보잠은 또 순무의 신분으로 광산을 개발하고 전화 통신을 개통하는 한편, 기선 회사를 세우고 제조 회사를 설립했다. 그는 또 조정에 뛰어난 인재들을 추천했는데, 무술 6군자 중 양예와 유광제는 그의 추천으로 군기처에 들어갈 수 있었다.

당시 호남은 그야말로 유신과 변법의 성세가 대단했고 날마다 새로운 기상이 나타났다. 그러나 '백일유신'이 무산되자 호남의 신정은 활기를 띠기 시작하다가 끝났고, 진보잠의 운도 다 되어갔다.

자희 태후는 진보잠을 가만 놔두려 하지 않았다. 그는 황제의 성지라는 명목으로 진보잠과 그 아들의 관직을 박탈했을 뿐만 아니라 영원히 등용하지 못하며, 지방 관원의 엄격한 단속을 받아야 한다는 중징계를 내렸다.

지방 관원의 단속이란 매달 또는 명절 때 한 번씩 소재지 현의 지사에게 자신의 사상과 생활을 보고하며 현지사도 자주 찾아가 채문하는 것을 말하는데, 행동의 자유를 완전히 박탈하는 것이었다.

진보잠 부자는 당시 강서 남창南昌 마자항磨子巷에 살았다.

광서 25년(1899), 진보잠은 아내가 병사해 교외 구역의 서산에 묻히자 아름다운 서산의 아내 무덤 옆에 초가집 한 채를 지어 놓고 그곳에서 살리라 마음먹었다. 그는 나라 일을 생각하면 가슴 아팠고 그럴 때마다 낙심했다. 그러나 자희 태후는 때때로 그를 괴롭혔고, 이전의 반대파들도 앞 다투어 들고 일어나 그에게 죄명을 뒤집어씌우고 탄핵하면서 사경에 몰아넣고서야 속 시원해 했다.

진보잠 인물상

진보잠은 호남에서 양계초 등 유신파를 비호하고 강유위를 기용했으며, 왕선겸과 여러 서원을 조종했다. 그러나 자신이 유신을 주장하며 펴낸 《공자개제고孔子改制考》란 책을 소각할 것을 청구했다.

| 세계사 연표 |

1888년

3월, 제1회 국제 여성 대회가 워싱턴에서 개최되었다.

《산원정사문집散原精舍文集》 출전

사람을 잡아먹는 요언

이때 진보잠에 대한 요언들이 도처에 떠돌았다. 어느 날 진보잠은 '호남 전 순무 앞'이라 쓰인 편지 한 통을 받았다. 읽어보니 《유신의 꿈》이라는 장회소설의 표제가 쓰여 있고 칠언 절구 몇 수가 들어 있었다. 그중 한 수의 마지막 구절은 다음과 같다.

"탁세의 풍류남자 평원 말고 태원을 따랐네."

여기서 '태원'이란 아버지에게 수나라에 반기를 들라고 권유한 이세민(당나라 태종)을 가리킨다. 일찍이 '백일유신' 기간에 신정을 반대한 완고파들은 진보잠이 반란을 일으키려는 음모를 꾸미고 있으며 공원貢院을 불사르는 것을 신호로 군사를 일으켜 '상남왕'이 되려는 야심을 품고 있다는 요언을 퍼뜨렸다. 그가 파직 당하고 남창에 은거 중이던 때에도 그들은 이런 수단으로 진보잠 부자를 정신적으로 유린했던 것이다.

자희 태후의 밀지

자희 태후는 제당帝黨이 부활할까 봐 전전긍긍했다. 그런데 70세인 진보잠은 유신파 가운데 자못 큰 영향력을 가진 인물이었다.

광서 26년(1900), 자희 태후는 광서 황제를 폐위시키려 했으나 서양 열강들의 반대에 부딪히자 분노가 극도에 달했다. 자희 태후는 동년 6월 초순에 신강 순무에게 그곳에서 유배살이를 하는 장음환 전 호부 좌시랑의 목을 베라는 칙령을 내렸고, 7월에는 동교민항東交民巷의 외국 대사관에 대한 포위 공격을 반대한 이부 좌시랑 허경징許景澄과 태상시경 원창袁昶을 사형에 처하며, 또 좌효동左孝同(좌종당의 넷째아들)과 진보잠의 관계를 엄하게 조사하라는 영을 내렸다.

자희 태후는 드디어 진보잠에게 칼을 빼들고 달려

남창 등왕각

들었다. 강서 순무 송수는 황태후의 밀지를 받은 후 한 천총千總을 진보잠에게 보냈다. 천총은 진보잠이 자결하는 모습을 지켜보고 나서 그의 후골喉骨을 떼어내 북경에 검증용으로 보냈다.

진보잠이 비밀리에 살해된 사실은 그때 진삼립陳三立 등 몇몇만 아는 비밀이 되었고, 가족들이 깊이 숨긴 탓에 20세기 말기에 이르러서야 진상이 밝혀졌다.

| 중국사 연표 |

1888년
12월, 북양 해군을 창건했다.

081

갑골문의 발견

'용골'에 새긴 문자

19세기 말기 하남 안양安陽 일대 백성들은 입을 거리, 먹을거리가 모자랐다. 이런 형편에 병이라도 들면 의원에게 병을 보이고 약을 사 먹기가 어려웠다. 그래서 사람들은 강변이나 산골짜기에 널려 있는 거북 등껍데기나 짐승의 뼈를 주워다 가루 내어 잔병을 고쳤다. 살가죽을 다쳐 피가 날 때 그 가루를 뿌리면 지혈되었고 옴에도 그 가루를 뿌리면 고름이 마르면서 말끔히 나았다.

짐승 뼈의 화석을 '용골龍骨'이라 했는데, 중의들은 진경鎭驚·고삽固澁 효능이 있는 그 약재로 경계驚悸, 간질병, 오랜 설사 등을 치료했다. 사람들은 그런 '용골'을 모아 약국에 팔기도 했다.

현존하는 가장 오랜 문자는 상商나라 시대와 주周나라 시대의 갑골甲骨 문자다. 거북 등껍데기나 짐승의 뼈에 새긴 이런 문자는 점을 칠 때 쓰던 글인데, 중국 문화 중 진품인 갑골문이다(또는 '계문', '복사', '은허문자'라고도 한다). 갑골문이 발견되기 전에 사람들은 쇠비석이나 돌비석에 새긴 문자만 있는 줄만 알았을 뿐 거북 등껍데기와 짐승의 뼈에 새긴 문자가 있는 줄은 몰랐다.

광서 24년(1898) 가을, 북경에서 국자감 제주로 있던 왕의영王懿榮이 학질에 걸렸다. 의원은 그에게 한 가지 약방문을 내주어 하인이 그 약방문을 가지고 선무문의 채시구 달인당 약방에 가서 약 몇 첩을 지어 왔다.

왕의영이 도대체 무슨 약재가 들었나 싶어 헤집어 보니 그 속에 용골도 들어 있었다. 그 용골을 집어 들고 짐승 뼈 화석이 도대체 어떤 것인지를 살펴보던 왕의영은 짐승 뼈에 칼자국이 있는 것을 발견했다. 자세히 살펴보니 불규칙적인 배열 조합이었는데, 마치 무슨 글자 같았다. 그는 워낙 금석학 전문가로 구리 그릇에 새겨진 명문銘文에 조예가 깊던 차에 전문篆文 비슷한 문자를 보자 호기심이 생겼다.

이튿날 왕의영은 직접 달인당 약방에 가서 온전하고 문자가 더욱 똑똑한 용골을 모두 샀고, 용골의 유통 과정을 상세히 알아보았다.

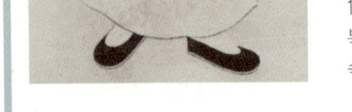

왕의영

왕의영王懿榮(1845~1900), 자는 정유正儒 또는 일자염생一字廉生, 연생蓮生이고, 산동 복산 사람이다. 고서·기물·비석·판화를 애호한 그는 1894년 황제의 칙지에 따라 국자감 제주에 취임했다. 1898년 왕의영은 학질에 걸려 하인을 시켜 약을 지어 오게 했다. 약재 중 한 가지인 '용골'에서 우연히 문자를 새긴 흔적을 발견하고 고대 문자임을 단언, 이로써 갑골문이 발견되었다. 1900년 8개국 연합군이 북경에 쳐들어오자 우물 속에 몸을 던져 순국했다.

갑골문

●●● 역사문화백과 ●●●

[홍등조와 청등조]

의화단 운동 시대의 북방 부녀들의 보가위국保家衛國 조직이었다. 그중 청소년 조직을 '홍등조紅燈照', 과부 조직을 '청등조靑燈照'라고 했다. 홍등조는 붉은 옷차림을 하고 밤에 붉은 등을 들고 다녔으며 무예를 열심히 연마해 이름을 날렸다. 그들은 적진에 돌입하면 죽음을 두려워하지 않고 용감히 싸웠으며, 후방에서는 질서를 유지하고 부상병들을 간호했다.

| 세계사 연표 |

1888년

11월, 유럽 각국이 아프리카 흑인 노예의 거래를 금지하는 결의안을 채택했다.

출전 《중국갑골학사中國甲骨學史》 왕우신王宇信 《갑골문통론甲骨文通論》 유혜손劉惠孫 《철운선생연보장편鐵雲先生年譜長編》

최초의 연구와 수장

변별 확인과 감정을 거쳐 용골이 상商나라 시대의 복골임이 확인되었다. 이때부터 세인들에게 알려지기 시작했다.

옛날 사람들은 미신과 점을 신봉했으며 거북 등껍데기나 짐승 뼈(주로 소의 견갑골)를 점치는 도구로 사용했다. 갑골은 불에 달구거나 구우면 무수한 금이 생기는데 화력의 강약에 따라 그 금의 형태와 길이가 각각 다르게 나타난다. 옛날 사람들은 그 금을 '징조'로 보았고 따라서 그 금에 따라 길흉을 예측하고 각각 해석을 달았다. 그리고 점이 끝나면 갑골에 특수한 문자를 새겨 놓았다. 이는 후세 사람들에게 당시의 사실을 알리기 위해서였다.

그때부터 왕의영은 갑골을 수집·매입하는 일에 달라붙었다.

광서 25년(1899), 그는 산동 유현의 골동품상 범유경范維卿에게 한 조각(일설에는 한 글자)에 은 2냥씩 주고 갑골 12조각을 사들였다. 이듬해 그는 또 그에게 은 200냥을 주고 갑골 800여 조각을 사들였다. 그 가운데는 한 조각에 52개 글자가 새겨진 갑골도 있었다.

그해 왕의영은 유현의 다른 골동 상인에게 갑골 100여 조각을 사들였다. 같은 해 가을 의화단 운동이 일어났고 왕의영은 단련 대신으로 취임했다. 8개국 연합군이 북경을 함락하자 왕의영은 순국했다.

아들 왕한보王翰甫는 1000여 조각의 갑골을 유악劉鶚에게 팔고 나머지는 천진 사학 서원에 기증했다.

갑골문 (위 사진 포함)

신학문의 탄생

유악은 자가 철운鐵雲이고, 후보 지부를 지냈고 청나라 말기 소설 중 대표작인 《노잔유기老殘游記》의 저자이며 갑골문을 제일 먼저 수장한 사람이다. 유악은 비싼 값으로 갑골을 사들이는 한편, 제齊·노魯·조趙·위魏나라가 차지하고 있던 옛 땅에 사람을 보내 갑골 5000여 조각을 사들였다. 그리고 1058조각의 갑골문을 골라 1903년 《철운장구鐵雲藏龜》라는 갑골문 탁본을 편찬, 중국 최초의 갑골학 저작을 남겼다.

유악은 다문박식하고 다재다능한 가정교사 나진옥羅振玉에게 자신의 네 아들을 가르치게 했다. 그 후 나진옥의 딸이 유악의 넷째아들 대신大紳에게 시집가 두 집안은 사돈이 되었다.

1908년 나진옥은 갑골문의 출토지인 안양 소둔촌小屯村이 은허殷墟(은나라 도읍지)였음을 고증했고, 뒤이어 왕국유王國維와 함께 은허가 바로 상나라 말기의 낡은 도읍지임을 고증했다. 출토된 갑골문은 반경이 은허에 천도한 후부터 주紂나라가 망할 때까지 273년 사이의 유물로, 상·주나라 역사 연구에 중요한 자료가 되었다. 이때부터 갑골학이 탄생했다.

〈행서축行書軸〉 (청나라 왕의영)

1840~1911 청나라·2

무술 231

| 중국사 연표 |
1889년
3월, 광서 황제가 친정을 시작했다.

082

낭방대첩

1898~1900년 사이 산동에서 발발해 뒤이어 화북, 동북 등에서 국내외를 떠들썩하게 한 의화단 운동이 일어났다. 그들은 '조청멸양助淸滅洋', '부청멸양扶淸滅洋'이란 구호를 외쳤다.

의화단의 재기

의화단義和團의 전신은 백련교의 한 갈래이며 봉건적 미신 색채를 띤 민간 비밀 결사인 '의화권義和拳'이다.

19세기 초 산동·하남·하북 일대에서 권법을 익히고 무술을 연마하는 방식으로 청나라를 반대하고 명나라를 복벽하는 활동을 벌이다가 수차례에 걸친 청나라 정부의 진압을 당했다. 19세기 말 제국주의 침략이 극심해지고 민족이 위기에 처한 형세 속에서 의화단은 반제 투쟁 성격의 조직으로 변해 갔다.

의화단은 통일적인 영도 기구가 없었다. 촌탁을 단위로 하여 각기 '단장壇場(廠)' 또는 '권장拳場(廠)'을

《황조경세문편》

《황조경세문편皇朝經世文編》은 위원魏源, 하장령何長齡 등이 주최하여 편찬한 책으로 총 120권이다. 학술·치체治體·이정·호정·예정·병정·형정·공정 등으로 나누어 200년 간의 경세 치국에 관한 글 2000여 편을 수록했다.

청나라군 장령 동복상

청나라 말기 장령인 동복상(1840~1908)은 자는 성오星五이고, 회족, 감숙 고원 사람이다. 의화단 운동이 발발한 이후 동복상은 자기 부대에서 의화단의 발전을 방임했다. 청나라 정부가 대외에 선전포고를 한 후 그는 병사들을 파견해 각국 공사관을 공격했다. 북경성이 함락된 뒤 자희 태후를 호위하면서 철퇴했고, 그 후 병사했다.

| 세계사 연표 |

1889년
제2공산국제가 창건되고, 매년 5월 1일을 국제 노동절로 정했다.

출전: 명청당안관편明淸檔案館編 《의화단당안사료義和團檔案史料》

의화단이 철도와 전선을 파괴하다

마련하고 무술과 권법을 배웠다. 각단의 우두머리는 노조사老祖師, '큰 사형師兄', 또는 '둘째 사형'이라 불렀고 그 아래에 여러 이름의 작은 우두머리들을 차례로 두었다. 10명이 한 개 분대로 삼각형의 작은 깃발을 들었고, 10개 분대가 1개 대대로 한복판에 '영令' 자가 새겨진 큰 깃발을 들었다.

갑오전쟁 기간에 산동은 전쟁의 불길에 휩싸였다. 뒤이어 독일이 교주만膠州灣을 강점하고 산동을 세력 범위에 넣었다. 얼마 안 되어 영국이 위해위威海衛를 강점하고 참혹한 식민 통치를 실시했다. 외국 선교사들이 산동에 교회를 세우고 신자를 받아들여 교회와 서양인들은 의화단의 표적이 되었다.

●●● 역사문화백과 ●●●

[단응국]

'단응국單鷹國'은 프로이센에 대한 청나라 시대의 속칭이다. 옹정 연간 초반에 프로이센 상인들이 광주에 와서 무역을 했다. 당지 사람들이 기선에 단 국기에 매 한 마리가 그려 있는 것을 보고 매 '응鷹' 자를 써서 붙인 이름이다. 당시 저서에는 비슷한 한자음, 그것도 남방 사투리의 음이나 게르만어를 그대로 음역한 따이나이안, 푸국布國, 퍼루쓰, 푸루써, 푸루스, 푸루쎄, 부루스, 야얼미야, 투리야라는 국명이 자주 등장하는데, 이는 모두 독일을 가리킨다. 《청사고淸史稿·방교지邦交志》에는 "더이즈, 옛 이름은 세마니, 36개 나라가 있었는데 부루스가 가장 강했다"라고 기록되어 있다.

의화단의 병장기

서방 열강들은 당시에 가장 선진적인 무기를 가지고 중국을 침공했지만 의화단은 간단한 원시적인 무기를 들고 항거했다. 이처럼 역량 대비는 현저히 차이가 났다. 사진은 당시 의화단에서 사용하던 갈고리 무기다.

연합군을 결성해 북경을 치다

의화단이 북경과 천진에서 빠르게 발전하자 조정 권신들인 서군왕瑞君王 재의載漪 등은 의화단의 발전을 적극 지지했다. 이는 의화단을 진압하려던 자희 태후에게도 영향을 미쳤다.

자희 태후는 영국과 일본이 강유위와 양계초 등이 국외에서 계속 활동하게 방임하는 데 대해 의심하고 불만을 품었으므로 의화단을 통제하고 이용할 목적으로 의화단의 합법적 지위를 승인했다. 그리고 의화단이 북경에 들어와 역량을 발전시키는 것을 장려했는데, 그들을 이용해 서양 사람들을 막기 위해서였다.

광서 26년(1900) 6월 10일, 영국 해군 중장 세이무어는 8국 연합군 2000명을 거느리고 세 차례에 걸쳐 천진에서 기차를 타고 북경으로 쳐들어갔다.

의화단은 첫 번째 침략군 800여 명이 기차를 타고 출발했다는 정보를 입수하자 기찻길 몇 곳의 레일을 모두 뜯어냈다. 적군은 하는 수 없이 철길을 수리하면서 전진했으나 전진하지 못하고 기차가 낙벌落垡 역에 멈춰 섰다. 세이무어는 빨리 철길을 수리

의화단 단기

의화단은 서양의 종교를 반대하는 민간 조직인 '의화권義和拳'에서 발전했고, '부청멸양'을 강령으로 제정했다.

1840~1911 청나라·2

중흥통신사. 1904년에 창설되었다

| 중국사 연표 |

1889년

8월, 청나라 조정에서 노한 철도 부설 준비 사업에 이홍장, 장지동 등을 파견했다.

하라고 엄령을 내렸다. 이때 갑자기 돌격 함성이 사방에서 들리더니 주변에 매복해 있던 의화단 사병들이 손에 긴 창과 큰 칼, 곤봉 등을 들고 달려들어 신식 무기를 든 적들과 육박전을 벌였다.

낭방 대첩

적군은 낙벌역을 지킬 일부 병력을 남겨 놓고 그 외 병력은 낭방역으로 퇴각했다. 14일, 의화단 사병 수백 명이 역을 포위하고 이탈리아 병사 다섯을 죽이고 여럿에게 부상을 입혔다. 겹겹이 포위당한 세이무어는 낙벌역 사병들이 의화단의 포위 공격을 받고 있다는 보고를 받았다. 실로 두 곳 모두 위험한 상황이었다.

평상시 천진에서 북경으로 가는 데 불과 몇 시간이

8개국 연합군의 통수 – 세이무어
1900년 6월, 영국 영사는 천진 주재 각국 영사들을 소집해 8개국 연합군을 결성, 북경을 진공하기로 결정했다. 영국 해군 사령관 세이무어Saymour가 연합군 통수로 뽑혔다.

'부청멸양扶淸滅洋**'은 의화단의 반제 애국 투쟁의 주요 구호였다**

걸릴 뿐이지만 지금은 닷새 만에 겨우 절반밖에 가지 못한 것이다. 15일에 침략군은 군량이 바닥났다. 식품과 무기를 실은 기차가 천진에서 떠나기는 했지만 의화단이 철길을 파괴해 놓아 얼마 달리지 못하고 멈춰 섰다. 18일에 의화단은 총공격을 퍼부었다. 낭방 부근에 주둔해 있던 섭사성聶士成과 동복상董福祥 부대의 2000여 사병도 주동적으로 전투에 뛰어들었다. 청나라군의 이 정예 부대는 의화단 사병들과 어깨를 나란히 하고 싸워 살인 강도 무리를 호되게 다스려 주었다.

철길을 따라 북경에 쳐들어가려던 시도가 좌절당하자 서마얼은 계획을 바꿔 수로로 진공했다. 연도에서 의화단의 습격을 받아 사망자가 속출했고, 26일에 지원병들이 달려와 구원해서야 천진에서 철수할 수 있었다. 세이무어는 두려움이 채 가시지 않은 어조로 말했다. "만약 의화단에도 신식 무기가 있다면 우리 연합군은 살아남을 자가 없었을 거요."

중국에서의 외국 경기병
중국에서 외국 사병으로 경기병이 조직되어 청나라군과 함께 민중을 진압했다. 사진은 출격을 앞둔 경기병 분대의 모습이다.

| 세계사 연표 |

1889년
영국의 단로프가 고무 타이어를 발명했다.

083

《동정일기東征日記》
《청사고清史稿·섭사성전聶士成傳》 출전

섭사성

섭사성聶士成은 천진 팔리태八里台에서 8개국 연합군이 퍼붓는 탄우 속에서 네 번이나 자리를 옮기면서도 사병들이 용감히 적을 무찌를 수 있도록 지휘했다. 나중에 그는 중과부적으로 장렬히 순국했다.

1840 ~ 1911
청나라 · 2

성환역에서 마천령까지

청나라 말기 민족 위기가 갈수록 심해질 때 청나라군 내에서 적지 않은 애국 장령이 나타났다. 섭사성이 바로 그중 한 사람이다.

광서 10년(1884), 프랑스군이 대만에 침입해 기륭을 강점했는데, 대만에 주둔 중이던 순무 급 독판 방무 직의 유명전劉銘傳이 대륙에서 지원해 줄 것을 요구했다. 그때 총병이던 섭사성은 옛 상급인 유명전의 요구에 응해 주동적으로 대만을 지원하고 나섰다. 대만으로 가려면 꼭 대만해협을 거쳐야 했는데 프랑스 병선들이 바다를 오가며 지키고 있어 섭사성은 850명의 장사를 영국 화물선의 인부로 가장, 해협을 건너게 하고 그들을 지휘해 보위전에 참가했다.

중·프 전쟁 이후 섭사성은 여순旅順으로 부임되어 여순 주둔군 총영을 지냈다. 북방 주둔군의 한 장군이 된 그는 미래의 동북이 장차 열강들이 쟁탈하는 중점 지역이 될 것을 잘 알고 있었다. 그는 말을 타고 동북의 요지를 돌아보면서 중·조, 중·러 경계의 형세와 주둔군의 분포 상황

을 장악한 후 《동유기정東游記程》이란 책을 편찬했다.

광서 20년(1894), 갑오전쟁이 발발했다. 섭사성은 제독 섭지초와 함께 군사를 거느리고 조선으로 진출했다. 이때 일본군이 청나라군을 수송하던 영국 기선을 격침했으므로 해상 수송선이 끊기고 말았다. 섭지초葉志超가 공주公州로 퇴각하고 섭사성은 전선에서 성환역을 지켰다. 그는 2000여 명의 장졸을 거느리고 대포까지 보유한 4000여 일본군과 맞서 이틀 낮밤 동안 혈전을 치른 다음 철수했다.

북쪽으로 철수하면서도 섭사성은 침착하게 부대를 지휘했다. 일본군은 도처에서 매복전으로 청나라군의 철수를 가로막았다. 섭사성은 진로를 찾던 중 학 두 마리가 산마루에 서 있는 것을 보고 그쪽 산을 넘으라고 전군에 명을 내리고는 앞장섰다. 과연 그곳에는 일본군 복병이 없어 위험에서 벗어날 수 있었다.

석 달이 지나 일본군이 요동 구연성九連城(현 단동 서

근왕의 원정길에서 왜군과 격전을 벌이다 (청나라 말기 연화)
1900년 8개국 연합군이 북경을 진공했다. 강소에서 근왕의 원정길에 오른 장강 순열 수군대신 이병형李秉衡은 낭방廊坊에서 일본군과 격전을 벌었다.

임아천이 주필이자 주요 기고자였기 때문이다 235

| 중국사 연표 |

1890년 장지동이 한양 제철국(병기 공장으로 개칭됨)을 세웠다.

문양촌에서 서양 적병을 매복 습격하다 (청나라 말기 연화)
1900년에 8개국 연합군이 북경을 진공했다. 자희 태후는 의화단을 이용해 연합군을 섬멸하기 위해 의화단을 지지하는 동복상의 부대를 북경에 진주시켜 의화단과 협동 작전을 펼치게 했다. 동복상 부대는 의화단과 함께 문양촌에서 8개국 연합군을 물리쳤다.

북쪽)에 침입했고, 섭사성은 마천령摩天岭을 지켰다. 고대령이라고도 불리던 마천령은 요양 동남부에 위치한 해발 968m의 남북 주향의 높은 고개로, 봉천奉天의 문호였다. 책임이 무거움을 느낀 섭사성은 도처에 방어선을 늘이고 복병들을 배치했다.

산마루는 몹시 추웠다. 섭사성은 꽁꽁 언 눈구덩이 속에서 사병들과 함께 10여 일의 주야를 견디면서 일본군의 거듭되는 진공을 격퇴했고 싸움마다 사병들의 앞에서 싸우면서 전군을 격려했다. 일본군은 끝내 마천령 공격을 포기하고 연산관連山關으로 철수했다. 그 공로로 섭사성은 직예 제독을 제수 받았다. 섭사성은 적들이 연산관에 둥지를 틀기 전에 큰 눈이 내리는 깊은 밤에 그곳을 기습, 일본군 부강삼조富岡三造 부대를 전멸했다. 이는 청나라군이 싸움을 벌여 잃은 땅을 수복한 첫 전투였다. 이때부터 요동보위전에서 청나라군이 공세를 떨치기 시작했다.

섭사성은 넉 달 동안이나 마천령을 굳게 지켰고, 일본군은 마천령 방어선을 좀처럼 돌파하지 못했다.

피로 물든 팔리태

갑오전쟁 후 섭사성은 새로 훈련받은 무위전군武危前軍을 거느리고 수도권 위수 임무를 수행했다.

광서 26년(1900) 8개국 연합군이 대고구에 상륙, 북경의 문호인 천진을 진공했다. 부대를 거느리고 천진성 밖을 지키고 있던 섭사성이 직예 총독 유록裕祿에게 말했다. "사성이 살아 있는 한 천진도 살아 있을 것입니다. 천진이 함락되면 사성은 살아서 통수님을 뵈올 생각을 하지 않겠습니다."

섭사성의 연로한 어머니도 고향인 안휘 합비에서

미국 사병들이 오문을 점령하다
8개국 연합군은 곧장 북경을 함락했다. 협상을 거쳐 미국군이 황궁 오문午門을 점령하기로 결정했다.

| 세계사 연표 |
1890년 독일과 영국이 동아프리카 경계 협정을 체결했다.

천진의 성벽 위에 휘날린 미국 국기
1900년 7월 14일, 8개국 연합군이 천진을 점령했다. 사진은 미국 병사가 천진 성벽 뒤에 서 있고 미국 국기가 중국의 국토에서 펄럭이는 모습이다.

이런 격려의 말을 보내 왔다. "우리 섭씨 가문에는 겁쟁이가 있어 본 적이 없다." 나라가 위험에 처한 이때에 용감히 적을 무찔러야지 절대 죽음을 두려워해서는 안 된다는 어머님의 뜻을 마음속 깊이 아로새긴 섭사성은 군사들을 거느리고 8개국 연합군과 최후의 결전을 벌였다.

7월 5일, 섭사성 부대와 의화단은 자죽림紫竹林 조계지에 있는 적들과 꼬박 하루 밤낮 동안 격전을 벌였다. 7월 9일 이른 아침, 8개국 연합군 6000여 명이 팔리태를 지키고 있는 섭사성 부대를 덮쳤다. 이와 동시에 500여 명의 일본군이 배후에서 진공해 왔다.

섭사성은 연합군에게 포위되었지만 조금도 당황해하지 않고 침착하게 전투를 지휘하여 두 시간 동안 버텨 냈다. 탄약이 바닥난 상황에서 그는 부대를 거느리고 팔리태 부근까지 포위를 돌파해 나왔다. 그때 섭사성은 두 다리 모두 부상을 입고 있었지만 칼을 비껴차고 말 위에 올라 다리목에서 전투를 지휘하고 있었다. 영관營官 송점표宋占標가 어서 진지를 떠나라고 재촉했지만 섭사성은 "여기는 내가 목숨을 건 곳이다. 여기서 한 발짝이라도 떠난다면 대장부가 아니다!"라고 외쳤다. 정면의 독일군은 몇 시간이나 공격해도 청나라 군의 진지를 점령하지 못하자 이번에는 대포를 포함한 모든 화력을 집중해 섭사성과 그의 전마에 사격을 퍼부었다.

섭사성의 전마가 고꾸라졌다. 섭사성은 바로 다른 전마를 바꿔 탔지만 그 전마도 고꾸라졌다. 섭사성은 또다시 다른 전마를 바꿔 탔다. 섭사성은 이렇게 연속 말을 네 번이나 바꿔 타면서 두 다리가 포탄 파편에 맞아 끊기고 몸에 몇 군데 중상을 입었다. 이때 포탄 한 알이 날아와 그의 곁에 떨어져 파편이 그의 머리를 뚫고 지나갔고, 그는 장렬히 순국했다.

섭사성의 애국심과 용맹함은 중국인들의 더없는 칭송을 받았을 뿐만 아니라 연합군 장졸들의 위구심을 자아냈다. 그들은 이렇게 말했다. "중국 군대 중 우리가 제일 무서워하는 부대는 섭사성의 부대다."

섭사성이 장렬히 희생당한 후 후세 사람들은 그를 위해 기념비를 세웠다. 그 기념비에는 '정기늠연正氣凜然'이라는 가로 글이 새겨 있고 그의 용맹성을 칭송하는 시가 새겨 있다.

●●● 역사문화백과 ●●●

[쌍응국]
오스트리아 제국에 대한 청나라 시대의 속칭이다. 옹정 연간 초반 오스트리아 상선이 광주로 무역하러 왔을 때 당지 사람들은 배에 건 국기에 쌍 수리 개가 그려 있는 것을 보고 매 '응鷹'자를 따서 오스트리아를 '쌍응국雙鷹國'이라 불렀다. 청나라 시대 여러 저서에는 오디리야, 오싸이트카, 오스마카라는 국명들이 나오는데 이는 모두 오스트리아를 가리키는 것이다.

| 중국사 연표 |
1890년 상해에 방직 공장을 설립했다.

084

태후의 피난

8개국 연합군의 2만여 병력이 서마얼의 지휘 아래 전진을 함락하고 곧바로 북경을 덮쳤다.

1900년 8월 15일이었다. 날이 채 밝기도 전에 자희 태후는 요란한 총포 소리에 놀라 깨어났다. 자리에서 일어나 옷을 채 입기도 전에 환관이 뛰어 들어와 보국공 재란裁瀾이 알현을 청한다고 알렸다.

재란이 들어와 황급히 아뢰었다. "큰일 났사옵니다! 서양 놈들이 동화 문으로 쳐들어오고 있습니다!" 그 말에 자희 태후는 아연실색하더니 잠시 후 큰 소리로 통곡하며 방문을 열고 뜰 안의 늪 쪽으로 달려갔다. 자살 시도였다.

재란이 급히 제지하고, 소식을 듣고 달려온 왕공 대신들이 말리며 위로하자 그제야 자희 태후는 안정을 되찾았다.

그는 광서 황제를 데리고 서쪽으로 도주하기로 결정했다. 떠나기 앞서 자희 태후는 모든 비빈을 어전에 불러 놓고는 어전 두령 최옥귀崔玉貴에게 영수궁寧壽宮에 가서 삼소三所(진비를 구금한 곳)의 진비를 데려오라고 했다.

진비가 떨면서 태후 앞에 무릎을 꿇으니 태후가 엄하게 꾸짖었다. "본분을 잊고 서양 놈들을 따라 배우느라 설쳐댔지. 오늘 서양 놈들이 쳐들어오니 우린 피신해야겠다. 본래는 널 데리고 가려고 생각했으나 이 난세에 만약 무슨 일이라도 생기면 황가의 체면을 잃

황제와 태후 사이의 희생양 – 진비

진비珍妃(1876~1900)는 양홍기鑲紅旗 사람으로 만족, 타타라씨. 예부 좌시랑 장서長叙의 딸이다. 광서 14년(1888) 10월, 언니 근비瑾妃와 함께 빈으로 책봉되었다. 그때 근비는 열다섯, 진비은 열세 살이었다. 제당과 후당의 투쟁으로 진비는 계속 자희 태후의 압제를 받았다. 8개국 연합군이 북경으로 쳐들어온 후 자희 태후는 진비를 우물에 밀어 넣어 죽였다.

진비 우물

1900년 8월, 8개국 연합군이 북경성을 공략하자 자희 태후는 급히 도망치면서도 잊지 않고 태감 최옥귀를 시켜 연금한 진비를 우물에 넣어 죽이라 했다. 그리하여 스물다섯 살밖에 안 된 진비가 비참하게 살해되었다. 사진은 진비를 빠뜨려 죽였다는 우물이다.

| 세계사 연표 |

1891년
러시아가 시베리아 철도 부설을 시작했다.

오영吳永《경자서수총담庚子西狩叢談》
전국정협문사자료위원회편全國政協文史資料委員會編《만청궁정생활견문晩淸宮廷生活見聞》

피난살이를 마치고 돌아온 자희 태후
1903년, 미국 기자 스태프 촬영한 사진이다.

을 것이고 조상들을 대할 면목이 없을 것이다. 그래서 너를 하늘나라로 떠나보내려 하니 깨끗이 가거라."

황제가 무릎을 꿇고 진비를 살려 달라고 빌었지만 자희 태후가 손을 홱 내저으며 말했다. "제 명도 보전하지 못하면서 남을 걱정하다니, 쳇!"

진비가 애걸했으나 소용없었다. 자희 태후는 뜰 안의 우물을 가리키면서 엄명을 내렸다. "어서 저 계집을 처넣어!" 그러자 최옥귀가 진비를 우물에 밀어 넣고는 뚜껑을 닫았다.

몇 년 후부터 그 우물은 '진비 우물'이라 불렸다.

피난 중에 초라한 모습

진비를 핍박해 죽인 후 자희 태후와 광서 황제는 평복을 입고 황궁을 나와 경산 서가를 거쳐 지안 문으로 빠져 나왔다. 태후, 황제 후비 외에도 장친왕 재훈載勛, 몽골 친왕 나언투那彦圖, 보국공 재란載瀾, 재택載澤, 지균志均, 정창定昌, 대학사 강의剛毅, 조서교趙舒翹, 시랑 부흥溥興 등이 자희 태후가 탄 마차 뒤를 따랐고 호위병들만 1000여 명이나 되었다.

피난 중에 누구도 지위와 존엄을 돌볼 틈이 없었다. 남색 저고리를 입은 자희 태후의 옷차림새는 시골 부녀와 다름없었고 황제는 검은 장삼을 입었는데, 그가 황제임을 알아본 사람은 아무도 없었다. 태후가 마부에게 수레를 빨리 몰라 하면서, 서양 놈들을 만나면 자기가 피난 가는 시골 사람들이라고 답할 테니 아무 말도 말라는 칙지를 내렸다.

별미였던 좁쌀죽

8월 17일 자희 태후와 황제 일행이 회래현懷來縣에 들어섰다. 현령 오영吳永이 현생 밖까지 나와 영접했다. 사흘 만에 처음으로 영접 나온 사람을 만나니 오랫동안 헤어졌던 친척을 만난 듯 기뻐하면서 자희 태후가 그간 겪은 고생을 털어놓았다.

그는 이렇게 말했다. "몇 백 리 길을 오면서 눈에 보이는 것이라고는 황폐한 전원과 인적 없는 촌락뿐이었다. 먹을 것과 물을 찾을 수 없어 기아와 갈증을 억지로 참으면서 걷고 또 걸었다. 우연히 우물을 찾아냈지만 길어 올린 물은 먹을 수 없고 어떤 우물에는 사람의 시체가 떠 있었다. 수수깡이나 옥수수 대를 씹어 목을 축였다. 침구를 가지고 떠나지 않았으므로 어제 저녁에는 황제와 한 걸상에 등을 맞대고 앉아 눈을 붙이는 둥 마는 둥 했다."

| 중국사 연표 |

1891년

강유위가 《대동서大同書》, 《신학위경고新學僞經考》를 저술했다.

자희 태후 일행은 이틀이나 굶었다. 오영이 먹을 것을 준비한다고 하자 모두 흥분해 눈물을 글썽였다.

잠시 후 오영이 돌아와 말하길, 식량이 패주하는 청 병들에게 다 털리고 말았다면서 수종 인원들에게 주려고 죽 세 가마를 쑤어 놓았는데 그것마저 패주병들이 두 가마나 먹어 버리고 한 가마밖에 남지 않았고, 그것을 드리고 싶지만 워낙 악식이어서 감히 올리지 못한다고 아뢰었다. 그러나 자희 태후가 기뻐하며 "피난살이하는 신세에 그것이면 족해. 악식이고 호식이고 가릴 것 없어."라면서 어서 가져오라고 했다. 좁쌀죽을 가져오니 눈 깜짝할 사이에 바닥나 수종 인원들은 맛도 보지 못했다.

하루 살기가 극심한 피난살이

오영은 황제를 만나 뵌 일이 너무나 영광스러웠으나 머리가 부스스하고 얼굴에 때가 낀 황상의 모습은 극히 초췌했다. 반쯤 낡은 장삼은 헐렁거리고 마고자도 입지 않고 허리에 넓은 끈도 두르지 않았다. 진비의 죽음으로 가슴이 못내 저리는 황상이었다.

오영은 태후가 좁쌀죽을 먹고 나서 꾸짖을까 봐 근심했다. 뜻밖에 이연영李蓮英이 달려와 태후가 아주 맛있게 드셨다고 그를 칭찬하면서 태후께서 달걀을 드시고 싶어 한다고 했다.

오영은 달걀을 사러 시장에 나가 보았으나 사람 그림자 하나 얼씬거리지 않았고, 집들은 문에 자물쇠를 채웠거나 텅 빈 집뿐이었다. 다행히 한 집의 찬장에서 달걀 다섯 개를 찾아내 삶아 올렸더니 한참 후 이연영이 와서 태후가 단번에 세 개나 들고 나머지 두 개는 황상에게 주었다고 했다. 그리고 태후께서 수연(담배의 종류)을 피우고 싶어 하는데 종이 심지를 찾을 수 있는가 하고 물었다. 오영은 소중히 보관하던 종이 심

이흠차의 독전 아래 송궁보가 왜병을 대파하다 (청나라 말기 연화)

| 세계사 연표 |
네덜란드의 로렌츠가 '전자이론電子理論'을 창시했다.

경친왕 혁광
혁광奕劻(1836~1918)은 만족, 아이신줴뤄이며, 건륭 황제의 열일곱째 아들 영린永璘의 손자다. 1884년(광서 10), 총리 각국 사무 아문 대신에 취임해 외교를 주관했고, 뒤이어 경군왕慶郡王으로 진봉되었다. 1894년, 경친왕慶親王으로 책봉되어 권세를 떨쳤으나 무능했다. 1901년 청나라 정부 대표로 '신축조약'을 체결했다.

8개국 연합군의 제2대 통수 발더제
발더제는 독일 육군 원수다. 1900년에 중국에 침입한 8개국 연합군은 대고·천진을 점령한 후 각국이 군통수 지위를 놓고 쟁탈을 벌였는데, 나중에 독일이 통수권을 차지했다.

지를 가져다 이연영에게 건네주었다.

자희 태후는 수연을 피우고 나니 몸이 좀 나른해짐을 느꼈다. 그는 문득 무슨 생각이 났는지 오영을 불렀다. 그가 오자 태후는 떠날 때 너무 서둘다 보니 옷을 변변히 갖춰 입지 못했다면서 옷 몇 벌을 챙겨 줄 수 없는가 하고 물었다. 오영은 늙은 어머니가 입던 낡은 옷 몇 벌과 남자 옷 몇 벌을 가져왔다.

이튿날 자희 태후 일행은 서쪽을 향해 길을 떠났다. 태후, 황제와 왕궁 대신들이 몸에 맞지 않는 한민漢民 복색을 했다. 오영은 그 충성심과 수고 덕에 태후의 환심을 샀다. 오영이 증국번의 손서라는 것을 알게 된 태후는 더욱 반색하면서 그를 중용했다. 태후는 오영

이 서로西路의 각 주에 역참을 세우고 식량과 마초를 장만하는 등 행영의 모든 사무를 관할하게 했다.

열강의 협박과 강화 조약의 체결

이때 8개국 연합군은 북경에서 방화, 살인, 강간, 약탈을 일삼았다. 연합군 사령관 발더제Alfred Graf Von Waldersee는 각국의 군관과 사병들이 드러내 놓고 사흘 동안 강탈할 수 있도록 허용하자 그들은 의화단을 수색한다는 명목으로 무고한 중국 백성을 짓밟았다. 민가 열 채 중 아홉 채가 비었고, 거리에는 도처에 주검이 쌓였다. 청나라 통치자들이 장기간에 걸쳐 수탈해 쌓아 둔 진귀한 보물들도 강탈당했다.

| 중국사 연표 |

1891년 북양 해군이 광동 수군, 남양 해군과 함께 여순에 집결해 군사 훈련을 했다.

••• 근대 중국이 체결한 불평등 조약 •••

명칭 / 적요	조인 날짜	조인 지점	주요 내용	주요 영향	비고
중·영 강령조약 (남경조약)	1842. 8. 29.	남경 장강에 떠 있는 영국 군함 '핸에드리'호 위	(1) 홍콩을 할양한다. (2) 배상금 2100만 냥을 지불해야 한다(광주를 도로 찾아가는 비용 600만 냥은 포함되지 않는다). (3) 광주·복주·하문·영파·상해를 통상지로 개방한다. (4) 영국의 동의를 거치지 않고서는 중국의 해관세율을 높이지 못한다. (5) 공행(公行) 제도를 폐지한다.	중국의 영토 완정·관세·사법 등 주권을 파괴. 서방 자본주의가 약탈하고 중국을 노예화하는 정당성의 선례를 보여 주었다. 중국의 대문이 열리기 시작하고 중국은 점차 반식민지·반봉건 사회로 전락했다.	1843년 7월과 10월에 체결된 중·영 5개 통상지 통상 규약과 세칙(稅則), '호문조약'은 이 조약의 보충 조약이었다.
중·미 망하조약	1844. 7. 3.	하문 망하촌	기본 내용은 '강령 조약' (3), (4), (5)의 보충 조약 내용과 같지만 미국인이 5개 통상지에서 의원·교회당을 개설하고 영사재판권의 범위를 확대하는 등으로 더 구체화되었다.		'중·미 5개 통상지 무역 규약'을 보충 조약으로 했다.
중·프 황포조약	1844. 10. 24.	광주 황포 프랑스 군함 '아지머트'호 위	기본 내용은 '강령 조약' (3), (4), (5)의 보충 조약의 내용과 같다. 프랑스인이 5개 통상지에서 교회당을 세울 수 있다고 추가 규정했다.		중·프 '5개 통상지 무역 규약'을 보충 조약으로 체결. 체결 후 프랑스 정부가 천주교에 대한 금지령을 취소하도록 청나라 정부를 협박했다.
중·러 애혼조약	1858. 5. 28.	흑룡강 애혼	(1) 흑룡강 북부 지역, 외흥안령 남쪽 지역 60만㎢를 러시아에 떼어 준다(강동 64툰 지역은 제외). (2) 중국에 속해 있던 우수리강 이동 40만㎢의 땅을 중·러 공동관리 지역으로 한다. (3) 흑룡강, 우수리강에는 중·러 양국의 선박들만이 항행할 수 있다. (4) 러시아 상인들이 흑룡강, 우수리 강 지역에서 자유 무역을 할 수 있다.		
중·러 천진조약	1858. 6. 13.	천진	러시아는 상해·영파·복주·하문·광주·대만·경주(瓊州) 7개소의 통상지와 영사관 설립, 군함의 정박, 토지 구매, 교회당 설립, 주택 건설, 창고 건설 등 권리를 얻었고 영사재판권을 행사할 수 있게 되었다.	조약은 미답사 변계선의 존재를 승인했다. 이것은 그 후 러시아의 침략에 구실을 마련해 주었다.	
중·미 천진조약 중·영 천진조약 중·프 천진조약	1858. 6. 18. 1858. 6. 26. 1858. 6. 27.	천진	(1) 외국 공사가 북경에 상주한다. (2) 우장(영구)·등주(연태)·대만(대남)·조주(산두)·경주·진강·남경·구강·한구·담수 등 10개 통상지를 더 개방한다. (3) 외국인이 내지에서 포교하고 관광하고 통상할 수 있다. (4) 외국 상선이 장강으로 들어올 수 있다. (5) 영국에 400만 냥, 프랑스에 200만 냥의 배상금을 지불한다.		

| 세계사 연표 |
조선에서 동학란이 일어났다.

중·영, 중·프, 중·미 통상 규약 선후善後 조약, 해관 세칙稅則	1858. 11.	상해	(1) 아편을 '양약洋藥'이라 하고 판매를 정당화한다. (2) 수출·수입 상품은 관세와 자구세子口稅를 바치는 외에 다른 세금은 모두 면제한다.		'천진조약'의 보충 조약이다.
중·영 북경조약 중·프 북경조약	1860. 10. 24. 1860. 10. 25.	북경 북경	(1) '천진조약'의 유효성을 전적으로 승인한다. (2) 천진을 상부지로 개방한다. (3) 중국인의 인력 수출 및 외국인과의 인력 수출 계약을 허용한다. (4) 구룡사九龍司를 영국에 할양한다. (5) 영국과 프랑스에 군비 배상금 각각 800만 냥, 무휼금으로 영국에 50만 냥, 프랑스에 20만 냥을 내야 한다. 1860년 10월 영·프 연합군이 북경을 함락한 후 조인했다.		
중·러 북경조약	1860. 11. 14.	북경	(1) '애훈 조약'을 강압적으로 승인시켰다. (2) 중·러 공동 관할 지역인 우수리강 이동의 40만km²의 중국 영토(고혈도 포함)를 할양한다. (3) 중·러 서부 변계선의 주향에 대해 중국 내지의 재산호와 이사이크호를 변계호라고 억지로 규정했다.		
중·러 서북부 변계 답사 약정 기록	1864. 10. 7.	북경	발하슈호 동부와 남부의 중국 영토 44만km²를 할양했다.		
중·미 속증續增 조약 (포안신蒲安臣 조약)			(1) 양국 국민의 왕래, 입적은 자원의 원칙에 따른다. (2) 양국 국민은 종교 신앙의 다름으로 차별을 받아선 안 된다. (3) 양국 국민은 호상 왕래하고 유학할 수 있다.	중국 인력에 대한 미국의 약탈과 판매에 합법화의 구실을 마련해 주었다.	중국 주재 미국 공사 앤슨 벌링게임은 퇴임 후 청나라 조정의 임명을 받고 중국 사절단을 거느리고 유럽, 미국으로 갔다. 그 행각은 중국 총리아문에 보고하지도 않고 자행한 것이었다.
중·영 연태조약	1867. 9. 13.	연태	(1) 20만 냥을 배상한다. (2) 영국인이 감숙·청해를 편력할 수 있고 사천을 경유해 티베트에 갈 수 있다. 그리고 영국인이 인도를 경유해 티베트에 가는 데 편리를 제공해야 한다. (3) 영국인이 운남에 가서 체류하면서 통상 상황을 고찰할 수 있다. (4) 의창·무호·온주·북해를 상부지로 개방한다. (5) 각 조계지 안의 서양 상품(아편 제외)은 지방 통과세를 내지 않는다.	통상 특권이 더욱 확대되고 운남, 티베트에 대한 영국의 침략야심을 더욱 북돋아 주었다.	영국이 운남 마가리 사건을 빌미로 청나라 정부를 협박해 체결했다.
중·러 이리조약 (중·러 개정 조약)	1881. 2. 24.	러시아의 수도	(1) 러시아에 500만 냥의 배상금을 내야 한다. (2) 러시아는 가욕관, 투르판에 영사관을 설립하고 러시아 상인은 천산 남북과 몽골에서 면세 무역을 한다. (3) 이리 주민들은 자원의 원칙에 따라 러시아에 이주할 수 있다.		숭후가 1879년 이리 등의 지역을 떼어 가려는 러시아에 굴복하고 체결한 조약이다. 증기택이 1880년 러시아에 가서 조약을 개정했다.
중·러 이리 변계 조약 중·러 카시카르 변계 조약 등 5개 조약	1882~1884		서부 변계를 새로이 확정한다는 구실을 대고 7만km²의 중국 땅을 병탄했다.		이리조약에 근거해 서부 변계를 확정한다는 구실로 체결되었다.

1840~1911 청나라·2

기창 양행 243

| 중국사 연표 |

1892년
호북 직포국이 무창에 세워졌다.

중·영 장인조약	1890. 3. 17.		시킴에 대한 영국의 보호권을 승인한다. 이 조약에 근거, 1893년 12월 5일에 '장인 조약'을 체결했다. (1) 아동을 통상지로 개방한다. (2) 5년 내에 티베트와 인도의 무역은 세금을 받지 않는다. 티베트에 대한 영국의 침략에 통로를 열어 주었다.		티베트 융토산 전역에서 영국이 아동 등 지역을 점령했다.
중·프 천진조약 (중·프 베트남 조약)	1885. 6. 5.	천진	(1) 베트남에 대한 프랑스의 식민 통치를 승인한다. (2) 프랑스는 중국 서남 지역에서 통상 특권을 얻는다. (3) 프랑스는 중국에서 철도 부설권을 가진다.		
중·일 시모노세키 조약	1895. 4. 17.	일본 시모노세키	(1) 중국은 요동 반도, 대만 전도와 그 주변 도서 팽호 열도를 할양한다. (2) 군비 2억 냥을 배상한다. (3) 조선의 독립을 승인한다. (4) 일본인은 중국에서 마음대로 여러 공예 제조업에 종사할 수 있고 여러 기계를 중국에 들여올 수 있다. (5) 사시·중경·소주·항주를 상부지로 개방한다.	중국에 대한 외국 자본주의의 침략이 상품 수출에서 자본 수출로 전환했다는 징표가 된다. 중국의 반식민지화의 속도를 다그쳤다.	러시아, 독일, 프랑스 3국의 간섭으로 말미암아 청나라 정부가 3000만 냥을 내고 요동 반도를 찾아왔다.
중·러 밀약	1896. 6. 3.	모스크바	(1) 만약 일본이 러시아 극동과 중국, 조선을 침범한다면 양국은 반드시 군사적 지원을 해야 한다. (2) 체약국의 어느 일방이든 대방의 동의를 거치지 않고 대방의 적국과 강화 조약을 체결해서는 안 된다. (3) 전시에 중국의 모든 통상구는 러시아 선박에 개방되어야 한다. (4) 중국은 러시아가 흑룡강, 길림을 경유해 블라디보스토크에 이르는 철도를 부설하는 데 동의한다.	러시아가 동북에서 철로 부설특권을 얻고 중국 동북에 대한 통제권을 강화했다.	
중·러 여대 조차 조약 중·러 여대 조차 보충 조약	1898. 3. 27. 1898. 5. 7.	북경 페테르부르크	(1) 여순 항구, 대련만을 러시아에 조차하되 조차 기간은 25년이다. (2) 조차지와 그 부근 해역은 러시아에서 전적으로 관리한다. (3) 러시아는 하얼빈에서 여순, 대련에 이르는 철도를 부설할 수 있다. (4) 여순항은 중국과 러시아 양국만 사용할 수 있다.	여순, 대련은 이미 러시아의 식민지가 되었다.	
중·독 교오胶澳 조계 조약	1898. 3. 6.	북경	(1) 독일은 교주만을 99년 동안 조차한다. (2) 독일은 교제 철도 부설권을 획득한다.	산동의 모든 성이 독일의 세력권 안에 들어갔다.	독일은 1897년 11월 14일에 교주만을 점령했다.
중·영 위해위 조차 조약	1898. 7. 1.	북경	위해위와 그 부근 해역(유공도 포함)을 25년 기한으로 영국에 조차한다.	위해위 지역이 사실상 영국의 식민지로 되었다.	
중·프 광주만 조계 조약	1899. 11. 16.	북경	광주만을 99년 기한으로 프랑스에 조차한다. 광주만 지역은 사실상 프랑스의 식민지가 된다.		
신축조약	1901. 9. 7.	북경	(1) 북경 동교민항을 대사관 구역으로 한다. 각 국은 북경에서 산해관에 이르는 12곳에 군대를 주둔시킬 수 있다. (2) 배상금 4억 5000만 냥을 내야 한다. (3) 중국 국민의 반제 단체를 영원히 금지한다. (4) 왕공과 대신들을 독일, 일본에 보내 사죄한다.		러시아·영국·미국·독일·프랑스·일본·이탈리아·오스트리아·벨기에·네덜란드 등 11개국과 체결했다.

중국을 말한다

역사 시험장 〉 중국 최초의 국립대학은?

| 세계사 연표 |

1895년 러시아 포포프와 이탈리아의 마르코니가 각각 독자적으로 무선통신법을 발명했다.

085

은전 9억 8000만 냥

'신축조약'은 청나라 말기 70년에 걸쳐 체결된 치욕적인 조약의 집대성이다.

《광서동화속록光緒東華續錄》 출전

여섯 번의 칙지

열강에 대한 자희 태후의 선전 조서가 공포되어 며칠 지나지 않아 8개국 연합군이 천진에 집결해 있다는 정보가 날아들었다. 그 소식을 들은 자희 태후는 타협하기로 결심했다. 의화단과 동복상의 감군甘軍이 동교민항을 포위하고 공격을 가할 때 자희 태후는 심복을 시켜 식량과 수박을 대사관에 몰래 들여보냈고, 강화 담판의 능수이자 양광 총독으로 있는 이홍장에게 지체 말고 상경하라는 지급 소환령을 내렸다.

자희 태후는 또 이홍장에게 직예 총독 겸 북양 대신을 제수한다는 세 가지 칙령을 내렸다. 그러나 이홍장은 〈동남 호상 보호〉에 관한 심복 성신회의 제의를 받아들여 유곤일劉坤一, 장지동張之洞과 3각 동맹을 맺고 제국주의 열강들과는 남방을 공동으로 보호하고 다시는 조정 사무에 참여하지 않고 여러 나라가 싸우지 않는다는 약속을 했으며 의화단이 본 지역에서 활동하지 못하도록 금지시켰다.

조정에서는 이홍장에게 속히 상경할 것을 재촉했으나 이홍장은 광주를 떠났지만 상경하지는 않고 상해에 머물면서 형세를 관망하고 있었다.

20일이 지나 8개국 연합군이 북경에 침입하자 자희 태후는 피신했다. 회래를 지나는 도중 이홍장에게 전권대신을 제수하고 그에게 다른 전권대신 혁광과 함께 북경으로 가서 각국과 휴전 사항을 논의하라고 일렀다.

회견을 거절한 발더제

기회가 왔다고 생각한 이홍장은 9월 15일 러시아 군함을 타고 천진에 이르렀다. 러시아군은 이홍장의 처소에 두 명의 보초를 세우고 출입증이 없으면 드나들지 못하도록 경호를 강화했다.

10월 5일, 이홍장은 러시아 군대의 경호를 받으면서 북경에 이르러 현량사賢良寺에 침거했다.

그때 8개국 점령군은 북경성 안에서 구역을 나누어 점령하면서 직접적인 군사 식민 통치를 실시하고 있었다. 그들은 이홍장과 혁광의 처소만 중국 땅일 뿐 다른 곳은 모두 자기네 관할 구역이라고 주장했다. 사실상 혁광의 저택 대문 입구와 주위에는 총을 든 일본군 병사들이 보초를 섰고, 현량사도 러시아 사병들의 밤낮 없는 감시를 받았다. 이홍장과 혁광은 외국 사병들의 지휘를 받아야 했다.

그때 8개국 연합군의 신임 총사령관인 발더제는 천진에서 북경으로 와 있었다. 이홍장이 천진에 도착해 여러 번 와드시를 만나러 찾아갔지만 그는 회견을 거절했다. 와드시가 북경에 온 후 이홍장과 혁광이 여러 번 찾아갔지만 그때마다 거절당했다.

그는 또 연합군에 남쪽으로

문창제군
회양목으로 조각한 이 문창제군 상은 청나라 시대 작품이다. 인물의 조형상 정취가 다분하며, 인물의 묘사와 옷의 무늬가 매우 섬세하다.

1840~1911 청나라·2

경사대학당. 1898년에 광서 황제의 조서에 따라 창립되었다.

| 중국사 연표 |
1893년 장지동이 자강 학당을 창립했다.

'신축조약'의 조인 장면
청나라의 대표 경친왕 혁광과 대학사 이홍장이 영국과 미국 등 11개 나라의 주중 공사들과 회담하는 장면이다. 자희 태후는 각국에서 그가 의연히 최고 지위에 머무를 것을 원하는 데 감지덕지해 강화 조약을 체결하며 반드시 "중화의 물력을 감안해 각국의 환심을 사야 한다."라는 내용의 칙지를 내렸다.

는 정정正定, 북쪽으로는 장가구, 동쪽으로는 산해관에 이르는 광활한 지역에서 방화, 살인과 약탈을 허용했다.

'강화 요강'을 비준하다

이홍장과 혁광은 8개국 사신과 발더제를 예방하고 강화를 요구했고, 각국도 강화 조항을 작성, 제출했다. 나중에 연합군의 성원국인 8개국과 새로 가입한 벨기에·스페인·네덜란드 3개국 공사로 조직된 공사단이 12개 조항에 달하는 '강화 요강'을 제출하면서 청나라 측에선 한 글자도 고치면 안 된다고 특별히 언명했다. 그때 이홍장은 지병이 도져 앓아누운 처지였다.

혁광이 그 '강화 요강'을 가지고 이홍장을 찾아가니 그는 종묘사직을 보전하기 위해 강화조약을 비준해 줄 것을 서안으로 옮겨 청나라 조정에 주청하라고 했다. 자희 태후는 자신을 '괴수'로 삼아 치죄하지 않는 8개국 연합군이 고마워

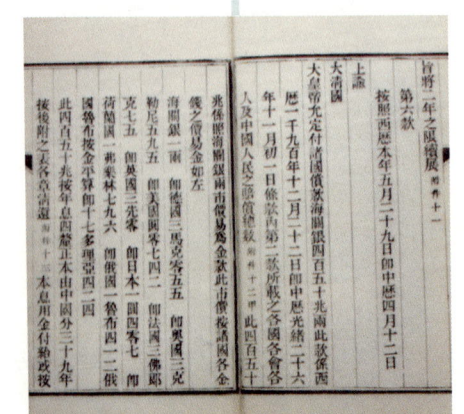

즉시 비준했다.

광서 26년(1900) 11월, 이홍장과 혁광이 결국 '강화 요강'에 서명했다.

그 후 청나라 조정에서는 각국의 요구대로 들어 주며 "중화의 물력을 감안해 각국의 환심을 사며, 우방에는 줄지언정 가노들에게는 주지 않는다."라는 칙지를 여러 차례 내렸다. 그 칙지는 청나라가 말엽에 이르러 민중 혁명을 진압하고 제국주의의 주구가 되는 기정방침이 되었다.

'강화 요강'은 배상금과 같은 문제를 놓고 반 년 동안 입씨름하던 끝에 이듬해(1901) 9월 7일 〈최후 의정서〉, 즉 '신축조약'을 체결하기에 이르렀다.

그것은 매국 조약의 집대성이었다. 배상금 총액은 4억 5000만 냥에 달했고 연이자 4리로 39년 안에 전부 물기로 했는데, 원금과 이자를 합하면 9억 8000만여 냥에 달했다.

'신축 조약'에 규정된 거액의 배상금
'신축 조약'에 규정된 중국의 배상금은 4억 5000만 냥이었는데 상환 기간인 39년의 이자가 원금보다 많아 원금과 이자 총액이 9억 8000만 냥에 달했다.

| 세계사 연표 |

1895년 러시아, 독일, 프랑스가 일본으로 하여금 요동반도를 포기하도록 핍박하는 데 성공했다.

086

《청조야사대관淸朝野史大觀》·《청궁유문淸宮遺聞》
《영태읍혈기瀛台泣血記》 출전

환관 이연영

환관 이연영李蓮英은 새로운 머리 스타일을 잘 꾸미는 재주가 있어 자희 태후의 총애를 받았고, 아첨과 이간에 능하며 알력을 일으키는 수단으로 관직이 올라갔다. 궁정 생활 50여 년간 국정에 관여해 많은 악행을 저질렀다.

아픔을 참고 환관이 되다

이연영은 직예 하간(현 하북성에 속함) 사람이다. 명나라 때부터 권세 있는 몇몇 환관은 모두 하간 출신이었다.

그곳 사람들은 환관이 되는 것을 유일한 치부책으로 알았다. 그것은 궁형(생식기를 거세하는 일)으로 오는 일시적 고통을 참아내기만 하면 금의옥식의 영구한 부귀영화를 누릴 수 있었기 때문이다.

이연영의 아버지는 시골에서 농사도 짓고 자그맣게 장사도 했다. 한번은 아들의 장래를 점쳐 보니 열 살 이후 온 가족이 몰살당하는 재난을 불러올 것이라는 점괘가 나왔다. 거기서 벗어날 수 있는 방법은 중이 되거나 황궁에 들어가야 한다는 점쟁이의 말에 그의 부모는 재삼 고려한 끝에 궁형을 치른 후 환관의 길을 택했다.

대운이 트이다

열 살 때 이연영은 입궁해 어린 환관이 되었다. 하는 일이란 아침부터 저녁까지 뜰을 쓸고 화초를 다루고 나이 많은 환관의 세숫물을 떠오는 일이 고작이었다. 그는 매도 맞고 억울한 일도 적잖이 겪었다.

약삭빠르고 활발한 이연영은 점차 궁 안의 많은 환관과 익숙해졌다. 환관들은 이연영을 이 씨 성의 꼬마라고 해서 '이 꼬마'라고 불렀다.

이연영은 대총관 안덕해安德海에게서 환관이 해야 할 일과 재능을 익혔다.

워낙 총명하고 손재주가 있으며 눈썰미가 좋고, 남의 기분을 잘 알아맞히는 그는 복잡한 궁내 예절과 규범을 차차 배워 나갔다.

몇 년이 지나 대운이 트였다. 이연영과 동향인 심란옥沈蘭玉이라는 환관은 자희 태후의 세면실을 관리하는 환관이었는데, 어려운 일에 부딪혀 골머리를 앓고 있었다.

어느 날 머리 땋는 환관이 머리를 잘못 빗은 탓에 자희 태후의 머리카락 몇 올이 빠졌다. 자희 태후는 그 때문에 그 환관에게 곤장 20대의 벌을 주고 이튿날

관음보살로 분장한 자희 태후
오른쪽에 있는 사람이 관음보살로 분장한 자희 태후이고, 가운데가 환관 이연영이다.

| 중국사 연표 |

1894년
중·일 갑오전쟁이 발발했다.

수렴청정 할 때의 자희 태후
자희 태후는 청나라 목종의 어머니이며, 성은 예허나라이고, 만주 양황기 사람이다. 1852년, 함풍 황제의 눈에 들어 입궁. 난귀인에 책봉되고, 1857년에 귀비로 책봉되었다. 목종을 옹립한 후 성모 황태후로 존대 받고 존호를 자희라고 했다. 목종, 덕종 두 왕조에 걸쳐 수렴청정을 47년 동안이나 했다. 자안 태후가 동궁에 살고 그가 서궁에 살았으므로 서태후, 약칭 서후라 불렸다. 그림은 조복을 입은 자희 태후의 모습이다.

다른 환관에게 머리를 빗기게 했다. 그런데 어찌나 세게 빗겼던지 자희 태후는 머리 가죽이 아프다며 당장 그 환관을 내쫓고 심란옥에게 열흘 안으로 맘에 드는 환관이 머리를 빗기게 하라고 불호령을 내렸다.

세면실 환관들은 욕을 먹지 않으면 볼기짝에 곤장 세례를 받기 일쑤인데 어디서 태후의 맘에 드는 환관을 찾을 수 있단 말인가? 골치를 앓던 심란옥의 머릿속에 '이 꼬마'가 문득 떠올랐다.

이 꼬마의 재주는 이만저만 아니었다. 첫날부터 이연영은 태후에게 치하를 받았다. 며칠 지나 이연영은 태후의 성격을 파악하고 더욱 주도면밀하게 시중을 들었다. 빠진 머리카락은 귀신도 모르게 소매 안에 감췄고 거의 하루에 한 번씩 머리 모양을 바꾸었다.

도화원도 桃花源圖 (청나라 이서청李瑞清 그림)

| 세계사 연표 |
1895년 엥겔스가 죽었다.

태후는 마음이 흡족했고 이연영이 하루라도 머리를 빗겨 주고 머리를 꾸며 주지 않으면 온몸이 불편하다고 했다.

옹동화를 함해하다

광서 황제 재첨은 즉위할 때 네 살이었다. 이연영은 그를 황제로 보지 않았다. 후에 이연영은 안덕해의 뒤를 이어 총관이 되었고, 왕공 대신들도 그를 무시하지 못했다.

광서 황제는 이연영을 하찮은 사람으로 보면서 자못 혐오했다. 가까이서 시중을 드는 환관 왕상王商은 광서 황제에게 이연영이 태후의 권세를 믿고 있으므

구리와 은을 박아 넣은 수연 물 단지

로 잘못 보이면 안 된다고 귀띔했지만 광서 황제는 그 말을 귀담아 듣지 않았다.

광서 황제의 스승 옹동화는 장원 출신으로 학문이 깊고 인품이 좋아 황제와는 부자간처럼 지냈다. 이연영은 속이 뒤틀렸다. 게다가 옹동화도 이연영을 하찮은 사람으로 여겨 그에게 잘 보이려고 한 적 없이 덤덤히 지냈다. 그리하여 이연영은 옹동화에게 앙심을 품게 되었다.

한번은 한 어린 환관이 이연영에게, 옹동화가 책상을 사이에 두고 황제와 마주하고 글을 가르치더라고 고자질을 했다. 이연영은 그 말을 듣자마자 자희 태후에게 달려갔다.

자희는 이연영의 말을 듣자 버럭 화를 내더니 당장 옹동화를 대령시키라고 호통쳤다. 예법을 잘 알고 있었지만 옹동화는 그날 강의 시간이 길어 다리가 아픈 데다 황제까지 자리에 앉아 강의하라고 하는 바람에 황제와 마주 앉았던 것이다. 사실상 옹동화에게는 잘못이 없었다. 교양 있는 옹동화는 억울하기는 했지만 자희 태후의 면전에서 항변하지 않았다. 허리를 구부리고 고개를 숙인 채 자희 태후의 훈계를 다소곳이 듣고 난 옹동화는 말없이 황제의 서재로 돌아와 아무 일도 없는 듯 강의를 계속했다.

이연영은 꽤 고소해 했고 담이 더 커졌다.

황제와 태후 사이의 싸움에 이용된 부준
부준溥儁은 단친왕 재의載漪의 아들이다. 자희 태후는 자신에 대한 광서 황제의 위협을 줄이려고 부준을 황태자로 책봉하고, 경자년 원단에 광서 황제의 양위식을 거행하기로 예정했다. 그러나 각파 세력의 강력한 반대에 부딪혔다.

| 중국사 연표 |
1894년
11월, 손중산이 호놀룰루에서 흥중회를 창립했다.

087

경사대학당

'백일유신'이 무산되자 모든 신정이 하루아침에 폐지되고 경사대학당 하나만 남았다.

경사대학당을 창설하다

갑오전쟁 전후에 당시 양무파는 유럽을 따라 차례로 선정수사학당般政水師學堂, 동문관同文館 등을 창설했다. 갑오전쟁 이후 강유위가 변법을 주청하는 상주문에서 신학당 개설을 언급했고, 양계초가 시랑 이단분李端棻을 위해 기초한 상주문에서도 구체적으로 북경에 대학당 설립을 제의했으며, 어사 왕붕운王鵬運 역시 그 제의에 동감을 표한 바 있다.

광서 황제가 상술한 제의를 받아들였지만 공친왕 혁흔과 대학사 강의 같은 권신들은 그 제의를 배격했다.

광서 24년(1898) '백일유신' 초기에 광서 황제가 강유위의 창의 아래 총리 사무 아문에서 대학당 창설에 관한 규약을 만들라는 칙령을 내렸다. 총리 사무 아문에서는 급히 양계초를 찾아갔다.

양계초는 일본의 학교 규범을 참고하고 중국의 실정에 근거해 상인을 육성하고 시무를 강구하는 등 80여 조항의 학당 창설 방침을 만들었다.

광서 황제가 그 규약을 보자 기뻐하며 경사학당 창설에 관한 칙지를 내렸다. 여러 부문의 추천을 거쳐 손가내孫家鼐를 관학대신으로, 미국 선교사를 총교습으로 임명하고, 한림들 중 교사와 직원을 선발했다. 그리고 경산 하마신묘 4공주부를 학당 건물로 삼았다. 그러나 학당에는 구미 선교사들을 교사로 초빙해 강의하게 했으므로 중국 사람들은 입학하기를 꺼렸다.

북경대학의 전신 - 경사대학당 (위 사진)
'백일유신' 동안에 광서 황제는 군사, 경제, 문화 각 분야에 관한 100개 칙령을 내렸다. 그 가운데 현 북경대학의 전신인 경사대학당의 지위를 확립하는 칙령도 있었다. 사진은 경사대학당의 편액이다.

국민 건강을 위해 체육 중시
경사대학당은 덕德, 체體를 겸비한 인재를 육성하는 데 중점을 두었다. 그 목적은 국민의 총체적 소질을 높이는 데 있었다. 1905년에 경사대학당에서는 제1회 교내 체육대회를 열었다. 사진은 경사대학당 축구팀의 기념사진이다.

●●● 역사문화백과 ●●●

[배상금으로 학교를 세우다]

광서 32년(1906), 미국 선교사이자 상인인 스미스가 귀국해 루스벨트 대통령을 배알했다. 그는 중국에서 얻은 30여 년간의 생활 경험을 근거해 중국에서 받는 배상금으로 미국으로 간 중국 유학생을 양성할 필요성에 대해 역설했다. 그리고 이듬해 미국이 중국 유학생을 많이 받아들일 것을 고취하고자 《오늘의 중국과 미국》이라는 책을 출판했다. 스미스의 관점은 미국 일리노이 대학 총장 제임스의 공감을 자아냈다. 제임스는 루스벨트 대통령에게 보낸 비망록에서 지식과 정신적인 측면에서 중국의 수령들을 지배하는 방식에 대해 언급했고, 일본과 유럽에서 많은 중국 유학생을 받아들이는 데 대한 우려를 표했다. 루스벨트는 스미스와 제임스의 견해와 주장에 동감을 표했다. 그해에 미국 국회에서는 "배상금으로 중국의 학생들을 교육하는 데에 관한 제안"을 채택했고, 그 제안을 1909년부터 실시한다고 결정했다. 10년 후 영국, 프랑스, 이탈리아, 벨기에, 네덜란드에서 미국을 본받아 배상금으로 대학교, 고등학교, 중등학교, 초등학교와 유치원을 창설했다.

| 세계사 연표 |

1895년 독일의 뢴트겐이 엑스선을 발견했다.

《청사고清史稿 · 장백희전張百熙傳》
《경사대학당성립기京師大學堂成立記》

과거를 폐지하는 데에 대한 대신들의 공동 상주서

광서 30년(1904), 장백희는 여러 대신과 함께 과거 시험의 성적 순위에 따라 관리를 선발해 인원을 단계적으로 줄이는 데에 대한 공동 상주문을 올렸다. 광서 31년, 원세개 등 변경 수비 관리들이 과거를 폐지하는 데 대해 황제에게 주정했다. 사진은 장백희(왼쪽), 원세개(가운데), 주계검朱啓鈐(오른쪽)이 함께 찍은 기념사진이다.

징은 의화단을 반대한 죄로 사형장의 이슬로 사라졌다. 그 뒤 8개국 연합군이 북경에 침입하자 경사대학당의 교사와 학생들은 모두 흩어지고 학당은 폐쇄되었다. 두 학부대신은 아무 일도 해내지 못하고 속수무책이었다. 그나마 다행스러운 일은 세 번째 학부대신으로 장백희張百熙가 취임한 것이다.

장백희는 '백일유신' 때 약간의 새로운 정치에 참가하고 또 강유위를 추천한 적이 있어 관직을 박탈당하기도 했지만 자희 태후가 환궁할 때 선발대로 100만 냥이나 절약하면서도 모든 일을 완벽하게 처리하여 자희 태후에게 구두로 표창을 받았다.

광서 27년(1902) 1월, 장백희는 학부대신으로 임명되었다.

학당을 일으켜 세운 장백희

무술변법의 새로운 정치가 무산되자 경사대학당만 남고 나머지는 모두 유명무실해졌다.

당시 경사대학당은 그 교과목 설정과 배치를 보면 구식 서원과 근본적으로 구별이 없었고, 단지 관학 대신으로 허경징이 임명되었을 뿐이다.

광서 26년(1900), 의화단 운동이 홍기되었고, 허경

교육 개혁의 창시자 장백희

장백희(1847~1907)는 청나라 말기 대신이자 교육가이며, 자는 야추冶秋이고, 장사 사람이다. 1881년(광서 7), 학정學政으로 취임했고 1888년 사천 향시의 주 시험관이었다. 중·일 갑오전쟁이 발발한 후 주화파를 반대했다. 1897년에 광동학정으로 임명되었다가 내각학사로 옮겼다. 1900년에 예부 시랑, 선승좌도 어사로 임명되었다. '신축조약'이 체결된 후에는 과거를 폐지하고 학당을 세우고 신문사를 내는 데 대해 주청했다.

오여륜

오여륜(1840~1903)의 자는 지보摯甫이고, 안휘 동성 사람이다. 동치 연간에 진사에 급제하고 벼슬이 기주 지주에 이르렀다. 그 후 경사대학당 총 교습으로 임명되었다. 일본의 학제를 고찰한 후, 동성 중학당을 개설했다. 일찍이 증국번을 스승으로 섬겼는데 '증문 4제자' 중 한 사람이다. 이홍장과 절친한 사이였고 증국번과 이홍장의 상주문을 여러 번 작성했다. 시정을 논한 글에서 양무에 관해 많이 논술했다. 동성파 후기의 대사다. 모든 저작은 《동성오선생전서桐城吳先生全書》에 수록되어 있다.

1895년

| 중국사 연표 |
2월, 북양 해군 복몰했다.

경사대학당 규약

광서 28년(1902) 7월 12일, 장백희는 총리 사무 아문의 청탁을 받고 학당 규약 초고를 작성했다. 거기에는 "신이 이번에 작성하는 규약은 본 국의 옛 제도를 소급하고 열방의 제도를 참고로 한 경사대학당 규약입니다."라고 쓰여 있다. 89장 84절로 구성된 대학당 규약은 황제의 인준을 거쳐야 했으므로 〈흠정대학당장정欽定大學堂章程〉이라고 했다.

총 교습을 초청하다

대학당 운영에서는 우선 총 교습을 잘 선정해야 했다.

장백희는 조정에 동성파桐城派의 후예인 기주 지주知州인 오여륜吳汝綸을 총 교습으로 조정에 추천해 오여륜의 품계를 정5품으로 올려 주었다. 그런데 오여륜이 이를 거절했다.

아래 관리에게 초빙장을 전하기만 해서는 안 되겠다고 생각한 장백희는 상서의 조복 차림을 하고 직접 오여륜을 찾아갔다. 그가 의연히 고사하자 장백희는 무릎 꿇고 앉아 재배했다. 오여륜이 "아니, 이러면 안 됩니다."라고 하자 장백희가 말했다. "경서를 가르치는 스승을 찾는 것은 쉬워도 사람 되기를 가르치는 스승을 구하기는 어렵습니다. 저는 나라를 위해 사람 되기를 가르칠 스승을 구하고 온 나라의 생도들을 위해 교사를 찾고 있습니다. 그러니 제가 무릎 꿇고 앉아 비는 것은 당연한 일인 줄로 아옵니다. 선생이 나서지 않으면 이 중국을 어찌한단 말씀이옵니까?" 오여륜은 끝내 감동하여 초빙에 응했다.

초창기의 경사대학당

장백희가 경사대학당을 주관하면서 대학당 내에 예과(정과政科·예과藝科), 속성과 분사分仕 학관, 사법관, 부설 역서국譯書局을 두었다. 그리고 손이양孫詒讓, 채원배蔡元培, 범원렴范源廉과 도기屠寄 등을 교습으로, 일본 문학박사 복부우지길服部宇之吉과 법학박사 암곡손장岩穀孫藏을 사학 사법 교사로, 육종여陸宗輿·장종상章宗祥을 번역원으로, 엄부嚴復와 임서林紓를 역서국 정·부 총관으로 초빙했다. 그가 재능과 학식에 근거해 교사를 초빙했기 때문에 경사대학당은 재건되면서부터 학술적 분위기에 젖었다.

그해 겨울 경사대학당은 학생을 공개모집했다. 몇 달 후 장백희는 다른 한 학부대신인 영경의 저지를 물리치고 몇몇 학생을 선발, 일본과 구미로 유학 보냈다. 그는 직접 기차역에 나가 그들을 격려하며 그들을 태운 기차가 보이지 않을 때까지 그들을 배웅했다.

금방제명金榜題名이 역사가 되다

'금방'이란 중국 봉건 사회의 과거 시험 제도 중 최고급 시험인 전시의 성적을 순위별로 적어 공시하는 방으로, 황방黃榜 또는 황방皇榜이라고도 했다. 청나라 시대의 금방은 각각 만주문과 한문으로 쓰였다. 광서 30년에 최후 한 차례의 과거 시험이 있었다. 사진은 '광서 30년대 금방'이다.

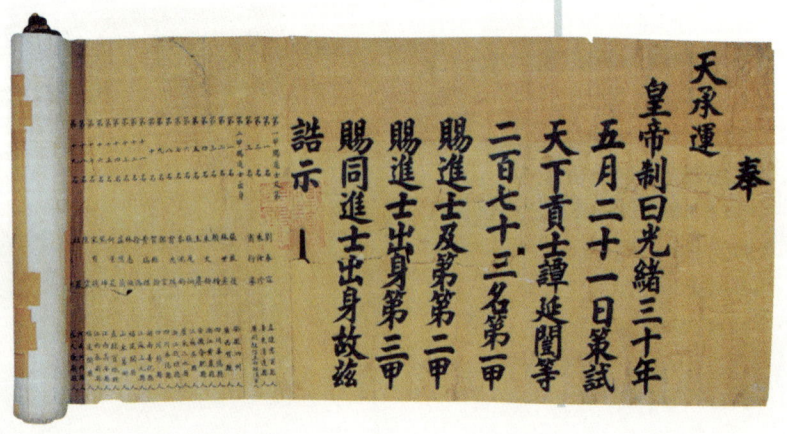

| 세계사 연표 |

1898년

3월, 에티오피아가 내침한 이탈리아군을 전멸시켰다.

088

《장건전기張謇傳記》
《장계자구록張季子九錄》
출전

장원 장건

근대 중국에는 20여 명의 장원이 탄생했다. 그중 가장 큰 성취를 이룬 사람은 장건張謇이다. 그러나 그는 벼슬을 택하지 않고 고향에서 큰 방직공장 같은 기업체를 창설했다.

41세의 늙은 장원

청나라에서는 113명의 장원이 탄생했는데, 그중에서 근대 상공업에 진출하고 국계 민생에 관심을 둔 사람은 장건 한 명뿐이었다.

장건은 16세 때 이미 수재라 인정받았지만 대대로 농사꾼이어서 남의 족보를 빌려 썼다가 사기를 당해 가산을 거의 탕진할 뻔한 적도 있다. 34세에 순천 향시에서 거인이 되고, 그 후 몇 번의 회시를 보았는데, 1894년 다섯 번째 회시(광서 20년)에서 장원 급제를 했다. 그때 그의 나이는 41세였다.

권세가들에게 경솔히 몸을 의탁하지 않아

장건은 장원으로 급제했지만 몇 십 년의 과거 생애에 팔고문에 대한 욕심이 생겨 다시는 벼슬길에 나서지 않으리라 생각했다. 그는 '경세치용'의 결의를 다지고 고향으로 돌아가 사업에 투신했다.

그는 젊은 시절부터 재능이 남달랐다. 일찍이 오장경吳長慶 제독을 따라 조선 주둔군으로 파견된 장건은 제독에게 일본에 대처할 많은 방안을 제시한 적이 있었다. 그러한 그를 눈여겨본 장지동은 오제독이 병사

장건 인물상 (위 사진)
장건이 장원 급제한 후 고향 사람들은 성안에서 제일 큰 정자를 '과연정果然亭'이라고 개칭했다. 장건은 그 후 그 정자를 수리할 때 개칭의 유래를 듣고서, 장원 급제한 것은 우연히 맞아떨어진 일인데 정자 이름을 '과연'이라고 고친 것은 자신에 대한 과대평가라 여기고 정자 이름을 적연정適然亭이라고 다시 고쳤다.

하자 장건에게 자신의 막료로 있기를 요청했고, 또 이홍장에게 천거하기까지 했다. 그러나 장건은 모두 완곡히 사절했다.

방직 공장을 세우다

당시 양강 총독에 재임 중이던 장지동은 장건이 쓴 〈치국 자강에 관해 황제에게 올리는 글〉의 관점에 깊이 공감하면서 그의 지향을 높이 평가했다.

광서 22년(1896), 장건은 장지동의 위탁을 받고 통주通州, 지금의 남통南通에 상무국을 세웠고, 광서 25년에는 '사인 경영 관방 협조' 방식으로 자금 44만여 냥을 투

●●● **역사문화백과** ●●●

[해란포와 강동 64툰 참사]

중국 주민들에 대한 러시아의 계획적인 대학살 사건이다. 해란포海蘭泡는 흑룡강성 애혼현璦琿縣 흑하진黑河鎭 대안對岸에 위치해 있다. 제2차 아편전쟁 당시 러시아는 '애혼조약'으로 흑룡강 북부의 중국 영토를 러시아 땅으로 만들었는데, 해란포를 점령한 후 해란포란 이름을 블라고베셴스크로 고쳤다. 당지 주민들은 모두 대대로 그곳에서 농사를 짓거나 장사하는 중국인들이었다. 광서 26년 정월(1900년 7월 15일), 러시아의 군경들이 불시에 들이닥쳐 수천 명 중국 주민을 흑룡강가에 몰고 나가 학살해 깊은 강물에 몰아넣어 익사하게 했다. 이틀 동안이나 감행된 이 학살 사건에서 겨우 살아남은 사람은 80여 명뿐이었다. 해란포 부근에는 강동 64툰이 있었는데, '애혼조약'에 따르면, 이 64개 툰의 중국 주민들은 거주권이 있었고 중국 정부의 관할을 받고 있었다. 그러나 7월 16일부터 21일까지 엿새 동안 네 차례에 걸쳐 주민들을 흑룡강가에 몰고 나가 강물에 뛰어들게 하고, 불복하면 총살했다. 이 두 차례의 학살을 감행한 러시아는 두 곳을 강점했다.

1840~1911 청나라·2

《파리 동백꽃 아가씨》

| 중국사 연표 |

1895년

4월, 중일 '시모노세키 조약' 이 체결되었다.

자해 '대생大生' 이라는 방직 공장을 세웠다. 이 방직 공장은 청나라 말기에 끝까지 살아남은 유일한 민족 기업이었다.

홍해 간목 회사를 세우다

장건은 방직 공장의 업무로 상해를 자주 다녀왔다. 상해에서 그는 사회 최하층의 국민들이 인력거를 끌고, 농민들은 밭이 없어 농사를 포기하고 상해 거리에 몰려드는 모습을 늘 보아 왔다.

그런데 방직 공장에서는 필요한 목화를 해결하기

신 학제의 발전 – 〈주정학당장정奏定學堂章程〉

광서 29년(1903), 〈흠정학당규약〉을 기초로 〈주정학당장정〉이 작성되었는데, 계묘 학제라고도 한다. 그때부터 신학제를 실시하는 학당이 전국에서 신속히 발전했다. 사진은 북경 관서국에서 연활자로 인쇄한 〈주정학당규약〉(북경 도서관 소장)이다.

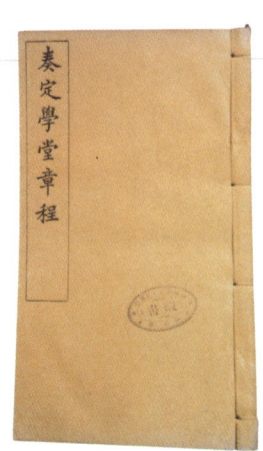

위해서는 목화 생산지를 건설해야 했다. 장건은 공장에 원료를 공급할 수 있는 간목墾牧 회사의 건립을 준비하기 시작했다.

광서 26년(1900) 장건은 황해와 장강 하구 북부 사이에 위치한 통주로 가서 사흘 동안 관찰했다. 그곳은 약 3000헥타르의 모래땅이었는데, 장건은 그 땅을 세를 내어 밭을 일궜다. 바다에 가까운 땅에는 큰 둑을 쌓아 밀물을 막았고, 개간지를 일곱 구역으로 나누어 구역마다 주변에 인공 하구를 파서 관개에 편리하게 했으며, '우물 정井' 자 또는 '열 십十' 자 형으로 땅을 나누어 농민들로 하여금 목화를 심어 40%를 땅값으로 바치게 했다.

사범학교를 세우다

장건은 인재에 대한 교육과 양성에 중요하게 여겼다. 그는 우선 광서 28년(1902) 통주에 사범학교를 세우고 소학교와 중학교를 연속으로 세웠다. 통주 사범학교는 4년제를 본과, 2년제는 속성과, 1년제를 강습과로 했고, 그 후 농과, 공과, 양잠과도 설치했다.

장건은 사회 문화에도 관심을 돌렸다.

광서 31년(1905) 통주에 중국 최초로 공공 박물관인 박물원을 세우고 진열품 수집에 특별한 관심을 기울였다. 신해혁명 전야에 그는 각각 한 쌍의 공작새와

엽서 (청나라)

이 엽서는 1898년(광서 24)에 한구에서 독일로 보낸 엽서다. 규격은 140×90mm이며, 붉은 꽃이 그려진 바탕 위에 큰 글자가 찍힌 우표 2장, 몸을 서리고 있는 용이 찍힌 우표 1장, 홍콩 우표 4장이 붙어 있고, 봉투의 도안, 외국어로 쓴 수신인 이름과 주소, 그리고 각 우편국의 일부 인印이 생생하게 남아 있다.

| 세계사 연표 |

1896년 그리스가 올림픽 경기 대회를 다시 시작했다.

089

출전: 《위여문집畏廬文集》《천영루회고록?影樓回憶錄》

한 시대를 풍미한 기문

《동백꽃 아가씨》

엄복과 동시대에 활약한 사람으로 임서林紓가 있다. 임서는 서방 문학을 번역하고 소개한 사람이다. 그의 180여 부의 역서 중 가장 영향력 있는 것은 《동백꽃 아가씨》와 《흑인 노예의 하소연》이다.

임서(금남琴南)는 가난한 집에서 태어나 예닐곱 살 때 외조모 슬하에서 자랐다.

어느 날 외할머니는 무명 적삼 한 벌로 바꿔 온 엿을 외손자의 손에 쥐어 주며 말했다. "얘야, 이걸 먹어 봐, 남들을 부러워할 게 없다. 엿은 남들에게나 너에게나 다 같은 맛인 거다. 맛있는 먹을거리가 있는가 없는가가 문제인 게 아니라 뜻이 있는가 없는가가 제일 큰 문제이니라." 외할머니의 의미심장한 말씀을 명심한 임서는 그때부터 면학 습관을 키웠다. 그는 책상 옆 벽에 관 모양 하나를 그려 놓고 그 옆에 '글을 읽으면 살고 글을 읽지 않으면 관 속에 들어간다' 라는 좌우명을 써 놓았다.

그때부터 학업에 정진한 그는 시, 산문, 그림 등에서 성취의 기쁨을 느꼈다. 그러나 그의 가장 큰 시대적 공헌은 서양 문학의 번역과 소개다.

임서가 문학 작품의 번역 길에 들어선 계기는 전적으로 우연이었고, 그 성공 역시 예상 밖이었다.

중년에 상처의 슬픔 속에서 우울한 나날을 보내던 광서 23년(1897) 어느 날, 프랑스에서 갓 귀국한 왕수창王壽昌이라는 친구가 놀러 와 임서에게 《동백꽃 아가씨》라는 프랑스 소설을 들려주었다.

임서는 그 이야기에 빠져 그 책을 번역해 국민들에게 소개하고 싶었지만 프랑스 글을 알지 못했다. 그리하여 왕수창이 원문을 번역해 구술하면 임서가 그 구술을 잘 다듬고 수식해 기록해 나갔다. 글재주가 좋은 임서는 왕수창이 한 단락을 다 구술하기 전에 벌써 문학적 언어로 다음 말을 엮어 나갈 정도였다. 얼마 안 되어 번역을 끝내고 '파리 동백꽃 처녀의 유사'라는 제목을 달았다.

광서 25년(1899) 이 책이 복주에서 출판되었다. 그

1840~1911 청나라·2

임서의 인물상

유약을 올리지 않은 조롱박 모양 두 귀 달린 차 주전자 (청나라)

'대청보률大清報律' 255

| 중국사 연표 |

1895년

강유위 등이 '공거상서公車上書' 운동을 벌이고 강학회를 세웠다.

목단牡丹 (청나라 오창석吳昌碩 그림)

책은 중국 사람이 서양 문학을 소개한 첫 서양 소설이었다. 워낙 원작의 줄거리가 재미있게 꾸며진 데다 역자의 원활하고 독특한 언어 구사 능력 덕에 소설은 재판에 재판을 거듭해 한 시대를 풍미하는 베스트셀러가 되었다.

몇 해 후 상해에서 재판되었는데 상해와 그 위성도시의 문인들은 거의 다 한 권씩 구독했기에 엄복은 임서에게 이런 시 한 수를 써 보내기까지 했다. "가련토다, 지나의 방탕아들이여, 동백꽃 아가씨 생각에 애간장 태우누나."

구국 투쟁으로 민심을 불러일으키다

갑오전쟁이 끝난 후 민족 위기가 더욱 심각해졌다. 임서의 서양 문학 역서는 민중을 구국 투쟁으로 불러일으키는 촉매제가 되었다. 그는 스스로 아침을 알리는 수탉에 비유하면서 역서를 통해 동포들로 하여금 망국의 위기를 알게 하려고 했다.

어느 날 위역魏易이라는 친구가 찾아와 임서에게 《톰 아저씨의 오두막》을 소개했다. 임서는 그 책을 번역한 후 '흑인 노예의 하소연'이라는 제목으로 출판했다. 미국의 스토 부인이 쓴 그 책에는 망국 후 흑인들의 고통스러운 노예 생활과 투쟁 이야기가 쓰여 있었다. 그 소설에 매료된 임서는 《동백꽃 아가씨》를 번역하던 방법대로 위역과 함께 그 소설을 번역하기로 했다.

두 사람은 번역을 하는 내내 아픈 가슴을 달랠 길이 없었다. 그들은 열강들에게 침략당하는 조국의 현실을 생각하면서 눈물을 흘렸다. 이런 감정은 역자의 재창조와 가공하는 힘의 밑거름이 되었다.

신극에 출연한 중국 유학생들

당시 일본에서 유학 중이던 중국 학생들도 임서에게 큰 영향을 받았다.

광서 32년(1906) 이숙동李叔同과 증경약曾鏡若이 도쿄에서 춘류사春柳社를 세웠다. 그들은 이듬해 이재민을 구조하는 공연회의 명의로 이른바 신극을 공연했는데, 국내에서 《동백꽃 아가씨》가 영향력이 크다는 사실에 감안해 그 작품을 극으로 개편했다.

얼마 후 춘류사는 〈흑인 노예의 하소연〉을 무대에 올렸다. 육경약陸鏡若의 동생 육로사陸露沙가 흑인 노예 역을 맡았다. 그는 일본에서 의학을 전공하고 있었지만 백인에게 학대받는 흑인 노예 역을 아주 잘 소화해 냈다.

| 세계사 연표 |

1896년 서재필 등이 독립신문을 창간했다.

090

《상무인서관商務印書館》 90년
《상무인서관商務印書館》 95년 출전

상무인서관

상무인서관商務印書館은 근대 중국에서 역사가 가장 오래되고 큰 출판사다. 하세방夏瑞芳과 장원제張元濟의 지휘 아래 상무인서관은 서양 학문을 동양에 전파하고 중국 문화를 보급하며, 국민을 계몽하기 위해 낡은 것을 타파하고 새것을 창조했다.

1840~1911 청나라·2

식자공이 서점을 경영하다

널리 알려진 《신화자전新華字典》은 상무인서관의 대표 도서 중 하나다.

상무인서관의 창시자는 하세방, 포함은鮑咸恩, 포함창鮑咸昌, 고봉지高鳳池 등 네 사람이며, 이 네 사람 가운데 결정적 역할을 한 사람은 하세방이다.

그는 강소 청포青浦(현 상해에 속함) 사람으로 어릴 때 교회 청심당清心堂에서 공부할 때 포함은과 포함창 형제를 알게 되었다. 젊은 시절 하세방은 포함은, 포함창, 고봉지와 함께 영국인이 창간한 〈첩보捷報〉관에서 식자공으로 일했다. 총명하고 근면한 하세방은 얼마 안 되어 식자공 책임자로 일하게 되었다.

그 당시의 식자 업종은 기술이 필요한 업종이어서 수입이 많았다. 몇 년 일을 해 얼마간의 돈을 모은 하세방은 〈첩보〉관을 떠나 공동 합자해 서점을 경영해 보려고 포함은 형제와 고봉지에게 의논했다. 의기투합한 그들은 심백증沈伯曾이라는 사람을 대주주로 내세워 3750원으로 필요한 시설을 사들였다.

1879년 2월 서점이 정식으로 개업했다. 개업 초기의 업무는 주로 작은 인쇄물, 회계 장부책과 양식지였다.

흰 옻칠을 올린 덕화 관음상

중·일 합자의 보람

상무인서관은 초창기에 경영 규모가 작았고 이윤도 많지 않았으나 경영진은 근검절약하면서 공장을 운영할 줄 알았으며, 처음부터 서양의 선진 인쇄술을 채용하고, 유광지를 썼으므로 찍혀 나온 글자가 깨끗하고 선명했다. 그리하여 매출은 계속 상승선을 기록했다.

광서 29년(1903) 일본 금항당金港堂 서점 지배인이 중국에서 동업자를 찾았다. 그 지배인의 사위인 산본조태랑山本條太郎은 하세방과 안면이 있는 사이이고, 또 상무인서관의 운영이 잘 되는 것을 보고 합자 의향을 비쳤다. 하세방은 이해득실을 꼼꼼히 따져 본 후 만약 금항당 서점이 다른 출판사와 제휴한다면 상무인서관이 이미 점유한 시장을 잃을 수 있으며, 만약 상무인서관이 일본인과 제휴하면 충분한 자금을 마련할 수 있고, 외국의 선진 인쇄 기술과 경영 관리 방법을 배울 수 있다고 생각했다. 그는 이사회 내에서 일본인의 권력을 제한할 수 있는 일련의 조항들을 제정했다. 이 합자 경영 덕에 상무인서관은 갈수록 번창했다.

장원제 초빙

하세방은 경영 능력이 높았을 뿐만 아니라 어진 이를 예와 겸손으로 대할 줄 알았다. 광서 27년(1901) 하세방은 자신의

《동방 잡지東方雜誌》 1904년 창간, 1948년 정간

| 중국사 연표 |

1896년
중국이 만국 우정 공회公會에 가입했다.

불수 (청나라 참대 입체 조각)

출판사에 안목이 있고 좋은 책을 기획할 수 있는 출판인이 부족하다는 점에 착안, 무술변법에 참가한 죄로 파직당한 장원제를 초빙하기로 작심했다.

장원제는 그때 남양공학南洋公學에 임직하고 있었다. 하세방이 초빙장을 들고 장원제를 찾아갔더니 북경에서 처음으로 통예 학당을 세웠고 많은 서학 서적을 독파한 석학 장원제는 웃으면서 농담을 건넸다.

'수류운재' 석각

'수류운재水流雲在'라는 네 글자는 1912년에 새긴 것인데, 한 글자의 높이는 1.6m이다. 《대공보大公報》의 창간인인 영렴英敛의 필체인데, 그 옆에 작은 글자로 '이 네 글자는 두보의 시구에서 따온 것'이라고 써있으며, 청나라의 마지막 황제 선통宣統의 퇴위에 대해 간결하고 뜻 깊은 언어로 사회 개혁에 대한 찬동을 표했다. 두보의 '수류심부정水流心不靜, 운재정구자雲在定俱遲'라는 시구에서 매 구절의 앞 두 글자를 따서 새로운 뜻을 부여했다.

"지금 내 월급이 은 100냥이오. 하 선생, 내가 가면 월급을 은 350냥으로 높여 줄 테요?"

그러자 뜻밖에 하세방은 그 자리에서 응낙했다. 장원제가 상무인서관에 온 후 하세방은 장원제의 조언을 받아들이고 그의 계획을 존중했다. 하세방은 다른 편집인들과도 허물없이 지냈으므로 많은 지식인이 상무인서관으로 오려고 했다.

탁월한 안목

근대 중국에서 상무인서관의 도서 품목 가운데 가장 자신 있고 자랑할 만한 것은 교과서다.

1903년 장원제는 고몽단高夢旦을 상무인서관 편역소編譯所 국문부 부장으로 초빙했다. 고몽단은 취임

258 역사 시험장 〉 손중산은 이름이 문이고 호가 일선이다. 그러면 '중산'이란 무엇인가?

| 세계사 연표 |
1897년 일본이 금본위를 고치고 화폐법을 공포했다.

후 장원제와 국문부의 장유교蔣維喬, 장유庄兪와 함께 소학교 국문 교과서를 편찬했다. 상무인서관에서 출판한 《최신 국문 교과서》는 시장에 내놓기도 전에 각지 소학당에서 모두 예약 구매했고, 신해혁명 전후 판매량 최고를 기록하는 교과서로 전국 교과서 판매량의 60%를 점했다.

상무인서관에서는 교과서 외에도 엄부의 작품과 서양 학술서 같은 기타 분야의 도서를 출판해 중국의 지식계에 영향력을 미쳤다.

장원제가 주관해 편역한 《영문한고英文漢詁》는 처음으로 한문 가로쓰기를 적용했고 신식 문장 부호와 저작권 인지증을 운용했다. 그리고 반세기나 그 인기를 잃지 않던 《동방 잡지東方雜誌》는 자연과학과 인문과학의 보급에 지대한 공헌을 했고, 상무인서관의 큰 포부를 보여 준 《만유문고万有文庫》는 어느 가정이나 경제적이고 가장 계통적인 방식으로 기본적인 도서 소장량을 늘게 했다.

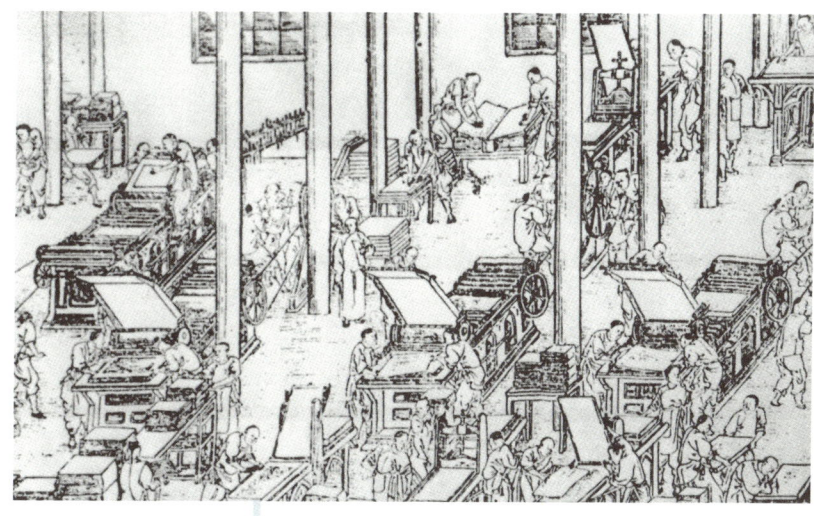

점석재点石齋 석판 인쇄 공장
광서 10년(1884), 영국 상인이 상해에서 점석 재석판 인쇄국을 세우고 도서, 잡지, 신문 등을 인쇄·출판했다. 그중 가장 유명한 것은 석판 인쇄한 〈점석재 화보〉다. 이 화보는 〈신보〉에 협력해 시사, 사회생활에 관련된 그림들을 실어 〈신보〉와 함께 발행하거나 단독으로 출판해 팔기도 했다. 이 그림은 당시 한 화가가 그려서 인쇄한 인쇄 공장의 모습이다.

선본을 수장해 문화유산을 보호하다

상무인서관에서 출판한 도서는 대개 고전이었다. 이런 고전 출판의 질을 확보하고 역사의 고증을 감당해 내기 위해 언제나 가장 우수한 선본을 원본으로 삼았다.

20세기 30년대에 상무인서관은 《24사》를 영인했다. 그때 장원제는 매부 사서의 판본을 직접 확정하고 매 판본에 대해 자세히 교감해 가장 훌륭한 선본을 원본으로 삼았다. 이리하여 《24사》가 인쇄에 들어갈 때는 100여 부 판본의 선본 집성이 되었으므로 그 《24사》를 '백납본百衲本'이라고 했다.

장원제는 고전의 편집 과정에 많은 선본 도서를 수장할 수 있었다. 그 결과 고전의 편집 내용이 한층 높아지고 민족 문화 유물이 침략자에게 약탈당하거나 유실되는 것을 방지할 수 있었다.

상무인서관과 장원제는 고전을 보호하고 고대 문화를 전파하는 사업에서 위대한 공을 세웠다.

노란 바탕에 녹색으로 용을 조각한 구룡무늬 병 (청나라)

그가 일본에 체류할 때 중산초中山樵라는 가명을 썼기 때문이다

| 중국사 연표 |

1896년 청나라 조정에서 이홍장을 러시아·프랑스·독일·미국 등 5개국에 사절로 파견했다.

091

《소보》와 '소보 사건'

《소보蘇報》로 말미암아 일어난 '소보 사건'은 1903년 상해에서 발생한 중대한 반反 청나라 사건이다.

《소보》의 방향 전환

《소보》는 호장胡璋이 1896년 6월 26일 상해에서 창간한 신문으로, 신문사는 영국 조계지 제4가(현 복주로) 맨 동쪽 끝에 자리 잡고 있었다.

호장의 아내는 일본 여인이었다. 그녀는 주필 추도에게 신문사는 상해 주재 일본 영사관에 등록되었는데 자기는 일본인이지만 영사의 관할을 받지 않는다고 말했다.

1898년 《소보》는 경영이 부실한 탓에 진범陳范에게 인계되고 신문사도 한구漢口로 옮겨 갔다. 진범은 본적지가 호남 형산衡山이지만 강소 상주常注에서 자랐고 1889년 거인이 되어 강서 연산의 지현知縣으로 있다가 교수안 때문에 파면당한 사람이다. 그의 형 진정陳鼎은 무술변법 운동에 참여한 죄로 종신감금형을 언도받았다.

벼슬길이 평탄치 않고 자신과 가족의 운명이 기구했기에 진범은 관리 사회의 부패상을 보고 벼슬을 단념, 신문사를 경영해 보려고 했다.

신문사를 경영하던 초기에 진범은 변법과 유신을 지지했지만 신학을 제창하는 것만으로는 나라를 구할 수 없다고 생각했다.

민주혁명가 장병린 (위 사진)

장병린章炳麟(1869~1936)은 원명이 학승學乘이고, 자는 매숙枚叔이며, 후에는 이름을 강絳, 호를 태염太炎으로 바꿨다. 절강 여항 사람인 그는 근대 민주 혁명가이자 사상가다. 동맹회 기관지 《민보民報》주필이었다. 문학, 역사학, 언어학 등 여러 학과에 걸쳐 연구 성과를 거두었다. 문집에 《장씨총서章氏叢書》가 있다.

혁명 형세가 발전함에 따라 그는 개혁을 선전하다가 점차 혁명으로 전향했다.

1903년 5월 13일 《소보》는 〈수구파 제군자들에게 드리는 글〉을 발표했다. 이 글에는 다음과 같이 지적했다. "오늘에 이르러 우리 동포들을 구하는 방도는 혁명뿐이다. 혁명은 중국을 실질적으로 구하는 유일한 방법이다."

5월 27일 《소보》는 장사소를 주필로, 장태염章太炎과 채원배蔡元培를 촉탁기고가로 초빙했다. 6월 1일 《소보》는 눈에 띄는 자리에 〈본지의 대 개량〉이라는 제목의 특별 글을 실었다. 그 글에는 "본지의 특색을 살리기 위해 향후 정당한 발론과 시폐의 급소를 찌르는 언론에 한해 특별히 2호 활자로 찍으려 한다."는 구절이 있었다. "대 개량"의 날부터 차압을 당한 7월 7일까지 37일이라는 짧은 기간에 《소보》는 청나라를 반대하고 혁명을 선동하는 글들을 적잖이 실었다.

소보 사건

1903년 봄 추용鄒容과 장태염(장병린)은 상해의 애국학사에서 알게 되었다. 두 사람의 나이는 16년이나 차이가 났지만 망년지교를 맺었다. 《혁명군革命軍》이란 책을 집필한 추용은 이 책에 '혁명군의 선봉'이라고 서명했다. 장태염은 머리말에서 "보통 사회를 감동시키는" 책이라고 높이 평가했다.

6월 9일, 《소보》는 〈혁명군〉의 애독자'라고 서명

| 세계사 연표 |
체펠린이 깊이 400피트에 달하는 큰 비행선을 만들었다.

풍자유馮自由《혁명일사革命逸史》초집初集
장황계張篁溪《소보사건실록蘇報案實錄》

종규도 (청나라 임이 그림)
청나라 말기의 저명한 화가인 임이任頤(1840~1896)는 자가 백년伯年이며, 절강성 산음山陰, 지금의 소흥紹興 사람이다. 어릴 때부터 가학家學을 계승해 인물화, 화훼화, 산수화를 그렸는데 특히 인물화를 잘 그렸다. 종규가 귀신을 쫓는다고 하여 백성들이 〈종규도鍾馗圖〉를 즐겼다. 세로 123cm, 가로 49.5cm이다.

한 〈혁명군을 읽고서〉라는 독후감을 싣고 《혁명군》을 "국민 교육의 제1교과서"라고 높이 평가했고 '새 책 소개' 란에 《혁명군》에 대한 광고를 실었다.

이튿날 장태염이 쓴 《혁명군》의 서언이 전재되었다. 서언에서 장태염은 혁명의 필요성을 강조했고 《혁명군》을 '우레 소리'에 비유하면서 "의병의 선성"이라고 칭했다.

6월 20일에는 〈강유위를 반박함〉이라는 장태염의 글을 소개했고, 29일에는 강유위의 황당무계한 논리를 비판한 글이 실렸다. 장태염은 예리한 언어로 신성불가침의 황권에 도전하면서 보황파가 숭배하는 '성주'인 광서 황제를 "숙먹 불변의 바보 재념(광서 황제

혁명의 선봉 추용

근대 작가이며 혁명가인 추용鄒容(1885~1905)은 자가 위단蔚丹이며, 사천성 파현巴縣 사람이다. 광서 28년(1902), 일본에 가서 유학했다. 유학생에 대한 박해를 반대했으므로 강제로 귀국당했다. 광서 29년, 상해에서 《혁명군》을 출판했고 그 일로 투옥되었다. 광서 31년(1905) 4월 3일 옥사했다. 1912년 2월 손중산孫中山은 임시 대통령 명의로 추용을 '대장군'으로 추인하는 명령을 내렸다.

'통치 중심이 북방에 있는 청나라 조정에 대항한다'는 뜻이다

| 중국사 연표 |

1896년 엄복의 역서 《천연론》이 출판되었다.

외교관의 필독서 《만국공법》
《만국공법萬國公法》은 《국제법대강》의 역본으로 정위량丁韙良이 번역한 외교관의 필독서다. 정위량은 기독교 선교사로 동문관 총 교습을 지냈다. 사진은 《만국공법》 동치 3년의 연활자 인쇄본이다.

의 이름"이라고 했다.

추용의 《혁명군》과 장태염의 《강유위를 반박함》이라는 두 책에 대한 소개와 출판은 수많은 대중을 일깨웠으며, 청나라 통치자들의 경악과 증오를 불러일으켰다. 청나라 정부는 상해 제국주의 조계지 당국과 결탁해 《소보》를 차압·봉인하고 장태염 등을 체포했다. 외출 중이던 추용은 떳떳하게 자수했다.

옥중 투쟁

장태염과 추용은 조계지 감옥에서도 투쟁을 이어 나갔다. 7월 15일 상해 공공 조계지는 추용과 장태염에 대한 관서의 제1차 심문을 합동 심사했다. 심사가 시작되자 추용과 장태염의 변호사가 합동 심사관에게 질문을 퍼부었다. "지금 원고는 도대체 누구입니까? 북경 정부인가요, 아니면 강소 순무나 상해 도태인가요? 명백히 알려주길 바랍니다." 그러자 공동 심사관이 얼버무렸다. "중국 정부지요."

그리하여 본국 정부가 본국 국민을 소송하고 외국의 저급 법정의 재판을 받는 초유의 일이 발생했다. 장태염과 추용은 도리를 따져 가면서 원고를 반박했다. 그때 한 기자는 "장태염과 추용은 죽음의 위협 앞에서 추호의 굴함도 없이 시종 떳떳했다."라고 썼다.

1904년 5월 21일 장태염은 3년 감금형을 언도받고, 추용은 2년 감금형에다 형기가 차면 석방하되 국내에서 추방한다는 판결을 받았다. 판결이 끝나자 공부국工部局은 그들을 순포방에서 제감교 서쪽 감옥까지 호송했다.

그 후 추용은 옥살이에 시달리던 끝에 1905년 4월 옥사하고 말았다. 그때 그의 나이 겨우 21세였다. 장태염은 형기가 차서 출옥한 후 손중산孫中山이 보낸 사람의 호송을 받으며 일본으로 갔다. 그는 도쿄에서 동맹회에 가입하고 동맹회 기관지인 《민보民報》의 주필로 임명되었다.

1912년 임시 총통이던 손중산의 영에 따라 남경 임시 정부는 추용을 육군대장군으로 추봉했다. 1924년 장태염은 혁명을 위해 생명을 바친 전우를 기려 '대장군 추군 묘에 드리는 표문'이 새겨진 비석을 추용의 묘 앞에 세워 주었다.

사회를 뒤흔든 우레 소리 《혁명군》
광서 29년(1903), 《혁명군》이 상해 대동 서국에 의해 출판되었다. 《소보》는 "《혁명군》은 사회를 진감하는 우레 소리."라고 칭찬한 장병린의 글을 실어 그 책을 널리 선전했다. 《혁명군》은 자유와 평등 사상을 적극적으로 선전하고 '중화공화국'을 건립해야 한다는 주장을 폈다. 《혁명군》은 그때 전국적으로 100만 부나 발행되었다.

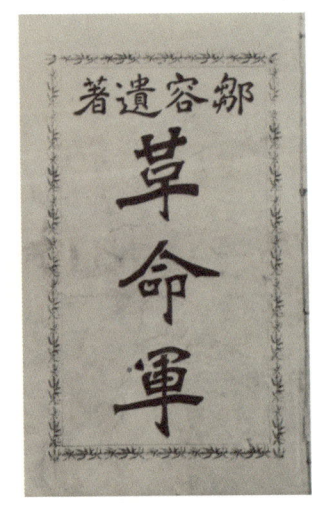

| 세계사 연표 |

1898년 퀴리 부부가 라듐에 대한 연구를 진행했다.

092

손중산이 런던으로 피난하다

손중산은 이국 타향에서 역경에 처했으나 영국의 우호 인사 캔틀리(J. Cantlie)의 원조를 받아 위험에서 구출되었다.

출전: 《손중산연보孫中山年譜》 손중산孫中山 《런던피난기避難記》

봉기 실패 후 피신

1896년 10월 1일, 영국 런던 거리에 양복을 입은 신사가 나타났는데 긴 머리 태를 늘어뜨리지 않은 것을 보고 사람들은 그를 일본인으로 여겼다. 그러나 그는 중국사람 손중산으로, 당시에는 손문孫文이라 부르고 호를 일선逸仙이라 했다.

손중산은 광주, 마카오, 홍콩 등지에서 의사로 있을 때와 유럽 각국을 돌 때 손문이란 원명을 썼으며, 저서를 내거나 편지를 쓰고 서명할 때에도 모두 이 이름을 썼다. 그 후 일본에서 혁명 활동을 할 때 이름을 손중산으로 고쳤는데, 그 이름이 중국에 널리 퍼졌다.

그가 조직한 제1차 무장기의武裝起義(을미광주지의)가 실패하자 그는 해외로 망명했다. 청나라 정부의 화홍花紅은 1000원의 상금을 내걸고 그를 잡아들이라 하고 각국 대사관에 밀령을 보내 그의 행적을 탐문, 붙잡아 오도록 했다.

런던에 도착한 이튿날, 손중산은 홍콩 서원에서 공부할 때 교무장이던 캔틀리를 찾아갔다. 그는 선생의 집에서 지난날 사제 간의 정을 나누면서도 런던에 오게 된 사연은 내색하지 않았다. 며칠 후 손중산은 당시 명성 높은 의사이자 자신의 스승이던 맨슨(P. Manson)을 찾기도 했다.

대사관에 감금당하다

10월 11일 오전, 손중산이 캔틀리의 집으로 가는 도중 같은 고향이라 자처하는 세 사람을 만나 권유에 못 이겨 그들의 집으로 가게 되었다. 그러나 이들은 청나라 정부에서 보낸 사람으로, 손중산을 잡아 대사관으로 끌고 가 3층의 한 작은 방에 가두었다.

당시 대사로 있던 공조원龔照瑗은 보물을 얻은 듯 청나라 정부에 자세한 상황을 보고했다. 정부는 긴급 밀령을 내려 7000파운드의 거금을 들여 배를 빌리고 큼직한 상자를 짜서 손중산을 가두어 국내에 돌아와 비밀리에 처형하라고 했다. 손중산은 자신이 처한 상황을 외부에 알리기 위해 노력했으나 헛수고였다.

어느 날 손중산은 매일 방에 석탄을 날라 오는 컬이라는 심부름꾼 아이에게 넌지시 물었다. "여보게, 날 좀 도와줄 수 없겠나?" 그러자 컬이 "당신은 누굽니까?" 하고 되물었다. "난 중국의 정치가야, 내가 중국의 정치를 개혁하려고 영국의 사회당 같

캔틀리에게 보낸 손중산의 쪽지
1896년 10월 11일에 구금되자 손중산이 명함의 뒷면에 글을 적어 비밀리에 캔틀리에게 구원을 요청했다. 사진은 당시 손중산의 친필 쪽지다. 12일간 구금되었다가 사회 여론의 압력 덕에 풀려 나왔다.

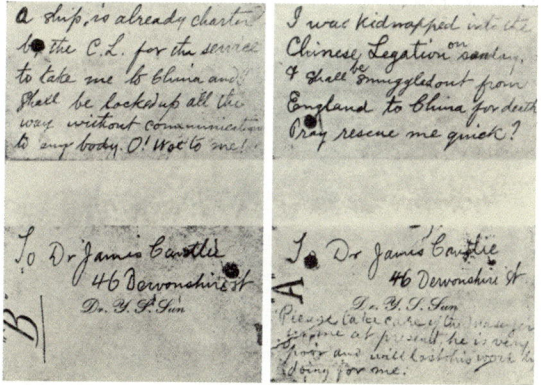

캔틀리 인물상

1840~1911 청나라·2

무석無錫, 1898년 5월 창간한 《무석백화보無錫白話報》

권력의 상징 – 옥새

그림은 '어상御賞'과 '동도당同道堂'이란 글자가 새겨 있는 옥새다. '어상'은 황후 뉴호록씨鈕祜祿氏에게 보내는 것으로, 대신이 대신에게 어명을 전달할 때는 반드시 이 옥새를 박아야 유효하다. 동도당은 함복궁의 후궁으로, 함풍 황제가 어명을 전달할 때면 꼭 이 도장을 박아야 했다.

은 정당을 조직했어. 그런데 중국의 황제가 나를 붙잡아 죽이려고 해." 그가 대답이 없자 손중산은 "지금 내가 여기에 잡혀 있다는 소식만 전해주면 난 구원받을 수 있어!' 하고 덧붙였다.

그의 말에 잠시 주저하던 컬은 "난 지금 바빠 죽을 지경이에요. 도와줄 수 있는지는 내일 알려 드리겠습니다."라고 말했다. 손중산은 그가 마음이 조금 움직이는 것 같자, "날 좀 도와주게나. 당장은 어렵지만 언젠가 꼭 500파운드를 은공으로 사례하겠어."라며 재차 당부했다.

이튿날 아침, 석탄을 가져온 컬은 광주리에 담긴 석탄을 가리키고는 돌아갔다. 집어 보니 거기서 쪽지가 나왔다. 컬은 "당신 소식을 전해 드리겠습니다. 책상을 마주한 채로 글을 쓰지 말고 침대에 엎드려 쓰십시오. 간수들이 열쇠 구멍으로 당신의 일거일동을 살필 것입니다."라고 쓰여 있었다. 기쁨에 넘친 손중산은 자신의 명함 뒷면에 캔틀리 앞으로 간단한 몇 글자를 썼다. 컬이 점심 때 그 쪽지를 가져갔다.

구원의 손길

소식을 접한 캔들리는 대경실색했다. 그는 맨슨과 함께 우선 경찰서와 외교부에 상황을 보고하고 나서 신문사에 가서 청나라 공사관의 추행을 고발했다. 맨슨은 직접 청나라 공사관을 찾아가 국제법을 엄수하라고 엄포를 놓았다.

2, 3일 지났으나 손중산은 풀려나오지 못했다. 10월 22일 《지구보地球報》에서 톱기사로 청나라 공사관에서 손문을 구금한 추행을 폭로하면서 "전대미문의 사건"이라고 표현했다. 공사관 문 앞에는 중국의 혁명과 변혁을 동정하는 100여 명의 시위대가 모여 "손일선을 석방하라!' 고 외쳐댔다.

영국 정부도 청나라 정부 편이었는데, 사회 여론의 압력에 못 견뎌 외교부를 시켜 공사관에서 사사로이 사람을 체포·구금하는 것은 누릴 수 있는 외교 특권을 훨씬 넘어선 행위라고 질타했다.

스승의 적극적인 후원과 영국 정부의 교섭 끝에 손중산은 12일 동안에 지루한 구금 생활에서 풀려 나왔다.

후에 손중산은 이 수난의 연대를 회고해 영어로 《런던 피난기》를 써서 전 세계를 향해 맹아 상태에 있는 중국 혁명 운동을 소개하고, 이에 따라 그의 이름도 세계 방방곡곡 퍼졌다.

《런던 피난기》 중역본

| 세계사 연표 |

1898년 에스파냐가 미국에 대패하고 미국이 필리핀과 서인도 제도를 점령했다.

093

풍자유馮自由 《중화민국개국전혁명사中華民國開國前革命史》 출전

미신 타파

광동성 향산현香山縣 취형촌翠亨村은 주강 삼각주 남부에 위치해 있는데 산과 바다를 끼고 있어 경관이 수려하다. 이 고장은 위대한 혁명 선각자 손중산이 탄생하고, 손중산이 "공화 혁명을 위해 희생한 첫 사람"이라고 높이 평가한 육호동의 고향이다.

육호동은 손중산보다 한 살 어렸지만 어려서부터 손중산과 함께 놀며 자랐다.

육호동 인물상
육호동(1867~1895)은 원명이 중계中桂, 자는 헌향獻香이고, 광동성 향산香山 사람이다. 그는 일찍이 상해에서 전보 업무를 배우며 일했고, 1895년 손중산이 조직한 홍콩 흥중회 총회 기관에서 일했다. 그 후 광주 봉기의 주모자로 청천백일기를 군기로 설계하고 제작했으며, 봉기가 실패한 후 붙잡혀 희생당했다. 손중산은 그를 "공화 혁명을 위해 희생한 첫 사람."이라고 높이 평가했다.

혁명을 위해 희생한 첫 사람

육호동陸皓東은 공화 혁명을 이루기 위해 29세의 꽃다운 나이에 희생되었다. 그의 혁명 정신은 무수한 지식인들이 썩어빠진 봉건 왕조를 뒤엎는 데 앞장서도록 고무·격려했다.

그때 취형촌에는 허술한 묘가 하나 있었는데 촌민들은 매일 그곳에 향불을 피우며 비는 것이었다. 이렇듯 민중의 우매함에 분노를 느낀 손중산은 육호동과

손중산의 취직 선서문
1911년 12월, 남경에 임시 정부를 세우면서 손중산이 대총통으로 추대되었다. 1912년 1월 1일, 손중산이 정식으로 대통령에 취임하고 취임선서문을 선독했다. 사진은 손중산이 당시 취임 때 낭독한 〈대총통서사大總統誓詞〉의 원본이다.

1878년 손중산이 샌프란시스코에 가서 서양 과학 문화에 대한 기초 교육을 받고, 1883년에 돌아와 17세인 육호동에게 새 지식과 사상을 전파했다.

1840~1911 청나라·2

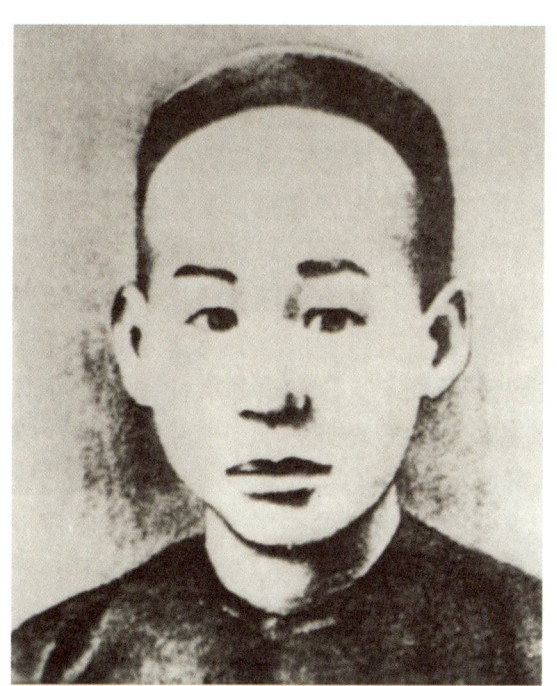

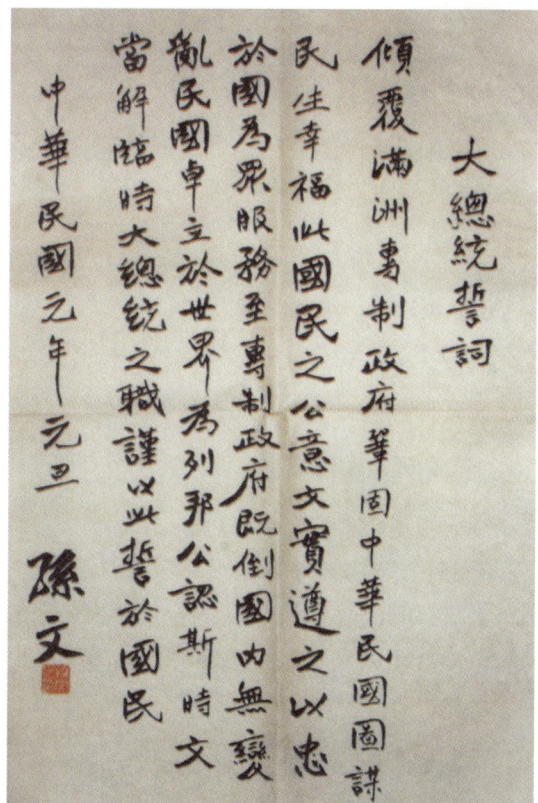

《민보》 265

| 중국사 연표 |

1896년 장건은 장지동의 위탁을 받고 통주通州, 지금의 남통南通에 상무국을 세웠다.

손중산의 일본 망명
1895년 10월, 손중산이 영도한 흥중회가 광주기의를 획책하다 실패하자 손중산은 진소백陳少白, 정사량鄭士良 등과 함께 일본으로 망명했다. 그들 세 사람이 함께 찍은 사진이다.

상의하여 산신 묘를 부수기로 했다.

산신 묘에는 오색칠을 해 놓은 '북극제北極帝'라는 신상을 모시고 그 앞에 엎드려 수많은 촌민이 머리를 조아리며 빌고 있었다. 이때 손중산이 제사상에 성큼 뛰어올라가 신상의 한쪽 팔을 쑥 뽑아들고 "여러분은 왜 이런 허수아비를 믿습니까? 이자는 제 구실도 못하는데 어찌 여러분을 도와줄 수 있단 말입니까?" 하고 내동댕이치고는 "보십시오. 그처럼 위풍을 부리던 이놈이 지금 나를 어쩌지는 못하지 않습니까?" 하고 소리쳤다. 육호동도 그를 따라 신상의 머리와 몸을 부쉈다.

봉건사회에서 신권은 신성불가침이었다. 그런데 그들이 신상을 부수자 촌민들은 대역무도하다며 마을에 재난이 올 것이라며 질책했다. 그리하여 그들 둘은 촌에서 쫓겨나 손중산은 홍콩에 거주하고 육호동은 멀리 상해로 떠났다.

장렬한 최후

1894년 6월 육호동은 손중산을 따라 천진에 와 어떤 이의 소개로 이홍장에게 상주서를 썼다. 손중산이 직접 쓴 8000여 자에 달하는 〈이홍장에게 보내는 상주서〉에서는 서양의 선진 기술과 관리 체제를 받아들여 개혁과 발전을 가져와야 한다고 주장했다. 그러나 이홍장이 만나 주지도 않고 상주서도 본 체 만 체하자 그들은 실망하고 이런 방법만으로는 아무 일도 성사할 수 없고 오직 혁명으로만 나라를 부강하게 할 수 있음을 절실히 느꼈다.

4대 도적
1887년, 손중산이 홍콩 서의서원에서 의학을 배울 때 진소백, 우열尤烈, 양학령楊鶴齡 등 세 사람과 어울리면서 청나라 정부를 비난하며 혁명을 고취했다. 그리하여 당시 그들은 '4대 도적'이라고 모함당했다. 왼쪽부터 양학령, 손중산, 진소백, 우열이다.

| 세계사 연표 |
1898년 미국이 에스파냐를 대패시키고 필리핀과 서인도 제도를 점령했다.

그해 11월 손중산은 샌프란시스코로 돌아가 '흥중회興中會'를 창립하고 '중화진흥'을 기치로 삼아 "오랑캐를 몰아내고 중국을 회복하며 합중정부를 창립한다."는 혁명 주장을 내세웠다.

이듬해 손중산은 홍콩으로 돌아와 육호동 등과 비밀리에 흥중회 총기관을 설립하고, 또 광주에서도 흥중회를 조직했다. 그들은 광주에서 봉기를 일으켜 광주를 점령하고 청나라 정부를 무너뜨리는 첫 근거지로 삼으려 했다. 육호동이 대중을 많이 동원하고 혁명 역량을 단합하려면 자체의 깃발이 있어야 한다고 건의하자 손중산은 찬성하고 그에게 '청천백일기靑天白日旗'로 군기를 설계·제작하도록 했다. 후에 이 깃발은 국민당의 당기로 채택되었다.

그들은 광주에 비밀 거점을 10여 곳 설치하고 시교의 일부 조직들과도 연락을 취했다. 그들은 음력 9월 9일을 봉기 날짜로 정했는데, 이는 그날만 되면 많은 사람이 산소로 가는데 그 틈에 봉기군들이 끼여 여러 갈래로 성을 진공하려는 것이었다. 그리고 또 홍콩에서 3000명의 '결사대'를 모집해 봉기 직전 광주에 도착하기로 했다.

드디어 봉기 날짜가 다가왔다. 기의군은 이른 아침부터 성을 공격하라는 명령만 기다리고 있었다. 그런데 홍콩에서 오는 결사대가 배를 타지 못해 못 온다는 전보가 왔다. 그야말로 청천벽력이었다. 모든 포치가

서설풍년瑞雪豊年 (청나라 말기 연화)
이 연화는 청나라 광서 29년(1903)에 그린 것으로, 생활이 풍요롭기를 기원하는 그림이다.

흐트러져 기의를 연기하는 수밖에 없었다. 게다가 얼마 전 밀고가 새어 들어가 청나라 정부에서도 군대를 조절하는 중이었다.

육호동은 소식을 듣자 사람들을 해산시키고 손중산과 함께 한 목사의 집에 피신해 있었다. 그때 육호동이 몇 가지 서류와 회원 명부를 미처 처리하지 못했는데 적의 손에 들어가면 큰일이라며 기관으로 돌아가 서류와 명부들을 불태웠다. 그때 갑자기 문을 부수면서 청나라 병사들이 육호동을 잡아 혹형을 가했다. 그는 시종 입을 굳게 다물고 조직과 동지들에 대해서도 함구했다. 그는 임종 전 필묵을 달라고 해서 '나를 살해할 수는 있지만 내 뒤를 이어 일어나는 자들을 모두 살육하지는 못할 것이다……. 나의 말은 끝났으니 어서 처형하라.'고 굳건한 신념을 내비쳤다.

광주 봉기는 실패했지만 29세밖에 안 되는 육호동은 젊은 생명을 바침으로써 더욱 많은 사람을 불러일으켜 '중화의 진흥'을 위해 분투하도록 호소했다.

| 중국사 연표 |
1898년 장지동이 《권학편勸學篇》을 발행했다.

094

열혈청년 진천화

진천화陳天華는 외국에서 조국의 참상을 통탄하며 《맹회두猛回頭》, 《경세종警世鍾》 등의 책을 써 혁명을 선전해 열렬한 호응을 받았고, 목숨을 바쳐 가며 국민의 각성을 위해 헌신했다.

고심한 탐구 정신

호남은 중국 근대사에서 선구적인 곳이었다. 이런 호남에서 자란 진천화는 피 끓는 가슴을 안고 바다 건너 유학하면서 나라를 구할 길을 모색했다.

진천화는 광서 원년(1875), 호남성의 한 농촌 서생의 가정에서 태어났는데 집안이 가난해 어릴 때부터 장사를 해야만 했다. 그러나 그는 장사보다는 역사 방면의 서적을 즐겨 읽었는데, 특히 유머 넘치는 민간예인들의 책을 좋아했다. 그는 이런 책 속에 나오는 영웅호걸들에 대해 경탄해 마지않았다.

그는 원래 총명한 데다 공부를 열심히 하여 학업 성적이 늘 선두를 차지했다. 당시 학교에는 《24사》가 있었는데, 그는 먹고 자는 것도 잊은 채 집에 틀어박혀 이 거대한 역사책을 탐독했다.

호남은 무술정변 기간에 신정을 가장 잘 집행한 지역이었다. 진천화는 그곳 신문인 《상보湘報》에 여자들의 발을 동여매는 풍속에 반대하는 글을 발표하기도 했고, 1920년 여름, 28세의 나이에 신화구실학당의 찬조금을 받아 상해에서 일본으로 유학을 떠났다.

당시 일본은 청나라 말기에 중국 유학생이 가장 많은 나라였다. 그 이유는 중국과 가깝고 역사적으로 문

흥중회 광주 분회 옛터
1894년 11월, 손중산은 상해에서 샌프란시스코로 건너가 흥중회를 설립하고 혁명적 강령을 채택했다. 1895년 2월, 홍콩 흥중회를 설립했고, 같은 해 10월에 흥중회는 광주기의를 획책하면서 광주에 분회를 내고 수백 명의 회원을 발전시켰다.

최초의 자산계급 혁명 단체 – 흥중회
광서 20년(1894), 손중산은 샌프란시스코에서 20여 명의 화교를 조직해 중국 최초의 자산계급 혁명 단체인 '흥중회'를 창립했다. 사진은 손중산이 집필한 흥중회 창립 선언이다.

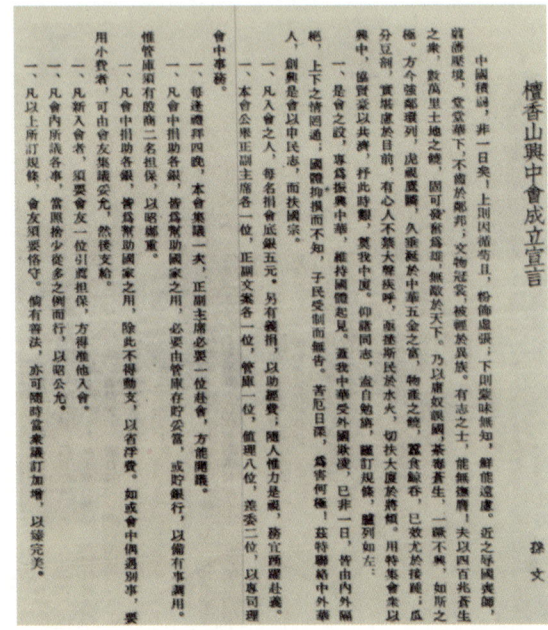

| 세계사 연표

1899년

미국이 영국, 프랑스, 러시아, 독일 등이 중국에서 발휘하고 있는 세력 범위를 미국에도 개방해야 한다고 주장했다.

출전: 나원곤羅元鯤《진천화 청소년시기陳天華的靑少年時期》
풍자유馮自由《혁명일사革命逸史》

청나라 때 쓰던 산수화와 글자를 새긴 필통

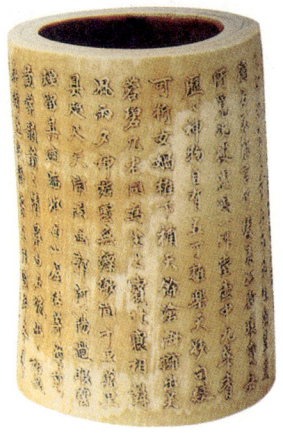

화가 서로 통한 데다 서구에 비해 유학비용이 상대적으로 낮은 데 있었다. 더욱 중요한 원인은 일본이 메이지 유신을 실시하면서 나라가 부강해져 갑오전쟁에서 중국을 전패시키기까지 했다.

이러한 교훈은 중국 유지들의 머리를 깨우쳐 주었으며 그들로 하여금 중국을 부강하게 하려면 일본이 걸어간 길을 가야 한다는 것을 인식하게 했다. 같은 동양인인데 그들이 성공했으니 우리도 따라 배워 응용한다면 기필코 부강해지리라는 마음으로 19세기 말부터 20세기 초까지 일본 유학 열풍이 일었다. 일본으로 간 학생은 대부분 군사 또는 법률 정치를 배웠는데, 그중에서 많은 혁명지사가 배출되었다.

국민을 일깨우다

진천화는 일본에 와서 먼저 도쿄의 홍문弘文학원에서 사범과를 다녔다. 그러다 1903년 러시아가 협의를 위반하고 동북에 주둔한 군대를 철수하지 않자 국내 여론과 마찬가지로 일본에 있는 중국 유학생들도 러시아 반대 운동을 펼쳤다. 그러면서 의용대를 조직하고 훈련하면서 언제든 조국이 부르면 동북 일대로 나가 러시아와 생사를 결판낼 결의에 차 있었다. 그때 진천화는 일본에 건너간 지 한 달도 채 안 되었지만 들끓는 이 운동에 적극 투신했다.

유학생들의 의거는 도리어 청나라 정부의 압제를 받았다. 일본에 있는 청나라 정부 공사는 "의용대는 러시아에 항거한다는 간판을 내걸었지만 실제로는 혁명을 일으키자는 것이다."라고 공공연히 말하면서 의용대를 해산하라고 강요했다.

진천화는 치솟는 분노를 참지 못하고 채악蔡鍔, 황흥黃興 등의 지사들과 상의해 러시아에 대한 저항 기치를 내세운 의용대를 기반으로 '군국민교육회軍國民教育會'를 결성하고 무력으로 청나라를 뒤엎기로 결의했다. 동시에 그는 전통적인 설화 형식으로 국민을 각성시키는 격문인 〈맹회두猛回頭〉(머리를 뒤로 돌려라)와 〈경세종警世鍾〉(세상에 경고하는 종소리)를 발표해 혁명을 대폭 고취했다.

〈맹회두〉에서 진천화는 통속적인 언어로 마치 연설을 하듯이 중국의 고대 역사부터 근대에 이르기까지 열강들이 중국을 수탈하는 참혹한 정경을 피력했다. 그는 민중이 일심 단결해 부패한 청나라 정부의 통치를 뒤엎고 서방의 선진적 정치 제도와 과학 기술을 받아들인다면 중국은 기필코 부강해질 것이며, 이 세상에 거인마냥 우뚝 솟아오를 것이라고 대성질호했다.

그는 격양된 어조로 중국을 '잠자는 사자'에 비유하면서 사자가 꿈에서 깨어나면 하늘을 향해 포효하리라 확신했다.

진천화의 〈맹회두〉는 일본 유학생들에게 열렬한 호응을 얻었다. 이는 후에 상해에서도 전재되었는데, 호소력이 커 민중의 보편적인 환영을 받았다. 하지만 청나라 정부 당국은 이 책을 금서로 정하고 전파를 엄금했다.

| 중국사 연표 |
1899년 하남성 안양 은허에서 갑골문자가 발견되었다.

청나라 말기의 20개 성 지도
청나라 말기에 그린 이 지도는 소속 20개의 성, 181개 부, 262개 주, 1340개 현의 지명과 위치를 기록했다.

자신의 희생으로 동포를 각성시키려 하다

광서 31년(1905), 일본 도쿄에서 동맹회가 결성되었는데, 진천화는 그 발기인 중 한 사람으로 서기부 사업을 맡았다.

중국 유학생들이 분분히 동맹회에 가입하자 청나라 정부는 수차례 대신을 파견해 일본 정부와 중국 유학생 중 혁명 당원을 축출하기 위한 협상을 맺었다.

11월에 들어서는 일본 정부가 〈청국 유학생을 단속하는 규칙〉을 반포했다.

이 규칙은 중국 유학생들의 분노를 일으켜 항의 시위가 이어지고 심지어 8000명이 넘는 학생이 수업을 거부하는 사태가 일어났다. 진천화는 이런 상황에서 유학생들이 모두 귀국할 것을 주장했다. 바로 이때 일본 《아사히신문》에서 "유학생들이 수업마저 거부한다는 것은 중국인들의 과격한 성격 탓이며, 이러한 항의 활동은 중국인의 '방종과 비열의 속성'에서 비롯되었다."고 모욕적인 표현을 하면서 "단결력이 부족해 결국 실패하고 말 것"이라고 단언했다.

진천화는 이 기사를 읽고는 가슴이 찢기듯 아팠다. 일본인들의 단언대로 되어 가는 꼴을 차마 볼 수가 없었던 그는 잡념에 시달리다 마침내 자신의 한 생명을 던져 중국 유학생들이 한 마음으로 단결해 끝까지 버텨 내도록 해야겠다는 결단을 내렸다.

11월 11일 밤에 진천화는 비장한 〈절명사絶命辭〉를 썼다. 그는 이 〈절명사〉에서 국민들에게 "굳게 참고 견뎌 나라를 위해 배움에 힘쓰고 나라를 사랑하라."

라고 쓰고, 또 "모두 한마음으로 단합해 청나라 정부와 끝까지 싸워 중국을 구원"하라고 호소했다.

이튿날 새벽 그는 〈절명사〉를 보낸 후 그 길로 떠오르는 아침햇살을 맞으며 혼연히 바다에 몸을 날렸다. 흉보가 전해지자 유학생들이 분분히 몰려와 조문했는데, 개중에는 당장 진천화의 유지를 계승해야 한다고 열변을 토하는 사람도 있었다.

남경의 옛 성 (오른쪽 사진)

| 1900년 | **세계사 연표**
미국에서 '문호 개방' 정책을 재 언급했다.

1840～1911 청나라·2

절강성 항주 271

| 중국사 연표 |

1900년 의화단이 북경, 천진 등지에 진입해 청나라를 부추기고 서양인을 소멸하려는 활동을 전개했다.

095

동맹회

광서 20년(1894), 흥중회가 창립된 후 10년간 중국 대륙에서는 비약적인 변화를 가져왔다. 무술변법과 의화단 운동, '신축조약辛丑條約'의 체결 등 일련의 사건은 중국 사회를 떠들썩하게 만들었다.

서산일락의 청나라 정부

8개국 연합군이 중국을 침략하고 무장간섭을 강행하는 가운데 청나라 정부는 북경에서 영국·러시아·미국·독일·일본·오스트리아·프랑스·이탈리아·스페인·네덜란드·벨기에 등 11개국 대표들과 함께 '신축조약'을 체결했다. 이 조약에서 배상금으로 내는 돈만 해도 무려 4억 5000만 냥에 달해 당시 인구로 보아 한 사람당 한 냥씩 내야 하는 형편이었다.

중국 민중은 날이 갈수록 빈곤해지고 최고 통치자들은 더욱 사치하고 타락해 갔다.

광서 27년(1901) 10월, 자희 태후는 '신축조약'이 체결되자 서안에서 북경으로 돌아왔다. 도망칠 때에는 몇 대의 나귀차로 떠났으나 돌아올 때에는 3000대가 넘는 마차로 금은보화를 실어 날랐다. 그리고 자희 태후가 머리를 빗다가 빠진 머리카락도 귀중한 보배로 치부하고 황금 100냥으로 주물한 금탑 안에 보관했다. 총신인 영록이 딸을 출가시킬 때 받은 돈만 해도 은전 32만 냥에 달했다고 한다.

손중산과 황흥의 회합

광서 30년(1904) 손중산은 미국과 유럽 각국을 수차례 드나들며 중국의 혁명에 대해 선전했다.

이듬해 그는 유럽에서 중국과 일본에서 반청 혁명 운동이 줄기차게 진행되고 있다는 소식을 접하고 곧장 일본으로 건너가 더욱 큰 단체를 결성하려고 작심했다.

그해 7월 19일, 손중산이 도쿄에 도착했다. 당시 일본의 중국 유학생은 8000명에 달했는데, 그중 많은 혁명 단체들이 생겨났다. 그 가운데 가장 유명한 것은 황흥黃興, 송교인宋教仁 등이 창립하고 영도하던 화흥회華興會와 채원배, 장병린 등이 조직하고 영도하던 광복회光復會 등이었고, 각 성의 학생들은 저마다 혁명

황흥과 《민보》의 주요 인물
동맹회 기관보인 《민보民報》의 전신은 황흥, 송교인 등이 일본 도쿄에서 창간한 《20세기지나二十世紀支那》다. 작가는 주로 진천화, 주집신, 호한민胡漢民, 장병린, 도성장陶成章 등이다. 손중산은 광서 31년(1905), 《민보》 창간 발간사에서 처음으로 동맹회의 강령을 '민족·민권·민생', 즉 '3민주의'로 개괄했다.

손중산과 황흥
손중산은 동맹회를 건립한 이후 남방에서 수차례 무장기의를 획책·조직했는데, 그때마다 황흥이 전선 총지휘관을 맡고 친히 전선에서 흠렴欽廉, 진남관鎭南關, 황화강黃花崗 등지의 봉기를 지휘했다.

| 세계사 연표 |

1900년
독일 의회에서 17년 사이에 군함을 제조할 프로그램을 제정했다.

출전: 풍자유馮自由《혁명일사革命逸史》
《손중산선집孫中山選集》

을 고쳐하는 간행물들을 만들고 있었다. 손중산은 주변 사람들의 소개로 황흥을 첫 대면했는데, 만나자마자 그들은 감격하며 진작 만나지 못한 것을 아쉬워했다. 그들은 흥중회와 화흥회를 연합해 공동으로 혁명하자는데 합의하고 단체 이름을 '동맹회同盟會'로 정했다.

7월 30일 손중산은 황흥, 송교인, 진천화, 주집신朱執信 등과 함께 중국의 17개 성에서 온 유학생 대표 70여 명과 함께 각 혁명 단체의 대연합을 위한 준비회의를 열었다. 손중산의 객실에 사람들이 모이자 황흥이 개회를 선포, 일제히 손중산을 회의 주석으로 추대했다.

회의에 참가한 사람들은 만장일치로 큰 단체를 묶는 데 공감했다. 단체의 명칭은 여러 차례 토론을 거쳐 '중국동맹회', 약칭 '동맹회'로 정했다.

손중산은 곧바로 서언誓言을 써서 황흥과 진천화의 윤문을 거친 후 사람들을 이끌고 오른 주먹을 들고 "하늘에 대고 선서하노니 오랑캐를 몰아내고 중화를 회복하며 민국을 창립하고 토지권을 평균적으로 나누며 시종여일 신념과 충성을 지키고 이에 어긋나면 천벌을 받을 것이다."라고 장엄히 맹세했다. 그러고는 회원들을 둘러보며 "제군들은 오늘부터 청나라 백성이 아니다."라고 감격에 겨워 축하 인사를 했다.

8월 20일 중국 동맹회의 정식 성립대회가 열렸는데, 황흥이 손중산을 동맹회 총리로 추대할 것을 제의 투표 선거를 거치지 않고 만장일치로 통과되었다.

화교의 힘을 모으다

중국은 이미 혁명 폭풍전야에 임박했다. 손중산은 혁명 선전과 민주 사상의 전파를 각별히 중요시했다. 일본에 있는 동안 《혁명군革命軍》을 1만 부 찍어냈고 싱가포르에 있는 혁명 당원들에게 지시해 《맹회두盟回頭》, 《경세종警世鍾》까지 인쇄해 미국 등 각 곳에 널리 배포하도록 했다. 그는 또 샌프란시스코와 미국을 순방하면서 혁명 언론을 발표하고 강유위, 양계초 등 보황파가 혁명에 대한 모욕과 퍼뜨린 여론에 대해 논박했다.

손중산은 또 치공당致公堂의 수령들과 함께 미국 각지의 화교들에게 찾아가 혁명적 선동을 했다. 그들은 이렇게 몇 달 거쳐 90여 개 성시를 돌아다니며 선전한 데서 화교들의 반청 정서가 격양되었다.

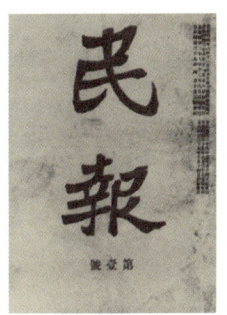

동맹회의 대변지 – 《민보》
광서 31년(1905), 동맹회를 결성하면서 《민보》를 창간하고 손중산의 '3민주의'를 선진힘으로써 민주혁명운동을 크게 추진했다. 사진은 《민보》 창간호의 표지와 발간사다.

●●● 역사문화백과 ●●●

[황제 기년]

청나라 말기 혁명 당원들은 중국의 신화적 인물인 황제黃帝 탄생년을 기원으로 하는 황제기년법을 썼다. 광서 31년(1905), 송교인이 고전에 근거해 황제 기원이 4603년이라고 하면서 《민보》를 창간할 때 황제 기원년을 썼고 황제의 초상화를 그려냈다. 그리하여 그 후부터 혁명 당원들은 이를 답습했는데, 무창기의 문서에서도 황제 기원년을 사용했고 손중산이 임시 대통령으로 취임할 때 황제 기원 4609년 11월 13일을 중화민국의 원단으로 한다고 각지에 통고, 황제 기원년은 신해년 11월 12일(1911년 12월 13일)까지 쓰이다 1912년 원단부터 폐지되고 양력 기원년을 쓰기 시작했다.

| 중국사 연표 |
1900년
러시아에서 '해란포 참안'과 '강동64둔 혈안'을 맺었다.

096

마상백과 복단대학

마상백馬相伯은 중년에 이르자 교육이 국민을 강자로 만들고 나라를 부강하게 하는 중요한 고리임을 인식하고 진단震旦, 복단復旦 등 대학을 설립하고, 친히 교수직을 맡고 교재도 집필했다.

신식 학교를 창립하다

마상백은 12세에 10여 일을 걸어 고향 진강鎭江에서 상해로 가 프랑스 교회에서 설립한 서회공학徐滙公學에서 공부하고 신학박사가 되었다. 후에 그는 번역에도 종사하고 신보神甫와 서회의 교장을 맡기도 했다.

37세 되던 해에 그는 부국강민의 포부를 품고 교회를 떠나 정사에 참여했다. 그는 청나라 정부에 '애국강민'의 건의를 수없이 제출했으며, 조선에 파견되어 정사 개혁을 돕기도 했으나 모두 실패로 끝났다.

1916년, 호서의 토산마에 은거하면서 백성의 머리를 깨우고 교육으로 나라를 구하는 길을 선택했다.

그는 구미가 강성해지고 우리가 빈약하게 된 원인은 교육이 따라가지 못한 데 있음을 인식하고, 자강하려면 인재를 근본으로 해야 하며, 인재를 구하려면 학당을 창립해야 한다고 외쳤다. 그리고 신식 대학교를 세워 구미의 새로운 과학 지식을 전수, 부국강민의 인재를 육성해 내기 위해 노구를 이끌며 동분서주했다.

그러던 어느 날, 남양공학南洋公學에서 한 학생이 잉크병을 몰래 선생의 의자에 올려놓은 사건이 발생해 교장이 그 학생을 제명했다. 학생들이 반발하자 그 학급 전체 학생을 제명하는 소동이 벌어졌다. 이에 분노한 145명의 학생이 집단 자퇴하고 채원배蔡元培 등 우수 교원들이 사직하면서 채원배가 학생 중 24명을 마상백에게 소개했다.

일 년 후 그 24명의

복단대학의 설립자 – 마상백

손중산이 쓴 동맹회 강령

중국 동맹회는 전국 성적 자산계급 정당으로, 1905년 8월 20일 손중산이 황흥, 송교인 등과 연합해 흥중회와 화흥회를 기반으로 일본 도쿄에서 창립하고 총부를 그곳에 두었다. 동맹회는 "오랑캐를 몰아내고 중화를 회복하며 민국을 창립하고 토지권을 평균적으로 나눈다."는 것을 강령으로 내세웠다. 사진의 글은 손중산의 친필이다.

| 1900년 | 세계사 연표 |
러시아에서 《프라우다》지를 창간했다.

《근대중국교육사료近代中國敎育史料》
《마상백문집馬相伯文集》
《마상백연보馬相伯年譜》
출전

청나라 시대의 서각 술잔

학생들이 모두 우수한 성적을 거두자 단번에 명성이 날렸다. 이 소문을 들은 각지의 유지들이 찾아와 그 토대 위에서 학원을 운영하게 되었고, 이름을 '진단震旦'이라 했다.

그 후 채원배 교수 등의 건의에 따라 프랑스어와 수학 과목까지 가르치는 학교로 발전시켰고, 마상백은 학교를 창립하기 위해 토지 3000무도 서슴없이 내놓았다.

진단의 새로운 학풍

진단학원은 창립 시 프랑스 교회의 후원을 받았기에 많은 제한을 받기도 했다. 프랑스 교회에서는 서가회의 옛 천문대 자리를 학교 터로 내주었고 몇몇 외국 신부를 청해 의무 강좌를 해 주기도 했다. 이리하여 진단학원은 1903년 3월 1일 정식으로 창립했다.

마상백은 특히 학생들로 하여금 문예를 중시하고 과학을 숭상하며 교학 이론만 따지지 말 것을 강조했다. 그는 또한 교내에서 반청 선동을 하여 프랑스 신부의 반대를 받기도 했다. 그뿐만 아니라 반청 청년들

1940년대의 복단대학 교문

을 이름을 바꿔 학교에 입학시켜 공부하게 하고 학비조차 받지 않았다.

이에 불만을 품은 프랑스 교회에서는 자기들의 전도사를 학교의 교무장으로 임명하고 마상백이 병을 앓는 틈을 타 원래의 학교 제도를 폐지하자 이에 불복하는 학생들이 연달아 퇴학당했다. 마상백은 학생들의 이런 행동을 적극 지지하면서 학교의 간판을 떼고 진단을 떠났다.

복단대학을 창립하다

마상백은 진단학원을 떠난 후 당시 교육계의 지명인사인 엄복 등과 함께 복단공학復旦公學을 창립했는데, '복단'이란 진단을 부흥시키겠다는 의미다.

그는 복단공학을 세우고 원래 진단에서 쓰던 교육 방침을 그대로 도입해 더욱 발전시켰다. 창설 초기 학교를 세울 기지도 없고 경비도, 교원도 없는 상황이었지만 마상백은 불굴의 정신으로 분발했다.

그는 우선 학생들과 함께 진단학교에서 빼내 온 일부 도서를 잘 보관해 두고 당시 양강 도독으로 있던 친구에게 편지를 써서 교사를 지을 땅 70무를 주선해 달라고 청탁했다. 그리하여 임시 교사를 빌리고 2만 냥의 자금을 지원받아 1905년 중추절에 정식으로 개학했다. 교원이 모자라 66세가 다 된 고령의 마상백이 직접 교단에 올라 프랑스어와 신학을 가르쳤다.

마상백은 평생 나라의 부강을 위해 헌신했다. 그는 나라의 인재를 양성하기 위해 대학교의 창설에 모든 힘을 쏟으면서 중문어법, 라틴어 등에 관한 저서도 써 냈다. 그는 진단·복단대학을 창설했을 뿐만 아니라 북경의 보인대학과 증근 여성학교 등을 창립하는 데에도 적극 참여했다.

1840~1911 청나라·2

명나라 275

| 중국사 연표 |
1900년 8개국 연합군이 북경을 공략했다.

097

홍수전의 계승자 홍전복

19세기 말부터 20세기 초 사이 중국에서 무수한 반청기의가 폭발했는데, 대부분 손중산 등 민주혁명파들이 영도한 것이지만 그중 한 차례는 태평천국운동과 관련이 있는 홍전복洪全福이 영도한 것이다.

홍전복의 내력

홍전복은 원명이 홍춘괴洪春魁이며, 태평천국 봉기의 수령인 홍수전洪秀全의 조카라고 자칭했다.

소문에 의하면 홍전복은 일찍이 봉기군에 참가해 완남 일대에서 청나라군과 대적했다고 한다. 봉기가 실패하기 직전 홍수전이 그를 영왕瑛王에 봉해 3000세라 불렀다. 태평천국의 도읍인 천경(남경)이 함락당할 당시 홍춘괴는 상湘군이 먼저 입성해 도처에서 노략질하는 틈을 타 본가의 두 형제와 함께 밧줄을 타고 성벽을 내려온 후 헤엄쳐 건너 도망쳤다. 그들 형제는 낮에는 숨고 밤길을 걸으면서 도망갔는데 도중에 서로 갈라져 홍춘괴는 홀로 동남쪽으로 향해 홍콩에 이르렀다. 그는 몸에 지니고 있던 보옥을 가지고 장사꾼으로 가장하고 살았다.

그러던 광서 21년(1895), '천조대국'으로 자처하던 청나라가 갑오전쟁에서 일본에 대패해 붕괴 국면에 이르자 수십 년간 홍콩에 숨어 살던 홍춘괴는 다시 활동하기 시작했다.

그런데 그 자신의 문화 수준이 낮아 낡은 사상의 틀에서 벗어나지 못하고 이전 방식을 답습해 의형제를 맺고 방회를 조직했다. 그런 대로 그는 모아 둔 재산으로 홍콩, 마카오 등지에서 천지회

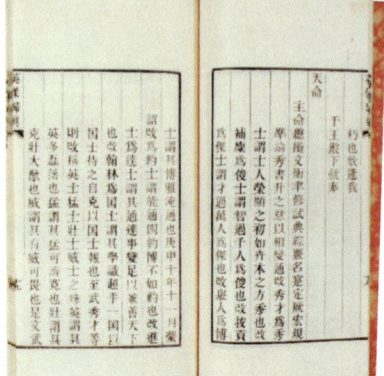

홍수전의 사상을 반영한 《흠정영걸귀진》 (위 사진)
《흠정영걸귀진欽定英傑歸眞》은 홍인간洪仁玕이 쓴 책으로, 홍수전이 상제를 숭배하고 기타 우상을 배격하는 사실을 열거함으로써 홍수전의 초기 사상을 반영하고 있다.

훈련 중인 청나라 군대

●●● 역사문화백과 ●●●

[현 아문의 역졸]

현 아문의 역졸이 하는 일에는 문지기에서부터 도적을 잡거나 창고 또는 감옥을 지키는 등, 수십 가지가 있다. 이런 자들은 권세를 등에 업고 갖은 행패를 부렸지만 법적으로는 천민에 지나지 않아 과거시험을 보거나 벼슬을 할 수 없다. 청나라 법에 따르면, 이런 자들은 그 자손들까지 과거시험을 볼 수 없으며 성명이나 신분을 고쳐 과거시험을 보았다가 들킨 자는 역졸 직을 잃을 뿐만 아니라 곤장 100대를 맞게 되어 있다. 하지만 그들도 자신의 자식들을 공부시켜 출세케 해 보려는 욕망이 컸다. 장사의 한 천민이 아들이 총명하고 공부를 잘해 다른 사람의 이름으로 과거시험을 보았는데, 뜻밖에 1등을 했다. 그러자 그 내막을 아는 자들이 들고 일어났다. 상관이 그의 문장이 뛰어난 것이 아쉬워 다시 한 번 시험을 치르고 녹취하려 했으나 함께 시험 보던 자들이 소란을 피우는 바람에 하는 수 없이 그를 제명하는 억울한 일까지 발생했다.

역사 시험장 〉 청나라 말년에 부녀들이 머리에 쓴 장식품은 무엇으로 만들었는가?

| 세계사 연표 |
1901년
영국이 이란에서 석유 채굴권을 획득했다.

《혁명일사革命逸史》
《태평천국잡기太平天國雜記》 출전

라는 붕당을 조직하고 비밀 기관과 연락망은 둘 수 있게 되었다.

광서 28년(1902), 시대가 무르익었다고 여긴 홍춘괴는 자칭 홍수전의 직계 후손이라 칭하고 이름을 '전복'이라 고쳤다. 그는 천지회의 직무에 의해 자칭 원수로 봉하고 모든 일을 통솔·지휘했으며 원래의 태평천국의 방법대로 군대와 행정 기구를 편성했다.

1910년의 홍콩 황후 거리

봉기를 획책하다

홍전복은 홍콩과 광주, 혜주 등지에서 수백 명에 달하는 대오를 결성하고 있었다. 바로 이때 '신축조약'이 체결된 지 얼마 되지 않아 배상금을 은전으로 4억 5000만 냥 내게 되어 도처에서 원성이 높았다. 이 기회에 홍전복은 홍콩에서 청나라를 토벌할 격문과 안민고시를 반포하고 '반청복명反淸覆明'의 기치를 내걸었다.

그는 이 기치가 태평천국에서 제출한 구호보다 더 낫다고 자신했다. 그는 자칭 '대명 순천국 남월 흥한 대장군大明順天國南粤興漢大將軍'이라 봉하고 사람들을 광주에 비밀리에 잠입시켜 무기를 장만하고 군수 물자를 탈취하도록 했다.

광서 30년(1904) 봄, 홍전복은 홍콩에서 광주에 있는 붕당에 음력 그믐날 밤에 청나라군이 설을 쇠기 위해 경비가 소홀한 틈을 타 거사해 광주성을 탈환하라고 밀령을 내렸다. 그런데 봉기를 일으키기 이틀 전 홍콩의 비밀 연락 거점이 노출되었다. 그들이 광주와 거래한 비밀 서류가 발각된 것이다.

또 하루 지나 광주에 숨어 있던 10여 명의 사람들도 체포되어 고문을 이기지 못하고 홍콩의 총부와 수령인 홍춘괴, 즉 홍전복을 자백했다. 청나라 정부에서는 대경실색해 지명 체포령을 내리고 그가 광동이 아닌 홍콩에 있는 것을 알자 영국 외교부를 거쳐 영국의 홍콩 공관에서 홍전복을 체포하도록 했다. 홍전복은 홍콩에서 더는 버틸 수 없음을 알고 광동으로 숨어들었으나 도피 중 맞아 죽고 말았다.

홍전복은 봉기를 조직할 때 이미 일흔이 다 된 노인이었다. 그는 비록 청나라 정부를 뒤엎을 웅심을 품었으나 이념이 유치하다 할 정도로 낡았다. 전하는 바에 따르면, 손중산이 영도하는 흥중회에서 일찍이 사람을 파견해 그와 함께 공동 거사할 것을 제의했으나, 그는 자신만이 정통이라 여기면서 혁명당을 우습게 보고 거절했다.

태평군이 보낸 엄정한 각서
사진은 태평군의 장령이 영·프 함대의 사령이 태평군에게 포대를 허물고 영파에서 철거하라는 무리한 요구에 대해 엄정하게 거절하는 내용을 담은 태평군의 각서 원본이다.

| 중국사 연표 |
1901년 9월, '신축조약'이 체결되었다.

098

대 희곡가 왕소농

20세기 초에 중국의 경극 분야에서 일대 개량 운동이 벌어져 유지인사들은 시사와 관련된 새로운 극을 연출하면서 유신 변법을 선양했다. 그중에서 왕소농汪笑儂이 유명하다.

왕소농 이름의 유래

왕소농은 만족이라고도 하고 몽골족이라 하기도 하는데, 일찍이 현 지사를 지냈다가 파직된 후에 희곡 창작에 몰입했다고 한다.

일설에는 그가 지현 임직 기간에도 경극을 즐겨 상사의 미움을 사 파직되자 희곡에 열중했다고 한다.

철공계를 사로잡다 (청나라 말기 연화)

이 장면은 경극 〈철공계鐵公雞〉의 한 장면인데, 청나라의 장수 향영向榮과 장가상張嘉祥이 태평군의 명장 철공계를 붙잡아 죽이는 사건을 묘사한 것으로 당시에 무척 인기 있는 무극이었다.

왕소농의 원명은 덕극준德克俊이며, 경극을 즐기면서 당시 유명 배우인 왕계분王桂芬의 창법을 흠모해했다.

하루는 왕계분을 찾아간 덕극준은 그에게 창법을 가르쳐 달라고 했으나 왕계분은 덕극준을 보자 경극을 할 재목이 못 된다고 생각해 냉대와 조롱을 하고 돌려보냈다.

왕계분에게 수모를 당한 덕극준은 분한 김에 돌아오자마자 이름을 왕소농汪笑儂(너를 우습게 보노라)이라 고치고, 왕계분을 반드시 뛰어넘고 말리라고 굳은 결심을 했다.

| 세계사 연표 |

독일에서 관세율을 새로 정했다.

출전 《왕소농희곡집汪笑儂戲曲集》 《20세기대무대二十世紀大舞臺》

꽃을 그려 넣은 청나라 6각 사기그릇

《20세기대무대》

광서 30년(1904), 왕소농은 상해 《남사南社》의 진거병, 유아자 등 동인들과 함께 중국의 첫 희곡 잡지 《20세기대무대二十世紀大舞臺》를 펴냈다. 그는 창간호의 제사에서 희곡의 부정을 비판하고 사회를 개량하는 무기로 삼을 결의를 다졌다.

이 잡지 창간의 이념과 취지는 "사회의 추악한 풍속을 개변하고 민중의 지혜를 계발하며 민족주의를 고취하여 애국주의 사상을 불러일으키는 것."이라고 규정했다.

왕소농은 그가 창작한 〈금곡향金穀香〉, 〈황룡부黃龍府〉 등 우수한 희곡과 격정이 넘치는 문장들을 통해 애국주의를 선양하고 청나라 정부의 매국적 행위를 폭로하고 규탄했다. 그의 모든 행위와 언론은 청나라를 뒤엎고 외세의 압박을 저항하려는 애국주의 사상이 배어 있음을 알 수 있다.

경극 개량의 시조

《20세기대무대》는 내용이 너무 적나라해 겨우 2쇄를 출판하고 당국에 의해 강압적으로 폐간되고 말았다. 하지만 왕소농이 경극 개량에서 이룬 업적은 그 영향력이 크게 파급되었다.

이 기간에 그는 〈당인비黨人碑〉, 〈도화선桃花扇〉, 〈과종란인瓜種藍因〉(일명 〈파란 망국 참〉) 등 수많은 희곡을 창작하고 연출해 옛일을 거울삼아 현실을 질타하고 현실의 정사를 비판해 시대적 정신이 흘러넘치고 감정적 색채가 짙었다. 이런 극들은 연출하자마자 온 사회를 떠들썩하게 하여 커다란 성과를 거두었다.

많은 정객과 문인이 경극 개량에 관한 왕소농의 성과를 극구 찬양했다.

후에 중국 공산당의 제1임 초대된 진독수陳獨秀도 당시에 왕소농을 높이 평가하면서 "그의 연기를 보고 많은 사람이 감동했다 한다. 전국 각지에서도 모두가 그를 따라 새로운 극을 창작하고 연출한다면 전민이 감화를 받아 혈기 왕성하고 지식 있는 인간이 될 수 있지 않겠는가? 이런 사람이라야 세상에서 으뜸가는 교육가로 인정할 수 있지 않은가!" 하고 감탄을 금치 못했다.

●●● 역사문화백과 ●●●

[4대 견책 소설]

청나라 말기에 소설 문화가 유행했다. 그것은 인쇄업이 매우 발달한 데다 서구 문화의 영향으로 중국 지식인들도 소설의 기능을 인식하고, 소설을 통해 현실에 대해 비판을 가하고 유신과 애국을 고취했다. 그리하여 상해 등지에서 소설 잡지와 서적이 대량으로 출판되었는데, 그중에서도 견책見責 소설이 주를 이뤘다. 대표작으로 이보가李寶嘉의 《관장현형기官場現形記》, 오옥요吳沃堯의 《20년간 목격한 기괴한 현상二十年目睹之怪現狀》, 증박曾朴의 《얼해화孼海花》, 유악劉鶚의 《노잔유기老殘游記》 등이 있다. 이 작품들은 모두 풍자적 수법으로 당시의 사회 부패상을 폭로하고 비판했다. 양계초는 이런 소설들에 대해 높이 평가하면서 "한 나라의 국민을 새롭게 개조하려면 그 나라의 소설부터 새로워져야 한다." 하고 위의 네 소설을 '4대 견책 소설'이라 이름 지었다.

| 중국사 연표 |
1902년 중국이 러시아와 '동삼성 교수 조약'을 체결했다.

099

여성 호걸 추근

추근秋瑾은 명문가 규수에서 세상을 놀라게 한 민주 혁명 전사로 돌변하고 시대의 각성을 추진한 선구자로 청나라 역사에 빛난다.

필부의 직책

1904년 5월 어느 날, 상해의 부두에 일본으로 가는 선박이 정박해 있었다. 남들은 모두 배웅 나온 친척, 친구들과 서로 손을 흔들어 작별인사를 나누었지만 한 미모의 젊은 여성이 홀로 배전에 기대어 먼 곳을 응시하고 있었다. 그녀가 바로 일본 유학을 떠나는 추근이었다.

추근은 복건성 하문厦門에서 태어났는데, 원적은 절강성 산음, 지금의 소흥이며, 자는 선경璿卿이다. 후에 자칭 호를 경웅競雄, 감호鑑湖 여협객이라 칭했다.

감호 여협객 – 추근
추근(1875~1907)은 중국의 초기 민주 혁명가이자 부녀해방운동의 선구자이다. 청나라 광서 30년(1904), 일본으로 유학 갔다가 이듬해 광복회와 동맹회에 가입했다. 광서 33년(1907) 5월 26일, 서석린이 획책한 안경기의가 실패하자 추근이 추진하던 소흥의 봉기 계획도 탄로나 6월 4일에 체포되고, 6일 새벽에 소흥의 헌정구軒亭口에서 장렬한 최후를 마쳤다.

그녀의 가문은 조부 때부터 관청에서 벼슬을 하고 부친은 거인이었으며 모친은 명문 가족 출신이었다. 그녀는 어려서부터 경사에 능통했고 궁마, 격검술도 숙달했다.

1896년 그녀는 부모의 뜻에 따라 부잣집 아들 왕자방王子芳과 결혼했는데 왕자방은 무식하고 방탕하며 벼슬자리만 탐내는 사람이었다. 그런 왕자방과 결혼 생활을 한 추근은 우울한 나날을 보내면서 봉건 윤리에 대해 뼈에 사무치는 원한을 품었다.

1902년 왕자방이 돈을 들여 경성에서 관직을 얻자 추근도 남편을 따라 북경으로 이주했다. 경성에서 그녀는 8개국 연합군이 중국 동포를 마구 유린하는 참혹상을 목격하고 청나라 정부의 부패 무능과 민족 위기의 심각성을 깊이 느꼈다. 그리하여 그녀는 "인간

격정에 넘치는 추근의 〈고국인서〉
추근의 〈고국인서告國人書 – 국민에게 고하는 글〉은 한 편의 격정에 찬 격문이다. 문장은 분노의 심정으로 부패 무능하고 전제주의적인 청나라 정부를 통책하고 국민들이 하나같이 궐기해 청나라 정부의 통치에 항거할 것을 호소했다.

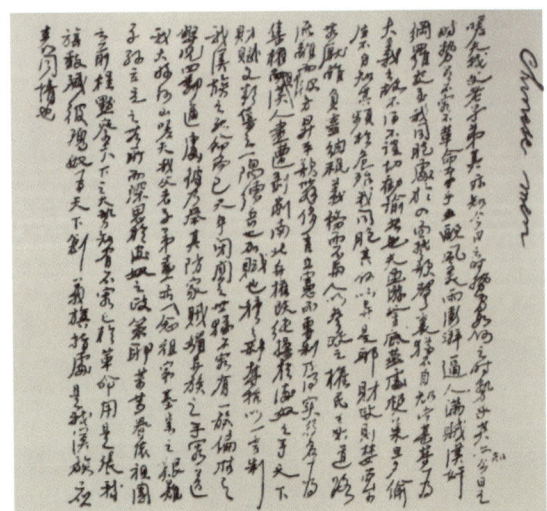

| 세계사 연표 |

1902년 이집트에서 아스완 저수지를 준공, 영국 방직 공장에 면화 공급을 보장했다.

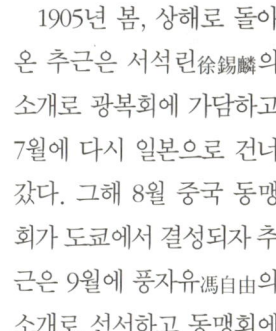

《추근집秋瑾集》 출전

부녀 해방을 호소한 《정위석》

《정위석精衛石》은 추근이 일본에서 쓴 작품으로, 여자들에 대한 봉건예교의 박해를 비판하고 부녀해방을 호소했다.

으로서 나라의 위기를 구하고 포부를 펼쳐야 하는데 어찌 가정의 울타리에서 평생을 마감하겠는가?"라면서 나라와 민족을 구원하는 진리를 찾기 위해 의연히 남편과 갈라져 홀로 일본 유학길에 오른 것이다.

광복회와 동맹회에 가입하다

일본으로 건너간 추근은 많은 애국지사를 사귀고 유학생들이 조직한 혁명 활동에 적극 뛰어들었다. 그는 유지인사들과 함께 혁명 단체를 결성하고 신문을 만들기도 하면서 청나라 통치를 뒤엎을 것을 고취하고 남녀평등을 제창했다.

광복회 선언

광복회는 광서 30년(1904), 상해에서 창립되어 채원배를 초대 회장으로 추대하고 "한족을 광복시키고 강산을 되찾으며 한 몸을 나라에 바치고 공업을 이루면 은퇴한다."는 취지를 채택했다. 선통 2년(1910), 도성장이 일본 도쿄에서 광복회 총회를 설립하고 장병린을 회장으로 선출했다. 1912년 도성장이 암살되자 광복회도 해산되었다. 사진은 광복회 성립 당시의 선언이다.

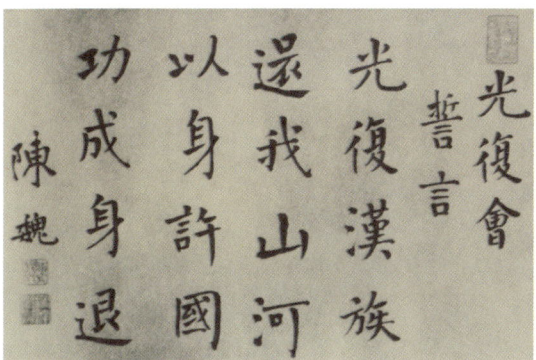

1905년 봄, 상해로 돌아온 추근은 서석린徐錫麟의 소개로 광복회에 가담하고 7월에 다시 일본으로 건너갔다. 그해 8월 중국 동맹회가 도쿄에서 결성되자 추근은 9월에 풍자유馮自由의 소개로 선서하고 동맹회에 가입했다. 이어서 그녀는 동맹회 평의부의 평의원으로 추대되고 절강성 주맹인이 되었다.

1906년 그녀는 동창들과 함께 일본 정부의 박해에 대항해 귀국했다. 이듬해 그는 2년 전 서석린, 도성장陶成章이 창립한 대통학당의 독판督辦 직을 맡았다.

공술서에 표시한 반청 의지

광서 33년(1907), 청나라 왕조의 통치에 반항하던 서석린과 추근이 절강성과 안휘성 양성의 동시 기의를 획책했다. 7월 6일 서석린이 은명을 격살하고 학생들을 이끌어 군계소까지 탈환했으나 결국 실패하고 서석린은 체포되었다. 심문 시 서석린은 공술서에서 "만청을 몰아내려는 지향을 10여 년 품고 다방면으로 한족을 위해 복수하려고 획책했다."라고 강렬한 반청 결의를 표시했다. 사진은 서석린의 친필이다.

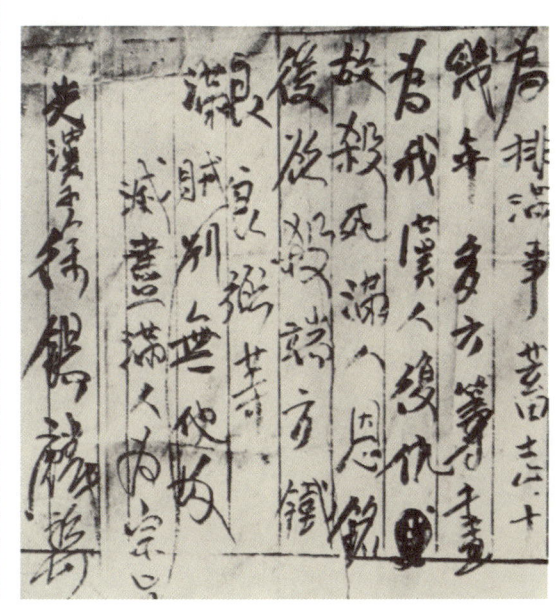

1840～1911 청나라·2

| 중국사 연표 |
1903년 러시아 군대가 동삼성東三省에서 철수를 거부했다.

서령인사

서령인사西泠印社는 중국이 심각한 재난에 처한 1904년 설립되었다. 당시 열강들의 약탈로 국력이 극히 쇠잔해져 민족정신을 분발하는 것이 절박했다. 전각가篆刻家들은 자신들의 재능으로 민족정신을 분발하는 데 기여하기 위해 서령인사를 세우고 도장칼로 민족 예술을 새로운 경지로 끌어올려 그들의 애국심을 표현했다. 서령인사의 초대회장은 오창석吳昌碩으로, 동인들과 함께 선인들의 정화를 섭취하고 개성을 발휘해 국민의 자신감을 불러일으켰다.

봉기 실패

서석린 또한 절강성 소흥 사람으로, 광복회 회원이었다. 그는 소흥에서 절강 광복회를 영도하면서 안휘성의 순경학당 감독직을 맡고 있었다.

1907년 5월 그는 안경安慶에서 봉기를 일으키기로 결정하고 추근에게 절강성에서 호응하라 했다. 같은 해 7월 6일, 안휘 순무巡撫인 은명恩銘이 순경학당 졸업식에 참가했는데 서석린이 권총으로 은명을 피살했다. 서석린은 체포되어 그날 밤으로 처형당해 봉기가 실패하고 말았다.

추근은 이 소식을 사흘 후에야 들었다. 안경기의가 실패하면서 절강성의 봉기 계획도 탄로나 추근 등 핵심 인물이 위험에 빠졌다. 주변에서 잠시라도 피신하라고 권했으나 그녀는 "혁명은 유혈이 있어야 성공합니다. 내가 만약 단두대에 나선다면 혁명은 적어도 5년은 앞당겨질 것입니다."라면서 받아들이지 않았다.

그날 오후 청나라군이 소흥 대통학당을 공격하자 추근이 일부 학생들과 함께 완강히 저항했으나 끝내 붙잡히고 말았다.

장렬한 최후

소흥의 지부 귀복貴福이 그날 밤 추근을 심문하면서 혁명 당원들을 알아내려 했으나 헛수고였다. 종이와 먹을 주면서 자백서를 쓰라고 하자 추근은 '추풍추우수살인秋風秋雨愁煞人'(소슬한 가을비에 걱정만 태산같다)이란 일곱 자를 쓰고 붓을 던졌다. 귀복은 어쩔 수 없이 가짜 진술을 만들어 죄를 뒤집어씌웠다.

7월 15일 이른 새벽 무장한 청나라군이 옥에 들이닥치자 추근은 태연한 자태로 감독 현관에게 세 가지 약조를 청탁했다.

첫째, 글을 써 친우들과 고별하게 해 달라는 것이고 둘째, 처형 시 옷을 벗기지 않으며 셋째, 머리를 잘라 시효하지 말아 달라는 것이었다. 현관이 뒤의 두 가지 청탁을 수락했다. 두 장정이 나서서 추근의 겨드랑이를 부축하려 하자 추근은 "나 스스로 갈 수 있으니 아무 짓이나 하지 마라"고 제지하고 고개를 치켜들어 형장으로 향했다.

현관이 참수영을 내리자 추근은 또 "조금만 기다리라, 영별하러 온 친구들이 있는지 보자!"라면서 사방을 둘러보았다. 몰려온 사람들이 눈물을 머금고 자기를 바라보고 있었다. 추근은 머리를 들어 하늘을 우러러보았다. 서쪽에 곧바로 암흑의 중국 대지를 비출 시각에 여성 호걸 추근은 31세를 일기로 비장한 최후를 마쳤다.

| 세계사 연표 |

1903년
미국 서해안에서 중국에 이르는 해저 케이블을 가설했다.

100

부의溥儀《나의 전반생我的前半生》
복란덕德蘭德《자희외기慈禧外紀》 출전

자희 태후의 유촉

자희 태후는 권술과 권위를 겸비해 청나라 왕조의 고위층을 성공적으로 통제했다. 그는 임종 전 또 한 번 황제의 계승자를 선정했다.

병상에서의 결책

자희 태후는 74세 생일이 지나자 시름시름 앓기 시작했다. 생일연회에서 과식을 하고 연회가 끝난 후에도 밤낮으로 먹고 마시고 연극 구경을 하며 피로하게 지낸 탓이었다. 당시 광서 황제도 젊은 나이에 갑작스레 죽었다.

자희 태후는 병상에 있으면서도 누이동생의 아들인 부의溥儀를 계승자로 내세울 결정을 내렸다. 그는

호화로운 자희 태후의 능묘
자희 태후의 능묘는 창서산昌瑞山 서쪽의 보타욕普陀峪 정동릉定東陵에 안장되어 있다. 정동릉은 건축사상 걸작으로 비할 바 없이 호화로운데, 6년간이나 시공했다. 사진은 정동릉에 세운 융은전隆恩殿으로, 계단에는 '봉황이 용을 누르는 도안'이 새겨 있는데 청나라 때의 계단 중 유일한 것이다.

꼬마 황제를 만나기로 하고 태감을 시켜 부의를 안아 왔는데, 세 살 밖에 안 되었던 부의는 많은 사람이 몰려 서 있고 침상에 늙은 노파가 누워 있는 광경을 보자 기겁해 울음보를 터뜨렸다. 자희 태후가 기를 쓰고 일어나 얼렀지만 막무가내였다.

자희 태후는 부의의 부친인 재풍載灃을 감국으로 임명해 군국정사를 결정하도록 했다. 재풍은 광서 황제의 이복동생으로, 태후의 친조카이자 외조카이기도 하다. 이처럼 황친이자 외척이기도 하니 청나라 강산이 남의 손에 들어갈 염려가 없는 것이다.

자희 태후는 자신이 세운 꼬마 황제 부의가 등극하는 것을 보지 못하고 죽었다.

그는 임종 전 느끼는 바가 있었는지 주변 사람들에

1840 ~ 1911 청나라·2

1842년의 '중·영 남경 조약'

| 중국사 연표 |

1903년 소보 사건이 발생했다.

광서 황제의 영구가 모래 바람 속에서 서릉으로 운반되고 있다

게 "이후에는 부녀자들이 국정을 간섭하지 않도록 하라. 그것은 본 왕조의 가법에 어긋나기 때문이다. 특히 태감들이 정사를 좌지우지하지 못하도록 하라. 명나라가 망한 교훈을 되새겨야 한다."라고 신신당부했다. 이처럼 자희 태후는 자기를 제외하고는 그 어떤 여자도 국정을 간섭할 수 없다고 유언을 남겼다.

꼬마 황제의 등극

1908년 12월 2일, 태화전에서 어린 부의 황제의 등극 행사가 치러져 꼬마 황제가 황제의 보좌에 높이 앉자 문무 대신들이 차례로 예배를 올렸다. 그 시간이 한없이 길어지니 꼬마 황제는 참지 못하고 울고불고 하며 돌아가자고 떼를 썼다. 옆에서 거들던 부친 섭정왕 재풍은 그 바람에 온몸에 진땀을 흘리면서 달랬지만 허사였다.

그 와중에 등극 행사를 마무리 짓고 그 이듬해를 선통 원년으로 한다고 반포했으니 청나라의 말대 황제

꼬마 황제 부의

부의(1906~1967)는 섭정왕 재풍載灃의 아들로, 자희 태후가 임종 전에 세운 황제다. 광서 34년(1908) 10월에 세 살 난 부의가 황제로 즉위해 이듬해부터 연호를 선통宣統이라 하고 그의 부친인 재풍이 섭정했다. 사진은 어릴 때의 부의다.

인 선통 황제가 탄생한 셈이다. 그러나 섭정왕이 "이제 곧 끝나." 하고 한 말은 청나라의 몰락을 예시한 것은 아닐까?

그 말대로 1911년 신해혁명이 터지면서 선통 황제는 보좌에서 쫓겨나고 청나라는 멸망하고 말았다.

●●● 청나라 후기 황제들의 건강 상황 ●●●

연호	성명	연령	재위 기간	사망 원인	비고
도광道光	민녕旻寧	68	30		
함풍咸豊	혁저奕詝	30	11	각혈	일설에는 병이 위중할 때 사슴피를 마시고 죽었다고 함.
동치同治	재순載淳	19	13	천연두	발병 38일 만에 죽음. 일설에는 매독으로 죽었다고 함.
광서光緒	재첨載湉	36	34	결핵	일설에는 자희 태후가 죽기 하루 전에 죽어 자희 태후가 모해했다고도 함.
선통宣統	부의溥儀		3		
(부기) 자희 태후	예허나라씨	74		폐렴	

세계사 연표

1904년
2월, 일·로 전쟁이 중국에서 발발했다.

101

출전: 소일산蕭一山 《청대통사淸代通史》
채덕전蔡德全 《왕정위평전汪精衛評傳》

작탄을 묻다

섭정왕 암해 사건

왕정위汪精衛는 젊은 시절 혁명에 참가해 섭정왕攝政王을 암살하는 행동에 참여했다.

동맹회가 성립된 후 혁명 당원들은 수차례 무장 봉기를 일으킨 동시에 혁명 당원들을 적대시하는 자를 암살하는 극단적 행동도 벌였다. 그중 청나라 왕조의 최고 집권자인 섭정왕 재풍載灃이 중요한 암살 목표였다.

재풍을 암살하는 일의 주모자는 왕정위였다. 그의 원명은 조명兆銘인데, 정위란 그가 일본 유학 당시 동맹회 기관지 《민보》에 문장을 발표할 때 쓴 필명이다. 왕정위의 본적은 안휘무安徽婺인데 후에 절강성으로 갔다가 부친을 따라 광주로 갔다. 그는 문인의 가문에서 태어나 어려서부터 엄격한 서당 교육을 받았다.

1904년 일본 유학을 갔으며, 이듬해 동맹회에 가입했다. 그는 언변이 청산유수이고 문장이 날카로워 신문 잡지에 강유위와 양계초 등 개량주의자들을 비판하는 문장을 많이 써 사회의 열렬한 반향을 일으켰고 손중산에게 중용되었다.

왕정위와 함께 재풍을 암살하는 행동에 참가한 사람으로는 황복생黃復生과 유배륜喩培倫이 있었는데, 그들은 모두 사천성 사람이자 일본 유학생이었다. 그들 셋은 북경에 사진관을 차려 은신처로 삼았다. 그들은 며칠간의 정탐을 거쳐 재풍이 매일 아침 8시 순왕부에서 나와 조정에 갔다가 저녁 7시면 같은 길을 따라 은정교銀錠橋를 거쳐 왕부로 돌아온다는 것을 알아냈다. 은정교는 작은 다리로, 북쪽에 웅덩이가 있어 다리 밑에 폭탄을 묻어 놓으면 그 웅덩이에 숨어 터뜨릴 수 있었다.

1901년 3월 31일 심야에 그들 셋은 다리 밑에 가 어둠 속에서 흙을 파고 폭탄을 묻기 시작했다. 한밤중이

부의의 부친 – 섭정왕 재풍
재풍은 순친왕 혁현奕譞의 아들로, 그의 아들 부의가 황제 자리에 등극하자 정사를 총괄하는 섭정왕이 되어 병권을 틀어쥐고 원세개 등 한족 관리를 배척, 각 파 간 내부 분열 국면을 초래했다.

덕종 황제 시호 인감 (위의 사진 포함)
사진은 청나라 덕종 광서 황제의 시호 인감으로, 왼쪽에 만족문을 썼고 오른쪽에 한문을 썼다.

1840~1911 청나라·2

전각篆刻 285

1904년

| 중국사 연표 |
2월에 황흥, 송교인 등이 화흥회를 조직했다.

겁에 질린 선통 황제
광서 34년(1908) 12월 당시 세 살도 안 된 부의가 등극해 선통 황제가 되었다. 사진 속 부의 황제가 놀란 눈을 하고 있는데, 그가 즉위해 3년째인 1911년에 신해혁명이 일어나면서 청나라 정부가 무너지고 선통 황제도 황제의 보좌에서 내려와야 했다.

라 인근의 개가 짖어대는 바람에 하는 수 없이 그대로 돌아왔다.

이튿날 밤 무게 50파운드에 달하는 폭탄을 묻었다. 그때 갑자기 다리 위에서 인기척이 나서 보니 누군가 다리 아래를 내려다보는 것이다. 그자는 마부였는데 부인이 사흘이나 집에 돌아오지 않아 찾아다녔다 한다. 그런데 다리 아래에서 인기척이 나 기웃거리다 작탄을 발견하고는 혼비백산해 경찰에 신고했다.

●●● 역사문화백과 ●●●

[중국에 전파된 허무당 소설]
20세기 초 러시아에서 대량의 무정부주의 소설이 번역·유입되었는데, 당시 이런 소설을 허무당虛無黨 소설이라 불렀다. 이런 무정부주의 소설은 암살 등의 방식으로 봉건제를 전복할 것을 고취했는데, 당시 중국 혁명 당원들의 행위와 비슷한 점이 많아 성행했다. 이런 소설 역술에 가장 열중한 사람은 진냉혈陳冷血인데, 광서 27년(1904), 그가 번역·편찬한 소설집 《허무당》과 기타 소설 잡지 등에는 〈살인 회사〉, 〈러시아 황제〉, 〈허무당 전기〉 등 많은 러시아 무정부주의 소설이 실렸다. 1907년에는 초관 주인이란 이름으로 《허무당 진상》이 번역·출판되고, 또 양심일이 〈허무당의 딸〉, 〈허무당 비행정〉 등 러시아 무정부주의 소설을 잡지에 번역해 연재했다.

이실직고하다

조정에서는 군사를 풀어 도처를 수색해 의심스러운 자들을 색출했다. 며칠 후 왕정위 등이 운영하는 사진관을 포위하고 그들 세 사람을 붙잡았다.

숙친왕肅親王이 친히 공당에 앉아 심문했다.

"너희가 다리 밑에 폭탄을 묻었느냐?" 그러자 왕정위는 태연히 "그렇다. 우리가 묻었다"라고 말했다. "왜 묻었느냐?" 숙친왕이 묻자 왕정위와 황복생은 이

선통 황제와 부친 섭정왕 재풍
1908년, 세 살인 부의가 등극해 선통 황제가 되자 그의 부친 재풍은 섭정왕이 되어 감국하게 되었다. 사진은 선통 황제와 부친의 사진이다.

| 세계사 연표 |
1904년 미국이 파나마에서 운하 수축권을 샀다.

권력의 상징 – 감국 섭정왕 인감 (아래 사진 포함)

사진의 도장은 섭정왕 재풍이 쓰던 인감으로, 권력의 상징이다. 인감은 백금으로 만들었는데 손잡이는 고개를 바짝 치켜든 용을 조각한 것이고 '감국섭정왕보監國攝政王寶'란 글자가 새겨 있다.

순친왕 혁현이 쓰던 홍두첨

두첨頭籤은 대신들이 황제를 알현할 때 들고 있는 패로, 거기엔 그 대신의 성명과 직위 등을 적는다. 홍두첨紅頭籤은 친왕들이 드는 것이고 녹두첨綠頭籤은 일반 대신들이 들던 것이다. 사진의 홍두첨은 순친왕 혁현奕譞이 쓰던 것으로, '화석순친왕혁현和碩醇親王奕譞'이란 글귀가 새겨져 있다.

구동성으로 "섭정왕을 죽이려고 묻었다."라고 말했다. "무슨 원수진 일이 있느냐?"고 숙친왕이 다시 묻자 왕정위는 "사적인 원수는 없지만 그자가 청나라의 우두머리이기에 죽이려 한다."고 대답했다.

그리고 잠시 후 계속 말을 이었다. "지금 청나라에서는 왕공 귀족들이 우리의 강토를 빼앗고, 백성을 노역시키고 있다. 섭정왕은 이름뿐이지 열강들의 침공을 막지 못하고, 나라를 제대로 다스리지 못하는데 그런 자를 두어 뭘 하겠는가? 그자를 없애고 현명한 자를 추대해야 하지 않겠는가?"라고 열변을 토했다.

말문이 막힌 숙친왕은 눈을 끔벅이며 궁리했다. 그 말대로 조정에서도 많은 사람이 섭정왕을 파직시키려고 의론하지 않는가?

할 말을 잃은 섭정왕은 이어서 "둘 가운데 누가 주모자냐?"라고 물었다. 그러자 그 두 사람은 서로 주모자라 자처하며 자기가 책임지겠다고 다투기까지 했다. 이 광경을 본 숙친왕은 아연해졌다. 섭정왕을 암해하려 함은 죽을죄인데 이들은 책임을 회피하기는커녕 서로 자기가 책임지겠다고 우기니 이런 의사들이 어디 있는가! 숙친왕은 감탄해 연이어 "대단한 의사들이야, 대단한 의사들이야!"하고 칭찬해 마지않았다.

이튿날 숙친왕은 섭정왕에게 사건의 자초지종을 보고했다. 그러자 섭정왕은 대로해 당장 그자들을 잡아 죽이라고 명했다. 숙친왕은 심문 과정을 말하면서, 혁명 당원들은 죽음을 두려워하지 않는데 그들을 죽이면 더 큰 분노를 일으킬 수 있다고 했다.

그는 이전엔 남방에서만 일을 일으켰는데 지금은 집 문 앞에까지 폭탄을 묻고 있어 한 사람이라도 죽이면 더 큰 일이 일어날 것이니 죽이지 말고 영원토록 감금하는 것이 낫다고 권유했다.

섭정왕은 그 말도 일리 있다고 여기고 왕정위 등을 참하지 말 것을 수락했다.

무창기의 발발 후 원세개袁世凱가 왕정위 등을 석방했다. 그런데 왕정위는 일본제국주의가 중국을 전면 침략해 중화민족이 생사존망의 위기에 처했을 때 반역해 일본 제국주의의 주구가 되어 중화민족의 죄인으로 전락하고 말았다.

| 중국사 연표 |

1904년 광복회가 성립되었다. 진천화가 《맹회두》, 《경세종》을 저술했다.

102

첨천우

20세기 초 외국 사람들은 "중국에서 외국인의 도움 없이 스스로 철도를 가설한다는 것은 몽상이 아닐지라도 적어도 50년은 지나야 할 것이다."라고 단언했다. 그러나 첫 미국 유학생 중 대표적 인물인 첨천우詹天佑가 자신의 능력으로 이 유언을 타파하고 세상을 놀라게 한 경장京張철도를 부설했다.

어린 유학생

동치 11년(1872) 8월, 12세의 첨천우가 어린이들을 뽑아 유학시키는 유학 시험에 합격했다. 그는 29명의 어린이들과 함께 서양의 선진 과학기술을 배우기 위해 중국 최초로 미국 유학을 떠났다.

조국의 기대를 저버리지 않고 미국에 건너간 첨천우는 분발하고 노력한 끝에 1875년 5월, 우수한 성적으로 고등학교에 합격했다.

첨천우는 총기가 있는 데다 열성적이어서 학습 성적이 늘 선두였다. 그는 고등학교를 무난히 마치고 자신의 뜻대로 예일대학 토목건축 학과에 입학했다. 대학 과정에서도 그는 언제나 선두였는데, 특히 수학과목에 특출해 3년 연이어 수학우수상을 받았다. 졸업하는 해에는 졸업 논문으로 학술적 가치가 있는 《부두 기중기에 관한 연구》를 써서 학사 학위를 받았다.

유학생 가운데 첨천우를 포함한 두 사람만이 학사 학위를 받았다.

이렇듯 우수한 성적을 올린 중국 유학생들에게 미국 내 각계 인사들이 칭찬을 아끼지 않았지만 청나라 정부 관원들은 유학생들이 불법 활동을 한다면서 그들을 귀국시키자고 정부에 상주했다.

조정에서도 이 상주신을 수락, 1881년 첨천우를 비롯한 모든 유학생이 귀국해야 했다.

철도 공정의 선구자 – 첨천우

경장철도 건설의 주요 책임자들
경장철도는 중국 자체적으로 설계·건설한 첫 철도로, 첨천우(앞줄 가운데 사람)는 도대道臺의 관직으로 총판에 총공정사를 맡았다.

| 세계사 연표 |

1905년 러시아와 일본이 포츠머스 평화조약을 체결했다.

《중국의 걸출한 공정사中國杰出的愛國工程師 - 첨천우詹天佑》 출전

첨천우가 영덕대교를 시찰하다
1910년 첨천우는 월한철로의 독판으로 전근했는데, 그해 광동에 도착해 월한철도의 영덕대교를 시찰했다. 사진은 그때 찍은 것이다.

중국인의 본때를 보여 주다

미국에서 돌아온 첨천우는 토목건축을 배웠으나 복건 수사학당에 배치되어 선박을 조종하는 기술을 배웠다. 토목을 배운 사람이 항해 기술을 맡았으니 생소한 일이었다. 그러나 첨천우는 부지런히 배워 광동 일대 해역에 대한 측량 제도를 완성했다.

1888년 그는 중국철도공사 총경리의 초빙을 받아

거용관의 북쪽 터널 출구
거용관의 북쪽 출구는 바로 팔달령으로, 남쪽 출구와 대칭을 이루고 있다. 경장철도는 두 산 사이에 가로놓인 관성을 거쳐 이어졌다. 거용관은 팔달령의 험준한 산세를 끼고 있어 한결 견고하다.

외국 공정사를 방조해 당서철도를 천진까지 이어 가는 공정을 맡았다.

1892년 선로의 관건적인 공정인 난하철교灤河鐵橋를 가설할 때 외국 공정사들은 난관에 부딪혔다. 난하철교는 길이가 617m에 달하는데 16개의 기둥을 세워야 했다. 총공정사 김달金達은 이 공정을 영국 공정사한테 맡겼는데 강바닥의 모래층이 두텁고 물살이 세어 기둥을 박을 수 없었다. 그리하여 일본 공정사를 청했지만 그들도 속수무책이었다. 하는 수 없이 독일 공정사를 청해 선진적인 '공기압축법'을 썼으나 여전히 기둥을 박을 수 없었다. 급해진 김달은 마지못해 첨천우에게 시험해 보라고 했다.

첨천우는 임무를 맡자 강바닥의 지질 상황과 물살의 속도 등에 대해 상세히 조사·분석하고 앞선 이들이 실패한 경험을 교훈삼아 다리를 설치할 지점을 옮기고 또 당시 가장 선진적인 '기압침상법'을 적용하기로 했다. 그리고 중국의 전통적 방법으로 잠수원들을 물밑으로 내려 보내 지면 작업에 협력하도록 했다. 이처럼 주도면밀한 조치로 제때에 성공적으로 기둥을 세울 수 있었다.

업신여기던 중국 공정사가 뜻밖에 난관을 해결하자 외국 공정사들도 모두 깜짝 놀랐다.

첨천우가 총책임을 맡고 부설한 경장철도

첨천우 289

| 중국사 연표 |

1905년
8월 일본 도쿄에서 동맹회를 창립했다.

중국인의 위상을 높이다

1900년에 청나라 정부는 북경에서 장가구張家口에 이르는 경장철도를 부설하기로 결정했다. 소문이 퍼지자 영국과 러시아는 서로 자국의 공정사를 초빙하라고 청나라 정부에 강요했다. 그러자 난처하게 된 청나라 정부는 첨천우를 경장철도공사 총책을 맡는 총공정사로 임명했다.

경장철도는 200km밖에 안 되어 길지는 않지만 연산燕山 산맥의 험산 준령을 지나야 하고 만리장성 중 최고 지점인 팔달령八達嶺을 넘어야 하기에 무척 어려운 공정이었다. 중국인 첨천우가 공정을 총괄한다는 말을 들은 외국인들은 공개적으로 "이 철도 공정을 해낼 중국인이 아직 없다.", "경장철도 공정에 외국인을 쓰지 않는다는 것은 거짓말이다."라고 비난하며, 첨천우가 이런 공정을 맡겠다고 나선 것은 허무한 짓이며 무모한 짓이라고 비웃기까지 했다. 그러나 첨천우는 "드넓은 땅에 풍부한 자원을 보유한 중국이 일개 철도를 부설하는 데 외국인을 청해 들이는 것은 최대의 수치다."라고 맞섰다.

첨천우와 손중산이 함께 찍은 사진
신해혁명 폭발 당시 첨천우는 광동의 월한로 총책 겸 총 공정사로 있으면서 철도 부설에 진력했다. 당시 광주의 국세가 혼란스러웠으나 그는 직원들을 거느리고 본직을 성실히 수행해 열차도 어김없이 제 시간에 운행했다. 사진은 첨천우가 임시 대총통을 사퇴한 손중산과 함께 찍은 사진이다.

청나라 시대 자색 꽃 조각 의자

중국인이 독자적으로 철도 건설을 완수할 수 있음을 세인들에게 보여 주기 위해 첨천우는 완벽한 준비를 했다. 가장 타당한 노선을 선택하기 위해 그는 나귀를 타고 산길을 오가면서 당지 주민들에게서 지세 등의 상황을 물어 이해했다. 그는 비바람과 혹한을 무릅쓰고 낮에는 계기를 메고 산중턱에서 측량하고 밤이면 등불 아래서 제도하면서 마침내 팔달령을 가로지르는 노선을 선정했다.

시공이 시작되자 첨천우는 반복적인 탐사와 측량을 거쳐 터널을 팔 때 분단시공법을 채취하고 선진적 기술을 이용해 시공 시간을 대폭 단축했을 뿐만 아니라 시공의 질도 보장했다. 팔달령의 험준한 지형에서 시공을 보장하기 위해 그는 'ㅅ'자형 선로를 설계해 터널 길이를 단축하고 경사도를 줄여 기차가 경사면을 안전하게 통과할 수 있도록 했다. 동시에 설계 표준을 통일하기 위해 국제표준인 1.435m짜리 궤도를 채용했다. 이로써 이후 전국적 철도 궤도를 통일의 기초를 마련했다.

1909년 9월 24일, 4년간의 고군분투 끝에 계획보다 2년 앞당겨 경장철도가 개통되었다. 또한 설계를 면밀히 하여 국가의 자금을 28만 냥이나 절약하고 철도 시공 질도 훌륭해 구미 권위 인사들의 찬탄을 자아냈다. 10월 2일 경장철도 남구역에서 열린 개통식에는 외국 귀빈이 1만여 명이나 참석했다.

| 세계사 연표 |

1905년 아인슈타인이 '상대성 이론'을 발표했다.

103

《중국항공사中國航空史》 출전

비행기 설계사 풍여

다방면에 재능이 있는 풍여馮如가 고심한 탐구를 거쳐 빈약한 조국에 첫 비행기를 제조했다. 그는 자신의 뛰어난 재능을 중국 혁명을 위해 바쳤다.

손재주 좋은 어린이

중국사람 중 최초로 하늘을 날아오른 비행사 풍여는 광동성 은평恩平의 한 가난한 가정에서 태어났는데, 어려서부터 총명하고 손재간이 뛰어났다. 한번은 성냥갑으로 기선을 만들었는데 보는 사람마다 혀를 내둘렀다. 그런데 가정 형편이 너무나 어려워 미국에 있는 외삼촌이 조카를 출국시켜 돈을 벌게 하라고 그의 부모에게 권했다. 그런데 풍여가 독자인지라 부모는 한사코 반대했다. 하지만 이미 16세가 된 풍여는 아랑곳하지 않고 "대장부라면 천하를 집으로 삼아야 하며 집에만 틀어박혀 있으면 아무 쓸모가 없다."고 우겼다.

광서 25년(1899) 풍여는 미국으로 떠나 샌프란시스코에서 막벌이를 시작했다. 미국에 도착하자마자 풍여는 미국의 선진 기술과 번영한 경제에 매료되었다. 어린 나이지만 풍여는 기계 조작을 배우고 선진 기술을 어김없이 장악하고 말리라 결심했다.

그 후 풍여는 샌프란시스코에서 뉴욕으로 왔다. 그는 낮에는 일하면서 기술을 익혔고, 밤이면 기계 원리를 학습했다. 평상시 아껴 쓰며 모은 돈으로 기계 관련 책을 사서 밤을 새워 가며 읽었다.

이러한 노력으로 몇 해가 지나자 풍여는 각종 기계를 능숙히 다룰 수 있었고, 그 원리들을 숙달

풍여

풍여(1883~1912)는 광동성 은평 사람으로, 중국의 첫 비행기 설계사다. 12세에 집안이 어려워 샌프란시스코에 건너가 막벌이를 했다. 1903년부터 비행기를 연구·제작하기 시작해 1909년 9월 21일 첫 비행에 성공하고, 1910년 10월부터 12월 사이 자체 제작한 비행기로 비행을 하여 큰 성공을 거두었다. 1911년 2월, 풍여는 미국의 초빙을 거절하고 조수와 함께 두 대의 비행기를 가지고 귀국했다. 신해혁명 이후 풍여는 광동혁명군 정부의 초빙을 받고 비행대장 직을 맡았으며, 1912년 8월 25일 광주의 한 연습장에서 비행 중 사고로 추락사했다. 풍여의 공적을 기려 정부에서는 그를 육군소장으로 추인했다.

당시 비행 애호가들이 비행 시험을 하는 장면

했다. 심지어 말뚝 박는 기계와 물 펌프, 무선 전보기까지 발명했는데 그 제작이 정밀해 사람들이 사가기도 했다.

비행기 제작에 대한 결의

1903년 미국의 라이트 형제가 비행기를 제작해 인류가 하늘을 날아오르려는 이상을 실현하자 비행기 제작 기술이 선진 과학기술의 상징으로 떠올랐다.

그런데 당시 세인들의 안목에는 중국은 낙후한 과학기술의 대표 격으로 비쳤다. 일심전력으로 중국을 부강한 선진국으로 일으켜 세우기로 결심한 풍여는 중국 사람도 하늘을 날아오르도록 하고야 말리라 결의를 다졌다. 그는 친구들한테 "병기 중에서 비행기가 으뜸이라는데 꼭 비행기를 제작해 조국을 빛내겠다. 그렇지 못하면 죽고 말겠다."라고 비장한 결심을 내비쳤다.

1906년 샌프란시스코로 돌아온 풍여는 나라를 강성하게 할 목적으로 비행기를 제작하기 위해 화교들에게 모금해 1000달러를 얻었다.

이듬해 풍여는 공장 건물을 임대 맡고 세 명의 화교 청년들과 함께 비행기 제작에 매달렸다. 그들은 반복적으로 도면을 수개하고 정밀 가공하면서 비행기를 제조해 나갔으며, 풍여는 직접 시험 비행을 맡아 했다. 이처럼 수차례 반복하며 시운전을 했으나 번번이 실패를 거듭했다. 그러나 풍여는 "비행기를 만들어 내지 못하면 평생 조국으로 돌아가지 않겠다."라고 호언장담까지 했다.

상해의 생활상 (청나라 말기 연화)
상해가 발전으로 각국 상인이 모여들면서 각종 외국의 오락 기구, 교통 공구, 기계 공구 등이 여러 곳에서 쓰이게 되었다. 그림은 청나라 말기 연화로 기차, 윤선, 마차 등이 그려져 당시의 생활상을 사실적으로 보여 준다.

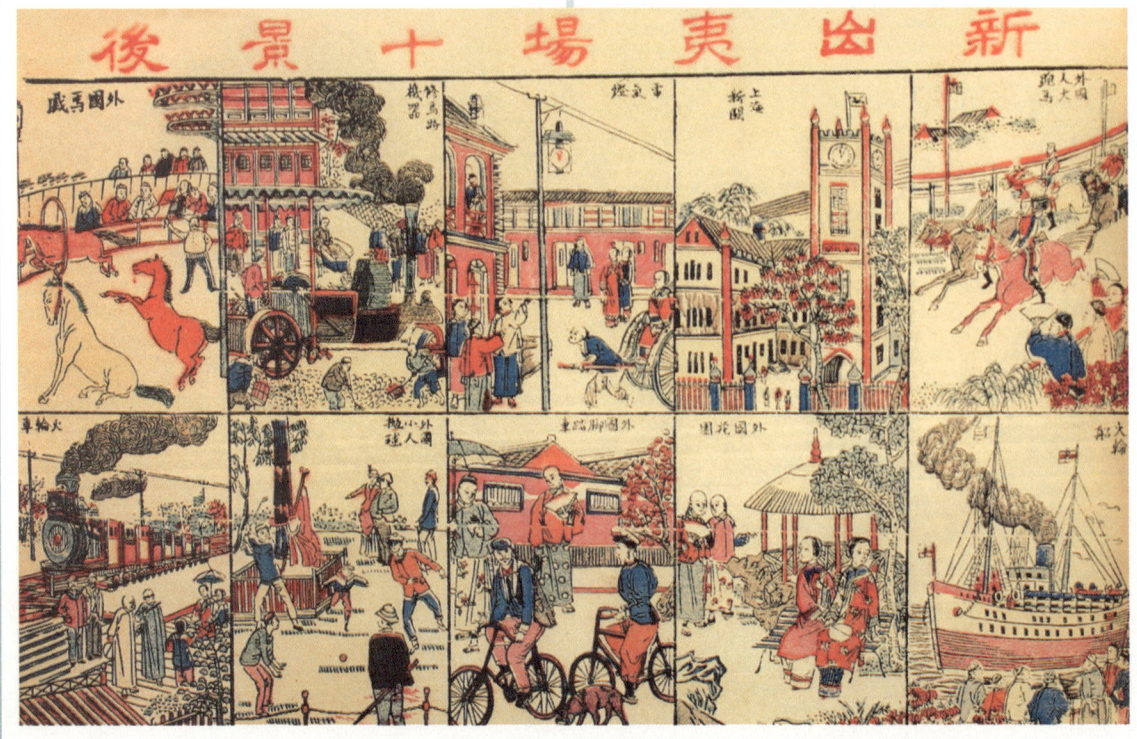

| 세계사 연표 |

1905년 러시아 모스크바에서 노동자 무장 봉기가 일어났다.

금칠한 목 조각 모란꽃 여의

이 여의如意는 청나라 말기(1851~1911) 장식품으로 높이가 10cm, 길이 40cm, 너비 14cm인데, 현재 광동성 박물관에 소장되어 있다. 세 개의 큰 꽃, 두 개의 작은 꽃과 잎사귀들로 무어진 이 모란꽃 여의는 자연스러우면서도 우아하다.

중국인도 하늘을 날았다

3년간의 악전고투 끝에 그들은 결국 하늘로 날아오르고픈 욕망을 실현했다.

1909년 9월 21일, 당시 26살의 풍여는 자신이 제작한 라이트 식 비행기를 몰고 푸른 상공에서 2640피트를 날았다. 이 비행 거리는 라이트 형제가 맨 처음 비행한 거리의 3배가 넘었다. 그리하여 당시 《캘리포니아 미국 인민보》에서는 "중국인의 항공 기술이 서방을 능가했다."고 보도하며 풍여가 시험 비행한 경과를 소개했다.

이에 만족하지 않고 풍여는 거듭되는 개진을 거쳐 1910년에는 성능이 더 우월한 비행기를 만들었고, 자신이 직접 몰고 시속 104Km의 속도로 32Km를 날았다. 비행 고도도 약 213m로 당시의 세계 기록을 경신했다. 그해 풍여는 국제비행협회에서 거행한 비행경색대회에 참가해 최우수상을 받았다.

비행에 헌신하다

풍여가 국외에서 비행에 성공했을 때 혁명의 선구자 손중산도 그 연기를 관람하고 "우리나라에도 훌륭한 인재가 있구나."라고 감탄하며, 많은 교포와 함께 그를 고무, 격려했다.

1911년 신해혁명이 발발하자 풍여는 결연히 광동 혁명군에 참가해 육군비행기장을 맡고 중국 최초의 공군을 거느렸다.

풍여는 일심전력으로 중국 공군을 건립하기 위해 헌신하면서 항공 기술을 널리 보급, 국민들이 항공업을 중시하도록 했다.

1912년 8월 25일, 광주 교외의 한 비행연습장에서 비행 중 갑자기 비행기가 뒤틀리며 추락해 풍여는 치명상을 입었다. 긴급 구호를 했지만 불행하게도 목숨을 잃고 말았다. 임종 직전에도 풍여는 조수들의 손을 잡고 "내가 죽더라도 절대로 신심을 잃지 말고 계속 분투하라."고 신신당부했다.

조국의 비행 사업과 강성을 위한 혁명 사업에 청춘을 바친 풍여의 갑작스러운 사망을 애통해 하며 각계 인사들과 국민들이 애도의 뜻을 표했다.

●●● 역사문화백과 ●●●

[중국 최초의 국가]

청나라는 국가國歌가 없어서 말기에 이르러 외교상 많은 불편을 자아냈다. 후에 증기택이 영국과 프랑스의 공사로 있을 때 〈보천악普天樂〉이란 가곡을 창작했는데, 이를 각국에서 국가로 여기고 외교 시 연주했다. 광서 22년(1896) 이홍장이 유럽으로 출국했을 때 국가가 없어 난처해지자 임시로 노래 한 수를 편찬·연주했는데, 이를 후에 〈이중당악李中堂樂〉이라 불렀다. 정식 국가는 선통 3년(1911) 9월에 반포한 〈공금구鞏金甌〉이며 청나라 왕조의 공덕을 기린 것이다.

| 중국사 연표 |

1906년
전국 철도 토지 구매 장정을 반포했다.

104

황화강 봉기

동맹회가 성립된 후 11차례의 봉기가 일어났는데, 그중 가장 규모가 크고 영향력 있는 것이 황흥黃興과 조성趙聲이 영도한 광주 황화강黃花崗 봉기다.

동맹회의 봉기

광서 31년(1905) 7월 20일, 중국 동맹회가 일본 도쿄에서 결성되면서 당시 화흥회 회장이던 황흥의 제의로 손중산이 총리로 추대되었고, 손중산은 또 즉석에서 황흥을 집행부 서무(조리)로 지명해 동맹회의 일상 사무를 도맡도록 했다. 이로써 황흥은 동맹회에서 손중산의 버금가게 되어 흔히 그들 둘을 통칭해 '손황'이라 불렀다.

황흥은 무장 투쟁을 각별히 중시했는데, 동맹회는 그의 직접적 지휘 아래 수차례 반청 무장 봉기를 일으켰다. 동맹회가 성립된 이듬해 황흥은 사람을 보내 호남성과 강서성 접경지대에서 첫 무장 봉기를 일으켰지만 실패했다. 손중산과 황흥은 그곳에 적의 세력이 강한 점을 고려해 그 후부터 봉기 지점을 광동성과 광서성 쪽으로 옮겼다.

광서 33년(1907)부터 2년 간 동맹회는 중국과 베트남 접경지대에서 네 차례 봉기를 일으키고, 선통 원년(1909) 12월에는 광주에서 신군 봉기를 일으켰는데 황흥이 지휘를 맡았다.

기의에는 많은 화교들이 국외에서 찾아와 참가했는데, 기의자들은 너나없이 죽음을 무릅쓰고 용감무쌍하게 참전했다.

황흥은 최고 지휘자로서 언제나 총탄을 두려워하지 않고 앞장서 싸웠으며 퇴각 시엔 맨 뒤에 섰다. 그러나 봉기군은 역량이 박약해 심지어 몇 백 명이 봉기를 일으킨 적도 많으며, 훈련이 부족하고 탄약 등의 무기가 결핍한 데서 그때마다 실패하기는 했으나 황흥은 이에 굴하지 않고 이어서 봉기를 준비했다.

황화강 72열사 묘

황화강 72열사 묘는 광주시 동북쪽의 선열로에 세워져 있다. 1911년 4월 27일 손중산이 영도하는 동맹회가 광주시에서 청나라 정부를 전복하기 위한 무장 봉기를 일으켰다. 혁명 당원인 황흥이 100여 명의 봉기군을 거느리고 총독 아문을 공략했는데, 청나라 정부의 지원군과 격전을 벌였으나 실패했다. 후에 동맹회 회원인 번달미潘達微가 생명의 위험을 무릅쓰고 봉기에서 희생당한 열사의 시체 72구를 찾아 황화강에 묻었다. 이것이 역사상 유명한 '황화강 72열사'로, 묘소는 맨 처음 1912년에 세웠다가 1921년에 이르러 열사 묘와 기공방을 다시 세웠다.

광주 봉기 시 체포된 열사들이 처형되기 전에 찍은 사진
광주기의가 실패하면서 체포된 선열들이 장엄한 최후를 마쳤다. 그들의 혁명 업적은 청나라 역사에 길이 빛날 것이다. 사진은 불행하게 체포된 열사들이 마지막으로 남긴 사진이다. 봉기의 영도자인 황흥은 탈출 후 홍콩에서 시를 지어 광주봉기에서 희생된 열사들의 넋을 기렸다.

| 세계사 연표 |

1906년 영국 노동자 대표위원회가 공당으로 개칭했다.

출전: 풍자유馮自由 《혁명일사革命逸史》《남원총고南園叢稿》

자안 태후 (청나라 궁정화)
자안慈安 태후(1837~1881)는 함풍 2년 황후로 책봉되었는데, 그때 나이 겨우 16세였다. 함풍 황제가 죽은 후 재순이 그녀를 황태후로 내세우고 자안이란 휘호를 내렸으며, 자희 태후와 공동으로 수렴청정 하도록 했다. 그러나 실제 정사는 자희 태후가 독차지했다. 그림은 청나라 궁정 화가가 그린 자안 태후의 인물상이다.

청나라 말기의 감숙 독련공소 직원들
'신축조약' 후 청나라 정부에서도 새로운 정치를 실시했다. 광서 29년(1903), 연병처練兵處를 내오고 육군 군제를 제정했으며 각 성에는 독련공소督練公所를 세워 신군을 편성하고 훈련시켰다.

광주 봉기를 준비하다

선통 2년(1910) 10월 손중산과 황흥, 조성 등 동맹회 영도자들이 남양에서 비밀회의를 열고 자금을 모집해 500명의 동맹회 회원으로 결사대를 조직하고 신군을 주체로 반청 단체들과 연합해 광주에서 재차 무장 봉기를 일으키기로 했다. 봉기에 성공하면 광주를 근거지로 삼고 군대를 두 갈래로 나누어 북벌하되, 한 갈래는 황흥이 거느리고 호남을 거쳐 무창을 점령하며, 다른 한 갈래는 조성이 거느리고 강서를 거쳐 남경을 점령하기로 했다. 그런 다음 두 군이 회합해 장강을 건너 곧장 북경으로 향하기로 했다.

그해 10월 황흥, 조성은 홍콩에 봉기조직부를 설립하고 광주로 사람을 보내 비밀 연락 지점을 38곳이나 세웠다. 선통 3년(1911) 3월 5일 황흥과 조성은 봉기 날짜를 3월 15일로 의결했다가 다시 28일로 고쳤다.

황흥은 필승의 신념을 가지고도 자신의 최후 또한 각오하고 광주를 떠나기 직전 〈절명서〉까지 썼다. 그는 〈절명서〉에서 "오늘 전선으로 달려가나니, 봉기의 선두에서 용맹하게 적을 무찌르겠노라. 그리고 이 글을 절필로 삼는다."라고 비장한 결의를 내비쳤다.

1848년 청포 학교에서 작성한 교안

| 중국사 연표 |
1906년 예비 입헌을 선포했다.

남경의 중산문

황화강의 의사

황흥과 조성은 광주에 도착하자 봉기 총지휘부를 설립했는데 무기가 미처 도착하지 않아 봉기를 하루 연기해 29일(4월 27일)에 일으키기로 하고 원래 정해 놓은 열 갈래를 네 갈래로 통합하고 각각 총독부와 북문, 순경교련소, 남대문 등을 공략하기로 했다.

3월 29일 오후 5시 반에 황흥이 100여 명의 선봉대를 이끌고 거사했는데, 나머지 세 갈래 기의군은 이런저런 이유로 거사하지 못하고 신군도 성 밖에 막혀 들어오지 못했다. 황흥은 자신이 이끄는 100여 명을 거느리고 계획대로 총독부를 점령했으나 신임 총독 장명기가 이미 도주해 총독부에 불을 지르고 나오다 수사제독水師提督 이준李准의 친병대대에 맞서 처절한 시가전을 벌였으나 이기지 못하고 대오를 흐트러뜨리고 말았다. 황흥은 싸움에서 오른쪽 손가락을 두 마디나 잘렸으나 완강히 싸우다 후에 그의 처가 된 서종한의 권고에 못 이겨 의복을 갈아입고 그녀의 호위 아래 홍콩으로 몸을 숨겼다.

이번 봉기도 실패해 많은 의사들이 희생당하고 붙잡혀 살해된 사람까지 모두 86명(어떤 사료에는 100여 명이라고 적혀 있다)이었다. 4일 후 유지인사들이 나서서 희생된 사람들의 시체 72구를 찾아 황화강에 집단 안장했는데, 이를 '황화강 72열사'라 한다.

●●● 역사문화백과 ●●●

[대만에 있는 나복성의 묘]

나복성羅福星은 원적이 광동성인데 청년 시절 대만에서 공부할 때 동맹회에 가입하고 1907년부터 싱가포르, 인도네시아 등지에서 교사를 했다. 그는 광주 황화강 봉기의 주요 책임자 중 한 사람인데, 기의가 실패한 후 손중산의 지시를 받아 대만으로 건너가 복건 동맹회를 창립하고 발전시켰다. 그러다 1913년 일본에 체포되어 이듬해 교살되었다. 1945년 대만이 광복을 맞이하자 당지 민중들이 그의 유해를 다시 안장하고 사당을 지어 충혼을 기렸다. 해마다 음력 7월 24일이면 지방 당국과 민중들이 연합으로 충렬의 명복을 빌며 제사를 드린다.

| 세계사 연표 |
1907년 일본에서 산업을 권장하는 박람회를 개최했다.

105

《신해수의회억록辛亥首義回憶錄》
《무창기의당안자료선편武昌起義檔案資料選編》 출전

무창기의

신군의 사병이 총을 들어 혁명을 적대시하는 패장을 쏘아 무창기의武昌起義의 첫 총소리를 울렸다.

혁명의 씨앗

동맹회는 1906, 1907, 1908, 1910, 1911년에 10여 차례 봉기를 일으켰다. 이는 비록 청나라 정부의 진압으로 실패했으나 도처에 혁명의 씨앗을 뿌려 혁명의 고조가 도래했다.

1911년 5월 무한武漢의 철도 노동자들이 문제를 일으키자 청나라 정부에서는 군대를 파견해 진압하면서 무한에서도 일부 신군을 뽑아 갔다. 이리하여 무한의 병력이 줄어들어 기의의 조건이 형성되었다.

신군이란 서양의 육군 편제를 본떠 보병, 기병, 포병, 공정병 등을 두고 신식 무기로 무장한 군대를 말한다. 청나라 정부는 새로 세운 군대로 무너져 가는 왕조를 지탱해 보려 했으나

신군 가운데 혁명을 동경하는 사람이 날로 늘어나는 바람에 신군이 오히려 자기들의 통치를 뒤엎는 역량이 될 줄은 꿈에도 생각지 못했다.

기의 방안을 결정하다

무한은 예부터 9성의 요충지로, 수륙 교통의 중심지일 뿐만 아니라 혁명 역량이 신속히 발전한 지구이고, 각 성의 혁명 당원들이 연락을 취하는 연락처였다.

무창에는 공진회共進會와 문학사文學社라는 혁명 조직이 있었는데, 그들은 1911년 9월 14일 연석회의를 갖고 연합해 대책을 논의하면서 문학사의 사장 장익무蔣翊武를 혁명군 총지휘자, 공진회의 수령 손무孫武를 참모장으로 정했다.

그리고 24일 재차 회의를 열고 중추절(10월 6일)에

효흠현 황후의 시호 옥새 (위 사진 포함)
광서 황제가 죽은 이튿날 자희 태후도 죽었다. 사진은 자희 태후의 시호 옥새로, 왼쪽에는 한문을 썼고 오른쪽에는 만족문을 썼다.

호북 군정부 청사
무창기의가 성공한 이튿날 호북 혁명군 정부가 성립되고 여원홍黎元洪이 도독으로 추대되었다. 군 정부는 원래의 자의국에 사무실을 마련하고 작전을 지휘했다. 사진은 당시 군 정부 청사다.

1840~1911 청나라·2

1895년 강유위 등이 북경에서 설립한 강학회強學會

| 중국사 연표 |

1907년
서석린, 추근이 각각 체포·희생되었다.

호북 군 정부에서 발행한 무창기의 기념장과 광복기념장

무창기의에 참가한 호북혁명군 정규군
무창 혁명은 청나라 정부의 상종을 울렸다. 사진은 당시 무창기의에 참가했던 호북혁명군 정규군이다.

기의하기로 결의했다가 준비가 채 되지 않은 것을 감안, 다시 10월 11일 거사하기로 했다.

돌발적인 사건

기의 날이 다가오자 혁명 당원, 신군 관병, 학생, 농민 모두 기의의 총소리가 울리기만 고대하고 있었다. 10월 9일, 오전에 한구漢口의 어느 집에서 굉음이 터져 나왔다. 원래 그 집은 기의 참가자인 유공劉公의 집이었는데 손무 등이 그 집에서 폭탄을 만들고 있었다. 그런데 유공의 동생인 유동劉同이 담배를 문 채로 들어오는 바람에 그만 불꽃이 날려 화약이 폭발한 것이다. 그리하여 손무는 온몸에 상처를 입고 병원으로 호송되었으며 다른 사람들은 당황해 어쩔 줄을 몰라 하는데 순경들이 몰려와 집을 에워싸고 수색해 기의 때 사용할 깃발, 도장, 포고문, 돈 그리고 혁명 당원들의 명부 등을 모두 압수당했다. 순경은 또 유동과 유공의 첩을 붙잡아 갔는데 그들은 문초를 이겨내지 못하고 혁명 당원들의 기관 소재지와 활동 정황을 자백했다. 그러자 호광 총독이 즉시 경찰과 헌병을 풀어 온 시내에서 혁명 당원들을 수색·체포했다.

사건 발생 시 총 지휘자 장익무는 여러 사람과 거사 날짜를 의논하다가 오후에 우발 사건이 터졌다는 소식을 듣고 그날 밤 12시 기의를 일으키기로 결정짓고 기의에 참가할 신군의 각 단과 영에 명령을 내렸다. 그런데 그날 밤 군경들이 총지휘부를 포위해 장익무가 피하면서 기의를 제때 거사할 수 없었다.

외교가이자 법학가 오정방
오정방伍廷芳(1842~1922)은 광동성 신회현新會縣 사람으로 근대의 저명한 외교가이자 법학가로 일찍이 미국, 멕시코, 일본, 쿠바 등의 공사를 맡았으며, 신해혁명이 일어난 후 청나라 정부를 벗어나 손중산이 영도하는 민주 혁명 운동에 가담했다.

●●● 역사문화백과 ●●●

[근대 혁명당의 깃발]

신해혁명 기간에 혁명 당원들은 정자기井字旗, 18성기星旗, 5색기 같은 각종 깃발을 사용했다. 정자기는 요중개廖仲愷가 설계한 것으로, 선통 3년(1911) 신해혁명 기간에 그의 고향인 혜주에서 처음으로 걸었다. '정井' 자는 밭을 가리킨다. 18성기는 총칭 '철혈 18성기'라 하는데 선통 3년(1911), 무창기의가 발발할 때 쓰였다가 후에 호북성과 강서성 등지에서 걸었다. 남경 임시 정부가 성립된 후에는 육군 군기로 쓰였다. 깃발에 새긴 18개의 별은 중국 관내의 18개 성을 가리키며, 별의 붉은색은 광명을 나타낸다. 5색기는 1912년 1월에 남경 임시 정부가 세워지면서 국기로 정해지고 전국적으로 쓰였다. 깃발은 적색, 황색, 남색, 백색, 흑색을 차례로 엮었는데, 각각 한족, 만족, 몽골족, 회족, 장족을 나타내며 이들이 함께 공화를 현성함을 상징한다. 또 청나라 말기 해군 1·2품 관직의 군대들도 5색기를 사용했다.

| 세계사 연표 |
1907년
영국에서 강철 농단 기업이 출현했다.

무한 황학루

첫 총소리

10월 10일 밤, 마침내 기의가 폭발했다.

그날 밤 어둠이 깃들자 신군의 제8진 공정병 제8영 제2패의 패장 도계승陶啓勝이 병영을 순시하다 이상한 낌새를 차렸다. 김조룡金兆龍과 정정영程正瀛 등 사병들이 모두 총탄을 재우고 군사 행동을 벌이려 하는 조짐을 알아낸 것이다.

도계승은 김조룡에게 "이 자식들, 뭘 하나? 반란할 셈인가?" 하고 소리 질렀다. 그러니 김조룡이 맞받아 "반란하면 어쩔 셈이냐?"라고 소리쳤다. 도계승이 달려들어 그의 팔을 비틀며 호위병에게 결박하라고 하자 김조룡은 반항하며 "동지들, 어서 손을 쓰지 않고 뭘 하는가?" 하고 소리쳤다. 그러자 곁에 있던 정정영이 총신으로 도계승의 머리를 내리쳤다. 그가 머리를 감싸 쥐고 도망치자 정정영이 총을 한 방 쏘았다. 비록 명중하지 못했으나 쩌렁쩌렁한 총소리가 상공에

1908년 8월에 청나라 정부에서 반포한 '흠정헌법대강欽定憲法大綱'

299

1908년 | 중국사 연표 |
3월에 성선회가 무한의 각 공장과 광산을 합병해 한야평공사를 세우고 상관으로 고쳤다.

무창기의의 영도자 – 장익무 (왼쪽 사진)
장익무(1885~1913)는 호남성 사람으로 무창기의 때 총사령관 방어사를 맡았다. 후에 그는 손중산을 따라 원세개를 토벌하는 투쟁에 참가했다. 1913년 제2차 혁명 때 체포, 처형당했다.

무창기의의 영도자 – 손무 (오른쪽 사진)
손무(1879~1939)는 호북성 하구, 지금의 무한사람으로 청나라를 전복하는 투쟁에 적극적으로 참가하여 호북 혁명당인들의 기의를 획책하였다. 그는 무창기의를 일으킬 때 폭탄을 제조하다가 부주의로 폭발하여 중상을 입고 무창기의 이후에는 호북군정부에서 군무부장 직을 맡았다.

퍼지면서 무창기의의 첫 총소리가 울렸다.
이는 기의를 선포하는 총성과도 같아 혁명 당원들은 고대하던 기의 명령을 들은 듯 순식간에 행동에 나섰다.

민국을 창건한 3대 영수
사진은 민국을 창건한 3대 영수, 왼쪽부터 여원홍黎元洪, 손중산, 황흥이다. 무창기의 이후 상해 상무인서관에서 발행한 명신장이다.

공정병 제8영의 병사들은 공진회의 회원이자 영대표인 웅병곤熊秉坤의 인솔 아래 초망대의 무기고를 점령했고 잇달아 신군 각 영과 대대에서는 호광 총독 아문과 제8진 사령부를 향해 공격을 시작했다. 그러자 총독은 뒷문으로 군함에 올라 도망쳤고 제8진 통제도 패잔병을 거느리고 한구로 후퇴했다.

이튿날 새벽 무한의 황학루에 9각 18성기가 높이 걸려 펄럭이면서 무창 봉기의 승리를 선고했다.

호북 구군변이 황학루 앞에서 찍은 사진
1896년 장지동이 호분에서 신군을 편성·훈련시켰는데, 신해혁명이 발발하기 전까지 호북성에서 1진에 한 개 혼성협을 건립했으며, 총 1만 5000명이나 되었다. 그중 여원홍이 제11 혼성협의 통령으로 있었는데, 바로 이 군대가 무창기의의 첫 총소리를 울렸다. 사진은 호북 구군변이 무한의 황학루 앞에서 찍은 사진이다.

| 세계사 연표 |

1908년
일본과 러시아가 사할린섬의 경계를 확정했다.

106 상해·남경의 광복

《신해혁명재상해사료선집辛亥革命在上海史料選集》

무창기의가 승리하자 각지에서 분분히 향응해 장강 하류에 속하는 대도시 상해가 독립하고, 혁명군이 6조대의 도읍이던 남경을 수복했다.

무창기의가 폭발하자 전국적으로 이미 퍼져 있던 혁명 정서가 일시에 터져 각지에서 분분히 호응, 독립을 선포했다. 혁명 당원들의 활동이 가장 빈번하고 자산계급이 가장 많이 집중되어 있던 상해에서 동맹회 중부 총부와 광복회가 기의 준비를 다그치며 적극 호응했다.

강남 제조국을 공략하다

1911년 10월 24일 송교인宋敎仁, 진기미陳其美 등은 비밀리에 기의를 일으킬 계획을 상의했다. 회의에서는 상해의 자산계급 무장 단체인 상단商團과 연락해 함께 기의하기로 결정짓고 진기미가 상단의 회장인 이평서李平書를 찾아가 협상했다. 그 결과 이평서가 상단이 기의에 합류할 것에 동의했다.

전투력이 강한 상단이 기의에 가담함으로써 기의 성공은 한결 보장되었다. 11월 1일, 진기미와 이평서는 상해를 수복할 계획을 짜고 혁명 당원인 이영석李英石을 임시 총사령으로 추대했다.

11월 3일, 상해기의가 폭발했다. 갑북의 순경들이 순라관 진한흠陳漢欽의 인솔 아래 기의군의 표식으로 팔에 흰 천을 두르고 갑북을 신속히 점령, 뒤이어 상해의 대외교통 중추인 사해역을 통제해 대외 지원을 차단했다. 오후 2시 소남문小南門의 소방연합회 종루에서 예정대로 종을 울리자 상해 상단의 무장대가 원래의 계획대로 상해 예성의 9무지에 집중했다가 제각각 행동에 들어갔다.

그리고 상해에 있는 가장 큰 무기 제조 기지인 강남제조국을 공략해 기의군의 무장을 해결함은 물론 청나라군의 탄약 공급도 차단하기로 했다. 그리하여 진기미가 상단 무장 일부와 결사대원 200여 명을 거느리고 오후 5시 경 노동자들이 퇴근하느라 복잡한 틈을 타 강남제조국 안으로 들어가 그곳 수비군

상해의 광복을 알리는 고시

무창기의의 승리로 전국적으로 기의가 화염처럼 치솟았다. 선통 3년(1911) 11월, 중부 동맹회가 상해에서 기의를 일으켜 상해 도서와 현서를 공략하고 광복을 선포하면서 진기미를 총독으로 추대했다. 사진은 상해의 광복을 선포한 〈상해 군정 분부 안민고시〉다.

상해 광복의 영도자 – 진기미 (위 사진)

진기미(1878~1916)는 절강성 오흥吳興, 지금의 호주 사람으로, 1906년 일본으로 유학을 갔고 그곳에서 동맹회에 가입했다. 1908년 파견을 받고 귀국한 후 상해, 절강 등지를 다니며 혁명 당원과 연락하고 혁명운동을 책동했다. 1909년부터 1910년 사이 상해에서 《중국공보中國公報》, 《민성총보民聲叢報》 등을 발간하면서 혁명 선전을 했다. 1911년 10월 10일, 무창기의가 발발하자 진기미는 상해에서 청년들을 발동해 향응하고 상해가 광복된 후에는 호군 도독을 맡고 이어서 강절연군을 조직해 남경성을 공략했다. 1913년 송교인이 원세개에게 모살되자 상해에서 원세개 토벌군 총사령을 맡았다가 실패, 일본에서 은신했다. 1914년 중화혁명당에 가입해 총무부장을 맡고 그 후 상해, 절강성, 강소성 등지에서 원세개를 토벌하는 무장 투쟁을 벌였으나 번번이 실패했다. 1916년 진기미는 상해의 거처에서 원세개한테 매수당한 장종창張宗昌이 보낸 자객에게 피살되었다.

1912년에 반포한 '중화민국 임시약법中華民國臨時法'

| 중국사 연표 |

1908년 광서 황제가 죽고 재풍의 아들 부의가 즉위, 이듬해를 선통 원년으로 하기로 정했다.

강소 도독 정덕전

정덕전(1860~1930)은 사천성 운양運陽 사람으로 일찍이 흑룡강성에 지현으로 파견되어 1907부터 1908년 사이에는 흑룡강성과 봉천의 순무 직을 맡았다가 1909년 강소성 순무로 전근되었다. 입헌파와 결탁해 청나라 정부에 입헌을 제의했다가 형세가 기울자 다시 입헌파와 함께 소주에서 독립을 선포하고 강소성 도독을 맡았다. 1912년 남경 임시 정부가 성립되자 내무부장을 맡고 통일당, 공화당 등을 건립했다. 원세개가 정권을 탈취한 후에는 또 그 정부의 강소 도독을 맡았다가 1913년 손중산이 원세개를 토벌하자는 것을 거절했다가 상해로 도주해 그곳에서 거주했다.

과 격전을 벌였다. 수비군은 제조국의 우수한 장비로 완강히 저항하고 기의군은 결사적으로 공격했다. 전세가 교착 상태에 빠지자 진기미는 잠시 공격을 멈추고 홀로 적진에 뛰어들어 담판을 지어 수비군을 항복시키기로 했다. 그런데 의도대로 적을 굴복시키지 못하고 도리어 진기미가 붙잡혀 첫 공격은 실패했다.

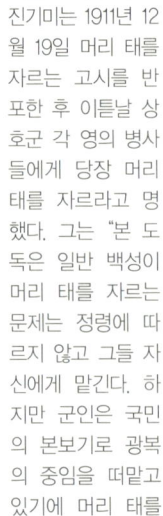

호군 도독 진기미

진기미는 1911년 12월 19일 머리 태를 자르는 고시를 반포한 후 이튿날 상호군 각 영의 병사들에게 당장 머리 태를 자르라고 명했다. 그는 "본 도독은 일반 백성이 머리 태를 자르는 문제는 정령에 따르지 않고 그들 자신에게 맡긴다. 하지만 군인은 국민의 본보기로 광복의 중임을 떠맡고 있기에 머리 태를 자르지 않아 오점을 남기는 것을 허용할 수 없다."고 했다. 그리고 다음 날 또다시 사회의 안정을 도모하기 위해 강박적으로 머리 태를 자르도록 강요하는 행위를 엄금하는 데에 대한 보충 고시를 재발표했다.

이평서는 진기미의 구금 소식을 듣자 11월 4일 밤, 광복회 회원인 이섭李燮과 함께 군대, 순경과 상단의 무장을 모아 강남제조국을 연이어 공격했다. 빗발치는 탄알 속에서 이섭은 대오의 선두에서 용맹하게 싸웠다. 이처럼 6시간의 격전 끝에 4일 아침 드디어 강남제조국을 공략하고 구금되었던 진기미를 구해 냈다. 강남제조국이 점령되고 상해가 광복을 선포하자 상해 지현과 도대道臺는 어느새 조계지로 도망쳤다. 11월 6일 기의군은 호군도독부를 설립하고 진기미를 도독으로 추대했다.

호군 도독부 성원들의 단체 사진

1911년 11월 4일 상해가 수복되자 11월 6일 혁명 당원과 각계 요인들로 구성된 호군도독부를 설립했다. 사진은 당시 찍은 호군도독부 성원들의 단체 사진이다.

| 세계사 연표 |
1908년
인도 봄베이의 방직 노동자 4만여 명이 대 파업을 일으켰다.

강소성의 평화적 독립

상해가 독립을 선고하자 인근의 강소성이 그 여파를 탔다. 당시 강소성 순무였던 정덕전程德全은 청나라 말기의 이름난 양면파로, 눈치를 봐가며 처사할 줄 아는 인물이었다. 무창기의가 승리하자 그는 한편으로 혁명 당원과 긴밀한 연계를 맺으면서도 한편으로는 경비를 가강해 자신의 진영에서 혁명이 일어나지 않도록 방비했다.

상해가 독립하자 정덕전은 청나라 왕조가 멸망의 위기에 처했음을 감안하고 자신의 지위를 보존하기 위해 상해·강소성의 관리들과 밀모를 꾸몄다.

11월 5일 신군에게 팔에 흰 천을 두르고 정덕전에게 성의 독립을 선포하고 강소성의 도독으로 앉으라고 청원하는 연극을 꾸민 것이다. 정덕전은 그 자리에서 동의, 혁명군이 추대하는 도독을 수락하고 강소 순무부의 패쪽을 뜯어 버리고 '중화민국 군 정부 강소 도독부'의 기치를 내걸었다. 이리하여 눈 깜짝 사이 정덕전은 청나라 관리에서 혁명의 원훈이 되어 평화적 독립을 이룩하고 의식을 마치자 예전대로 사무를 보았다.

상해, 강소가 잇달아 독립을 선포하자 절강성도 견디지 못하고 쟁탈전 끝에 독립을 선포했다.

진기미가 쓰던 수정 인감

남경의 광복

상해, 강소성과 절강성이 연이어 독립한 후 혁명 당원들은 다음 목표를 강남의 정치 중심지인 남경을 공략하는 데 두었다. 혁명 당원들은 '소절호진연군蘇浙滬鎭聯軍'을 결성하고 기의해 건너온 원 제9진의 통제인 서소정徐紹楨을 총사령으로 공동 추대했다. 서소정은 선서를 마치자 1만 수천 명의 대오를 거느리고 기세 높이 남경을 향해 진군했다. 대오가 떠날 때 당지의 백성들은 폭죽을 터뜨리며 혁명군이 단번에 남경을 수복할 것을 축원했다.

11월 21일 혁명군은 진강에 총사령부를 차리고 남경을 탈환하기 위한 만반의 준비를 갖추었다.

청나라 정부는 남경이 위급해지자 급히 강남 제독 장훈張勳을 조동, 군사를 거느리고 남경의 수비를 강

●●● 새로 건립한 육군 관직 표 ●●●

명칭	관직	관할 인원	주석
군軍	총통	두 개 진鎭	
진鎭	통제	매개 진은 보병대 2협과 기병, 포병을 각각 1표식 관할함	북양군벌 시대에는 사로 개칭. 전 진의 인원수는 1만 2512명.
협協	통령, 협통	매개 협은 2개 표를 관할함	영에 해당함. 각 성의 순방대 분로통병관도 통령이라 칭함.
표標	통대, 표통	매개 표는 3개 영으로 구성됨	단에 해당함.
영營	관대	매개 영은 4개 대로 구성됨	포영은 3개 대로 구성. 해군 함장도 관대로 칭함.
대隊	대관	매개 대는 3개 패로 구성됨	연에 해당하는데 기병대만 2개 패로 구성됨. 순방대는 영 이하에 초를 두었는데 그 두목을 '초관' 혹은 '초장' 이라 불렀음.
패排		매개 패는 3개 붕으로 구성됨	기병대는 2개 붕으로 구성됨.
붕棚	붕목, 습장	병사 14명으로 구성됨	한 개 반에 해당함.

| 중국사 연표 |

1909년 2월에 예비 입헌을 선포했다.

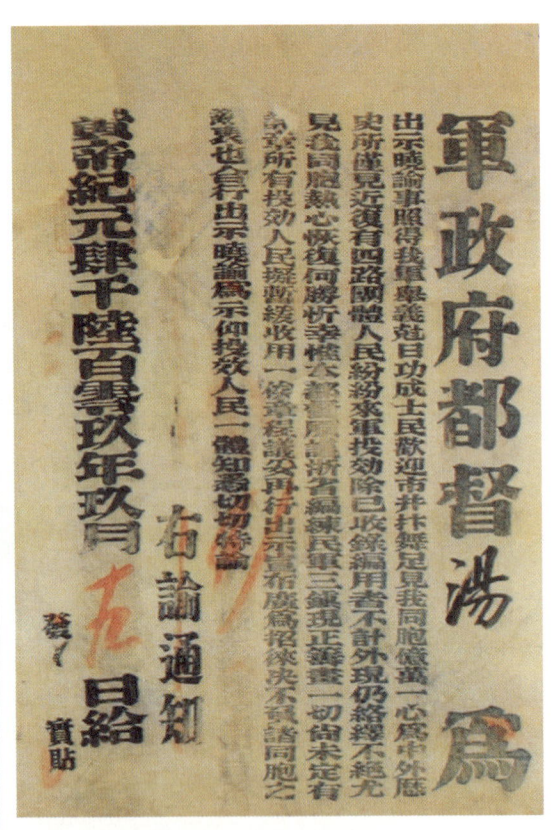

절강 군 정부에서 반포한 고시
상해가 수복된 후 얼마 지나지 않아 인근 강소성과 절강성도 선후해 광복을 선포했다. 사진은 1911년 11월 9일 새로 성립된 절강 군 정부에서 반포한 고시다.

가피했다.

11월 23일, 남경을 공략하는 전투가 정식으로 벌어졌다. 혁명군은 일치단결해 용감하게 공격을 들이댔고, 당지 백성은 혁명군을 열렬히 환영하면서 길을 인도해 주고 차를 끓여 대접했다. 그리하여 혁명군은 잠깐 사이 남경 교구와 교외의 고지를 점령했다.

잇달아 총공격이 개시되어 혁명군은 네 갈래로 나뉘어 사방팔방에서 남경성을 공격했다. 혁명군의 포병은 자금산에 포를 걸고 고지에서 성안에 대고 포를 쏘았다. 맹렬한 포화 속에서 혁명군의 드센 공격을 막아 내지 못하고 총독과 관리들은 밤을 틈타 몰래 성을 빠져나와 도망쳤다. 장훈의 군사들도 견디지 못하고 서주로 도망갔다.

12월 2일 혁명군은 여러 갈래로 성문을 쳐들어왔다. 성안의 백성은 기쁨에 넘쳐 길옆에 늘어서서 환영했고, 집집마다 "대한 동포를 환영한다."는 플래카드를 내걸었다. 남경은 마침내 혁명군에 의해 광복을 맞이했다.

화하도록 했다. 장훈은 남경에 들어서자 혁명이 일어나는 것을 방지한다는 명의로 무고한 백성을 마구 학살했다. 그러자 남경 시내는 아수라장이 되고 상점과 공장들이 문을 닫아걸고 백성들은 뿔뿔이 도주하면서 혁명군이 하루 속히 들어올 것을 고대하게 되었다. 청나라 군사들도 도리어 사기가 떨어지고 관원들도 대세가 이미 기울었음을 알고, 살길을 찾았다.

이러한 상황에서 북경에 있는 원세개袁世凱가 장훈에게 수차 전보를 보내 남경을 고수할 것을 부탁하며 큰 기대를 걸었고, 장훈도 결사적으로 싸울 결의를 다졌지만 당시의 정세는 이미 청나라 왕조의 멸망이 불

신군 군관들
무창기의 직전 청나라 정부에서는 14진의 신군을 편성했는데, 복장은 서양식으로 많이 변했으나 머리 태만은 그대로였다. 사진은 당시 신군 군관들이 찍은 것이다.

| 세계사 연표 |

1909년
이토 히로부미가 한국의 안중근 의사에게 피살되었다.

107 원세개를 기용하다

《홍헌기사시洪憲紀事詩》
《원세개와 중화민국袁世凱與中華民國》 출전

1901년 11월 7일 이홍장이 피를 토하고 죽으면서 임종 시 자희 태후한테 원세개를 자신의 후임으로 천거했다. 같은 날 원세개는 직예총독 겸 북양대신으로 등용되었다.

도독으로 변신하다

무창기의가 승리하자 한양과 한구의 신군들도 연달아 기의를 일으켜 무한 3진이 혁명당원들의 통제 아래 들어갔다. 그리하여 혁명 정권을 건립하는 문제가 경각에 이르렀다.

그때 손중산은 국외에 있었고 황흥과 기타 동맹회 성원들도 당시에 무한에 있지 않았으며 기의 시 총사령으로 추대된 장익무蔣翊武도 기의 기관이 파괴되면서 외지로 피신하고 당시 참모장을 맡은 손무는 화약이 터지면서 중상을 입고 입원해 있는 상황이었다.

이런 주요 인물들이 혁명군과의 연락이 두절되면서 혁명군을 이끌 사람이 없어 당시 무창 신군의 한 통령에 불과하던 여원홍黎元洪이 군 정부의 도독으로 추대되었다.

여원홍은 호북성 황파黃陂 사람으로, 천진북양수사학당을 졸업한 후 북양 해군에서 복역하다가 무창기의 직전에는 제21 혼성협의 통령으로 무창에 주둔하고 있었다.

그는 내심으로는 혁명을 적대시하며 무창기의 전야에 소식을 전하는 신군 사병을 처형하기까지 했다. 그런데 이런 자가 혁명군 정부의 도독으로 출마하다니, 실로 웃음거리가 아닐 수 없었다.

기회를 노리다

이때 원세개는 무창에서 멀리 떨어진 호남성의 한 농촌에서 여유작작 은거 생활을 즐기고 있었다.

광서 황제와 자희 태후가 죽자 만족 대신들이 기회가 왔다고 한족 대신들의 권력을 찬탈하면서 원세개는 주요 표적이 되었다. 섭정왕 재풍은 원래 원세개를 처형해 형 광서 황제를 위해 복수할 생각이었으나 총리대신인 난광의 반대와 군기대신 장지동의 권유가 있는 데다 당시 원세개의 세력이 대단해 손을 쓰지 못하고 병을 핑계로 원세개에게 고향으로 돌아가 쉬라고 했다.

하지만 원세개는 정사를 이탈해 한가한 세월을 지낼 사람이 아니었다. 그는 원적지에서

원세개와 미국 공사의 합영
원세개는 정상에 오르자 국가 이익을 팔아먹으며 열강들의 승인을 얻으려 했다. 사진은 원세개가 총통부에서 미국 공사 등과 함께 찍은 것이다.

청나라 선통 황제 부의溥儀 305

| 중국사 연표 |

1910년 — 청나라 정부가 영국에서 차관해 경한철도를 회수하고 진포철도를 수축했다.

낚시질을 하면서 은거 생활 중인 원세개
원세개는 원적지인 하남성 창덕彰德, 지금의 안양安陽 환상촌洹上村에서 은거 생활을 할 때 낚시꾼 모양을 하고 자칭 '환상조수'라 했다. 그 말의 의미는 기회를 보아 득세하겠다는 것이다. 무창기의가 발발하자 기회를 엿보던 원세개는 청나라 정부에 의해 정부의 군정권을 좌우지하는 흠차대신으로 임명되었다.

무창기의 시의 여원홍
여원홍(1864~1928)은 호북성 황파인으로 남경 임시 정부가 성립될 때 부총통으로 임명되고 원세개가 정권을 찬탈했을 때도 원직을 그대로 유지했지만 원세개가 제왕제를 복벽하는 것을 반대했다. 원세개가 1915년 제위에 올라 여원홍을 무의친왕으로 봉했으나 고사했으며, 이듬해 6월 원세개가 죽자 대총통으로 당선되어 약법을 회복하고 국호를 열었다. 1917년 단기서정부가 장훈을 사촉해 여원홍을 구축하고 풍국장을 대총통 자리에 앉혔는데, 1922년에 여원홍이 직계 군벌의 지지를 받고 다시 대총통이 되었다가 이듬해 역시 직계 군벌에 의해 대총통 자리에서 쫓겨났다.

'은둔'하는 3년간 하루라도 빠질세라 친신을 보내 정보를 탐지하고 전보를 통해 외계와 연락을 끊지 않았다. 무창기의가 일어난 그날 그는 벌써 그 소식을 접하고 있었다.

무창기의가 승리하면서 각지에서 분분히 호응하자 청나라 정부는 당황해 원세개를 기용하지 않으면 국면을 수습할 방법이 없다고 생각했다. 제국주의 열강들도 "원세개만이 국면을 수습할 수 있다."는 여론을 대대적으로 퍼뜨렸다. 이런 정세 아래 재풍은 난광 등 대신들의 강권을 이기지 못하고 원세개를 기용하기로 했다.

10월 14일 재풍이 원세개를 호광총독으로 임명했는데 그는 권력이 미미한 것을 보고 병이 완쾌되지 못했다는 핑계를 대고 출사를 고사했다. 그런데 혁명 형세가 급속히 발전하면서 호남, 섬서, 강서 등이 연이어 광복을 선포하자 재풍과 왕공 대신들을 더는 버틸 힘이 없어 10월 20일 원세개를 설득하기 위해 그의 동당 서세창徐世昌을 특사로 파견했다.

| 세계사 연표 |
조지 5세가 영국 국왕으로 취임했다.

드디어 기회가 왔다고 여긴 원세개는 서세창과 의논하여 청나라 정부에 "이듬해 국회를 창설하고, 책임내각제를 실시하며, 충분한 군비를 보장해 주어야 한다."는 등의 6가지 조건을 제출했다.

청나라 정부에 군정대권을 내놓으라는 원세개의 야심이 여실히 드러났으나 청나라 정부는 울며 겨자 먹기로 10월 27일 원세개를 흠차대신으로 임명하고 일체 군대를 통솔하도록 했다. 11월 1일에는 총리대신 난광이 사직하자 황족의 내각을 철소하고 원세개를 총리대신으로 임명했다.

무창 보위전

원세개가 출면하면서 그는 정예부대를 집결해 무한을 공격했다. 황흥은 홍콩에서 무창기의가 발발했다는 소식을 듣자 곧장 상해를 거쳐 무한 전선으로 왔다. 황흥이 온다는 소식을 들은 여원홍은 큰 깃발을 만들고 거기에 "황흥이 왔다."는 글을 써 사람을 시켜 말을 타고 무창 성내와 한구를 한 바퀴 돌게 했다.

혁명 당원과 기의군은 무수한 전투를 겪은 용장 황흥이 온다는 소식을 듣자 사기가 충천했다. 혁명 당원

저명한 민주혁명가 - 황흥

황흥黃興(1874~1916)은 호북성 선화 사람으로 1902년 일본 유학을 갔다가 이듬해 귀국, 비밀리에 반청 혁명 활동을 진행했다. 1904년 장사에서 진천화, 송교인 등과 함께 화흥회를 조직하고 1905년 일본 도쿄에서 손중산과 연합해 동맹회를 창립했다. 그는 1907년부터 수차례 무장기의를 조직하고 친히 지휘했다. 1911년 무창기의가 발발한

이후 혁명군 총사령을 맡고 1912년에는 남경 임시 정부의 육군총장 겸 참모총장을 맡았으며 1913년에는 원세개 토벌군 총사령을 맡았다. 저명한 민주혁명가인 황흥은 1916년 병으로 상해에서 죽었다.

들은 황흥의 지휘 아래 완강히 싸웠으나 엄청난 역량 차이로 한양을 빼앗기고 말았다.

11월 3일 호북 군 정부에서는 한나라 고조 유방劉邦이 한신韓信을 대장군으로 봉하던 의식을 본떠 황흥에게 '전선 총지휘'를 수여하는 의식을 거행했다. 황흥은 의식이 끝나자 혁명군 장병들을 이끌고 장강을 넘어 한양으로 향했다. 그들은 한양에서 20여 일 악전고투하면서 청나라군에 항거해 적의 주력을 견제한 데서 각 성의 광복과 독립을 위해 귀중한 시간을 쟁취해 주었다.

효흠현 황후의 시호 옥새

청나라 정부의 말대 황제인 어린 부의가 선통 황제로 즉위하자 그의 부친 재풍이 섭정왕을 맡고 광서 황제의 황후인 융유隆裕 태후가 수렴청정을 했다. 무창기의 이후 융유 태후는 핍박에 못 이겨 청나라 왕조의 사퇴를 결정지었다. 사진은 융유 태후가 태감들과 함께 찍은 것이다.

청나라 때 만족 여자들이 입던 장포長袍에서 비롯되었다

| 중국사 연표 |

1911년 6월 동맹회와 보로(保路)동지회가 연합, 기의를 일으키고 사천성 영현을 점령했다.

108

왕조의 종말

청나라 왕조의 선통 황제인 부의가 즉위한 지 얼마 안 되어 민간에서는 "선통은 2년 반도 가지 못할 것이다."라는 괴소문이 나돌았는데, 그 소문이 들어맞았다. 세 살밖에 안 된 부의가 황제가 되었다가 2년 8개월 만에 무창기의가 발발하자 어리둥절한 채로 황제의 보좌에서 물러났다.

임시 총통으로 추대된 손중산

1911년 10월 12일 손중산이 미국 콜로라도 주 덴버에서 혁명군이 무창을 점령했다는 신문 기사를 읽고 너무나 기뻐 연설과 모금을 계속 하려던 계획을 중단하고 뉴욕으로 갔다가 다시 영국으로 가면서 외교 활동을 벌였다.

그가 12월 15일 상해에 도착하자 각계 인사들이 열렬히 환영했다. 29일 각 성 대표들이 남경에 모여 중화민국 임시 대총통을 선출했는데 각 성마다 한 표씩 투표하도록 했다. 그 결과 이미 독립한 17개 성 가운데 16표가 찬성하는 절대다수의 표수로 손중산이 임시 대총통으로 추대되었다.

1912년 1월 1일(음력으로 신해년 11월 13일) 중화민국의 성립이 선고되고, 그날 밤 손중산이 남경에서 임시 대총통으로 취임했다.

그는 취임 선서에서 "청나라의 전제 정부를 전복하고 중화민국을 공고히 하며 민생의 행복을 도모하는 것은 모든 국민의 공동 염원으로, 손문은 이를 정성을 다해 준수하고 나라에 충성하며 민중을 위해 봉사하겠다."라고 말했다. 동시에 그는 "전제 정부가 무너지고 국내에 동란이 없으며 민국이 만방에서 일어나 제 나라의 승낙을 받을 때면 손문은 임시 총통 자리에서 물러나겠다."라고 뜻을 밝혔다.

곤경에 처한 임시 정부

남경 임시 정부가 성립되자 원세개는 대로했다. 그

손중산의 제사
손중산이 쓴 제사. "세계 조류가 호호탕탕하니 순응하는 자는 흥성하고 거역하는 자는 망한다."

봉건제를 결속한 청나라 황제의 퇴위
1912년 2월 12일, 청나라 정부는 선통 황제의 퇴위 조서를 반포했는데, 이로써 2000여 년이나 지속되던 봉건 전제 제도가 중국에서 영원히 결속되었다. 사진은 청나라 황제의 퇴위를 고하는 조서다.

| 세계사 연표 |

일본이 영국과 영·일 조약을 개정했다.

출전 《손중산연보孫中山年譜》
《혁명일사革命逸史》

부의의 출생지 – 순친왕부
광서 32년(1906), 섭정왕 재풍의 아들 부의가 순친왕부에서 출생했다. 광서 34년 10월 세 살도 안 되는 부의가 자희 태후에 의해 제위를 물려받고 즉위했다. 사진은 당시의 순친왕부다.

는 자신이 거머쥔 권력으로 청나라 정부와 임시 정부에 압력을 가하기로 했다. 제국주의 열강들도 중국 혁명이 승리하기만 하면 자신들이 반세기가 넘도록 중국에서 시행하던 반식민지 통치가 위협받을 것을 염려해 임시 정부를 눈엣가시처럼 여기며 무력 협박을 더욱 심하게 했다.

●●● 역사문화백과 ●●●

[청나라 황제가 퇴위한 후의 우대조건]
민국 정부는 민국 원년 2월 5일 청나라 황제가 퇴위한 후 받게 될 우대 조건을 공포했다. 그 내용은 다음과 같다. 청나라 황제가 공화 체제를 찬성하기에 아래와 같은 우대 조건을 준다. (1) 존호를 폐하지 않고 외국 군주와 동등한 예우로 대한다. (2) 민국 정부에서 연신으로 400만 원을 지불한다. (3) 잠시 궁궐에 거주하다가 후에 이화원으로 이주하되, 경호원은 그대로 둔다. (4) 황실의 종묘와 능원은 영원히 모신다. (5) 청나라 덕종(광서) 황제의 숭릉崇陵의 미완성 공사는 종전대로 수건하며 봉안 전례는 옛 법대로 실행하되, 실용 경비는 국민 정부에서 지불한다. (6) 전 궁내의 각항 집사 인원은 그대로 유용하되, 금후에는 태감을 등용하지 못한다. (7) 황실의 사유재산은 민국 정부에서 특별 보호해 준다. (8) 원유 금위군은 민국 정부 육군부에 귀속시키며 인원수와 봉록은 원 상태를 유지한다.
그 외에 황족에 관한 조례는 다음과 같다.
(1) 청나라 왕공 세작은 그대로 유지한다. (2) 청나라 황족이 민국에서 행사하는 공권과 사권은 일반 국민과 동등하다. (3) 청나라 황족의 사유재산은 일률로 보호를 받는다. (4) 청나라 황족은 병역 의무를 이행하지 않는다.

중화민국의 임시 대총통으로 추대될 당시의 손중산

중외 세력의 압력과 혁명진연 내부 세력의 타협에 직면해 손중산은 1월 15일 "청나라 황제가 퇴위하고 공화를 선포하면 임시 정부는 식언하지 않고 손문은 정식으로 사직해 공로와 능력을 감안, 원세개에게 자리를 물려주겠다."라고 했다. 단, 손중산은 사직하되 원세개가 자리를 차지하려면 "절대적으로 공화를 찬성해야 한다."는 조건을 내걸었다.

말대 황제의 퇴위

원세개는 권력을 탈취할 기회가 보이자 청나라 정부를 향해 '핍박' 하는 연극을 연출했다.
융유 태후는 원래 자희 태후를 본받아 조야를 휘어잡고 위세를 떨쳐 보려는 야심을 갖고 있었으나 시대가 변하고 또 그 자신이 그런 능력이나 수단을 갖추지 못한 상황에서 혼잡한 국면에 처하자 당황해 하면서 매일 눈물로 세월을 보낼 뿐이었다.
원세개는 융유 태후를 알현하자 청나라의 몰락을

입고 말을 타는 데 편리하기에 지어진 이름

| 중국사 연표 |
1911년
10월 10일, 무창기의가 승리를 거두었다.

남경의 중산릉

비통해 하는 척하면서 청나라 왕실에 충성을 표시하고 황제와 태후에게 변심하지 않을 것을 다짐하며 다른 한편으로는 황제, 태후와 황실 성원들의 안전을 보전하기 위해 황제가 퇴위해야 함을 역설했다.

융유 태후는 원세개를 생명의 은인으로 여기고 그에게 "황제가 퇴위하면 어떤 보장을 해 주겠는가?" 하고 물었다. 그러자 원세개는 "황제가 조서를 내려 퇴위하고 제왕 제도를 폐지해도 황제의 존호를 폐지하지 않고 기타 우대 조건을 제공해 줄 것이다."라고 보증했다.

융유 태후는 눈물을 끊임없이 흘렸지만 여섯 살밖에 안 된 꼬마 황제는 어른들이 무슨 말을 하는지 어리둥절해 하며 바라볼 뿐이었다.

2월 9일 남경 임시 정부는 〈대청 황제가 퇴위한 후의 우대 조건〉에 대한 최후 수정안을 원세개에게 넘겨주었는데, 거기에는 "황제가 퇴위한 후에 존호를 그대로 두고, 민국에서 외국 군주를 대하는 예로 대하며, 황실에서 쓰던 연간 비용 400만 냥(원)을 그대로 민국에서 지불하고, 그대로 고궁에서 거처하다가 일후에 이화원으로 옮기며, 원래의 종묘와 능전에 대해 제사를 지내고, 황실의 사유재산을 민국에서 특별히 보호해 주며, 원래의 금위군을 민국 육군의 산하에 두고 봉록을 그대로 발급한다."는 등의 조목이 망라되어 있었다.

2월 11일 융유 태후는 이 조건을 받아들이고 황제 자리를 퇴위할 것을 결정지었다. 이튿날 융유 태후는 꼬마 황제를 데리고 양심전에서 청나라 왕조의 최후 조회를 하면서 선통 황제의 퇴위 조서를 반포했다.

1912년 2월 13일(선통 3년 12월 25일)은 중국 역사상

| 세계사 연표 |

1911년 한국은행의 전신인 조선은행이 발족했다.

특기할 만한 날로 기록된다. 그날은 중국을 268년이나 통치하던 청나라 황조가 멸망한 날인 동시에 중국 역사상 주초공周김公이 섭정한 공화 원년(기원전 841)부터 무려 2750년 간 지속되어 오던 제왕 기원년의 종말을 짓는 날이기도 하다. 이로써 중국에서 봉건적 군주가 통치하는 전제 제도가 영원히 사라졌다.

이튿날 손중산은 임시 참의원에 사직서를 제출하고 원세개에게 임시 대총통 자리를 넘겨주었다. 이리하여 신해혁명의 승리의 과실이 원세개에게 굴러 떨어졌다.

원세개는 청나라 대신에서 일시에 민국의 대총통으로 변신하면서 "영원토록 제왕제가 중국에서 재현되지 않도록 하겠다."라고 호언장담했다. 하지만 얼

청나라 황제가 퇴위한 소식 전파하다

선통 3년 12월 26일, 즉 융유태후가 청제의 퇴위를 선포한 이튿날 〈경사공보〉는 맨 처음으로 이 소식을 보도했다. 그러자 전국에서 역사 신시대의 시작을 열광적으로 경축했다.

마 지나지 않아 민주 제도를 파괴하고 전제 독재를 실시하면서 군정 대권을 틀어쥐자 황제가 되고자 하는 미몽을 꿈꾸었다. 손중산과 혁명 당원들은 원세개의 반동적 진면모를 간파하고 하는 수 없이 '제2차 혁명'과 원세개를 토벌하는 호국 전쟁을 벌이지 않으면 안 되었다.

손중산이 임시 대총통 직을 사직할 때 남경 임시 정부의 각 부 총장·차장들과 찍은 기념사진

유춘림劉春霖(1872~1944). 그는 1904년에 장원급제했는데, 이듬해 청나라 정부에서 과거제도를 폐지했다

초점 : 1840부터 1911년까지의 중국

중국 근대사의 주요 모순 중 하나는 민족 독립을 상실해 제국주의 침략에서 해방하려는 것이고, 또 하나는 공업화와 현대화를 실현하려는 것이다.

류다넨劉大年

중국의 근대는 그동안 접하지 못했던 윤선, 철도, 학교, 지동설, 진화론, 민약론 등 수많은 서양 문물이 들어 왔는데, 수 많은 간행물과 저서는 바로 이에 관한 상세한 기록이다.

천쉬루陳旭麓

무술변법에서부터 신해혁명에 이르기까지 중국에서 처음으로 손중산을 비롯한 지식인이 일으킨 혁명은 청나라를 뒤엎었을 뿐만 아니라 2000여 년간 지속되던 전제 제도를 종결지었다. 이러한 사건은 서양 문화와의 접촉에서 받은 영향과 결부시켜 생각하지 않으면 해석할 방법이 없다. 이는 과거제도 아래 지식인들의 성격이 거대한 변화를 일으키기 시작했으며 역사적 조건도 거대한 변화를 가져왔음을 설명한다.

쉬푸관徐復觀

수십 년 동안 사회 경제 제도는 외족의 침입으로 변화를 가져왔다. 오늘의 중국은 수천 년 동안 없었던 큰 변화를 일으켰는데, 그 결과 민족 정신으로 응집된 관당 선생이 죽게 된 원인이니, 후세에 깊은 애도를 표시할 것이다.

천인커陳寅恪

청나라는 이미 고종 때부터 쇠락의 길로 들어섰다. 외부로는 5구 통상과 내부로는 태평천국 봉기, 염군, 회족의 반란 등이 일어났다. 청나라가 천하를 평정하고 중흥을 가져올 수 있었던 까닭은 모두 한족을 기용했기 때문인데, 도광 이전에는 병권이 모두 만족의 손에 쥐어졌다. 태평천국 봉기가 일어난 후부터 한족 관리를 중용하기 시작했다.

뤼쓰멘呂思勉

문단의 태두와 학술 명가들이 1840년부터 1911까지의 중국 역사를 집중 조명하고 있다. 그들은 청나라 후기의 정치, 경제와 사회 문화의 각 측면에 대해 정확한 해석을 하고 있다. 이처럼 고도의 지혜가 응집된 내용은 우리들을 중국 역사 문화의 전당으로 이끌어 준다.

아편전쟁과 '남경조약'의 체결은 중국이 제국주의 노예가 되는 시발점이다. 중국 사회는 그때부터 주권이 유린당하고 봉건 경제가 외국 자본주의의 통제를 받아 중국 사회가 반식민지·반봉건적 사회로 변하기 시작했다. 그때부터 중국 사회에는 제국주의와 중화민족 간의 모순이 가장 주요한 문제로 떠올랐다. 다른 한 방면으로 중국 국민은 제국주의와 봉건주의를 반대하는 동시에 중국 혁명과 일체 반항 투쟁은 자산계급 민주 혁명의 성격을 띠었다.

젠보짠 翦伯贊

청나라 중기 이후부터 중국인들은 서양의 압박을 받는다는 느낌을 갖게 되었다. 서양은 처음 기독교로 침투하고 이어서 군사, 정치, 경제 각 방면으로 세력을 넓혀 왔다. 이러한 각 방면의 압박은 당시 중국인들에게 여러 가지 문제를 생각하도록 했다. 그중 중요한 것은 첫째, 서양에는 종교가 있는데 왜 중국은 없는가? 둘째, 중국은 땅이 넓고 인구가 많은데 도리어 서양의 압박을 받고 있으니 중국 스스로 바꿔야 할 것이 없는가? 하는 것이었다. 당시 일정한 사상을 가진 사람들은 이러한 문제의 답을 찾기 위해 사상 면에서 유신운동을 일으켰는데, 그 운동의 주요 목적은 자립 종교를 세우고 자체적으로 정치를 개선해 '자강'의 길로 나아가려는 것이었다.

펑유란 馮友蘭

무술정변은 경자 의화단의 난을 불러일으켜 청나라 정부의 쇠락을 한층 가속화 시켰다. 학생들은 해외로 유학을 떠났는데 일본으로 가는 유학생이 많았다. 임인년과 계묘년 간에 번역업이 번창했고 정기적으로 출판하는 잡지도 수십 종에 달했지만 논조가 불분명했다. 하지만 초근목피로 연명하며 추위에 떨던 사람이 음식을 만나 가리지 않고 마구 먹듯이 열광적으로 환영해 그것이 소화되든 말든 관계치 않았고, 병을 얻을 수 있다는 것은 더 더욱 관심을 두지 않았다.

량치차오 梁啓超

313

1840년부터 1911년까지의 사회 생활 및 역사 문화 백과
(각 조항은 페이지 번호에 따라 검색)

> 70년 세월 속에서 중국 사회에 끼친 재화는 한마디로 다 말할 수 없다.
> 하지만 다른 한 방면으로 역경은 중화민족의 능력과 건강한 의지를 보여 주었다.
> 두뇌가 명석한 중국인들은 이 역경 속에서 구국의 도리를 터득하고 대를 이어 분발·노력했다.

1. 제왕과 황실 생활

황포 차림의 도광 황제 31
황제의 모순 심리를 반영한 일갑이유 51
함풍 황제의 정무 복장 초상 51
특이한 '함', '풍' 조합 인장 52
도광 황제의 양신방신서 –《단도보》 54
함풍 황제의 어릴 적 그림 67
의관 차림에 대한 함풍 황제의 규정 80
함풍 황제가 피서 산장에서 재앙을 피하다 81
의귀비의 피서 산장 저택 82
황자 출생을 부책에 기록하다 82
황제 즉위 후 여덟 대신이 연호를 정하다 84
자희 태후의 옥새 85
황후와 생모를 모두 황태후로 칭하다 85
동치 황제가 등극 대전 때 입었던 황포 86
유서를 발표해 황태자의 보좌진을 지정하다 86
함풍 황제 붕어 전 황태자 임명 87
야심에 찬 자희 태후 87
황색 발로 얼굴을 가리다 88
자안 단유 황태후 옥새 88
권력의 상징 - 옥새 89
동치 황제, 결혼 후 친정하다 89
태후가 수렴청정 하던 동난각 90
우아한 황태후의 휘호 책 117
'동치'의 유래 138
자희 태후의 정치 참고서 148
자희 태후의 친서 151
동치 황제의 시보 153
동치 황제의 죽음 153
자희가 정권을 돌리고 재순이 결혼하다 154
동치 황제가 등극할 때 신었던 남색 비단신 154
건녕궁에 있는 황제의 신혼 방 155
각국의 축수 (청나라 말기 연화) 193
광서 황제가 모사한《자서고》 209

변법자강의 진리를 부지런히 탐구한 광서 황제 209
권력을 내놓지 않으려는 자희 태후 211
단편 문안 220
두 옥새가 찍혀야 효력 있는 칙지 225
황제와 태후 사이의 희생양 - 진비 238
진비 우물 238
피난살이를 마치고 돌아온 자희 태후 239
관음보살로 분장한 자희 태후 247
수렴 청정할 때의 자희 태후 248
황제와 태후 사이의 싸움에 이용된 부준 249
권력의 상징 — 옥새 264
호화로운 자희 태후의 능묘 283
광서 황제의 영구가 모래 바람 속에서 서릉으로 운반되고 있다 284
꼬마 황제 부의 284
청나라 후기 황제들의 건강 상황 284
덕종 황제 시호 인감 285
겁에 질린 선통 황제 286
선통 황제와 부친 섭정왕 재풍 286
권력의 상징 — 감국 섭정왕 인감 287
순친왕 혁현이 쓰던 홍두첨 287
자안 태후 (청나라 궁정화) 295
효흠현 황후의 시호 옥새 297
부의의 출생지 – 순친왕부 309
청나라 황제가 퇴위한 소식을 전파하다 311

2. 군사와 전쟁

호문虎門 아편 소각지 33
인심을 통쾌하게 한 호문 아편 소각 34
마카오의 포대 34
금연의 길에 저력이 겹겹이다 35
영국군이 쳐들어오자 엄밀히 대처하다 36
제1차 아편전쟁 형세도 37
육체와 영혼으로 정해를 보위하다 37

314

1840년부터 1911년까지의 사회 생활 및 역사 문화 백과

정해의 영국군 (동판화) 37
호문 전역 (동판화) 39
청나라 말기 남해의 정규 부대 — 광동수사 40
호문대전의 전연진지 — 대황요포대 40
민간 조직이 일어나 항영하다 41
깃발을 호령으로 단결 항영 41
"영국인이 홍콩섬을 점령하려 한다"고 고한 기선의 상
  주서 42
삼원리 주민들이 노획한 영국군 군복 42
오송구 포대 46
영국군의 진강 점령 47
영국인이 홍콩을 강요하다 47
대만 주민들이 영국군의 습격을 격퇴하다 49
홍콩이 영국의 강점아래 확장되는 모습 50
태평군 작전 지휘부 54
〈태평천국 진군노선 설명도〉 56
태평군의 수륙 진군 58
화가들이 관찰한 소도회 장병들의 형상 60
소도회봉기 시 외국 주재 상해 관원들이 제정한 조계지
  확대 작전 계획도 62
동왕 양수청, 서왕 소조귀가 반포한 〈봉천토호격〉 64
태평천국의 동 대포 64, 98
상군이 구강을 함락하는 장면 68
무한3진 방어 배치도 69
청군이 통성을 대파하다 (청나라 오우여 그림) 70
태평군과 청군의 작전도 (청나라 오우여 그림) 71
철삭이 녹아 끊겨 태평군이 철퇴하다 72
청군이 제3차로 무창을 함락하다 73
태평군과 청군 기병의 전투 74
회경 공방대전 75
영·프 연합군이 대고구 포대 점령 76
'북경조약'의 체결 84
태평군이 상해 전선에서 작전하다 91
충왕 이수성이 상해를 진공하라는 포고 91
청나라 사람이 그린 이홍장이 소주를 수복하는 그림 96
상군의 안경 함락 (청나라 오우여 그림) 98
태평천국의 소주 수비장군 담소광이 거등에게 보낸 회
  답 편지 98

상군이 천경 외성을 공략하는 그림 (청나라 오우여 그림)
  105
천경 함락 후 상군이 홍수전의 시체를 파헤치다 105
참혹하고 격렬한 금릉 전투 (오우여 그림) 106
염군이 사용하던 소라 나팔 111
염군이 사용하던 무기 111
염자·염당·염군 112
상해 남경동로에서 순라하는 만국의 상대 기병대 115
군용품 생산기지인 강남제조국 116
강남제조총국의 대포 공장 내부 117
청나라 안경군계소에서 모방해 제작한 미국식 린밍던
  보총 117
청나라 정부가 외국에서 구입한 대포 118
화륜포를 끌어오다 (청나라 말기 세화) 138
좌종당이 신강을 수복하다 144
북양해군 제독아문 158
북양해군 제독서 옛터 159
위원 포대 옛터 159
제원함 앞에 달려 있던 큰 닻 159
하간부河間府에서 군사 기능을 연마하다 (청나라 말기 세
  화) 160
장문보첩 (청나라 말기 연화) 162
손 부인이 창화에서 대승하다 (청나라 말기 연화) 165
청나라군이 중·프 전쟁에서 노획한 프랑스군의 군복
  과 대발 (레그 가드) 169
유영복의 수군이 프랑스 수군을 대파 (청나라 말 연화)
  171
유영복의 군대가 프랑스군을 대파 (청나라 말 연화) 171
진남관 관전애에서 중국군의 대승 172
광서 진남관 우의관友誼關 173
잠 통수가 북령을 수복하다 (청나라 말기 연화) 174
청나라 말기의 군가 177
유영복의 대남 대첩 (청나라 말기 연화) 183
청나라 위원호威遠號 함의 명패銘牌 184
중·일 황해 해진 185
일본군 전리품으로 일본에 전시된 진원호 185
치원호의 순국 관병들 185
여순 노호미老虎尾 186

315

1840년부터 1911년까지의 사회 생활 및 역사 문화 백과

진원호 186
북양함대의 기함 정원호 186
진원호의 쇠닻 187
유 장군이 생포한 왜군 도독 화산씨의 심문 (청나라 말기 연화) 189
여순 박물관 189
소도회 의군들이 사용하던 단검 227
홍등조와 청등조 230
의화단 단기 233
의화단의 병장기 233
의화단이 철도와 전선을 파괴하다 233
8개국 연합군의 통수 – 세이무어 234
'부청멸양扶淸滅洋'은 의화단의 반제 애국 투쟁의 주요 구호였다 234
중국에서의 외국 경기병 234
근왕의 원정길에서 왜군과 격전을 벌이다 (청나라 말기 연화) 235
문양촌에서 서양 적병을 매복 습격하다 (청나라 말기 연화) 236
미국 사병들이 오문을 점령하다 236
천진 성벽 위에 휘날린 미국 국기 237
이홉차의 독전 아래 송궁보가 왜병을 대파하다 (청나라 말기 연화) 240
8국 연합군의 제2대 통수 발더제 241
해란포와 강동 64툰 참사 253
훈련 중인 청나라 군대 276
태평군이 보낸 엄정한 각서 277
철공계를 사로잡다 (청나라 말기 연화) 278
청나라 말기의 감숙 독련공소 직원들 295
무창기의에 참가한 호북혁명군 정규군 298
호북 구군변이 황학루 앞에서 찍은 사진 300
새로 건립한 육군 관직 표 303
신군 군관들 304

3. 경제와 무역
광주 13행 33
아편 생산 기지 – 동인도공사 (동판 그림) 38
아편 42

청나라 후기의 '경매' 44
금은을 전매, 횡재한 외국인 49
태평천국에서 주조한 '천국성보' 전폐 58
근대 우정의 추형 62
태평천국의 호적부 – 문패 65
청나라 시대의 '양전' 66
태평천국 동폐 71
광주 13항관의 외국 상관 80
신년호 신 전폐 '기상통보' 87
태평천국 시 양식을 바친 영수증 103
상해에 거주한 외국 상인들의 등불놀이 (청나라 말기 연화) 106
중외통상을 경축하는 등불놀이 (청나라 말기 연화) 114
중국에서 가장 큰 외국 상인 기업소 120
항주 경여당 일각 121
리금厘金 123
항주 경여당 편액 124
외국 실업가가 들여온 일류 전보통신기술사 128
근대의 우정업 128
청나라 해관 발행 우표(견본) 3장 129
청나라 시대 근무 중인 전화 교환수 129
국문이 열리면서 철도를 운영하다 129
상해에서 오송으로 달리는 기관차 (청나라 세화) 131
중국의 첫 철도인 송호철도 131
개평광무국 초상 규약과 주식 수금 영수증 132
중국의 초기 기차 132
근대 중국 최초의 철도 133
당서철도 133
광서 4년에 디자인한 대용大龍 견본 우표 143
청나라 말기의 양주 선정국 163
중국 근대 우정 업무의 첫발자국 167
장건이 세운 자생 제철소 178
청나라 시대의 신문 배달원 179
경제특과 202

4. 귀족 생활
정교하고 아름다운 희喜자 옥여의 126

5. 긍지에 찬 과학 기술 성과

이선란의 《칙고석재산학》 120
외국 실업가가 들여온 일류 전신 기술 130
청나라 시대 철도 측량 계기 130
경장철도 건설의 주요 책임자들 288
첨천우가 영덕대교를 시찰하다 289
거용관의 북쪽 터널 출구 289
첨천우가 총책임을 맡고 부설한 경장철도 289
첨천우와 손중산이 함께 찍은 사진 290
당시 비행애호가들이 비행 시험을 하는 장면 291

6. 생활과 풍속

태평천국 시대의 예배당 57
태평천국 시대의 혼인 증서 59
무역항이 된 후의 상해 항구 61
《양내무와 풋 배추》 표지 157
다관 194
서양 닭싸움 (청나라 말기 연화) 199
전당포를 털다 (청나라 말기 연화) 226
엽서 (청나라) 254
서설풍년瑞雪豊年 (청나라 말기 연화) 267
현 아문의 역졸 276
1910년의 홍콩 황후 거리 277
상해의 생활상 (청나라 말기 연화) 292

7. 청나라 후기의 명인

관천배가 사용하던 망원경 40
서양을 따라 배울 것을 주장한 위원 43
홍수전의 소상 53
최대의 옥새 중 하나인 태평천국 천왕의 옥새 55
홍수전의 친필 조서 74
홍인간 등이 연명으로 반포한 문고 76
청나라와 영·미 관원들이 와드의 제사를 지내다 91
양창대의 통솔자 와드 91
이수성이 회의를 주도하다 96
천왕 홍수전의 초상 99
홍천귀복의 친서 101
이수성의 패검 108
이수성의 평상시 단장도 108
홍인간의 친필 109
유천왕이 잡히다 110
태평천국 수왕 범여증의 목인문 112
강남 기계제조국 번역처 118
《기하원본》 역자 중 한 사람 이선란 119
과학기술 개척자 중 한 사람 서수 120
첫 유학생 용굉 135
양광총독 심보정 (청나라 오우여 그림) 137
왕도 인물상 140
여순旅順의 바닷가 161
정관응 동상 175
유신파 - 황준헌 180
장렬히 순국한 등세창 184
서양을 따라 배울 것을 주장한 엄복 198
민중을 각성시킨 《천연론》 198
우국충정 넘치는 상주문 201
우국 우민의 강유위 201
강유위의 《대동서》 친필 원고 203
개량파의 대표 양계초 204
변법을 선전한 '변법통의' 205
양계초의 묘소 205
강유위가 폴란드의 교훈으로 황제를 설득하다 206
시국의 이폐를 평한 강유위의 상주서 207
강표 초상 213
자립군의 두령 당재상 214
무술 6군자 중 한 사람 - 담사동 217
무술 6군자 중 한 사람 - 강광인 222
무술 6군자 중 한 사람 - 유광제 222
무술 6군자 중 한 사람 - 임욱 223
강유위가 일본을 거울로 구국의 길을 탐구하다 224
곽원갑 인물상 227
장건 인물상 253
민주혁명가 장병린 260
혁명의 선봉 추용 261
캔틀리 인물상 263
육호동 인물상 265
4대 도적 266

손중산의 일본 망명 266
손중산과 황흥 272
복단대학의 설립자 — 마상백 274
감호 여협객 — 추근 280
철도 공정의 선구자 — 첨천우 288
풍여 291
외교가이자 법학가 오정방 298
무창기의의 영도자 — 장익무 300
무창기의의 영도자 — 손무 300
민국을 창건한 3대 영수 300
상해 광복의 영도자 — 진기미 301
원세개와 미국 공사의 합영 305
낚시질을 하면서 은거 생활 중인 원세개 306
무창기의 시의 여원홍 306
저명한 민주혁명가 — 황흥 307
중화민국의 임시대총통으로 추대될 당시의 손중산 309
손중산이 임시 대총통 직을 사직할 때 남경 임시 정부의 각 부의 총장·차장들과 찍은 기념사진 311

8. 종교와 종교예기
망해루를 불태우다 (청나라 시대 목판화) 125
참대에 조각한 종규와 다섯 작은 귀신 203
문창제군 245
흰 옻칠을 올린 덕화 관음상 257
〈종규도〉(청나라 임이 그림) 261

9. 문화 예술
위원의 《해국도지》 43
태평천국의 계몽서적 《유학시》 59
영국 옥스퍼드 대학에 보존되어 있는 《구유조성서舊遺詔聖書》 59
최초의 중문 번역 《성경》 70
홍인간이 쓴 〈자정신편〉 76
《상해신보》 113
근대 중국에서 영향력이 가장 큰 신문 《신보》 115
자림서보字林西報 (North China Daily News) 115
미국에 처음 파견된 유학생들 134

청나라 시대 단연 꽃무늬, 명문 탁편 136
곽숭도와 셰익스피어 136
최초의 외국어 학교 — 동문관 136
소무목양도蘇武牧羊圖 (청나라 임이 그림) 139
《순환일보》 140
묵해서관 141
단석端石 오동잎 모양의 벼루 147
두견도杜鵑圖 (청나라 오창석吳昌碩 그림) 151
상해 광익廣益 서국에서 20세기 40년대에 출간한 통속 소설 《양내무》 삽화 157
냉염도축冷艷圖軸 (청나라 오창석吳昌碩 그림) 188
영향력이 가장 컸던 신문 《시무보》 204
죽음고사도竹陰高士圖 (청나라 말기 황산수黃山壽 그림) 207
왕의영 230
갑골문 230, 231
〈행서축行書軸〉 (청나라 왕의영) 231
《황조경세문편皇朝經世文編》 232
도화원도桃花源圖 (청나라 이서청李瑞淸 그림) 248
북경대학의 전신 — 경사대학당 250
국민의 건강을 위해 체육 중시 250
오여륜 251
임서의 인물상 255
목단牡丹 (청나라 오창석吳昌碩 그림) 256
'수류운재' 석각 258
점석재点石齋 석판 인쇄 공장 259
1940년대의 복단대학 교문 275
홍수전의 사상을 반영한 《흠정영걸귀진》 276
4대 견책 소설 279
서령인사 282
중국에 전파된 허무당 소설 286

10. 이채로운 공예품
청나라 시대 채색 유약 화훼 모양의 네모난 주전자 125
도광 시대에 만든 연지지개광烟脂地開光 사계화무늬 사발 135
청나라 시대 분채 과자課子 도안의 접시 137
광수 화조화, 산지목酸枝木으로 태를 두른 액자 141

1840년부터 1911년까지의 사회 생활 및 역사 문화 백과

청나라 시대 운용무늬가 새겨 있는 자단관피 상자 142
산지목에 나선형 무늬를 박은 귀비의 침대 145
수묵설색의 종이 족자 (청나라 이괴李魁 그림) 149
청나라 시대 붉은 물감으로 색칠한 교룡무늬 사발 149
청나라 시대 동질 법랑화훼 쌍녹雙鹿 그림의 병 156
청나라 시대의 광채방관형 쌍이 화병 168
궁정의 금 사발 176
팔보와 화조를 새겨 넣은 청나라 시대 나무 필통 176
청나라 시대의 하늘색 6련병 179
인물·꽃·새 도안 수놓이 181
청나라 동치 때 관황지분채영극쌍이방존 182
화채도형호畵彩圖形壺 (청나라) 208
여인들을 그린 청나라 병풍 212
황후의 화려한 구봉九鳳 비녀관 219
청나라 시대 술 주전자 221
청나라 시대 양각 필통 221
구리와 은을 박아 넣은 수연 물 단지 249
유약을 올리지 않은 조롱박 모양 두 귀 달린 차 주전자
　　(청나라) 255
노란 바탕에 녹색으로 용을 조각한 구룡무늬 병 (청나라)
　　259
청나라 때 쓰던 산수화와 글자를 새긴 필통 269
청나라 시대의 서각 술잔 275
꽃을 그려 넣은 청나라 6각 사기 그릇 279
청나라 시대 자색 꽃 조각 의자 290
금칠한 목 조각 모란꽃 여의 293

11. 청나라 말기의 복장과 방직품
머리를 풀어 헤치는 것이 반청의 시작 56
머리를 기르고 천으로 싸매다 61
용을 수놓은 태평천국의 옷 65
태평군 '청사' 호의 77
태평천국 귀부인들의 옷차림 99
황제 대혼 혼수 도안 216

12. 경상과 중신
임칙서가 흠차대신으로 책봉되다 30
청나라 황작자의 상주서 30

현명한 눈으로 근대 세계를 본 첫 사람 — 임칙서 31
영국인의 아편을 강력 압수하다 38
영국군과 용감히 싸운 관천배 39
오송에서 전사한 강남제독 진화성 45
요영의 《중복당전집》 49
상군의 핵심인물 호림익 상 66
상군 전기의 핵심 인물 나택남 67
흠차대신 혁혼 83
흠차대신 혁혼 84
청나라 중신 이홍장 92
태평군에 적극 저항한 낙병장 94
태평천국을 진압한 증국전 106
증국번이 태평연회로 경축하다 (청나라 말기 연화) 107
청군 장수 승격임심 111
증국번 일기에서의 무기, 윤선의 제조, 실험에 관한 내
　　용 137
좌종당 인물상 (청나라 마태馬駘 그림) 143
좌공류 145
국민에게 욕설을 당한 숭후 146
증기택이 이리를 되찾아오다 146
양무운동을 주도한 사람들 148
정변을 획책한 혁흔 150
노년기의 유명전 인물상 164
흑기군의 수령 유영복 171
민족 영웅 풍자재 174
장지동 인물상 177
좌보귀 187
이홍장 300만 루블 수뢰 192
증문정공 서찰 200
변법 유신 지지자 옹동화 206
진보잠의 친필 원고 214
유신파를 참혹하게 진압한 영록 217
원세개 218
공화를 반대한 선기 225
진보잠 인물상 228
청나라군 장수 동복상 232
경친왕 혁광 241
교육 개혁의 창도자 장백희 251

319

1840년부터 1911년까지의 사회 생활 및 역사 문화 백과

부의의 부친 — 섭정왕 재풍 285
강소 도독 정덕전 302
호군 도독 진기미 302

13. 청나라 후기의 건축
고궁 전경 32
임칙서 사당 44
불후의 영웅 진화성의 묘소 45
상해 예원 점춘당 60
천왕부의 서화원 유적 63
태평천국 천왕부 비석의 머리와 받침돌 70
원명원 내의 대수법 78
원명원의 평면 배치도 79
당시 원명원의 성대한 풍경 79
소주반문蘇州盤門 97
남경 천왕부 유적의 일각 100
소주의 충왕부 102
영국인 그린 당시의 천왕부 103
소주 충왕부의 연극 무대 104
항주 호설암 옛 저택의 뒤 화원 122
해상의 제일 명원 (청나라 말기 세화) 123
남경의 청나라 양강 총독서 서훤문 127
북경 공친왕부의 화원 150
고궁 태화문 152
원명원圓明園 해안당海晏堂의 생동한 동상 169
하문 화교 기념관 197
고궁 오문午門 210
'정대 광명'이라 쓰여 있는 건청궁의 편액 215
광서 황제가 유폐되었던 영태 219
자희 태후의 침궁 — 낙수당 220
남창 등왕각 229
남경의 옛 성 271
남경의 중산문 296
무한 황학루 299
남경의 중산릉 310

14. 정령과 법규
'남경조약' 체결도 48

상권치국의 '남경조약' 48
대학사 52
청나라 관서에서 이름을 모함해 짓다 53
《천조전무제도》원본 57
태평천국에는 왕씨 성이 없었다 58
태평천국 전기 관원 등급표(1851~1856) 69
국종 73
천국 군민은 한 글자 이름이 없다 76
청나라 관원 호칭 79
무이撫夷국局 83
천하의 부녀를 모두 '자매'라고 부르다 101
태평천국 말기의 관리 등급표(1857~1864) 103
상해 외국인 거주지 규약 142
신강에 성급행정구를 설립하다 144
관방 164
복건 대만 순무 관방 167
양국의 화합 (청나라 말기 연화) 170
용기龍旗 — 청나라 국기 184
이홍장이 일본에 가 담판을 짓다 190
'시모노세키 조약' 체결 191
중·영 '홍콩 경계 지점 확대 특별 조항' 체결 시 이홍장 192
해군 인재의 육성 기지 — 천진수사학당 200
경사대학당의 주요 관원 202
'백일유신'에 관한 조서 211
염정鹽政 214
근대 중국이 체결한 불평등 조약 242
'신축조약'의 조인 장면 246
'신축조약'에 규정된 거액의 배상금 246
과거를 폐지하는 데에 대한 대신들의 공동 상주서 251
금방제명金榜題名이 역사가 되다 252
〈경사대학당장정〉 252
신 학제의 발전 — 〈주정학당장정奏定學堂章程〉 254
외교관의 필독서《만국공법》 262
청나라 말기의 20개 성 지도 270
황제 기년 273
중국 최초의 국가 293
절강 군정부에서 반포한 고시 304

1840년부터 1911년까지의 사회 생활 및 역사 문화 백과

봉건제를 결속한 청나라 황제의 퇴위 308
청나라 황제가 퇴위한 후의 우대조건 309

15. 민주혁명과 기타
흠차대신欽差大臣 30
〈마카오 전도〉(청나라 그림) 35
취생몽사의 아편 흡연자 (동판 그림) 35
청나라 후기의 아편 흡연 도구 50
태평천국 55
상해조계지 시정청 옛 사진 61
소도회 공고 62
'중국인민' 전고의 유래 64
태평천국의 공문 전달 72
태평천국의 실기 봉투 77
화기국 90
중국조계지표 93
석달개가 양복광에게 수여한 임직서 94
석달개의 훈유 95
홍수전이 국호를 고치다 96
태평천국 유천왕의 옥새 109
상해 공공조계 계석 113
공부국 청사 113
상해 공공조계의 합동심사사무실 114
움직이는 지옥 126
청나라 말기 네 가지 이상한 사건 157
대만 백성들의 옹호를 받은 유명전 164
일본의 대만 침습 166
만충묘 181
대첩을 거둔 뒤 조약을 체결하다 189
일본이 중국 대만성을 강점하다 191
하문의 해변가 194
손중산의 친필 〈천하위공天下爲公〉 195
청나라 사람이 그린 시국도時局圖 195
황하 호구 폭포 196
단웅국 233
쌍웅국 237
사회를 뒤흔든 우레 소리《혁명군》 262
캔틀리에게 보낸 손중산의 쪽지 263

《런던 피난기》중역본 264
손중산의 취직 선서문 265
홍중회 광주 분회 옛터 268
최초의 자산계급 혁명 단체 – 홍중회 268
황홍과《민보》의 주요 인물 272
동맹회의 대변지 –《민보》 273
손중산이 쓴 동맹회 강령 274
격정 넘치는 추근의《고국인서》 280
부녀해방을 호소한《정위석》 281
공술서에 표시한 반청 의지 281
광복회 서언 281
황화강 72열사 묘 294
광주 봉기 시 체포된 열사들이 처형되기 전에 찍은 사진 294
대만에 있는 나복성의 묘 296
호북 군정부 청사 297
호북 군정부에서 발행한 무창기의 기념장과 광복기념장 298
근대 혁명당의 깃발 298
상해의 광복을 알리는 고시 301
호군 도독부 성원들의 단체 사진 302
진기미가 썼던 수정 인감 303
손중산의 제사 308

321

찾아보기

ㄱ

가정嘉定 61~62, 90

갈운비葛雲飛 36~38, 46

갑오전쟁甲午戰爭 138, 170~171, 179, 181, 187, 194, 198~199, 201, 205, 217, 233, 235~236, 248, 250~251, 256, 269, 276

강동량江棟良 157

강유위康有爲 22~26, 179, 199~209, 213~217, 219~222, 224~225, 228, 233, 240, 250~251, 256, 261, 273, 285, 297

고루채高樓寨 111~112

고안高安 71

곡영관斛永寬 96~98

공자진龔自珍 26, 43, 204

곽송림郭松林 93

곽숭도郭崇燾 81, 133, 136

관천배關天培 14, 20, 34, 39~40, 46

광서廣西 21, 56, 63, 99~100, 162, 172

광영광鄺榮光 136

구산龜山 137

구진공邱鎭功 49

권세양언勸世良言 53~55, 170

금개錦愷 152

금전촌金田村 21, 52, 54~56, 70, 100

기륭基隆 133, 138, 162~163, 165~167, 171, 235

기상정변祺祥政變 85, 88

기선琦善 20, 42, 47

기준조祁寯藻 67

김달金達 133, 289

ㄴ

나복성羅福星 296

나택남羅澤南 67

남경조약南京條約 36~37, 42, 47~50, 61, 242

남오진南澳鎭 171

노주盧州 75

뇌문광賴文洸 53, 112

뇌연영賴蓮英 100~101

뇌이성雷以諴 123

322

찾아보기

뇌한영賴漢英　100

ㄷ

단기서段祺瑞　160, 306

단연端硯　136

단화端華　81, 83~84, 86~87

달륜達倫　113

담사동譚嗣同　24, 26~27, 199~200, 212~215, 217~
　　219, 222~223, 227~228

담소광譚紹光　96~98, 114

담수淡水　165~166, 242

당전규唐殿奎　137

당정추唐廷樞　132~133

대고大沽　32, 79, 82, 92, 111, 127, 130, 159, 236

대만臺灣　22, 44, 48~50, 129, 131, 133, 137~139,
　　143, 162~168, 170~171, 183, 190~192, 198,
　　202, 218, 235, 242, 296

대안大安　48~49, 74, 95, 253

도광道光　14, 20, 30~39, 42~45, 47~48, 50~54,
　　284

도성장陶成章　272, 281

도은배陶恩培　67~68

동문관同文館　116, 119~120, 134, 136, 250, 262

동복상董福祥　211, 232, 234, 236, 245

동영청董永清　46

두수전杜受田　51~52

등세창鄧世昌　14, 184, 186

ㅁ

마강馬江　160, 163

마상백馬相伯　274~275

마신이馬新貽　156

마옥곤馬玉昆　138, 187

마태馬駘　143

망해루望海樓　125~126

맥맹화麥孟華　202, 205

맥징장麥廷章　39

모리슨Morison　34, 54, 71

찾 아 보 기

목장아穆樟阿 50

몽득은蒙得恩 74~75, 77

몽산蒙山 63

몽시옹蒙時雍 76

무창武昌 21, 25, 60, 66, 69~70, 72~73, 157, 179, 214, 225, 244, 263, 273, 287, 295, 297~298, 300~308, 310

문경文慶 81

문욱文煜 124

ㅂ

반기량潘起亮 60~62

반흥潘興 60

백일유신百日維新 204, 209~211, 218~219, 228~229, 250~251

복주선정국福州船政局 123~124, 133, 138

부란아傅蘭雅 184

부륜溥倫 154

부위溥偉 154~155

부의溥儀 283~286, 305, 308~309

부준溥儁 249

북경전조北京專條 139

북양수사北洋水師 158~161, 305

분소법焚燒法 33

브리지만Bridgman 34

비서肥西 75

ㅅ

사복음謝福音 126

사진방沙鎭邦 68

사찬태謝瓚泰 195

삼하진三河鎭 75

상담湘潭 67~68

《상해신보上海新報》 44, 113~115, 132

서광계徐光啓 119

서사증徐嗣曾 30

서석린徐錫麟 280~282, 298

서요徐耀 62

찾아보기

서위인徐渭仁 60

서윤徐潤 132

서주瑞州 71, 75, 304

석달개石達開 53, 56, 63~65, 68, 70, 72~74, 78, 94~95, 118

석정충石定忠 95

선기善耆 225

선성宣城 73

섭사성聶士成 187, 211, 234~237

성경盛京 182~183

성선회盛宣懷 130, 133, 189, 200, 300

《성세위언盛世危言》 175~176

소복성蘇福省 98, 141

소사배小沙背 46

소원춘蘇元春 172

소조귀蕭朝貴 53, 55~56, 58, 63~64

손가내孫家鼐 52

손문孫文 53, 263~264, 308~309

손중산孫中山 24~25, 53, 140, 194~195, 197, 204, 250, 258, 261~268, 272~274, 276~277, 285, 290, 293~296, 298, 300, 302, 305, 307, 308~309, 311~312

송경宋慶 138

송교인宋敎仁 179, 272~274, 286, 301, 307

손장경孫長慶 40

《순환일보循環日報》 140~142

숭후崇厚 126~127, 146~147, 177, 190, 243

승격임심僧格林沁 111~112, 132

승덕承德 81, 85

승은承恩 95

승현嵊縣 161

시모노세키 조약 171, 186, 190~192, 199, 201, 208~209, 244, 254

신령新寧 55

심보정沈葆楨 109, 137~139, 162, 198

ㅇ

아편전쟁 30, 33, 36~37, 44, 47, 49, 51, 58, 74, 79~80, 91, 111, 119~120, 126, 128, 140, 143, 159,

325

찾아보기

253

안경安慶 68~69, 73, 75, 91~93, 98, 100, 102, 105~106, 108, 116~117, 120, 280, 282

안덕해安德海 148~149, 247~248

양계초梁啓超 24, 26, 181, 199~205, 209, 213~214, 216~217, 222, 228, 233, 250, 273, 279, 285, 313

양광兩廣 162

양구운楊衢云 24, 195, 197

양내무楊乃武 156~157

양무운동洋務運動 116, 123, 138, 148, 177~179

양발梁發 54, 171

양백기鑲白旗 225

양수청楊秀淸 53, 55~56, 59, 63~65, 70~71

양예楊銳 24, 179, 212, 217, 223, 228

양운교楊雲嬌 53

양재복楊載福 67

양창대洋槍隊 90~91

엄복嚴復 26, 195, 198~200, 255~256, 262, 275

엄설정嚴雪亭 157

여보순余保純 42

여순旅順 22, 161, 181, 184, 186, 189, 192~193, 235, 242, 244

여원홍黎元洪 297, 300, 305~307

여현기呂賢基 92

열하熱河 81~84, 86, 106, 150

염호장顔浩長 41

엽예래葉藝來 101

영록榮祿 24, 206, 210~211, 215, 217~219, 272

영안주성永安州城 63

예허나라葉赫那羅 82~83, 85, 87, 248, 284

오귀문伍貴文 96~98

오걸吳傑 168~169

오송吳淞 20, 45~47, 127, 130~131, 224~225

오아충吳亞忠 170

오앙증吳仰曾 136

오옥요吳沃堯 279

오우여吳友如 66~67, 72, 98, 105~106, 137

오정방伍廷芳 191, 298

오후吳煦 90

옹동화翁同龢 23~24, 153~154, 157, 203, 206~207,

326

찾아보기

211, 248~249

옹정擁正 30, 52, 78, 89, 155, 233, 237

왕개운王闓運 81~82

왕도王韜 140~142, 167, 199

왕석명王錫明 37~38

왕소농汪笑儂 27, 278~279

왕안균汪安鈞 96~98

왕영해王英楷 160

왕유령王有齡 121~122

왕응원王應元 94~95

왕의영王懿英 230~231

왕정위汪精衛 285~287

왕정의王正誼 226

왕지원王志元 46

왕한王瀚 141

요영姚瑩 48~50

용굉容閎 26, 117, 134~135

원무元撫 30

원명원圓明園 78~79, 90

원세개袁世凱 24~25, 160, 211, 215~219, 251, 285,

287, 300~301, 302, 304~311

원조덕袁祖德 60~60

위소광韋紹光 41

위염신韋廉臣 184

위원魏源 21, 26, 43~44, 48, 67, 116, 159, 168, 184, 204, 232

위창휘韋昌輝 53, 56, 63~65, 70~73

우감牛鑒 45~47

유겸裕謙 36~37, 43, 46

유광제劉光弟 24, 212, 217, 223, 228

유명전劉銘傳 92~93, 164~167, 235

유봉록劉逢祿 43

유성우劉成禺 67

유악劉鶚 227, 231, 279

유여천劉麗川 60~62

유영복劉永福 165, 170~171, 183, 189, 191

유자한劉子翰 156~157

유통훈劉統勛 52

육호동陸皓東 194~195, 197, 265~267

윤선초상국輪船招商局 133, 141, 167

찾아보기

은상승상恩賞丞相 59

의률義律 20, 36, 38, 42, 45, 47

이리성伊犁城 177

이리伊犁 43, 47~48, 144~147, 160, 177, 243

이보가李寶嘉 279

이선란李善蘭 119~120

이속빈李續賓 67, 75

이수성李秀成 53, 58, 69, 74~75, 77, 90~91, 96, 103~110, 141

이연영李蓮英 240~241, 247~249

이원발李沅發 53, 55

이전원李殿元 55

이춘발李春友 76

이평서李平書 301~302

이홍조李鴻藻 52

임락지林樂知 113, 251

임서林紓 27, 252, 255~256

임욱林旭 24, 212, 216~217, 223

임이任頤 27, 139, 261

임칙서林則徐 14, 20~21, 30~36, 38~40, 43~44, 48, 116, 137, 186, 241

임화방任化邦 112

ㅈ

자안慈安 83, 85, 88~90, 117, 136, 138, 149, 154, 248, 295

〈자정신편資政新篇〉 75~77

자희 태후慈禧太后 23~24, 81, 83~85, 87~89, 118, 131, 136, 138, 148~155, 157, 177~179, 192~194, 202, 206, 208~212, 215~221, 223~226, 228~229, 232~233, 236, 238~241, 245~249, 251, 272, 283~284, 295, 297, 305~306, 309

잠산潛山 75, 100

장건張謇 178, 249, 253~254

장락행張樂行 53

장량기張亮基 66

장백희張百熙 251~252

장병린章炳麟 98, 260, 262, 272, 281

장소화張小火 38

찾 아 보 기

장음환張蔭桓 180, 184, 190, 192, 206

장익무蔣翊武 298~300

장종우張宗禹 112

장지만張之万 148

장태염章太炎 24~25, 260~262

장패륜張佩輪 160, 163, 177

장피경張皮綆 112

재원載垣 81, 84~87

재의載漪 249

재첨載湉 155, 172, 248, 284

재풍載灃 283~287, 302, 306~307, 309

저국부査國府 73

저여항褚汝航 68

정관응鄭觀應 175~176, 199

정국괴鄭國魁 96

정국홍鄭國鴻 37~38

정덕전程德全 302~303

정여창丁汝昌 22, 159, 161, 184~185

정해定海 20, 36~38, 47, 125, 163

조성趙聲 294~296

조진용曹振鏞 52

좌보귀左寶貴 187~189

좌종당左宗棠 14, 82, 107, 122~124, 137~138, 143~147, 162, 176, 188, 192, 229

주문가周文佳 96, 98

주산舟山 36~37

주세영周世榮 46~47

주수영周秀英 62

주조배周祖培 86, 88, 151~152

증국번曾國藩 21~22, 52, 58, 66~68, 74~75, 81~82, 92~94, 104, 106~110, 116~118, 120, 123, 127, 134, 137, 146~147, 154, 200, 241, 251

증국전曾國荃 105~108

증국화曾國華 75

진강鎭江 43, 47, 62, 74, 92~93, 128, 130, 242, 274, 303

진기미陳其美 301~303

진남관鎭南關 171~172, 174, 189, 214, 272

진보잠陳寶箴 181, 213~214, 228~229

진비珍妃 238~240

찾아보기

진승용陳承瑢　55, 65, 70~71

진아림陳阿林　60~62

진옥성陳玉成　53, 74~75, 77, 98

진일강秦日綱　55, 63~65, 70~71

진존운陳存雲　100

진천화陳天華　268~270, 272~273, 288, 307

진치陳熾　204~205

진화성陳化成　14, 20, 45~47

진휘룡陳輝龍　68

ㅊ

찬양정무贊襄政務　83

창주滄州　226

채수기蔡壽祺　150~152

채시菜市　88

채악蔡鍔　179

채원배蔡元培　25, 252, 260, 272, 274~275, 281

척계광戚繼光　168

천경天京　21, 53, 57~59, 62~64, 68~78, 90~91, 93, 96, 99~110, 114, 116, 126, 141, 276

천조전무제도天朝田畝制度　53, 57~59, 103

첨천우詹天佑　136, 288~290

청류파淸流派　177

청포靑浦　62, 90~91, 257, 295

최길서崔吉瑞　46

추근秋瑾　142, 200, 270, 280~282, 298

추용鄒容　25, 97, 260~262

ㅌ

탕빈湯斌　52

태창太倉　62, 90

태평천국太平天國　32, 52~62, 64~68, 70~78, 81~82, 90~96, 98~106, 109~110, 112~114, 118, 123~124, 126~127, 140~141, 276~277

테오르드 함베르크Theodore Hamberg　76

토월비격討粵匪檄　67

찾 아 보 기

ㅍ

팔리태八里台 235~237

팽옥린彭玉麟 67, 105, 107

평영단平英團 41

평호승상平胡丞相 59

풍계분馮桂芬 93

풍대업豊大業 126~127

풍여馮如 291~293

풍자재馮子材 75, 92, 166, 171~174, 214

프레드릭 워드 Frederick Townsend Ward 90~91

ㅎ

하계청何桂清 121

하란夏鑾 68

하장령何長齡 232

하준여何俊如 180

하옥성何玉成 41

하헌륜夏獻綸 137, 138

한림사간翰林四諫 177

함풍咸豊 35, 51~53, 57~60, 66~67, 80~87, 90, 106, 155, 225, 248, 264, 295

합비合肥 75, 92, 237

해국도지海國圖志 42~44

향산현香山縣 135, 175, 194, 265

허내제許乃濟 30

혁광奕劻 209, 219, 220, 241, 245~246

혁종奕宗 152, 154

혁현奕譞 89, 152, 154, 155, 285, 287

혁훤奕奧 51~52, 83~84

혁흔奕訢 51~52, 80, 83~84, 86~89, 116, 124, 134, 136, 148~149, 150~152, 154, 208, 250

호광용胡光墉 121

호림익胡林翼 66, 68, 73, 82, 94

호미廈尾 20, 36, 41, 138, 165~167, 186

호설암胡雪岩 121~124

호이황胡以晃 63

호장胡璋 260

홍구虹口 117

찾 아 보 기

홍경양洪鏡楊 53

홍서교洪宣嬌 53

홍수전洪秀全 21, 38, 52~59, 63, 65, 70~74, 76~77, 96, 99~102, 105~107, 109, 276~277

홍신영洪辛英 53

홍인간洪仁玕 21, 76~77, 90, 109~110, 140, 276

홍인달洪仁達 53, 55, 73, 101

홍인발洪仁發 53, 55, 73, 102

홍전복洪全福 276~277

홍천교洪天嬌 100

홍천귀洪天貴 100~102, 105~107

홍천증洪天曾 100

홍춘괴洪春魁 276~277

화미덕華美德 113

화원농花圓弄 44

화현花縣 42, 53, 94, 100

화형방華衡芳 116~118

황관신黃寬新 76

황옥곤黃玉崑 65

황작자黃爵滋 30

황정충黃呈忠 65

황준헌黃遵憲 26, 174, 180~181, 193, 204, 205, 213~214

황흥黃興 25, 179, 269, 272~274, 286, 294~296, 300, 305, 307

흑기군黑旗軍 170~171, 183, 191, 208

편집위원

김경선
문학박사
북경 중앙민족대학 한국어학과 졸업, 부산대학교 국어국문학과 박사과정
현재 북경 외국어대학교 한국어학과 교수
저서 : 《한국문학선집》《중·한 30년대 소설 비교 연구》 외 다수

문일환
문학박사
북경 중앙민족대학 조선언어문학 학과 졸업, 김일성종합대학 박사원, 연변대학 연구생원
현 북경 중앙민족대학 언어문학학원 교수, 중국 사회과학원 학술위원회 및 직함평의위원,
중국 소수민족문학 학회 부이사장, 중국 인민대학 국학원 전문가 위원
저서 : 《조선 고대 신화연구》《조선 고전문학 연구》《조선 고전문학사》 외 다수

서영빈
문학박사
북경 중앙민족대학 졸업, 북경대학 대학원 및 한남대학교 대학원 졸업
홍익대학교 및 한남대학교, 신라대학교 초빙교수 역임
현 중국 대외경제무역대학교 교수, 외국어대학 부학장, 한국경제연구소 소장
저서 : 《한국현대문학》《서사문학의 재조명》《중국의 불가사의》 외 다수

이선한
문학박사
연변대학 조선어문학과 졸업
오사카 경제법과대학 객원교수, 숭실대학교 국어국문학과 및 서울대학교 국어국문학과 객원연구원
북경대학 조선문화연구소 소장, 북경대학 한국어학과 교수 역임.
현 북경대학 조선문화연구소 고문, 북경대학 외국어학원 동방학부 교수
저서: 《패설작품집》《한국고전문학선집》《중국 조선민족 문학선집》《중국 조선민족문화사 대계》 외 다수

장춘식
문학박사
북경 중앙민족대학 조선언어문학 학과 졸업, 전북대학교 국어국문학과 박사과정
현 중국사회과학원 민족문화연구소 교수
저서 : 《시대와 우리 문학》《해방전 조선민족 이민소설 연구》《일제 강점기 조선족 이민문학》 외 다수

최순희
문학박사
연변대학 조선어과 졸업, 인하대학교 대학원 졸업
현 북경 언어문화대학교 교수, 한국문화연구센터 센터장, 중국 비통용어교육연구회 이사
저서 : 《한국어 어휘 교육연구》《사랑차 한잔 둘이서》 외 다수

번역위원

김동휘
장춘광학정밀기계학원 졸업
중국조선어규범위원회 상무위원, 연변번역가협회 부회장, 연변인민출판사 사장·주필·편심
번역서 : 《청대철학》《중국유학사》《중국오천년황궁비사》《치국방략》《상도와 인도》 등

김봉술
길림공업대학, 연변대학 조문학부 졸업
동북과학기술신문사 사장·주필·고급기자 역임
문학, 과학보급 및 번역 작품 다수 발표

김순림
연변대학 조문학부 졸업
중학교 조선어문 교연실 부실장 역임
현 연변교육출판사 편집

김춘택
길림사범대학 중문학부 졸업
정부 통·번역, 고등학교, 사범학교 교원 역임
현 연변교육출판사 부편심
번역 서 : 1980~90년대 소설, 시 및 2007년 고등학교 역사교재 등

남광철
연변대학 한어학부 졸업
연변번역국 부역심, 정부 통·번역 역임
번역 서 : 중국 방송대학 교재 (중한번역), 한국 산업(한중 번역, 합작 및 주역),
《한방 치료법 해설》《돈을 버는 사람은 따로 있다》《한국 명가 요리》 등

남홍화
연변대학 한어학부 및 한어학부 한어문 석사 졸업
연변대학 학보 편집
문학 및 번역 작품 다수

남희풍
연변대학 조문학부 졸업
연변대학 교수, 중국조선족가사문학연구소 소장
저서 : 《알기 쉬운 우리 민족역사》《중국항일전쟁과 조선족》《중국조선족가사문학대전》《학창작연구》《음악문학창작의 길》, 시조 가사 집 《푸른 하늘 푸른 마음 》 및 대학교과서 등

박기병
연변대학 중문학부 졸업, 길림성 대학학보연구회 부이사장, 연변대학 농학학보 주임 역임
저서 : 《신문출판이론과 실천》《연변농업과학기술사 개론》 등 다수

이원길
연변대학 및 중앙민족대학, 북경대학 대학원 졸업
현 중앙민족대학교 소수민족언어문학대학 부학장·교수
저서 : 《설야》《춘정》《땅의 아들》《한국어의 표현방식과 그 체계》 등
번역서 : 《지낭》《천년상도》《인물과 사건으로 보는 중국상하오천년사》 등

이인선
연변대학 역사학부 졸업
중국 흑룡강신문사 기자·편집, 중국 전국인대 통·번역 역임
시, 산문, 수필, 소설 등 번역 작품 다수 발표

중국을 말한다
15 포성 속의 존엄

초판 1쇄 인쇄 2008년 8월 25일
초판 1쇄 발행 2008년 8월 30일

총기획 | 허청웨이
지은이 | 탕렌저
옮긴이 | 김동휘
펴낸이 | 신원영
펴낸곳 | (주)신원문화사

편집 | 최광희, 김은정, 김숙진, 장민정
교정·교열 및 디자인 | 인디나인
영업 | 윤석원, 이정민, 박노정
총무 | 양은선, 최금희, 전선애, 임미아, 김주선
관리 | 조병래, 김영훈

주소 | 서울시 강서구 등촌1동 636-25
전화 | (02) 3664-2131~4
팩스 | (02) 3664-2130
출판등록 1976년 9월 16일 제5-68호

ISBN 978-89-359-1454-8 (04910)
ISBN 978-89-359-1439-5(세트)

'本书获得中国图书对外推广计划支持'
이 도서는 중국 도서 대외 보급 계획의 번역 원고료 지원을 받았음.